Manfred Balbach

Alt-Schwabach

Erinnerungen an vergangene Zeiten

Ein Spaziergang in Wort und Bild

„Die Geschichte einer Stadt bleibt immerhin und für jedermann etwas sehr Beachtenswertes, und sie wird um so bedeutungsvoller, je älter die Stadt selbst ist, und je mehr diese mit den Schicksalen der Zeit verflochten erscheint.
Ist nun aber die Geschichte überhaupt die große Lehrmeisterin für die Gegenwart und Zukunft, so dürfte auch eine möglichst genaue und vollständige Beschreibung aller Gegebenheiten und Verhältnisse einer Stadt wie Schwabach, von dem Ursprung bis auf die neueste Zeit, nur willkommen erscheinen."

Johann Wolfgang Petzoldt,
quiescierter Stadtschreiber zu Schwabach, 1854

Verlag Schwabacher Tagblatt, 8540 Schwabach, Spitalberg 3
ISBN 3-922575-04-8

Zum Geleit

Herr Assessor Manfred Balbach, ein Schwabacher, hat die verdienstvolle Aufgabe übernommen, „Alt-Schwabach“ in Wort und Bild darzustellen.
Der „Gewerbeverein 1848 Schwabach und Umgebung e.V.“ und die Sparkasse Schwabach fördern dieses Vorhaben gerne und standen insbesondere mit dem Bildmaterial ihrer gemeinsamen Ausstellung von 1980 zur Verfügung.

Es ist sicher reizvoll, dem Verfasser auf seinen Spaziergängen durch unsere schöne Heimatstadt zu folgen, manchen verborgenen Winkel aufzusuchen – diese Stadt einfach zu erleben. Es ist aber auch unser Wunsch, daß viele gebürtige Schwabacher ihr „altes Schwabach“ wiedersehen und beim Studium des Buches manche Erinnerungen wach werden.

Für viele Schwabacher gilt, daß ihr eigenes Erleben schon ein Stück Stadtgeschichte geworden ist. Das Buch von Herrn Balbach wird eine wertvolle Stütze sein, dieses Erleben wachzuhalten.

Gewerbeverein und Sparkasse wünschen dem Werk guten Erfolg und viel Akzeptanz bei den Freunden unserer schönen Stadt Schwabach.

Fritz Winter,
Sparkassendirektor und 1. Vorsitzender des
Gewerbevereins 1848 Schwabach und Umgebung e.V.

Johann Heinrichs von Falckenstein,
Hoch-Fürstlichen Brandenburg-Anspachischen Hof-Raths,
und der Königlichen Preussischen Societæt der Wissenschafften
Mitglieds,

CHRONICON SVABACENSE,

Oder:

Ausführliche Beschreibung

Der

Hoch-Fürstlichen Brandenburg-Anspachischen

Haupt-Stadt

Schwabach/

Worinnen ausführlich von derselben Ursprung/ unterschiedlichen Besitzern und Eigenthümern in denen ältest- und folgenden Zeiten, Anerbauung von Geist- und Weltlichen Gebäuden, Glücks- und Unglücks-Fällen, u. a. m. gehandelt,
Alles und jedes aber aus gesicherten Documenten und bewährten Scribenten erwiesen wird.

Franckfurt und Leipzig,
Bey Daniel Bartholomäi und Sohn, 1740.

Vorwort

Begleiten Sie mich auf einem Spaziergang in Wort und Bild durch das Schwabach von damals?!

„SCHWABACH EINST UND JETZT – EINE STADT IM WANDEL DER ZEIT“ war 1980 der Titel einer Foto-Ausstellung, die der Gewerbeverein 1848 Schwabach und der Geschichts- und Heimatverein Schwabach aus einer Fülle weitgehend unbekannter Aufnahmen zusammengestellt haben. An Einzelbeispielen wurden Veränderungen der Stadt im Laufe der Jahre aufgezeigt. Vom 20. September bis 3. Oktober 1980 ist die Ausstellung im Foyer der Sparkasse zu sehen gewesen. Alle Besucher waren insbesondere auch von der alten Schönheit der Stadt stark beeindruckt; allgemein wurde es jedoch vielfach bedauert, daß die Bilddokumente aus dem Schwabach von gestern nicht dauernd als Anschauungsobjekte zur Verfügung stehen.

Die mit der Herausgabe dieses Buches verfolgte Absicht des Autors ist es, diese Lücke zu schließen und eine Auswahl der damals gezeigten, äußerst wertvollen, einmaligen und bislang größtenteils unveröffentlichten Bilder aus dem Schwabach von einst – nunmehr noch erweitert um zwei Kupferstiche von G. Rams (1756) und A. Gabler (um 1780), eine Bleistiftzeichnung von H. Ensslin (um 1845), je zwei Holz- (1852 und 1890) und Linolschnitte (1929), eine Radierung (1930) sowie Ansichtskarten (1897 – 1949) aus Privatbesitz – nicht nur Ausstellungsbesuchern, sondern einer breiten interessierten Öffentlichkeit jederzeit zugänglich zu machen. Alle Motive sind so ausgewählt und zusammengestellt, daß die Möglichkeit besteht, anläßlich von Spaziergängen durch das lebens- und liebenswerte Schwabach von heute unmittelbar vor Ort einen Vergleich mit dem Schwabach von damals anzustellen.

Der Herausgeber hat sich für dieses Buch weiterhin die Aufgabe gestellt, in den Bilder-Spaziergang durch längst vergangene Zeiten ergänzend Beschreibungen der Stadt, ihrer Geschichte und Sehenswürdigkeiten sowie des hierin vertretenen Gewerbes bis 1951, Schwabacher Werbemarken aus der Zeit bis ca. 1914 und alte Anzeigenwerbung der gesamten Schwabacher Wirtschaft aus den Jahren 1914, 1925, 1930, 1939, 1949 und 1951 einzubauen; ferner findet sich im Buch das Verzeichnis der in der Stadt Schwabach befindlichen Häuser „mit Benennung der Besitzer und Bemerkung ihrer Straßen und Nebengassen“ von 1838(!). Letzteres wurde aufgenommen, weil es geeignet ist, vielen Schwabacher Familien Fingerzeige über die Wohnstätte ihrer Vorfahren zu geben. Branchen- und Straßenverzeichnisse von 1914 und 1939 haben ebenfalls Eingang in das Werk gefunden, also Materialien aus einer Zeit, die jetzt schon wieder 75 bzw. 50 Jahre zurückliegt.

Bei der Lektüre festzustellende Wiederholungen sind gewollt; es handelt sich, was die unterschiedliche Darstellung des Stoffes angeht, um ein treffliches Spiegelbild der Zeit, für die sie in erster Linie gedacht war. Alle ausgewählten Textstellen stammen aus einer freundlicherweise für die Dokumentation zur Verfügung gestellten Privatsammlung, wofür ich an dieser Stelle zu danken habe.

Möge die erstmals mit dieser Zusammenstellung vorgelegte Auswahl von Bildern, Texten und Werbung gleichsam als „Alt-Schwabacher Lese- und Bilderbuch“ insgesamt dazu beitragen, beim Leser und Betrachter eine Vielzahl von Erinnerungen an vergangene Zeiten unserer alten, traditionsreichen Stadt Schwabach wachzuhalten!

Dem Gewerbeverein 1848 und der Sparkasse sei an dieser Stelle, auch im Namen des Verlages, für die verständnisvolle Förderung aufrichtig Dank gesagt.

Manfred Balbach

Schwabach, im März 1989

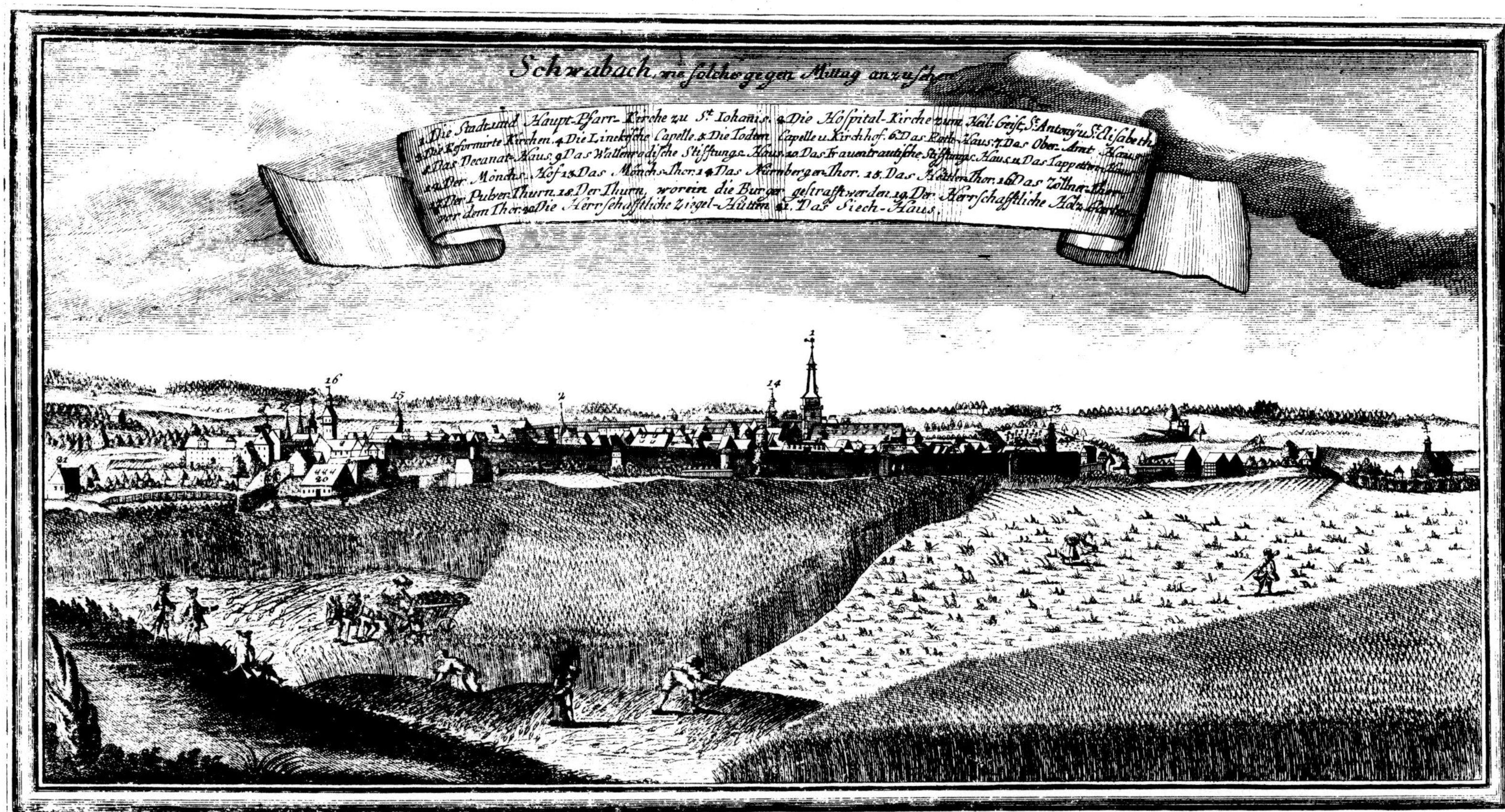

Gesamtansicht, Kupferstich von G. Rams, 1756

Inhaltsverzeichnis

Ortsblatt 1: 2500
Schwabach 1823

Ein Spaziergang
in Wort und Bild
durch
Alt-Schwabach

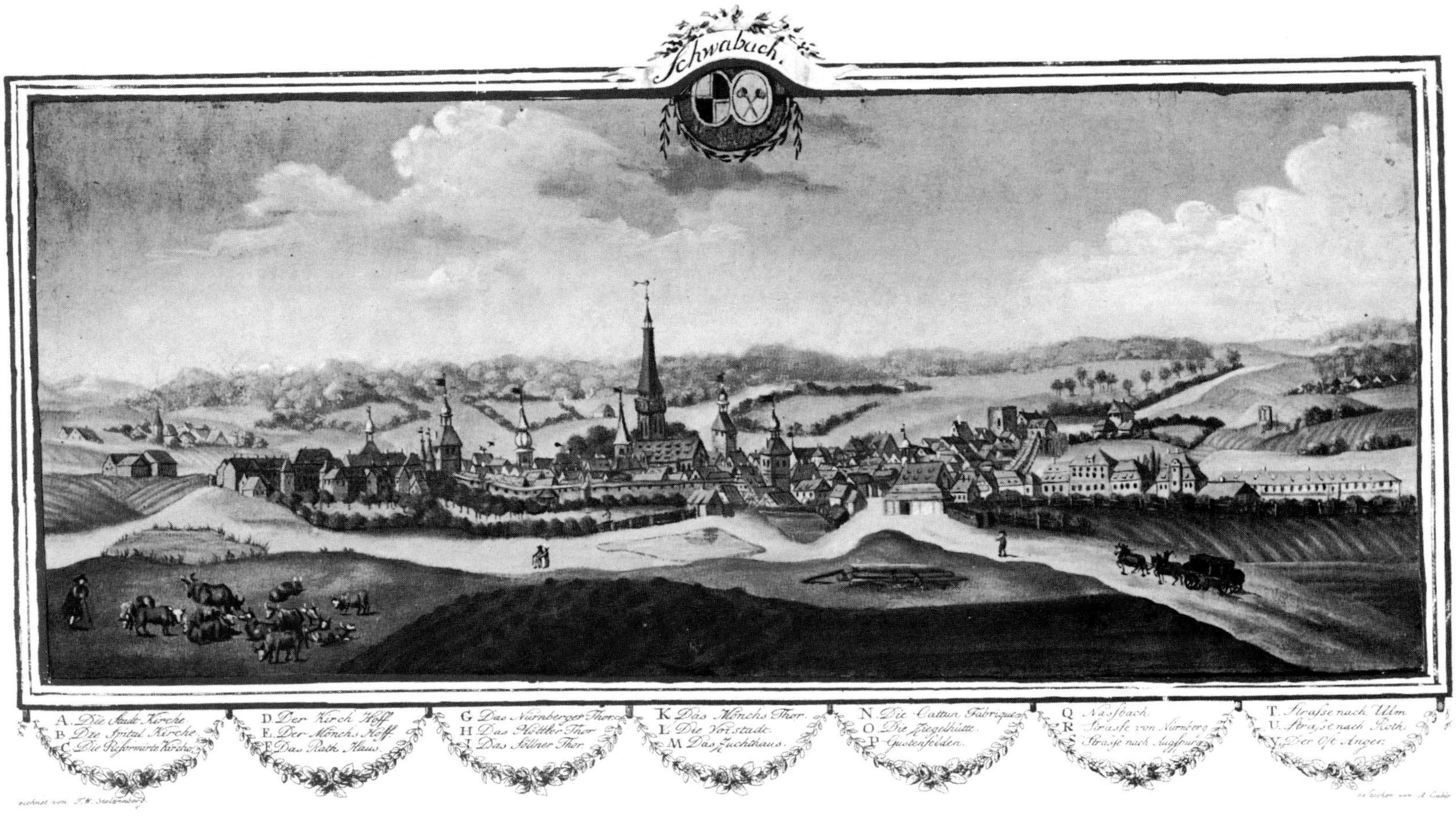

Schwabach, Ansicht der Stadt, Kupferstich von A. Gabler, um 1780

I.
Motive aus dem Schwabach von damals

Schwabach mit Umgebung aus der Vogelschau
Postkarte von 1918

Flugzeugaufnahme von Schwabach
Postkarte von 1920

Wittelsbacherstraße
Postkarte von 1903

Königliches Seminar
Postkarte von 1899

Königliche Lehrerbildungsanstalten
Postkarte von 1903

Königliche Lehrerbildungsanstalt Schwabach, Musiksaal
Postkarte o. J., um 1900

Drittes deutsches Reichswaisenhaus

Turnhalle des TV 1848 an der Jahnstraße

Zöllnertor, um 1873

Zöllnertor
Postkarte von 1927

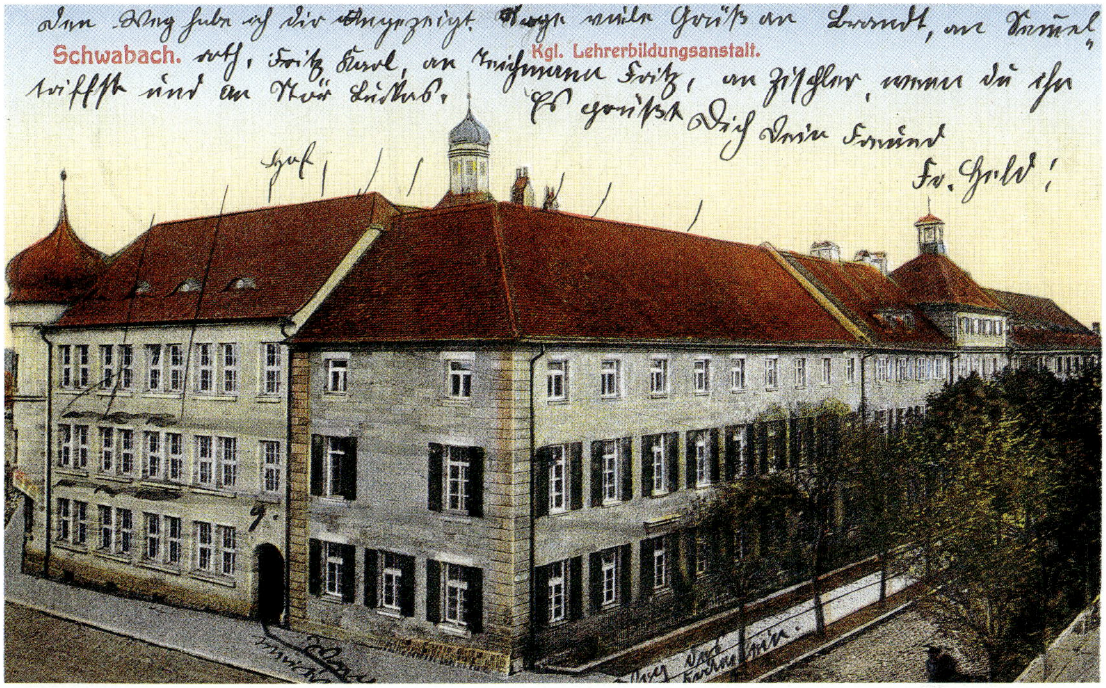

Königliche Lehrerbildungsanstalt
Postkarte von 1910

Stadtteil Boxlohe mit Reformierter Kirche
(„Franzosenkirche"), erbaut 1686/87

Königstraße,
Blick nach Westen zur Franzosenkirche

Königstraße, Tabakanlieferung, 1912

Blick von der Königstraße
– ehemalige Marktstraße –
nach Osten zur Stadtmitte, um 1882

Königstraße
Postkarte von 1938

Anwesen Königstraße Nr. 11, um 1935

Königstraße Nr. 11, nach der Fachwerkfreilegung, 1938

Anwesen Königstraße Nr. 1

Gasthof „Zum weißen Lamm“, Königplatz Nr. 35, um 1920

Anwesen Königplatz Nr. 14
um 1920

Häuserfront am Königplatz, Südseite

Schöner Brunnen
Postkarte von 1901

Marktplatz
Postkarte von 1901

Der Schöne Brunnen
Postkarte von 1923

Marktplatz
Postkarte von 1939

Königplatz mit Schönem Brunnen
Postkarte von 1913

Marktplatz
Postkarte von 1926

Marktplatz mit Gasthaus „Goldener Stern"
Postkarte von 1935

Marktplatz
Bleistiftzeichnung von H. Ensslin, um 1845

Am Königplatz
Postkarte von 1897

Königplatz und Schöner Brunnen
Postkarte von 1904

Stadtkirche, Rathaus und Schöner Brunnen
Postkarte von 1906

Marktplatz
Postkarte von 1915

Marktplatz
Postkarte von 1908

Königsplatz
Postkarte von 1913

Gutschein der Stadt Schwabach von 1918

Marktplatz
Postkarte von 1930

Marktplatz
Postkarte von 1939

Rathaus und Schöner Brunnen
Postkarte von 1937

Marktplatz
Postkarte von 1938

Marktplatz
Postkarte von 1946

Nordwestseite, vom Stadtkirchturm gesehen
Postkarte von 1903

Südostseite, vom Stadtkirchturm gesehen
Postkarte von 1903

Südwestseite, vom Stadtkirchturm gesehen
Postkarte von 1905

Blick auf das ehemalige Rambsengäßchen im Jahr 1906; Abbruch des Wohnhauses Degenbeck 1907 im Zuge der Erweiterung zur Rathausgasse

Rambsengäßchen vor der Erweiterung 1907, Blick nach Süden

Rathausgasse, Arbeiten zur Verbreiterung, 1907

Rathausgasse, 1907

Rathausgasse, von Süden gesehen

Blick von der Rathausgasse nach Süden, 1910

„Schaffnerhof", Königplatz Nr. 25, Linolschnitt (verkleinert) von W. Grimm, 1929

„Roiderer-Turm", Südliche Mauerstraße

„Zweiter Mauerturm", Südliche Mauerstraße

Südliche Ringstraße
Postkarte von 1899

Landeszentralbank mit Luitpold-Schulhaus (links) und Königliches Progymnasium (rechts hinten)

Neues Volksschulhaus
Postkarte von 1905

Luitpold-Schulhaus
Postkarte von 1906

Progymnasium, Südliche Ringstraße 9
Postkarte von 1907

„Adolf-Hitler-Ring"
Postkarte von 1940

Unterer Marktplatz
Gemälde auf Schützenscheibe, 1880

Am Kriegerdenkmal
Postkarte von 1920

Stadtmitte
Postkarte von 1942

Unterer Marktplatz („Martin-Luther-Platz“)
mit Kriegerdenkmal von 1875, um 1910

Stadtpfarrkirche mit Kirchhof und Häuser am Marktplatz, Kupferstich von G. Ch. Wilder, 1850

Anwesen Martin-Luther-Platz Nr. 11

Stadtpfarrkirche
Postkarte von 1907

Königsplatz Nr. 17 (Martin-Luther-Platz), 1910

Martin-Luther-Platz Nr. 9, 11 und 13
nach dem Fliegerangriff vom 12./13. 10. 1941

Blick aus der Ludwigstraße zur Stadtkirche
Postkarte von 1909

Ludwigstraße mit Hauptgebäude des ehemaligen Mönchshofs (rechts)

Ludwigstraße mit katholischer Pfarrkirche

Ehemaliges Mönchstor – 1875 abgebrochen – mit Restaurant „Zur Rose“ und Mönchstorwachthaus, um 1873

Mönchstor
Postkarte von 1909

Zollhäuschen am Mönchstor

Ludwigstraße,
Autorennen vor dem 1. Weltkrieg

Gasthof „Rose“
Postkarte von 1930

Ludwigstraße, vom Martin-Luther-Platz gesehen, 1936

Ludwigstraße mit Blick zur Stadtkirche

Ludwigstraße mit Stadtsparkasse, 1936

Ehemaliges Postamt am Luitpoldplatz

Ludwigstraße mit katholischer Kirche
Postkarte von 1916

Ludwigstraße mit katholischer Pfarrkirche, Amtsgericht und Gebäude der Bezirkssparkasse Schwabach

Ludwigstraße mit Blick auf ehemaliges Amtsgericht (rechts) und 1936 abgebrochenes Geschäftshaus Rosenstein (links vorne)

Ludwigstraße mit Amtsgericht, 1936

Katholische Kirche
Postkarte von 1927

„Ludwigsstraße“
Postkarte von 1899

Ludwigstraße
Postkarte von 1903

Zollhäuschen neben der Dreieinigkeitskirche

Kreis-Krankenhaus
Postkarte von 1943

Gesamtansicht von Westen
Postkarte von 1902

Panorama
Postkarte von 1918

Am Ausfluß
Postkarte von 1898

Am Ausfluß
Postkarte von 1903

Am Ausfluß
Postkarte von 1917

Anwesen Pfarrgasse Nr. 8

Partie an der Schwabach
Postkarte von 1913

Straßenzug Kappadozia nördlich der Sägbrücke
mit 1918 errichtetem Luna-Lichtspieltheater
(Bildmitte)

Kappadozia mit Sägbrücke,
Blick nach Süden

Anwesen Kappadozia Nr. 7

Nürnberger Straße mit Stadtkirche,
Linolschnitt von W. Grimm, 1929

Nürnberger Straße, Blick nach Norden zum Tor, um 1878

Nürnberger Tor, von außen gesehen, Kupferstich von Georg Christoph Wilder, 1830

Altes Nürnberger Thor um 1893
nach einem Aquarell von F. Trost d. Ä.
Postkarte von 1911

Ehemaliges Zollhäuschen am Nürnberger Tor

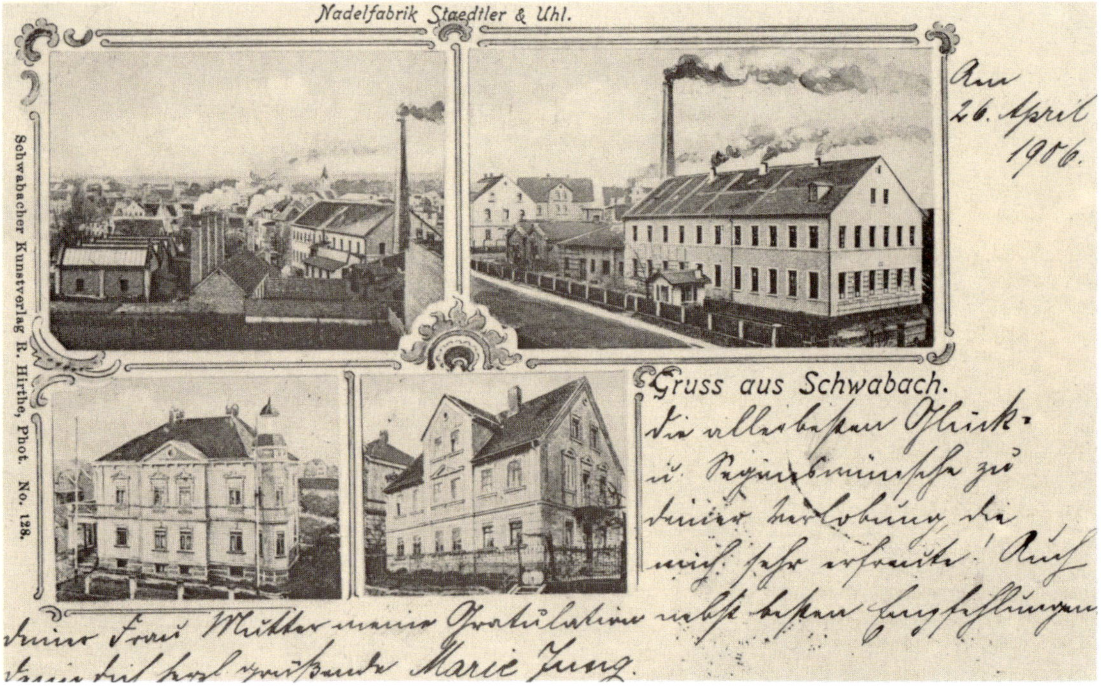

Nadelfabrik Staedtler & Uhl
Postkarte von 1906

Gesamtansicht
Postkarte von 1931

Pinzenberg Nr. 4 bis 8, um 1920

Vorderer Pinzenberg
Postkarte von 1921

Pinzenberg Nr. 36, „Die Hausmeisterei“ mit Hof und Holzgalerien, teilweise zerstört durch den Fliegerangriff vom 12./13. 10. 1941

Ehemaliger Stadtmauerturm, Nördliche Mauerstraße 10

An der Fleischbrücke
Postkarte von 1940

Bachgasse mit breitem Schwabachbett
um 1880

Blick von der Fleischbrücke
Postkarte von 1900

Auf der Fleischbrücke
Postkarte von 1901

Blick von der Fleischbrücke
Postkarte von 1909

Bachgasse mit Spitalkirche
Postkarte von 1935

Bachgasse und Spitalbrücke

Spitalkirche mit hölzerner Spitalbrücke
Kupferstich von G. Ch. Wilder, 1830

Spitalkirche
Postkarte von 1907

Spitalkirche und angrenzende Häuser,
Folgen des Fliegerangriffes vom 12./13. 10. 1941

Blick von der Spitalkirche zur Stadtkirche

Schwabachpartie mit Spitalbrücke und Stadtkirche, um 1930

Wöhrwiese mit Spital- und Stadtkirche
Postkarte von 1910

Wöhrwiese mit der zum Stadtweiher gestauten
Schwabach, Blick nach Osten, um 1930

Wöhrwiese und Stadtweiher, 1930

Ehemaliger Stadtgrabenbereich, gesehen vom Neuen Bau aus

Brücke am Einfluß, errichtet 1880

Partie am Bach – Auf der Aich
Postkarte von 1938

Auf der Aich Nr. 6, um 1885

Auf der Aich Nr. 1
Postkarte von 1901

Hördlertorstraße

Die alte Linde am Hördlertor
Postkarte von 1915

Hördler-Thor
Postkarte von 1907

Alte Linde am Hördlertor
Postkarte von 1912

Gruß aus Schwabach
Postkarte von 1897

Die alte Linde am Hördlertor
Postkarte von 1903

Gruß aus Schwabach
Postkarte von 1906

Die alte Linde
Postkarte von 1943

Gruß aus Schwabach b. Nürnberg
Postkarte von 1910

Partie am Einfluß
Postkarte von 1933

Panorama
Postkarte von 1902

Panorama
Postkarte von 1910

Sommerfrische Eichwasen
Postkarte von 1902

Sommerfrische Eichwasen
Postkarte von 1904

Villa Eichwasen, Tanzdiele
Postkarte von 1935

Blick aus dem Eichenwäldchen zur
Ausflugsgaststätte „Villa Liselotte“

Schwabach, Bahnhofstraße
Postkarte von 1916

Schwanenteich im Stadtpark
Postkarte von 1925

Im Stadtpark
Postkarte von 1943

Bahnhofstraße, nördlicher Abschnitt
Postkarte von 1907

Parkhotel
Postkarte von 1938

Königliches Rentamt, Bahnhofstraße 6
Postkarte von 1907

Bahnhofstraße mit Garnisonsgebäuden
der ehemaligen Reiterschwadron,
Blick nach Norden, um 1905

Wenglein Norica Werk I und Herold Werk II
Postkarte von 1911

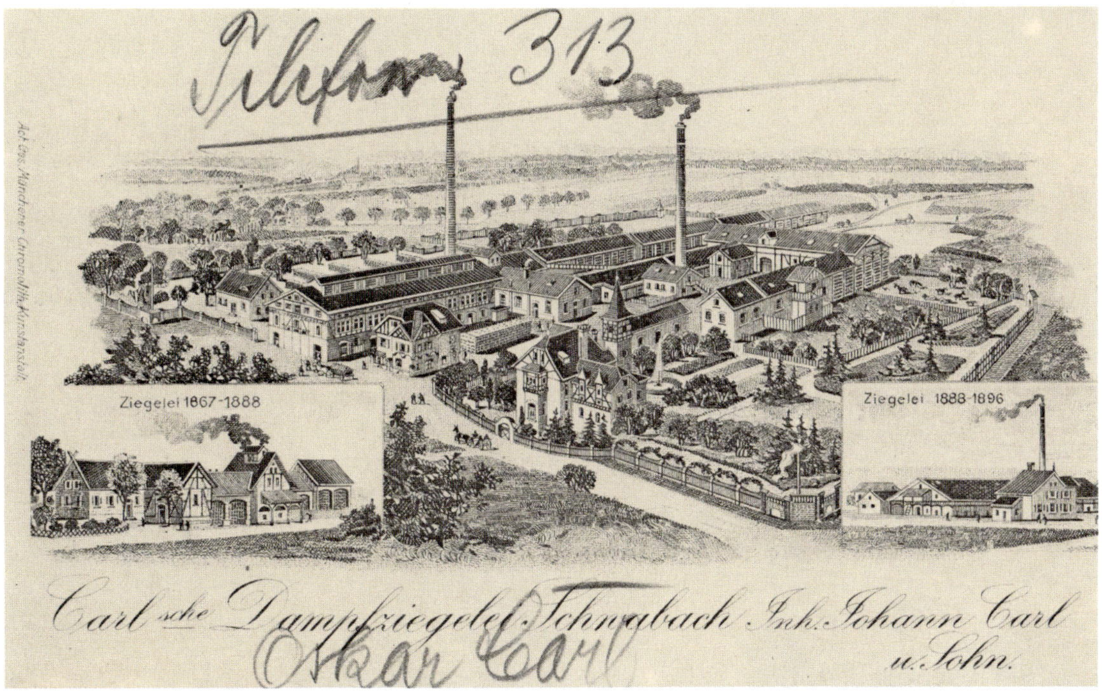

Dampfziegelei Carl, Ziegelgasse,
Blick nach Süden
Postkarte o. J., um 1900

Blick von der Wittelsbacherstraße
Postkarte von 1921

Gruß aus Schwabach
Postkarte von 1897

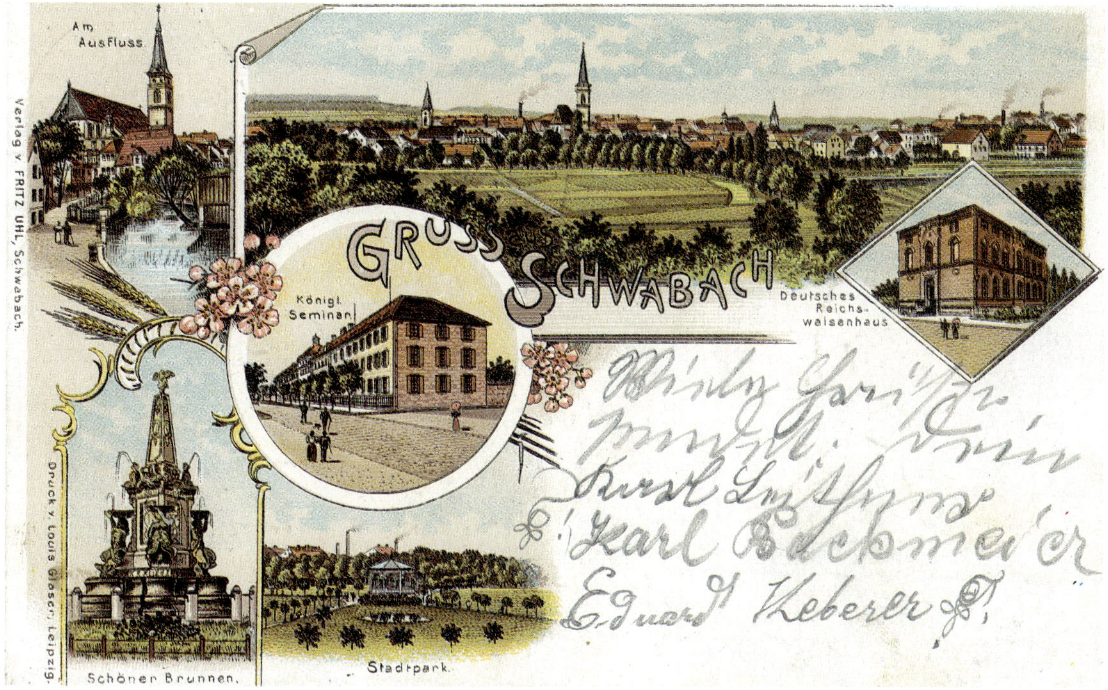

Gruß aus Schwabach
Postkarte von 1898

Gruß aus Schwabach
Postkarte von 1899

Gruß aus Schwabach
Postkarte von 1899

Gruß aus Schwabach
Postkarte von 1900

Gruß aus Schwabach
Postkarte von 1901

Gruß aus Schwabach
Postkarte von 1903

Gruß aus Schwabach
Postkarte von 1917

II.
Beschreibungen der Stadt, ihrer Geschichte und Sehenswürdigkeiten

Schwabach (1802)

Schwabach, *Suabaha*, *Suabacum*, öfters irrig **Schwobach**, gutgebaute, volkreiche und sehr nahrhafte Leg- und Münzstadt im Fürstenthum Ansbach, 3 Stunden von Nürnberg, 8 Stunden von Ansbach. Der durchlaufende Schwabachfluß theilt sie in 2 Theile, von denen keiner ganz eben ist, doch liegt der südliche Theil auf einer weit sanftern Anhöhe, als der nördliche. Die Stadt wird in 4 Viertel, das Nürnberger-, Hödler-, Zöllner- und Mönchsviertel eingetheilt, von welchen auch die 4 Thore den Nahmen führen. Die bekanntesten Straßen sind: die Marktgasse, das Borloch, der Spittelberg, der Kappenzipfel, die Nürnberger Gasse, am Bach, das Silbergäßchen, die Kothgasse, auf der Eich, die Wöhrwiese, die Münzgasse, der Pinzenberg, das Bindergäßchen u. a. m. Die Stadt ist mit einer über 30 Schuh hohen und fünf Schuh dicken Ringmauer, welche oben einen bedeckten Gang und 4 Thüren beym Ein- und Ausfluß der Schwabach mit Aufzuggattern hat, umgeben. Der Stadtgraben nebst dem Wall wurden schon 1744 eingeebnet und Gärten dahin gepflanzet. Die Vorstadt ist neu und hat massive und regulär gebaute Häuser. Nach einer 1737 erhaltenen Begnadigung geniessen die Einwohner derselben verschiedene Freyheit. S. Falkensteins Chronic. Suabac. S. 66.

An öffentlichen Gebäuden findet man daselbst einen schöne große Stadt- und Pfarrkirche, die gegen das Ende des 15 Jahrhunderts erbauet wurde. Der Hauptaltar im Chor prangt mit vielen vortreflichen Malereyen von Wohlgemuths bekannter Meisterhand. Sie kosteten — ein sehr ansehnlicher Preis für die damaligen Zeiten — 600 fl. nebst 10 fl. Leykauf für die Gattin des Künstlers. Nach sind zwey Altäre in dieser Kirche. Der Krispinusaltar ist darum merkwürdig, weil vor den Stufen desselben ehemals nur geschwächte Personen getrauet wurden. Ein Panier, das der tapfere Ritter Götz von Berlichingen den Nürnbergern 1502 bey Affalterbach abgenommen hat, hängt in der Höhe der Kirchenwand. Hin und wieder sind unter demselben alte Grabmäler. Oberhalb der Sakristey wird eine alte Büchersammlung, die aus mehr als hundert großen, theils in Stahl gebundenen Folianten besteht, verwahrt. Es sind darunter sehr viele von den ersten seltenen Drucken, auch mehrere Manuscripte. Sie liegen auf einigen Lesepulten umher und sind mit Ketten an eine oberhalb derselben hinlaufende bevestigt. S. Meusels neue artistische Miscellaneen, Heft I.

Die Leonhardskapelle, ein altes Gebäude, wird jetzt zu einem teutschen Schulhause benutzt.

Der Mönchshof oder die St. Maria Magdalenakapelle gehört der Zisterzienser Mannsabtey Ebrach im Bisthume Würzburg. Ein Ebrachischer Mönch hielt sonst hier Gottesdienst. Jetzt begnügt man sich von Seiten dieses Gotteshauses damit, daß man täglich mit der dasigen Kapellglocke zweymal läuten läßt.

Das Hospital, mit der daran stehenden 1755 wieder ganz neu erbauten Kirche. 1375 stiftete es Hermann Glockengieser.

Die französische reformirte Koloniekirche, 1686 erbaut.

Das Rathhaus, ein altes im Jahre 1509 errichtetes dreygädiges Gebäude auf dem Markte. In dem zweyten Stockwerke hält der Stadtmagistrat und in dem dritten das Stadtgericht seine Sitzungen. An das Rathhaus ist die Frohnveste, welche zu Aufbewahrung der Gefangenen dient, angebaut.

Das Münzhaus, 1734 neu erbaut. Jetzt, da nicht mehr gemünzet wird, soll es verkauft werden.

Das Fleischhaus, 1732 neu aufgerichtet.

Ein vortreflicher Springbrunn, mit verschiedenen Kaskaden und künstlicher Bildhauerey geziert. Er giebt aus 20 Röhren in 24 Stunden 7000 Eymer Wasser.

Außer der Stadt sind noch: die Gottesackerkirche; das Schießhaus; das seit 1756 errichtete weitläufige Zucht- und Arbeitshaus; das daneben befindliche Irrenhaus, vom letzten Markgrafen errichtet.

Die Anzahl der Privatgebäude betrug im Jahre 1795 I) Maßivgebäude 74, nämlich 55 in der Stadt und 19 in der Vorstadt. II) Von Fach- und Reihewerken: 1 vier-, 48 drey-, 340 zwey- und 50 eingädige in der Stadt, dann 6 drey-, 36 zwey- und 28 eingädige Häuser in der Vorstadt und Gärten, zusammen 583 Häuser. 71 Scheunen in der Stadt, 19 in der Vorstadt und Gärten. Der Brandassekurationswerth der hiesigen Gebäude betrug im Jahre 1799 957,350 fl.

Die Volkszahl steigt auf 6558 Einwohner. Nach einer Mittelzahl von den Jahren 1787, 1794, 1795 und 1797 waren der Getrauten 81, der Getauften 254, der Todtgebohrnen 6, der Begrabenen 244, der unter einem Jahre Verstorbenen 79.

Mit Gewißheit kommt Schwabach schon im 11 Jahrhunderte vor, wo eine Gräfin, Reginswint, dasselbe mit mehrern im Rangau gelegenen Gütern dem damaligen Kloster Fulda übergab. Von diesem kam es an die Herzoge von Schwaben und von diesen durch Herzog Friedrich, von Rotenburg genannt, nach der Mitte des 12 Jahrhunderts zu einem Seelengeräthe (ad salutem animae) an das Kloster Ebrach *). Bald darauf wurde es Ebrach wieder entzogen, bis Kaiser Heinrich VI 1193 demselben die Stadt wieder zurückgab. Im Jahre 1281 brachte Kaiser Rudolph I alle dortigen Güter, Leute und Gerechtsame, nur die Pfarrkirche, den Mönchshof und einige Zehnten ausgenommen, von Ebrach durch Kauf an das Reich,

*) Zum neuen Jahre muß jährlich noch der Prälat zu Ebrach dem Amtmann zu Schwabach 2 Kreutzkäse, einen guten Lebkuchen, 2 Sporen, einen Schober Stroh und der Amtmännin einen Beutel, dem Kastner aber 2 Kreutzkäse, ein Paar Sporen, einen guten dicken Lebkuchen und ein Streichtuch geben. S. den angeführten Falkenstein S. 29.

dessen Sohn, König Albrecht I, nachher das Castrum Kammerstein nebst den Villis Schwabach, Altdorf und Heroldsberg im Jahre 1199 an den Grafen Emich von Nassau mit Einwilligung der Kurfürsten gegen 500 Mark Silber versetzte. 1348 belehnte Kaiser Karl der Vierte Grafen Johann von Nassau mit Schwabach und mehrern dort herum liegenden Ortschaften von Reichswegen. Dieser trat 1364 Schwabach, Kammerstein und Kornburg an Burggraf Friedrich den Fünften von Nürnberg in der Eigenschaft eines Reichslehns käuflich ab. 1375 wird Schwabach im Stiftungsbriefe des dasigen Hospitals eine Stadt genannt. 1572 ist sie durch einen fränkischen Kreisschluß auch eine Kreismünzstadt geworden. An Fabriken unb Manufakturen findet man daselbst: Die von den französischen Vertriebenen errichtete Strumpffabrik. Sie verarbeitet jährlich gegen 1300 Zentner Wolle und 800 Zentner Baumwolle und bringt dafür ungefähr 180,000 fl. in das Land. Sie beschäfftigte 1797 35 Fabrikanten, 180 Faconmeister, 126 Gesellen, 38 Lehrjungen, 1450 Hülfsarbeirer, zusammen 1829 Personen. Die Anzahl der Stühle beträgt 406. Die Nadelfabriken ernähren an 600 Personen, brauchen für 36,000 fl. Drath und andere Bedürfnisse. Sie verschliessen jährlich gegen 200,000000 Nadeln und bringen dafür 130,000 fl. ein. Eine neuere Nachricht sagt von diesen Nadelfabriken: Sie kamen im Jahre 1633 aus der Reichsstadt Weissenburg hieher und beschäfftigen gegenwärtig 210 Meister und Witwen, worunter 57 Verleger, deren jeder ein besonderes Zeichen führt, und 153 Heimarbeiter sind, 174 Meistersfrauen, 102 Gesellen, 58 Lehrjungen, 321 Meisterskinder, 30 Meisterstöchter, 30 Schleifer, 80 Dienstmägde zur hellen Arbeit und Schoren, 260 Kinder außer der Zunft zum Nadelbohren, überhaupt 1205 Personen. Sie verarbeiteten im Jahre 1792 750 Zentner Drath für 27,000 fl., wovon sie 2 Drittel aus Altena in Westphalen und 1 Drittel aus der Hüttlingerischen Fabrik beziehen, 8400 Ellen Zwilch aus Schwaben für 980 fl., 1050 Pf. Schmier für 385 fl., 6300 Pfund Fett für 1260 fl. und verfertigten in gedachtem Jahre 142,957,000 runde und Schneidnadeln, am Werth 95,304 2/3 fl., welche nach Frankreich, Italien und die Levante verschickt wurden. Es werden hier alle bekannten Sorten von Nadeln, die Stecknadeln ausgenommen, verfertigt, als 21 Sorten von runden Nähnadeln von Lit. A—S inclusive, alle möglichen Sorten von Schneid- als Segel- Einbind- und Matratzennadeln, in allem 15 Sorten der Größe nach mit 1 bis 15mal A benannt, alle Sorten von Beutler- Kirschner- Schuster- und Tapetennadeln, allerley Stricknadeln und Strumpfwirkerstuhlnadeln. Das Handwerk besitzt eine Schor- oder Poliermühle in Schwabach mit 14 Schorbänken und eine Viertelstunde unterhalb der Stadt die im Jahre 1780 erkaufte Rößleinsmühle mit 8 Schleifsteinen; der Nadelfabrikant Jacobi hat eine besondere Schleifmühle zu Penzendorf, eine Stunde von Schwabach.

Die Verfertigung der Nähnadeln ist selbst in Jacobsons technologischem Wörterbuche so oberflächlich beschrieben, daß ich hoffen darf, den Freunden der Technologie einen Dienst zu erweisen, wenn ich ihnen die Methode beschreibe, deren man sich in Schwabach bedient.

1) Muß der Drath mit dem Kerbeisen nach den Nummern oder A. B. C. ausgekerbt werden.

2) Wird die erste Sorte aufgemacht und dabey gezählt, 1 oben und 2, 3 oder 4 unten in der Hand.

3) Wird dieser Drath ausgestreckt oder mit der Hand grad gemacht.

4) Wird er nach der rechten Länge mit einem Model zugeschnitten, hernach wird der zugeschnittene Drath Schachten genannt.

5) Werden diese Schachten in einen Ring fest gethan.

6) Am Feuer glühend gemacht, und

7) Feuerroth gerippelt.

8) Tausendweis gezählt.

9) Auf der Schleifmühle oben und unten Spitzen daran geschliffen.

10) Hierauf in der Mitte durchschnitten, sodann

11) gefleckt oder oben etwas breit geschlagen.

12) Wieder in einen Ring gethan und

13) im Feuer glühend gemacht.

14) Auf einem Einschlagstock eingeschlagen.

15) Mit Meisel und Hammer ausgehackt.

16) Mit der Säge geweißt;

17) Mit einem Bohrmeisel gebohrt.

18) Wieder in einen Ring gethan und

19) aus dem Feuer glühend gerippelt;

20) mit Leinöl eingeölt, hernach

21) in ein Stoßbrett gethan und zusammengestoßen.

22) Auf ein Brett gelegt und mit Härte, d. i. mit Ochsenklauen und Eyerschaalen bestreut, welches

23) wieder auf die nämliche Art geschieht.

24) In einen Scherben oder viereckigten Topf gethan. Dieser wird mit Thon umschlagen, verschmiert,

25) in ein Kohlfeuer so lang bis sie weiß aussehen, und alsdann

26) in einen Kübel Wasser gesetzt. Alsdann werden die Nadeln

27) beym Feuer in einer Pfanne abgetrocknet. Hierauf

28) wieder in ein Stoßbrrtt gethan und zusammengeglichen, alsdann

29) auf einem Tisch die krummen von den geraden abgesondert.

30) Wieder in eine Pfanne gethan und auf dem Kohlfeuer mit Schmalz abgelassen,

31) in einem Stoßbrett wieder zusammengestossen,

32) in einem Kasten in Tücher gelegt und Sand und Schmalz daran gethan, dann

33) zu einem Ballen eingedrehet, welcher

34) gebunden, verstrickt, auf die Schormühle getragen und unter die Schorbank gerichtet wird. Hier muß

35) der Ballen fleißig umgewandt werden, damit derselbe nicht auf der einen Seite besser als auf der andern geschort werde,

36) in 12 oder 14 Stunden geschmalzen und

37) wieder verstrickt werden. Dieß wird

38) nach 10 Stunden noch einmal und

39) zwey Stunden, ehe er nach Hause getragen wird, zum letztenmal wiederholt.

40) Nach diesem wird der Ballen nach Hause getragen,

41) aufgeschnitten,

42) die Tücher fleißig ausgeklaubt,

43) hernach die Nadeln in ein Faß gethan und gescheuert.

44) Aus dem Faß kommen sie in eine Mulde, wo sie

45) ausgeschwungen oder von der Kleie abgesondert und

46) wieder zusammengestossen werden. Hierauf werden die Arbeiten von 32 bis 46 wiederholt, welches schon

60) Arbeiten sind. Dann werden die nämlichen 14 Geschäfte wieder, aber anstatt Sandes bloß mit Schmalz vorgenommen, welches

74) Arbeiten sind. Dann werden diese Geschäfte noch einmal, aber anstatt des Schmalzes blos mit Kleien wiederholt, welches mithin

88) Arbeiten ausmachen. Hierauf werden die Nadeln

89) wieder zusammengestossen und in papierne Kästchen gethan.

90) Die Sorten wieder auseinander gethan,

91) angeglichen,

92) die Spitzen ausgesucht, daß keine stumpfen darunter sind.

93) Hernach werden die Spitzen brounirt, d. i. zugeschliffen.

94) Zuletzt hundertweis gezählt, die Hunderte mit Zeichen versehen und auf Tausende gepackt.

Die feine Zitz- und Kottonfabrik. Durch einen Vorschuß des damaligen Landesherrn wurde sie 1766 von einem Herrn Stirner errichtet. Sie ernährt über 700 Personen an Spinnern, Webern und Brödlingen und bringt jährlich ungefähr 100,000 fl. in Umsatz, indem sie gegen 7000 Stücke verfertigt. Sie besteht gegenwärtig unter der Firma: Stirners Witwe und Dargler, und hat außer dem Hauptgebäude und einem Wirthshause viele Nebengebäude, welche vor dem Mönchsthore gleichsam eine kleine Vorstadt bilden.

Diese Fabrik fabrizirte im Jahre 1792 8000 Stück Diversekottone, am Werth für 93000 Gulden und verbrauchte dazu:

250 Zentner Baumwolle aus Mazedonien, Smirna, Salonichi, Cyprien, aus Wien, Triest und Venedig, à 62 fl.	15,500 fl.
Kartetsch- und Spinnerlohn davon - à 50 fl.	12,500 fl.
Weberlohn davon 8000 Stück à 1 1/2 fl.	12,000 fl.
Bleicherlohn à 1/4 fl.	2000 fl.
Zu Drucken, Färben, Malen, Pressen à 2 fl.	16,000 fl.
100 Eymer Weinessig zum Farbenansatz à 8 fl.	8000 fl.
100 Eymer Bieressig à 2 fl.	200 fl.
40 Zentner weisse Stärke à 12 1/2 fl.	500 fl.
500 Klafter Brennholz und Stöcke à 4 fl.	2000 fl.
150 Zentner Krapp zum Färben à 40 fl.	6000 fl.
60 Zentner Gummi à 80 fl.	4800 fl.
Diversefarbwaaren und Materialien	1600 fl.

Sie beschäfftigte damals 16 Personen zum Reinigen und Schlagen der 250 Zentner Baumwolle, 30 zum Kartetschen, 260 zum Spinnen und Haspeln, 6 zum Kartetschenmachen, 4 Schreiner, die Mödel und Kisten herzurichten, 8 Modelschneider und Zeichner, 24 Bleich- und Farbknechte, 40 Webermeister, Gesellen und Lehrpursche, 40 zum Spulen, Zetteln u. s. w. 30 Druckergesellen, 40 Druckerjungen und Mädchen, 40 Jungen zum Farbstreichen, 30 Weiber und Mädchen zum Malen, 52 Handwerksleute, Taglöhner, Knechte und Mägde, zusammen 600 Personen. Gegenwärtig sind in dieser Fabrik 50 Weberstühle, 50 Drucktische, 30 Spinn- und 4 Kartetschenmaschinen; vor dem Kriege stieg der Werth der jährlich ins Ausland verkauften Waaren gegen 60,000 fl., gegenwärtig beträgt er aber nur 40,000 Gulden.

Fremden und einheimischen Taback verarbeiten die dasigen Manufakturen gegen 8000 Zentner jährlich und veranlassen dadurch einen Umlauf von etwa 60,000 Gulden. Dagegen sagt eine andere Nachricht: Die Tabackmanufakturen haben im Jahre 1790 3760 Zentner Taback und Geitz, deren Werth 18,250 fl. betrug, fabrizirt, und gegen 100 Menschen beschäfftigt. Der Werth der Fabrikate belief sich damals auf 26,000 fl. Die berühmtesten Tabacksfabrikanten sind dermal: Wilhelmi, Kienzler, Bestelmeier.

Gold-, Silberdrath und Tressenmanufakturen sind in Abnahme, seitdem die Höfe sich bey diesem Artikel des Luxus der Sparsamkeit befleißigen und der Verschluß in das Bayerische und die Oestreichischen Staaten gehemmt ist. Sie beschäfftigt 35 Personen und verarbeitet jährlich 600 Mark Silber, 250 Dukatengold, 150 Pfund Seide 2c., überhaupt für 18,900 fl. ausländischer Materialien. Der Werth der Fabrikate beträgt ungefähr 21,600 fl., wovon für 21000 fl. im Lande abgesetzt, für 19,500 fl. aber ins Ausland, vorzüglich nach Italien und Spanien verschickt werden.

Die Leonischen Drathfabriken tragen jährlich gegen 30,000 fl. ein, wovon nur die Hälfte Arbeitslohn ist. Dagegen sagt eine neuere Nachricht: Die Leonische Drathfabrik, welche dem Herrn Verwalter Berger zusteht und 57 Arbeiter hat, verbraucht jährlich für 300 Zentner Kupfer, welches 18,500 fl., 175 Mark Silber, welches 4500 fl., zusammen also 23,000 fl. beträgt. Sie verfertigt jährlich für 28,300 Gulden Waaren, wovon für 8800 fl. im Lande, für 19,500 fl. auswärts und zwar mehrentheils über Basel nach Frankreich und Italien debitirt werden.

Die Leonische Drathfabrik des Kommerzienkommissärs, Herrn David Friedrich Beck, beschäftigt gegen 100 Personen. Sie braucht jährlich an Kupfer, welches sie meistens aus Tyrol erhält, 400 Zentner, welches 28,000 fl. betragen, 375 Mark geschlagenes feines Silber, welches sie aus Nürnberg bezieht, für 8775 fl., an Holz und Kohlen für 1500 fl., zusammen also für 38,275 fl. Materialien. Ihre Fabrikate, am Werth 53,275 Gulden, gehen nach Frankreich, Italien, Spanien und der Levante.

Die Siegellakfabrik, welche Herrn Johann Michael Schlötzer zusteht, verfertigt jährlich bey 40 Zentner und bedarf für 3541 fl. an Siegellak, Zinnober u. a. ausländischer Materialien. Das verfertigte Siegellak beträgt am Werth 4171 fl. und kommt ins Ausland. Auch fabrizirt Herr Bürgermeister Schalkhäuser viel Siegellak.

Die Kottonpapierfabrik des Hrn. Johann Christian Schleich ernährt 30 Menschen, verarbeitet 300 Ballen Papier. Der Werth der inländischen Materialien beträgt 200 fl., der ausländischen 4000 fl., der Fabrikate 9000 fl.

Das Totale sämtlicher hiesigen Fabrikate betrug im Jahre 1792 600,650 2/3 fl., wovon für 542,985 2/3 fl. außer Landes abgesetzt und für 57,965 fl. im Lande verkauft wurden. Die hiezu verbrauchten Materialien beliefen sich auf 291,846 fl., wovon für 217,651 fl. aus dem Auslande und für 74,195 fl. an inländischen Produkten gekommen, welche Fabrikate an Meistern, Gesellen und Hülfsarbeitern bey 3755 Personen beschäfftigen.

Hierunter waren folgende noch nicht begriffen:

Eine Brillenglasschleiferey in dem Zuchthause, worinn für Rechnung des Herrn Bergers jährlich bey 400 Kisten Gläser von Züchtlingen geschliffen werden.

Eine Lichter- und Seifenfabrik des Herrn Strumpffabrikanten Schneider in der Vorstadt.

Unter den übrigen vorzüglicher Aufmerksamkeit würdigen Arbeitern zu Schwabach sind: Der Holz- Bein- und Metalldrechsler, der Rothgiesser, der Zirkel- und Aalenschmied. Die Zirkelschmiede verfertigen auch alle Sorten metallener Schuhschnallen, die Aalenschmiede hingegen die sogenannten Maultrommeln. Man rechnet, daß dadurch gegen 30,000 Gulden eingebracht werden, wovon 2 Drittel bis 3 Viertel für Arbeitslohn gerechnet werden darf.

Im Jahre 1795 war die Anzahl der hiesigen Handwerker folgende:

	Meister	Ges. und J.
Bäcker	14	22
Beutler	2	5
Bierbrauer (rothe)	44	—
— (braune)	3	—
Böttcher	17	9
Buchbinder	3	—
Büchsenmacher	1	2
Conditor	2	2
Drathzieher	27	91
Drechsler	11	10
Färber	3	1
Flaschner	3	1
Glaser	3	—
Goldschläger	1	2
Goldschmiede	2	2
Gürtler	1	—
Hutmacher	2	—
Kammmacher	1	1
Kürschner	2	—
Knopfmacher	2	2
Kupferschmiede	2	1
Lebküchner	4	1
Leineweber	31	40
Lichterzieher	16	2
Lohgerber	3	—
Maultrommelmacher	1	—
Maurer	4	12
Messerschmiede	1	1
Metzger	27	28
Nadler	184	154
Nagelschmiede	2	—
Perückenmacher	3	1
Pflasterer	1	1
Posamentirer	20	12
Riemer	1	1
Sattler	6	2
Schlosser	5	3
Schmiede	6	8
Schnallenmacher	1	—
Schneider	24	24
Schornsteinfeger	1	3
Schreiner	10	7
Schuhflicker	2	—
Schuhmacher	31	30
Seiler	7	2
Strumpfwirker	228	171
Töpfer	5	3
Tuchmacher	25	15
Uhrmacher	2	3
Wachstuchmacher	1	—
Wagner	4	3
Weißgerber	4	2
Windenmacher	1	2
Zimmerleute	5	18
Zinngiesser	2	—

Zu den beträchtlichsten Gewerben dieser Stadt gehören die Bierbrauer. Die Zahl der rothen Bierbrauer ist dermal 44, der weissen 3. Diese lassen alles Bier in 9 Brauhäusern durch eben so viele Braumeister brauen. An rothem Bier wurden gebraut: im Jahre 1784 748 Sud zu etlich u. 40 Eym.

— 1785 807 —
— 1786 742 —
— 1787 786 —
— 1788 766 —
— 1789 692 —
— 1790 679 —
— 1794 701 = u. 64 1/2 Sud weissen Biers.
— 1795 673 = u. 45 1/2 Sud weissen Biers.

Das feine weisse Mehl macht auch einen beträchtlichen Nahrungszweig der Einwohner aus, die es bis Hamburg und Danzig versenden.

Der Handel ist, denjenigen ausgenommen, welcher mit hiesigen Fabrikaten von den Fabrikanten selbst getrieben wird, wegen der Nähe von Nürnberg nicht beträchtlich, und hat besonders dadurch, daß vor ungefähr 150 Jahren die Straße nach Strasburg durch die vom Kloster Heilsbronn nach Nürnberg chausseemäßig hergestellte Poststraße abgeleitet worden ist, beträchtlichen Nachtheil erlitten.

Im Jahre 1792 waren hier 2 Eisenhändler und 24 Spezereyhändler, welche nebst den Handelsjuden für ungefähr 600 fl. inländische Waaren, zusammen also für ungefähr 64,000 Gulden Waaren absetzten.

Die Stadt hat 8 Jahrmärkte und 2 Wochenmärkte.

Die hiesige Elle hält 301 1/2 französische Linien, mithin 25 1/2 F. L. mehr, als die Ansbachische. Das Handelsgewicht ist mit dem Nürnberger gleich, das Pfund hält 10,680 Zoll. Als: das Getreidemaas ist folgendes: ein Simra glatte Frucht (als Korn, Weitzen, Erbsen, Linsen u. s. w.) hält 14 Karr, 1 Karr 1 Metze und 4 Maas oder 20 Maas, das Maas 65 französische Kubikzoll, mithin 1528 F. K. Z. mehr, als das Ansbachische. Die Simra rauhe Frucht aber (als Dinkel, Gerste und Haber) hat 16 Karr, 1 Karr 2 Metzen 1/2 Maas, also 33792 F. K. Z. oder 3720 F. K. Z. weniger, als in Ansbach.

Man rechnet jetzt die Summe des für ausgehende Manufakturwaaren jährlich in Schwabach eingehenden Geldes beynahe auf 570,000 fl.

Hier ist auch eine Reichspost. Eine Buchhandlung und Buchdruckerey dürfen nicht vergessen werden. Eine gewisse Gattung Drucklettern, Schwabacherschrift genannt, soll hier am ersten gegossen worden seyn. Im Jahre 1528 wurden hier die bekannten Schwabacherartikel von einigen allhier versammelten Brandenburgischen und Nürnbergischen

Theologen entworfen. 1632 wurde die Stadt von dem kaiserlichen General Tilly eingenommen und geplündert.

Wenn man die gegenwärtige Anzahl der hiesigen Einwohner 6558 mit der Häuserzahl 583 vergleicht, so kommen auf ein Haus 12 Einwohner. In den Jahren 1787, 1794, 1797 zählte man hier:

I. Vom Civilstande inklusive der Eximirten:	1787	1794	1795	1797
Wirthe	1248	1272	1275	1413
Wirthinnen	1398	1420	1424	1702
Kinder und Anverwandte	2496	2857	2820	2841
Lohnleute und Gesinde, so unter den übrigen als Kinder und Verwandte noch nicht aufgeführt sind:				
a) Skribenten	10	—	—	11
b) Gesellen	414	321	338	212
c) Diener u. Knechte	67	69	66	72
d) Jungen	—	159	137	55
e) Mägde	383	346	323	263
Summe des Civilstandes		6457	6394	
II. Vom Militärstande				
Männer	—	10	10	
Weiber	—	9	9	
Kinder oder Verwandte				
a) männlichen,		9	10	
b) weiblichen Geschlechts		6	8	
Diener und Knechte	—	—	—	
Mägde	—	—	—	
Summe des Militärstandes		34	37	
Summe beyder Stände		6491	6431	6558

Die Mittelzahl ist der Getrauten 81
— Getauften 254
— Todtgebohrnen 6
— Begrabenen 244
— unter einem Jahre Verstorbenen 79.

Schwabach (1832)

I. Topographische Gegenstände

A. Wohnorte.

Schwabach, Stdt. 558 H. 3 Pfarrkirchen, 1 Filialkirche, 4 Pfarrhäuser, 1 Rathhaus, 1 Posthaus, 3 Schulhäuser, 1 bürgerliches Krankenhaus, 1 Armenhaus, 45 Bräuhäuser, 66 Branntweinbrennereyen, 15 Weinwirthshäuser, 52 Bierwirthshäuser, 1 Strafarbeitshaus, 1 Abdecker, 2 Ziegelhütten, 3 Getreidemagazine, 6 Mühlen, (darunter die Rohrersmühle, Rösleinsmühle und Rennmühle,) (17 Mahl- 2 Schleif- 3 Schneidgänge,) an der Schwabach, 10 Tuchfabricken, 10 Wollen Fabricken, 1 Kattunfabrick, 40 Nadelfabricken, 8 Tabacksfabricken, 1 Wachstuchfabrick, 1 Messingdrathfabrick, 1 Metallknöpffabrick, 1 Gold und Silberschlagerey, 2 Leinwandbleichen.

Lage.

Nach dem Meridian von Ferro
49° 19' 47, 3" nördliche Breite,
28° 41' 08, 2" östliche Länge.
Nach dem Münchner nördlichen Frauenthurm
– 0° 33' 06, 8" westliche Länge.
Nach der alten Sternwarte
– 0° 34' 47, 8" westliche Länge.
Höhe über der Meeresfläche, 1065 bayr. oder 957 par. Fuss.

Vorzügliche Gebäude.

Die Stadt u. Pfarrkirche, erbaut gegen das Ende des 15ten Jahrhunderts.
Der Mönchshof, oder die Maria Magdalena Capelle.
Das Hospital mit der daranstehenden 1755 neu erbauten Kirche; wurde 1375 von Hermann Glockengiesser, gestiftet.
Das Rathhaus, erbaut in I. 1509.
Das ehemalige Münzhaus, neu erbaut 1734.
Das Fleischhaus, 1732 neu aufgerichtet.
Andere Merkwürdigkeiten. S. H. M.

II. Historische Merkwürdigkeiten

Schwabach. Das Alter der Stadt ungewiss, der gemeinen Sage nach, soll die St. Maria Magdalena Capelle, oder der noch stehende Mönchshof, die ersten auf diesem Platze vorhandenen Gebäude gewesen seyn.

Zu Ende des 10ten Jahrhunderts hat angeblich eine Gräfin Regiswind diesen Ort nebst mehreren Andern in Pago Rangeve (Rangau) dem Kloster Fulda geschenkt, von welchen solcher dann an die Herzoge von Schwaben gelangte.

Herzog Friedrich I., genannt von Rotenburg, schenkte selben dem Kloster Ebrach.

Kaiser Friedrich IV. kauft ihn diesem Kloster ab, und beschenkt solches 1193. wieder damit.

Bis zum Jahre 1278. bestätigten alle nachfolgende Kaiser, genanntes Kloster in diesem Besitze.

1281. bringt Kaiser Rudolph I. denselben käuflich an sich.

1299. verpfändet Kaiser Albrecht I. die Stadt mit Einwilligung aller Churfürsten an Graf Emich von Nassau.

1329. wird der Ort wiederholt von Kaiser Ludwig dem Bayer, an genannten Grafen von Nassau verpfändet und kömmt in der desshalb ausgestellten Urkunde als eine Hofmark vor.

1348. belehnt Kaiser Carl IV. den Grafen Johann von Nassau damit.

1364. verkauft dieser die Hofmark, als Reichslehen an Burggraf Friedrich V. von Nürnberg, welcher den Ort zur Stadt erhebt.

1375. In der Stiftungs-Urkunde des dortigen Hospitals, kömmt er zum erstenmal in dieser Eigenschaft vor.

Zur selben Zeit verpfändet Burggraf Friedrich dieselbe seinem Tochtermann, dem Pfalzgrafen Rupprecht.

1384. ertheilt gedachter Pfalzgraf der Stadt die hohe Gerichtsbarkeit.

1404. löst der Burggraf Friedrich VI. von Nürnberg dieselbe von dem Pfalzgrafen, damaligem Römischen König Ruppert, wieder ein.

Die Markgrafen von Brandenburg errichteten dortselbst eine Münzstadt und es kömmt.

1490. ein Hans Rosenberger als erster Münzmeister vor.

In eben diesem Jahrhundert wurden hier öfters die Kaiserlichen Landgerichte gehalten.

1508. wurden die ersten Juden aufgenommen und denselben freye Religionsübung gestattet.

1524. Einführung der evangelischen Lehre.

1529. wurden hier die, in der Kirchengeschichte bekannte Schwabacher Artickel entworfen.

1547. vom 6ten bis 18ten July befanden sich Churfürst Johann Friedrich von Sachsen und Landgraf Philipp von Hessen, nach ihrer Gefangennehmung in der Schlacht bey Mühlberg, hier in Gewahrsam.

1572. ward die Stadt durch den fränkischen Kreisschluss zu Kreis-Münzstatt erhoben.

1598. Ankunft und Kolonisirung vieler, nach Aufhebung des Edicktes von Nantes vertriebener Franzosen.

In diesem Jahrhundert erscheint zuerst die sogenannte Schwabacher Schrift in der Buchdruckerkunst.

1686, 1735 und 54 erhielten die eingewanderten Franzosen, viele politische und kirchliche Freyheiten bewilligt.

1687. wird selben eine eigene neue Kirche erbaut.

1632. 22. März. Ankunft des Königs von Schweden. Marsch der Schwedischen Armee gegen Neumarkt.

1632. 1. July. Einnahme und Plünderung der Stadt durch die Kai-

Truppen.

Während dem Wallensteinischen Lager auf der alten Veste bey Nürnberg, bleibt der Ort von den Kaiserlichen besetzt.

1732. grosse Verheerung der Stadt und Umgegend durch Ueberschwemmung.

1744. wurden die Wälle und Gräben eingeebnet, und in Gärten umgewandelt.

1805. Rückzug der von Ulm kommenden ösertreich'schen Reuterey, unterm' Kommando des Erzherzogs Ferdinand, durch die Stadt.

In der dortigen Pfarrkirche befindet sich ein Pannier, welches Götz von Berlichingen den Nürnbergern, 1502 in einem Treffen bey Afalterbach abgenommen.

Schwabach (1852)

Schwabach (Suabaha, Suabacum), gewerbreiche Stadt an der Schwabach, von der sie in 2 Theile getheilt wird, 957′ über dem Meere nahe an der Eisenbahn gelegen, mit 1663 Familien, 6861 Einwohnern

und 994 Gebäuden, ist der Sitz eines k. Landgerichts, eines Rent-, Forst- und Hallamtes, einer protestantischen und einer reformirten Pfarrei, eines Decanats, einer Curatie, einer lateinischen Schule, einer Gewerbsschule, besitzt ein Hospital, ein Rathhaus, 3 Kirchen, mehrere königliche, städtische und Stiftungsgebäude und einen Flächeninhalt von $0,_{153}$ □Meilen; Fabrikation der Nadeln (in einer Woche gegen 4,000,000 Stück nur gemeiner Nadeln), von leonischem und Silber- und Golddraht, Wachstuch, Maultrommeln, Zitz, Kattun, Spielkarten, Siegellack, Taback, Papier, Treffen, Bierbrauereien, Bleichen ꝛc. sind die Hauptnahrungsquellen der fleißigen und betriebsamen Bevölkerung; die Stadt hat 8 Jahr- und 2 Wochenmärkte.

An Gebäuden sind sehenswerth: die schöne große am Ende des 15. Jahrhunderts gebaute Pfarrkirche mit Gemälden von Wohlgemuth; das 1509 erbaute Rathhaus mit der Frohnveste; ein Springbrunnen; mehrere ansehnliche Fabrikgebäude.

Die Stadt wird schon im 11. Jahrhunderte genannt, als eine Gräfin Reginswint dieselbe mit mehreren Gütern dem Kloster Fulda übergab. Von diesem kam sie an die Herzoge von Schwaben und von diesen durch den Herzog Friedrich von Rothenburg nach der Mitte des 12. Jahrhunderts (circa 1160) als Seelgeräthe an das Kloster Ebrach, dem sie aber wieder entzogen, von Kaiser Heinrich VI. 1193 restituirt wurde, welch' neuen Erwerb 1200 König Philipp bestättigte. 1281 kamen durch Kaiser Rudolph I. alle dortigen Güter, Leute und Gerechtsame, nur die Pfarrkirche, der Zehent und der Mönchshof ausgenommen, von Ebrach mittels Kauf an das Reich, durch seinen Sohn König Albert I. aber der Ort mit der Festung Kammerstein, Altdorf und Heroldsberg an den Grafen Emich v. Nassau in Pfandsweise. 1348 belehnte Kaiser Karl IV. mit demselben und mehreren nahen Ortschaften den Grafen Johann v. Nassau.

Schwabach (1868)

Schwabach (Suabaha), an der Schwabach (dem Sualabach im Sualafeld). Andere leiten den Namen von Suab, Suewen oder Schwaben ab, die sich hier angesiedelt, (Förstemann II. 1340). Es geht die Sage, daß die St. Maria-Magdalenen-Kapelle mit dem Mönchshof (jetzt Gasthaus zum goldenen Engel das erste Gebäude gewesen sei, in dessen Nähe dann drei Höfe gebaut wurden: der Wittum, oder das Pfarr-Widengut, der Kapellen-Zipfel und der Stranghof, worauf die übrigen Ansiedelungen folgten. Auch der hohenstaufische Herzog Friedrich, genannt von Rothenburg, weil er daselbst residirte, nachmals Kaiser Friedrich Barbarossa, hatte eine Domäne in Schwabach und stiftete sie, nebst der Pfarrei, zum Kloster Ebrach. Obwohl sich das Jahr nicht bestimmen läßt, ist es doch — wie Schütz sagt — aus sicheren Urkunden zuverlässig bekannt. Derselbe führt die Worte an: Praedium in Suabach cum ejusdem loci parochia. Im Jahr 1193 wurde diese Stiftung von Kaiser Heinrich VI. bestätigt und Swabach in des Reiches Schutz aufgenommen. Das Gleiche thaten seine Nachfolger Philipp von Schwaben im Jahr 1200, Friedrich II. 1212 und 1237, Konrad IV. 1240 und Rudolph I. von Habsburg 1278.

Dieser letztgenannte Kaiser war es, der im Jahre 1281 Schwabach von dem Kloster Ebrach um 750 Pfund Heller loskaufte; jedoch behielten sich Abt und Convent die Pfarrkirche zu Schwabach mit ihren Einkünften, nebst dem Zehnten und dem Klosterhofe vor.

Von den Hochfreien, die sich in Schwabach aus der Zahl der Gemeinfreien und Hörigen erhoben, sind uns folgende überliefert: Conrad von Schwabach v. J. 1163; Ramungus de Schwabach 1213; und zwei Chorherren zu Spalt: Friedrich von Schwabach und Johannes de Schwabach 1454. Die Vogtei über Schwabach wurde indessen von den Herren von Kammerstein ausgeübt, deren Veste (castrum) nur eine Stunde entfernt lag. Als ein solcher Advocatus oder Schirmvogt von Schwabach kommt 1278 Ramungus Senior de Cammerstein vor, der zugleich kaiserlicher Ministerial war (Imperialis aulae Ministralis). Derselbe übergab zwar i. J. 1290 seinen Novalzehnten und andern Zehnten zu Schwabach dem Kloster Ebrach zu einem Seelgeräth; der Ort selbst blieb aber doch unter der Botmäßigkeit der Herren von Cammerstein, und wurde mit dieser Veste und den Orten Altdorf und Heroldsberg, die ebenfalls Reichsdomänen waren, von Kaiser Albrecht von Oesterreich im Jahre 1299 an die Burggräfin Anna von Oesterreich, Gemahlin des Grafen Emicho von Nassau, verpfändet, unter schriftlicher Zustimmung der Kurfürsten, für 2000 Mark Silber im Ganzen. In der Urkunde heißt es: castrum Chammerstein et villas Suapach, Altdorf et Heroldespach. Diese Pfandsumme wurde i. J. 1329 von Kaiser Ludwig dem Bayern noch um weitere 2000 Mark Silber erhöht, und für Kammerstein ganz besonders noch um 500 Pfund Heller.

Schwabach und Altdorf werden in diesem Diplome schon Hofmärkte genannt. Im Jahre 1348 wurde Johannes, Sohn des Grafen Emicho von Nassau und seiner Gemahlin Anna von Nürnberg, förmlich von Kaiser Karl IV. mit der Reichsburg Kammerstein und den Märkten und Dörfern Schwabach, Heroldsberg, Kornburg, Altdorf u. s. w. belehnt; jedoch trat derselbe i. J. 1364 Schwabach, Kammerstein und Kornburg dem Burggrafen Friedrich V. von Nürnberg um 15,400 Heller ab. Zwanzig Jahre später erhielt Schwabach ein Halsgericht, und 1398 wurden dem Burggrafen von dem Kloster Ebrach auch die noch übrigen Zinsen und Güter des Klosters in Schwabach abgetreten.

Obwohl dieser Ort damals schon sehr empor kam, und besonders seine Messer- und Klingenschmiede berühmt wurden, wie auch seine Walkmühlen und sonstigen Gewerbe; so hatte das burggräfliche Pflegeramt doch seinen Sitz in Kammerstein, und wird als Pfleger daselbst aus dem Jahre 1340 Otto von Kipfenberg genannt.

Dagegen wurde die schon 1193 bestandene Kirche zu Schwabach mit Stiftungen bereichert von der Gräfin Anna von Nassau und ihren Söhnen Johann und Emicho, als ihnen Schwabach verpfändet war, deßgleichen von der Bürgerschaft, von Friedrich Link, von Elisabetha Gabler, verwittweter Bürgersfrau aus Nürnberg, und von Johann von Wallenrod, erstem markgräflichen Amtmann zu Schwabach, von dem eine ansehnliche Pfründe gestiftet wurde, und dessen Bildniß in der später (1469—1495) erbauten prachtvollen Kirche noch jetzt in Ehren gehalten wird. Im Jahre 1375 erwarb sich auch der Nürnberger Bürger Hermann Glockengießer mit seiner Ehefrau Elisabeth ein großes Verdienst um Schwabach durch die Stiftung des Hospitales und der würdigen Kirche dazu, deren Fond später von dem frommen Kastner Johann Frauentraut in Schwabach ansehnlich vermehrt wurde. Die i. J. 1833 unter einer Kapelle in Schwabach, welche man für die älteste hält, gefundenen Ringe finden sich in der Beilage zum V. Jahresbericht des hist. Vereins abgebildet und S. 33 u. 34 beleuchtet und als Symbol der Fortpflanzung erklärt.

Schwabach (1898)

Aussehen. Sowohl infolge der Beseitigung der Außenbefestigung als durch besondere größere Anlagen, so im S-O zwischen dem Ende der alten Stadt und dem Bahnhof, erhielt Schwabach eine ziemlich reichliche Einfassung in Baumgrün und Gärten. Zwischen solchen ist es an mehreren Straßen, natürlich weitaus am meisten zum Bahnhofe hin und überhaupt an der S-Seite, baulich über die einstige Außenlinie hinausgewachsen und bietet von der n Höhe aus mit seinen Kirchtürmen und der stufenweise angeordneten Folge seiner Häusergiebel ein immerhin interessantes Bild einer älteren Stadt. Gerade auf der N-Seite ist noch ein kleiner Rest der starken hohen Schutzmauer unweit der Schützenhausanlage sichtbar, wie abwärts von da nicht wenige Häuser noch den sogen. Markgrafenstil besitzen und eine Vorliebe für plastische Wappen und Hauszeichen aus jener Zeit erkennen lassen. Nahe dem s Schwabachufer erhebt sich in trefflicher gothischer Ausführung Turm (neu) und Chor der Spitalkirche, jedoch an einem Schiffe von unglaublicher Geschmacklosigkeit. Von einfachster Bauweise ist im W die kleine Kirche der Reformierten (mit Brandenburger Wappen). Dagegen ist an und nächst dem Marktplatz Architektur und plastische Kunst bestens vertreten. Letzteres geschieht durch ein größeres lichtes Denkmal zu ehren der 1870/71 Gefallenen, sowie durch den mächtigen Monumentalbrunnen beim Rathause, dessen reiche Komposition sich besonders durch ihre vier Haupt- und vier Nebengestalten auszeichnet. Das Absteigequartier der Ansbacher Markgrafen erhebt sich als ein stolzer Bau des 17. Jahrh., durch sein Säulenportal und seine Höhe als ein fürstliches Gebäude leicht erkennbar. Stattliche Giebelhäuser und das massigere, wenn auch einfache Rathaus gestalten die Erscheinungen des Platzes mannigfaltiger. Etwas ö davon ragt endlich die Stadtkirche empor, ein gewaltiges Werk der Gothik mit seitlichem Turme und in der Weise der beiden Nürnberger Hauptkirchen behandelt, auch z. B. bezüglich des „Oelberges" außen. Der erhabene Innenraum zeigt uns ein hohes Hauptschiff, dessen ziemlich flaches Gewölbe je 5 Säulen, bezw. die von ihnen über Spitzbogen getragene obere Mauer seitlich begrenzen, namentlich gegenüber den niedrigeren Seitenschiffen. Den Chor erhellen sieben Fenster, von welchen aber nur drei mit Gemäldekompositionen besetzt sind. Sehr reich ist der alte Hauptaltar samt seinen Doppelflügeln, plastisch ausgestattet und mit Figuren geschmückt, wie auch eine der Seitenkapellen neben dem Chor einen wertvollen Flügelaltar besitzt. Das Sakramentshäuschen im Chore wird als ein Werk Ad. Kraffts (von 1505) durch ein Epitaphium daneben bezeugt, welches neuestens dem in Schwabach † Künstler gesetzt wurde. Ein großes Kruzifix von Veit Stoß ist eine noch bedeutendere Zierde, wie sodann eine größere Anzahl von plastisch und geschichtlich interessanten Denksteinen und Metalltafeln die Wände bereichert (solche von 1473, 1500 u. s. w.). Neuere Glasgemälde beginnen die Fenster des Kirchenschiffes zu schmücken, wie die Orgel schon seit länger einen hervorragenden Teil der Ausstattung bildet. Von dieser Kirche aus gelangt man n-w zu dem vor der eigentlichen Stadt im N gelegenen Progymnasium, w aber zu dem freundlichen Bau des Reichswaisenhauses und im S-S-W zu den ausgedehnten Gebäuden der Lehrerbildungs-Anstalt und des Bezirksamtes an der baumbepflanzten Hauptstraße nach Gunzenhausen. Nahezu ö aber am Wege zum Bahnhof steht die in romanischem Stile erbaute katholische Kirche, deren Inneres reich und geschmackvoll in Farbe gehalten ist, auch bezüglich der Fenster; drei von ihnen besitzen Glasgemälde. An dieser Stadtseite ist natürlich auch der neuere Zuwachs von Anwesen am beträchtlichsten.

Das Erwerbsleben steht großenteils in direktem Zusammenhang mit jenem Nürnbergs, insoferne Hausindustrie und Werkstätten für größere dortige Geschäfte und Fabriken thätig sind. An Industrieunternehmen hat Schw. bedeutende Gold-, Silber- u. Metallschlägereien (1000 Arb.), 5 Nadelfabriken (etwa 800 Arb.), 1 lithograph. Kunstanstalt (100 Arb.), 1 Seifen- und Lichterfabr., 3 Fabriken für Gold-, Silber- und leonischen Draht. Sodann gibt es nicht weniger als 27 Brauereien (33000 hl Malz), 3 Buchdruckereien, 1 Dampfsäge, 3 Ringofenziegeleien, 1 Cementfabrik, 2 Kunstmühlen.

Der äußere Verkehr wird durch die Hauptbahn Nürnberg—Pleinfeld vermittelt, sowie durch die von Nürnberg, Gunzenhausen und Weißenburg hier zusammentreffenden Staatsstraßen, dazu 2 Distrikts- und 3 andere Straßen.

Schwabach hat [Symbol], [Symbol], [Symbol], Amtsgericht, Notariat, Forst-, Rent- und Aichamt Messungsbeh., Aufschlag-Einn., Meldeamt, kath. Curatie, pr. Dekanat und Pfarrei, reform Pfarrei, Rabbinat, Progymnasium, pr. Schullehrerseminar und Präparandenschule, Taubstummenanstalt, Talmud-Thoraschule, gewerbl. und weibl. Fortbildungs-, zwei Simultanschulen, Reichswaisenhaus, Kram- und Viehmärkte. Schw. ist Sitz des Bezirksamts gleichen Namens.

Geschichte. Schw. soll, als Suabaha von einer Gräfin Regiswinda um das Jahr 1000 an das Kloster Fulda geschenkt, seinen Ursprung Sueven verdanken, welche im 6. Jahrh. als Hilfsvölker des fränkischen Königs Theodor gegen die Thüringer gefochten und nach erlangtem Siege sich in dortiger Gegend niedergelassen hätten. Vom Kloster Fulda kam das praedium Suabaha an die Hohenstaufen und von diesen um die Mitte des 12. Jahrh. samt der bereits bestehenden Pfarrei durch Schankungen an das Kloster Ebrach, welchem König Konrad IV. unterm 14. Nov. 1240 einen Schutzbrief verlieh, wie die Schankung Papst Alexanders IV. am 17. Jan. 1250 bestätigte. Kaiser Rudolf I. kaufte 1281 dem Kloster Widdum und Zehent mit Vorbehalt der Kirche wieder um 1250 Pfd. Heller ab. Kaiser Albrecht I. verpfändete den Ort 1299 an den Grafen Emicho von Nassau, von dessen Erben der Burggraf von Nürnberg, Friedrich V., die ganze Pfandschaft um 15400 Pfd. Heller einlöste. Bald darauf (1375) erscheint Schw., das bis dahin ein Markt genannt wurde, als Stadt; dem Fürstentum unterhalb Gebirgs einverleibt, gedieh sie zusehends. Nachdem der Nürnberger Bürger Hermann Glockengießer und seine Frau Elisabeth 1375 das Hospital gegründet hatten, dessen Kirche 1404 eingeweiht wurde, ward 1469 der Grund zur schönen, 1499 vollendeten neuen Pfarrkirche gelegt. Auch erbauten die Herren von Lincken die sog. Fürstenherberge, in welcher jeweils die Markgrafen bei ihren Besuchen ihre Hoflager aufschlugen und welche später, in einen Gasthof verwandelt, der kaiserlichen Reichspost diente. An der Reformation nahm Schw. lebhaften Anteil. Nachdem bereits 1524 in der Pfarrkirche die erste evangelische Predigt gehalten worden war, veranstaltete Markgraf Georg der Fromme 1528 einen Theologenconvent daselbst, welcher die sog. Schwabacher Artikel, Grundlage der „Augsburger Konfession", beriet. Im Oktober 1529 versammelte ein neuer Convent die prot. Stände in Schw. Seit 1489 besaß die Stadt eine fürstlich brandenburgische Münze. …

Schwabach.

Schwabach (1908)

Straßen, Plätze und Bauwerke:

. . . Schwabach ist unsere Vaterstadt. Wir haben die Straßen derselben schon oft durchwandert. Zu den wichtigsten derselben gehören: die Wittelsbacher-, Zöllnertor-, Königs-, Reichswaisenhausstraße. Inmitten der Stadt befindet sich der Königsplatz. Vor dem Schulhaus ist der Schillerplatz. Die wichtigsten Gebäude unserer Stadt sind: das Luitpoldschulhaus, Progymnasium, Seminar, die Stadtkirche, das Rathaus, die Spitalkirche, das Postamt, das Kriegerdenkmal, der schöne Brunnen. In der Stadtkirche finden wir Kunstwerke von Veit Stoß, Michael Wohlgemuth, Adam Krafft. Der Turm der Stadtkirche hat eine Höhe von 72 m.

Lage:

. . . Manche Straßen führen uns an Brücken und Stege. Die wichtigsten Brücken sind die Spital-, Fleisch-, Säge- und Landsknechtsbrücke. Ein Steg trägt den Namen Höllsteg. Die Brücken und Stege führen über die Schwabach. Diese kommt von Westen und fließt nach Osten. Sie teilt die Stadt in zwei Teile.

Einwohner:

. . . Schwabach hat über 10 000 Einwohner. Viele davon sind Gold-, Silber-, Aluminium- und Zinnschläger. Andere arbeiten in Bronze-, Draht-, Nadel- und Seifenfabriken. Schwabach besitzt auch Dampfsägen, Dampfziegeleien und Bierbrauereien. Schwabach ist eine Fabrikstadt. Man sieht viele hohe Kamine.

Schwabacher War' ist wie Nürnberger Tand
Allwärts bekannt in dem deutschen Land.

Umgebung:

. . . Im Osten der Stadt liegt der Stadtpark. Auf den Äckern wird Tabak gebaut. Unsere Wälder bestehen meist aus Kiefern. Die Nachbarorte von Schwabach sind: Limbach, Penzendorf, Igelsdorf, Forsthof, Uigenau, Haag, Unterreichenbach und Nasbach. Der höchste Berg unserer Gegend ist der Heidenberg. Er ist 500 m hoch, unser Bahnhof liegt 340 m, unsere Stadt 350 m hoch.

Schwabach (1914)

Schwabach mit ca. 12.000 zum größten Teile evang.-luth. Einwohnern, besitzt kgl. Amtsgericht (Landgericht Nürnberg), kgl. Bezirksamt, kgl. Eichamt, kgl. Forstamt, kgl. Lehrerbildungsanstalt, kgl. Messungsamt, kgl. Notariat, kgl. Progymnasium mit 6 klassiger Realschule, kgl. Rentamt und kgl. Steueramt.

Lage.

Die Stadt liegt unter 48° 19′ n. Br. und 28° 42′ ö. L., 957 Fuß über dem Meer in dem von waldigen Höhen umgebenen Tal des Schwabachflusses.

Verkehrsverhältnisse.

Schwabach liegt an der Linie Augsburg—München, besitzt Telegraphen, Telephon, und ist Haltestation fast aller Eisenbahnzüge, es passieren täglich den Bahnhof 17 Personen-, 7 Eil- und 9 Schnellzüge, wovon 7 in hiesiger Station anhalten. Außerdem fahren wegen des äußerst regen Verkehrs mit Nürnberg täglich noch extra 23 Vorortszüge Nürnberg—Schwabach und zurück und im Sommer an schönen Sonntagen 30 Vorortszüge, die Zugsverbindungen sind daher im allgemeinen sehr befriedigende. Mit seinem Hinterland in südlicher Richtung ist Schwabach bis nach Wassermungenau durch eine täglich 3 mal verkehrende Motorpostlinie verbunden.

Postverkehrsverhältnisse in Schwabach.

Zum Postamte gehören die Posthilfsstellen Unterreichenbach, Kammerstein und Katzwang sowie die Agentur Regelsbach.

Vom Postamte aus wird die Post von und zu den Zügen auch während der Nacht durch 14 Packwagenfahrten, bezw. Botengänge vermittelt. Außerdem verkehrt täglich 3 mal der Motorpostwagen nach Barthelmesaurach—Wassermungenau sowie täglich 2 mal die Karriolpost nach Schwand. Die Post von und nach Regelsbach mit Personenbeförderung wird täglich 2 mal durch einen fahrenden Postboten vermittelt.

Dem Personenverkehr zwischen Schwabach-Stadt—Bahnhof und umgekehrt dienen die Bahnhofsverbindungsfahrten der Motorpostwagen. Fahrkarten beim Wagenführer, Fahrpreis 10 Pfg.

Die Schalter sind geöffnet:

An Werktagen von 8 Uhr vormittags bis 7 Uhr nachmittags.
An Sonn- und Feiertagen von 10—12 Uhr vormittags.

Telegraphen- und Telephondienst an Werktagen sowie an Sonn- und Feiertagen von 7 Uhr vormittags bis 9 Uhr abends.

In Schwabach findet täglich 4 malige Briefzustellung und 2 malige Paketzustellung statt. Nach den zum kgl. Postamte Schwabach gehörigen Landorten findet täglich 1 malige Zustellung statt, mit Ausnahme der Orte (Posthilfsstellen) Unterreichenbach und Katzwang, in welchen 2 malige Zustellung stattfindet.

Die Orte des Landzustellungsbezirkes sind: Eichwasen, Forsthof, Greuth, Gustenfelden, Haag, Jahreis'sche Ziegelei, Igelsdorf, Kammerstein, Katzwang, Kottensdorf, Limbach, Nasbach, Neppersreuth, Neuses, Obermainbach, Oberreichenbach, Penzendorf, Putzenreuth, Rennmühle, Rößleinsmühle, Schaftnach, Schattenhofen, Schwarzach, Uigenau, Unterreichenbach, Volkersgau, Waikersreuth und Wildenbergen.

Nach und zwischen diesen Orten kommt von Schwabach aus die Ortsbrieftaxe in Anwendung.

Briefkästen sind aufgestellt:

17 in Schwabach-Stadt mit täglicher 4 maliger Leerung;
1 in Schwabach-Bahnstation, wird vor jedem Zug geleert;
1 in Villa und Sommerfrische Eichwasen, mit täglicher 2 maliger Leerung;
10 in Orten des Landzustellungsbezirks, und zwar:
1 in Katzwang (Posthilfsstelle) und Limbach, mit täglicher 2 maliger Leerung;
1 in Unterreichenbach (Posthilfsstelle), mit täglicher 2 maliger Leerung;
1 je in Gustenfelden, Kammerstein, Kottensdorf, Neuses, Penzendorf, Schwarzach und Volkersgau.

Geschichtliches.

Schwabach in Mittelfranken, in dem von waldigen Höhen des Schwabachflusses umgebenen Tal gelegen, bietet dem Beschauer ein freundliches Städtebild, das mit seinen mancherlei Kirchtürmen und vielen Fabrikschlöten unwillkürlich an Vergangenheit und Gegenwart zugleich erinnert. Während Vermutungen Schwabach in irgend einer Form bereits in den Karolingertagen bestehen lassen, führt die erste geschichtliche Nachricht in den Schluß des 10. oder Anfang des 11. Jahrhunderts, um welche Zeit die fränkische Gräfin Reginswint unsern damals vielleicht einen Markt bildenden Ort nebst einigen andern dem Kloster Fulda übergab. Ungefähr 250 Jahre lang wechselten nun die Herren Schwabachs: von Fulda kam es in den Besitz des Herzogs von Schwaben und Franken, ca. 1160 wurde es dem Kloster Ebrach als eine Gottesgabe vermacht, welches 1281 den weltlichen Teil dieses Vermächtnisses an Kaiser Rudolf von Habsburg um 750 Pfd. Heller verkaufte, während es die Pfarrei mit all ihren Einkünften für sich behielt und ein Patronatsrecht, das bis in die Zeit der Reformation fortdauerte, ausübte. Nach manchen Verpfändungen ging die Reichsburg Kammerstein mit den Hofmärkten Schwabach, Altdorf und anderen Besitztümern 1331 aus habsburgischen Händen, welche sie als Allodium besessen hatten, durch definitive Veräußerung mit dem Recht des Weiterverkaufs in die Hände des Grafen Johann von Nassau über, welcher 1364 Schwabach, das um diese Zeit Stadtrecht erhielt, mit Kammerstein, Kornburg u. s. w. seinem Oheim Friedrich V., Burggraf zu Nürnberg, als Reichslehen verkaufte. Von da an bis 1810 stand unsere Stadt unter Hohenzollern'scher Herrschaft. Der bereits genannte Burggraf bestätigte 1375 die von Hermann Glockengießer in Nürnberg begründete Spitalstiftung, die reichste der hiesigen Stiftungen. Durch die Belehnung Friedrichs I. mit Kur-Brandenburg 1417 wurde Schwabach für kurze Zeit kurfürstliche Stadt; nach der Teilung der brandenburgischen Besitzungen gehörte es dauernd zum Markgrafentum Ansbach und teilte dessen Geschicke. Unter Markgraf Albrecht Achilles und seinem Nachfolger Friedrich IV. wurde die große Pfarrkirche gebaut, die Buchdruckerkunst eingeführt, die ja durch die Schwabacher Schrift heute noch ihre damaligen besonderen Beziehungen zur hiesigen Stadt offenbart, und letztere in die markgräflichen Kämpfe gegen Nürnberg mit hineinverwickelt, an welche das in der Rosenberger Kapelle hängende, 1502 beim sog. Kirchweihtreffen zu Affalterbach den Nürnbergern abgenommene Panier heute noch erinnert. Als 1528 Markgraf Georg der Fromme in seinen Landen die Reformation einführte, wurde auch Schwabach evangelisch und sah in seinen Mauern im gleichen Jahre einen Konvent zur Feststellung der evang. markgräfl. Kirchenordnung, 1529 einen ähnlichen, durch die die Grundlage der Augsburgischen Konfession bildenden Schwabacher Artikel berühmt, tagen. Von den politischen Wirren jener Tage wurde die Stadt nur insofern berührt, als Kaiser Karl V. den 1547 in der Schlacht bei Mühlberg gefangen genommenen Kurfürsten von Sachsen, Johann Friedrich, und den Landgrafen Philipp von Hessen 14 Tage in der hiesigen Fürstenherberge verwahrte. Schwabach, seit 1568 eine lateinische Schule besitzend und 1572 zur Haupt-Münz- und Legstadt des fränkischen Kreises erhoben, hatte im 30 jährigen Kriege zumal unter der dreitägigen furchtbaren Plünderung durch Wallensteins Heer (1632) zu leiden — vor der Schlacht an der alten Veste — und ging aus diesem Krieg gleich den meisten andern deutschen Städten sehr geschwächt hervor. Unter Markgraf Johann Friedrich erhielten 1685 viele französische Refugiés, welche durch die Glaubensverfolgung Ludwigs XIV. aus ihrer Heimat vertrieben waren, die Erlaubnis zur Niederlassung; ihnen dankt die hiesige reformierte Gemeinde ihre Entstehung, sowie die lange Zeit hier blühende Strumpfwirkerei ihre Begründung und ihren Aufschwung.

Unter dem Sohne des eben genannten Fürsten erhielt die Stadt ihren Schönen Brunnen und eine fast hundert Jahre mit Erfolg betriebene Kattunfabrik; sein Nachfolger Karl Wilhelm Friedrich, der wilde Markgraf, veranlaßte die Erweiterung der Stadt, ließ dahier ein Zucht- und Arbeitshaus erbauen, das 1841 in ein protest. Schullehrerseminar umgewandelt wurde, und gab Schwabach 1754 ein seiner Bedeutung entsprechendes besonderes Privilegium zur Errichtung eines eigenen Handelsgerichtes und Kommerzienkollegiums. Nach Abdankung des durch die Erbauung eines Irrenhauses und seine Fürsorge bei der großen Hungersnot 1770 (1562 großes Sterben, 1732 große Wassernot) verdienten letzten Markgrafen Alexander wurde Schwabach 1791 preußische Stadt unter dem jetzt noch giltigen preußischen Landrecht und erlebte 1797—1804 eine Zeit großen Wohlstandes, dem freilich die darauffolgenden Lasten der napoleonischen Kriege rasch ein Ende machten. 1810 dem Königreich Bayern einverleibt, hat Schwabach seitdem alle Geschicke dieses engeren Vaterlandes geteilt und unter dem gerechten und weisen Regiment des Hauses Wittelsbach auch in diesem Jahrhundert entsprechende Fortschritte gemacht, jetzt in ihrem Aeußern schon die moderne Stadt verratend, bewohnt von einem regsamen, arbeitseifrigen, gern seiner Freiheit sich rühmenden Völklein. Hat der alte Historiker geschrieben: „Suabachium transitu, venationibus et cêrevisia celebratum" (Schwabach ist wegen seines Verkehrs, seiner Jagden und seines Bieres berühmt), und hat das letztere seinen guten Namen auch heute noch nicht verloren, so darf man wohl hinzufügen, daß neben anderen bedeutenden Betrieben die Schwabacher Nadelfabriken und die Schwabacher Gold-, Silber- und Metallschlägereien einen Weltruf besitzen.

Sehenswürdigkeiten.

Die **protest. Stadtpfarrkirche,** eine dreischiffige, spätgotische Basilika, von 1469—1495 erbaut, von imponierender Größe und vortrefflicher Akustik, enthält eine Anzahl vorzüglicher Denkmale mittelalterlicher und neuerer Kunst, 5 Altäre mit reichen Skulpturen und Malereien, darunter den berühmten Wohlgemuth'schen Hochaltar (1506) mit sechs Flügeln mit Darstellungen aus dem Leben Christi sowie des Täufers Johannes und des heiligen Martin. Dazu kommen noch eine Anzahl sonstiger Gemälde von Meisterhand in der sogenannten Rosenberger Kapelle, eine Kreuzigungsgruppe von edelstem Ausdruck, ein Sakramentshäuschen, das man Adam Krafft zuschreibt, ein Kruzifixus von Veit Stoß, einige Reste alter Glasmalereien, eine alte Bibliothek. Im Jubiläumsjahre 1896 wurde eine durchgreifende Gesamtrestauration vorgenommen, die Kirche neu ausgemalt und der Chor mit herrlichen Fenstergemälden aus der Mayer'schen Kunstanstalt in München versehen.

Die **Spitalkirche** hat eine umfassende Restauration während der Jahre 1885 bis 1889 erfahren und hierbei einen neuen Turm, Sakristei, Kanzel und Altar (Feuerlein-Roth a. S.) empfangen. Auch das Innere wurde vortrefflich hergestellt; der Chor, der in seinem architektonischen Teile auf das Jahr 1404 zurückgeht, wurde geöffnet und mit farbigen Fenstern (Chr. Schuler) sowie mit einem Sterngewölbe versehen. Mehrfache kleinere Kunstwerke waren schon vorhanden, wertvolle Paramente kamen noch hinzu, sodaß der allgemeine Eindruck ein äußerst harmonischer ist.

Die **katholische Kirche,** in der Mitte des vorigen Jahrhunderts erbaut, hat in den letzten Jahren durch Ausschmückung nach der malerischen Seite ansehnlich gewonnen.

Die Spitalkirche wie kath. Kirche hat Glühlichtbeleuchtung. Die kath. Gemeinde hofft in Bälde an der Südl. Ringstraße ein weiteres neues Gotteshaus ihr eigen zu nennen.

Der Marktplatz besitzt eine künstlerische Zierde in dem **Schönen Brunnen,** der im Jahre 1717 vollendet und zu einer Art Wahrzeichen der Stadt geworden ist. Najaden und Tritonen umgeben die mit reichen Bildereien ausgestattete Steinpyramide, auf deren Spitze der brandenburgische Adler seine Flügel ausbreitet. Eine bis auf eine Stunde ausgedehnte Leitung schafft das Wasser zur Stelle. Das Ganze ist eine Stiftung des Markgrafen Friedrich Wilhelm von Ansbach. Der Verschönerungs-Verein Schwabach schuf im Jahre 1903 eine hübsche Anlage um den Schönen Brunnen. Nebenan befindet sich die ehemalige **Fürstenherberge** oder sogenannte Alte Post, mit Altane und Säulen, einst der Aufenthalt vieler durchreisenden Notabilitäten. Eine an dem Gebäude vom Historischen Verein angebrachte Gedenktafel berichtet folgendes: „Ehemalige Fürstenherberge, erbaut von der Linkh'schen Familie als Gasthaus „zur Gold. Gans"; neuerbaut nach 1726 von Bürgermeister und Posthalter Georg Lederer. Hier weilte als Gefangener im Juli 1547 Kurfürst Johann Friedrich von Sachsen und als Besuch u. a. Markgraf Albrecht von Ansbach am 13. Juni 1639." Im benachbarten Gasthaus „zum Weißen Lamm" übernachtete Wolfg. v. Goethe vom 5. auf 6. November 1797. Zum Andenken hieran stiftete der obengenannte Verein ebenfalls eine Gedenktafel. Auf der Westseite des Königsplatzes ist das Gasthaus „zum Goldenen Stern" gelegen. Auf einer Gedenktafel, die an diesem Hause angebracht ist, steht folgendes: „In diesem Hause wurden am 16. Oktober 1529 gelegentlich des Schwabacher Konvents die Schwabacher Artikel beraten, eine der Grundlagen der Augsburger Konfession." Auch hier ist der Historische Verein der Stifter der Tafel. Gegenüber steht das neu renovierte **Rathaus** mit interessanten Torbögen. Das **Kriegerdenkmal** vor der Stadtkirche, kranzwerfende Geniengestalt, entstammt den 70 er Jahren. Das **III. Deutsche Reichswaisenhaus,** in der schönen Seminarvorstadt gelegen, wurde im Jahre 1886 eröffnet, ein stattlicher Bau mit Hof und Gartenanwesen, berechnet auf 50 Waisenkinder. Die **kgl. Lehrerbildungsanstalt** wurde 1843 errichtet; dieselbe hat in den letzten Jahren eine bedeutende bauliche Vergrößerung erfahren. In ihrer Nähe erheben sich das in italienischem Renaissancestil erbaute **neue Progymnasium** mit sechsklassiger Realschule und das im Jahre 1905 fertiggestellte, für 21 Klassen berechnete **Volksschulhaus,** beide mit allen Vorzügen der Hygiene ausgestattet.

Sehenswert ist außer den größeren **Fabrikanwesen** und geschäftlichen **Etablissements:** Günther & Herbst, Blattgoldfabrik; Joh. Leonh. Hüttlinger, Drahtfabrik; O. und H. Jaeger, Schraubenfabrik; Meerwald & Toberer, Lithographische Kunstanstalt; Nürnberg-Schwabacher Nadelfabrik, Herold-Werk, G. m. b. H.; Papier-Industrie Schwabach, Georg Spachmüller & Comp.; Ph. Benj. Ribot, Kgl. Bayer. Hofseifenfabrik; Justus Schmauser, Nadelfabrik; Schwabacher Nadelfabrik Friedr. Reingruber; Staedtler & Uhl, G. m. b. H., Nadelfabrik; die **städtische Badeanstalt,** zu der ein sehr hübscher Spaziergang führt, und ganz besonders der sehr geräumige, prächtig angelegte **Stadtpark** mit alpiner Anlage und Schwanenweiher, welcher ein reizend schöner Schmuck der Stadt genannt werden darf und sich in nächster Nähe des Bahnhofes (für Ankommende zur linken Hand) befindet.

Schwabach (1925)

I. Ein Gang durch Schwabach – die „Stadt der Arbeit“.

Die gewerbeberühmte Stadt Schwabach, mit 11 729 Einwohnern eine der bedeutendsten des Kreises Mittelfranken, an der Hauptbahnlinie München — Nürnberg gelegen, baut sich in einem freundlichen Tale auf, das von dem gleichnamigen Flusse durchzogen wird, von dessen Bett aus die Stadtanlage in Terrassen zur Hochfläche aufsteigt. Die Stadtgemeinschaft verdankt ihr Aufblühen hauptsächlich dem regen Arbeitssinne und Gewerbefleiß der tätigen Bewohner sowie einer dem fränkischen Volksstamme überhaupt eigentümlichen geistigen Regsamkeit und Beweglichkeit; mitbestimmend war wohl auch ihre günstige Verkehrslage. „An ihrer Wurzel kreuzen sich zahlreiche lokale Verbindungswege nach Osten und Westen mit der großen Nordsüd-Linie des Nürnberger Handels. Schwabach war demnach nicht bloß eine wichtige Durchgangs- und Haltestation für die Warenzüge der Nürnberger Kaufleute, sondern auch der Sammelplatz für die zahlreichen Ortsverbindungen seiner Nachbarschaft, die hier mit ihren landwirtschaftlichen Erzeugnissen zusammenströmte und dafür ihre sonstigen gewerblichen Notwendigkeiten eintauschte. Bezeichnend für die Flußlage ist der Umstand, daß die Stadt als Uebergangsort an der schmalsten Stelle des Baches liegt, wo er für den Nordsüd-Verkehr am leichtesten überbrückt werden konnte.“ (Dr. Christian Kittler.) Zu diesen günstigen Naturgegebenheiten kamen dann noch einige Gunstbeweise der Geschichte, so namentlich die Gründung der französischen Kolonie und der Zustrom weiterer aus der Heimat vertriebener Kolonisten, welche das Wirtschaftsleben der Stadt außerordentlich belebten und befruchteten, so daß Schwabach zur bedeutendsten Industriestadt des Fürstentums Ansbach wurde und schon in markgräflicher Zeit zu jener „Stadt der Arbeit“ heranwuchs, als die sie heute vor unseren Augen steht. Schon ein flüchtiger Blick auf das türmereiche, aber auch schlotgekrönte Stadtbild läßt uns erkennen, in welch inniger Verknüpfung hier Gegenwart und Vergangenheit steht. „Ueberall zeigt sich dem aufmerksam beobachtenden Besucher dieser Stadt das kräftig pulsierende Leben der Gegenwart in einem gewissen Wetteifer neben den Traditionen der Vergangenheit.“ (Dr. Henner.) Ein kurzer Gang durch die Stadt wird diese Wahrnehmung Schritt für Schritt bekräftigen.

1. Die innere Stadt.

Der Fremde, der durch den höchst bescheidenen und kaum zeitgemäßen Bahnhof der „Stadt der hundert Fabriken“ zustrebt, wird in dieser Stationsanlage mit ihren fast dürftigen Gebäuden, die die Haupteingangspforte fast des gesamten Verkehrs darstellt, kaum ein getreues Bild von der wachsenden Bedeutung unseres hochentwickelten Gemeinwesens erhalten. Der Eindruck wird aber bald an Freundlichkeit gewinnen, wenn wir an der geräumigen Wania-Halle und den stattlichen Herold-Norica-Werken vorbei die Bahnhofstraße entlang gehen mit ihren vornehmen und schönen Neubauten, besonders dem neuerbauten Finanzamt, das sich ebenso wie die große Bergner'sche Metallwarenfabrik beim alten Holzgarten erhebt. Wir lassen den herrlichen Stadtpark vorerst noch unbesucht und wenden uns vor dem Portale des alten erinnerungsreichen und steinübersäten Friedhofs (mit der 1608 erbauten traulichen Gottesackerkirche) durch die Ludwigstraße in das Innere der Stadt, vorbei an der erst in der Mitte des 18. Jahrhunderts erstandenen katholischen Kirche und dem Amtsgerichtsgebäude sowie dem Gebäude der Bezirkssparkasse, einfach gediegenen Sandsteinbauten auf der einen Seite und dem stattlichen Gasthof „Zum Bären“ auf der anderen Seite. Auf dem belebten Luitpoldplatze vor dem neuen Postgebäude schneiden sich als dem jetzigen Hauptverkehrszentrum die Hauptstraßen der Stadt. Zwischen dem Gasthaus „Zur Rose“ und dem Rosensteinschen Geschäftshause in der Ludwigstraße weiterwandernd, betreten wir an der Stelle des abgebrochenen Mönchstores das alte innere Weichbild der Stadt und damit die Hauptstätten einer vielhundertjährigen Vergangenheit. Schon das mit altertümlichen Ebracher Wappen geschmückte Gebäude der jetzigen Stadtkämmerei und Stadtsparkasse, einst ein Teil des alten Mönchshofes und Gült- und Zehenthaus des Ebracher Klosters, später zum vielbesuchten Gasthof „Zum Engel“ umgebaut, zeigt uns, daß wir auf althistorischem Boden uns befinden. Auch weiterhin erinnern uns wohlerhaltene und bei Hausrenovierungen pietätvoll neuaufgefrischte Steinzeichen und Hauswappen, namentlich auch Stadtwappen und markgräfliche Wappen an alten öffentlichen Gebäuden, Brücken usw. gewissermaßen wie eine steinerne Chronik der Stadt an die altehrwürdige Vergangenheit unserer seit 1364 im Territorialbesitz der hohenzollern'schen Markgrafen befindlichen, seit 1806 unter bayerischer Landeshoheit stehenden Stadt Schwabach, der einstigen „Haupt-Münz- und Legstadt“ des fränkischen Kreises. Namentlich auf dem oberen und unteren Königplatz spricht fast aus jedem Hause ein Stück Schwabacher Geschichte zu uns.

Als kostbarstes und edelstes Kleinod, würdig einer großartigen Stadtvergangenheit, hat sich, die Jahrhunderte überdauernd, die „überaus prächtige“ prot. Stadtpfarrkirche als ehrwürdigster Zeuge Altschwabachs erhalten. In wuchtiger Monumentalität und hehrer Majestät steht sie vor uns, überdeckt mit schwerlastendem Ziegeldach, in ernster Würde und Feierlichkeit; als weithin sichtbares Wahrzeichen Schwabachs überragt, das Stadtbild beherrschend, der hochaufstrebende, 72 Meter hohe

Turm in schwindelnder Höhe das Dächergewirr des stattlichen Marktplatzes; das Patina hohen Alters erhöht den Reiz des ehrwürdigen Turmriesen. Insbesondere aber birgt das im spätgotischen Stile (1469—1495) erbaute Gotteshaus in seinem Innern prächtige Werke und Denkmäler der Kunst, so daß man es geradezu als ein herrliches „Museum fränkischer altkirchlicher Kunst" bezeichnet hat. Sie sind nicht nur ein Zeichen der kirchlichen Gesinnung unserer Vorfahren, sondern auch kraftvollen, bürgerlichen Gemeinsinns und bewundernswerten Handwerkerkönnens.

Kunst und Handwerk in enger Verschwisterung schufen hier Werke, zu denen noch die Jetztzeit in andächtiger Ehrfurcht aufschaut. Außer anderen kunstreichen Altären verdient insbesondere der Hochaltar im hohen Chore Hervorhebung, ein Werkstattwerk des Michael Wolgemut, des Lehrers Albrecht Dürers.

Dieses Meisterwerk, dessen wertvollste Schnitzwerke wohl keinem geringeren Meister als Veit Stoß zuzuschreiben sind, gehört mit seinen drei Flügelpaaren übereinander und einer reichen architektonischen Bekrönung „geradezu zu den großartigsten Werken auf diesem Gebiete, die das Mittelalter hervorgebracht hat, und zeigt überdies, was sehr oft fehlt, eine sorgfältige, tadellose Erhaltung." (Dr. Herold.) Ueber dem Speisealtar ragt der dem 16. Jahrhundert entstammende Kruzifixus empor, ein Kunstwerk von kräftiger Wucht und schönem Ebenmaß. Ein weiteres Denkmal fränkisch-nürnberger Holzschnitzkunst, der S. Crispinus-Altar, der der Schuhmacher-Innung eigen war, befindet sich am Eingang der sog. Rosenbergerkapelle. Diese Kapelle bildet mit ihren wertvollen Skulpturen und Bildern, darunter dem hochberühmten Rosenkranzbild und anziehenden historischen Erinnerungsstücken (Panier, welches Markgraf Kasimir in dem Kirchweihtreffen von Affalterbach 1502 den Nürnbergern abnahm und in der Schwabacher Stadtkirche aufhängen ließ) gewissermaßen ein kleines Museum für sich und ein Schmuckkästchen von eigenartigem Reize. Der Stifter der Rosenberger-Kapelle, Münzmeister Hans Rosenberger, dessen Grabmal sich ebenso wie die Monumente anderer hervorragender alter Familien, wie z. B. des Ritters Hans von Wallenrod noch jetzt unsere Stadtkirche zieren, war zugleich auch der Stifter des herrlichen und architektonisch wirksam aufgebauten Sakramentshäuschens an der Ecke der linken Chorwand, dessen Urheberschaft viel umstritten wird und kaum auf den berühmten Altmeister Adam Kraft zurückzuführen sein dürfte. Da nach der (urkundlich nicht zu erhärtenden und zweifelhaften Tradition) Kraft in Schwabach angeblich im Spital verstorben sein soll, wurde ihm von der Nürnberger Künstlerklause an der unmittelbar an das Sakramentshäuschen anstoßenden Chormauer um das Jahr 1890 ein hübscher Denkstein gesetzt, der die Büste des Meisters zeigt. (Der Schöpfer des Denkmals Hermann Schön, der das Denkmal kostenlos schuf und später durch eine Reihe künstlerischer Arbeiten bekannt wurde, ist, nebenbei erwähnt, wie so viele andere Künstler aus der Werkstätte heraus in die Künstlerlaufbahn geführt worden und hatte ursprünglich das Handwerk seines Vaters, eines Schreinermeisters, erlernt.)

Es fehlt uns naturgemäß an dieser Stelle der Raum, auf die weiteren zahlreichen Kunstschätze, auf die Werke der wertvollen Kirchenbibliothek, auf die Skulpturen, Gemälde (darunter auch das 1838 gemalte Porträt des Schwabacher Ehrenbürgers Dekan Boeckh und das Lutherbild von 1831, beide von dem Schwabacher Maler Johann Kleininger), Glasmalereien, Epitaphien und sonstigen Altertümer der Stadtkirche näher einzugehen. Erwähnt sei nur, daß neben den hervorragenden Nürnberger Meistern auch die heimische Kunst und besonders das Schwabacher Kunstgewerbe bei der inneren Ausgestaltung und Einrichtung und bei den später erfolgten Restaurierungen gebührenden Anteil hatte, wie auch (nach Pfarrer Geyers Annahme) an dem Bau des Gotteshauses selbst wohl Schwabacher Baumeister beteiligt waren. Insbesondere nennen wir die hochentwickelte Schwabacher Goldschmiedekunst, ferner die Kunstschlosserei — so fertigte der Schwabacher Schlossermeister Gerstl 1716 das schöne eiserne Gitterwerk um die Treppen des Speisealtars, der Schwabacher Huf- und Waffenschmiedmeister Graf 1804 den eisernen Gitterkranz um den Turm, 1701 der Schlossermeister Kanz von Schwabach die alte Kirchturmuhr — und die Glaserkunst, die auch der Spitalkirche prächtigen Schmuck verlieh. Es darf hier auf die anerkennenden Worte des bekannten Dr. theol. Herold hingewiesen werden, der 1896 in seinen „Kultusbildern aus 4 Jahrhunderten" diese Neublüte des Kunstgewerbes in Schwabach rühmend hervorhob. „Junge, tüchtige Kräfte sind herangewachsen, die mit den alten Meistern zu wetteifern suchen; selbst entferntere Kunstgebiete, wie die lange vernachlässigte Glasmalerei, finden wieder ihre eifrige Pflege, wofür gerade auch Schwabach (Schuler) genannt werden darf."

Auf dem großen, freien Platz vor der Stadtkirche, der einst den 1849 eingeebneten mauerumgürteten Friedhof sowie das lateinische und deutsche Schulhaus mit der angebauten Lincken-Kapelle in sich schloß, steht jetzt das künstlerisch wenig bedeutsame Kriegerdenkmal zur Erinnerung an das Jahr 1870, eine kranzwerfende Geniegestalt. An der Südseite des Kirchenplatzes befindet sich das Dekanat und das ehemalige Archidiakonatsgebäude (Wohnung des 2. Pfarrers, einst des Wallenrodschen Vikars), beide mit würdigem, breitem Steintreppenaufgang, wie er früher für den alten Schwabacher Hausbau charakteristisch war und wie er auch an dem Pfarrhaus in der Pfarrgasse zu sehen ist. In der zur Südlichen Mauer- und Ringstraße und den neuen Schulhäusern führenden, jetzt stattlich verbreiterten Rathausgasse befand sich bis 1734 das alte Schwabacher Münzgebäude, von dem Eckhaus der nunmehrigen Porzellanmalerei *du Bellier* bis zum Haus des Schuhmachermeisters Feuerstein sich erstreckend. Gegenüber erstand bei der Erweiterung des früher engen Gäßchens der stilvoll mit einem aus der Mauerfläche des Hauses im 1. Stockwerk vorspringenden Erker (ähnlich den „Chörlein"

Alt-Nürnbergs) versehene Anbau des stattlichen Eckgebäudes der Hüttlingerschen Drahtfabrik. Dieses vornehm-würdige Bauwerk, zu dem einst am Königplatz eine stattliche, breite Steintreppe hinaufführte, ist eines der erinnerungsreichsten Gebäude der Stadt überhaupt und vereinigt in innigstem Zusammenhang lebhaft pulsierendes Leben der Gegenwart und ehrwürdige Vergangenheit in sich, die uns besonders beim Betreten des malerischen Hofes zum Bewußtsein kommt. Zusammen mit dem daneben stehenden, jetzt ebenfalls im Hüttlinger-Stellwagschen Besitze befindlichen einstigen Frauentrautschen Stiftungsgebäude (einst Stadtrichterwohnung, dann Maut- und Zollgebäude, vorübergehend auch Postgebäude) ist das Hüttlingersche Eckgebäude wohl das geschichtlich bedeutsamste profane Bauwerk aus der Markgrafenzeit, wenn wir vom Rathause absehen. Wenn Steine reden könnten, könnte dieser stattliche Bau ein gut Stück heimischer Geschichte vor uns erstehen lassen. Im Mittelalter im Besitze angesehener Familien — Linck, Wallenrod, Seckendorf, Münzmeister Rosenberger — war es 1524—1781 als Amts-, später Oberamthaus im Besitze der Markgrafen, die im Laufe der Zeit manche bauliche Veränderungen vornahmen, den Hauptumbau 1660. Seit 1781 ist das einstige Oberamthaus im Privatbesitz, seit 1825 im Besitz der Drahtfabrik J. L. Hüttlinger. (Studie über das Oberamthaus von Hauptlehrer Dehm.)

Ehe wir uns den anderen Häusern zuwenden, die den gebäudestolzen Königplatz umrahmen, gebührt es sich, dem Rathause einen Blick zuzuwenden, das 1509 neu erbaut wurde und seitdem verschiedenen Hauptbau-Veränderungen unterworfen wurde. Der machtvollen Stadtpfarrkirche etwas unglücklich vorgebaut, die überhaupt erst nach der Einebnung des alten Friedhofes in ihrer wuchtigen Kraft zur Geltung kam, macht das Rathaus mit seiner altertümlichen Steinbogenlaube und mit den mannigfachen Verschönerungen, besonders dem abwechslungsvollen Schmuck an Emblemen und Wappen, den es bei der Renovierung am Anfang unseres Jahrhunderts erhielt, einen recht hübschen und schmucken Eindruck. Da bei dem Anwachsen der Stadt die Räume nicht mehr ausreichten, mußten trotz der baulichen Vergrößerungen Stadtkämmerei und Sparkasse in die Ludwigstraße verlegt werden. Mehr noch als heute war ehedem das Rathaus Mittelpunkt der Stadt und Brennpunkt des ganzen Ortslebens, es war nicht nur Versammlungsgebäude des Rats und Sitz der Stadtvertretung, sondern auch wirtschaftliches Zentrum mit Brothaus, Schranne und Stadtwage, (das alte Rathaus zugleich auch Fleischhaus), Warenhaus, Tanzhaus und Stadttheater. Hier wurden dereinst, wie aus den Schwabacher Stadtrechnungen des 16. Jahrhunderts hervorgeht, die Handwerkerkomödien und die Schuldramen öffentlich aufgeführt, hier feierten die Handwerker und Knappen ihre Tänze und Lustbarkeiten auf dem Tanzboden, der dann später zu Gefängnissen eingerichtet wurde. Das Rathaus war der Mittelpunkt des öffentlichen Lebens, wo wie im Hirn des Stadtganzen alle geistigen Fäden zustammenstrahlten. Ein alter Spruch sinniger Lebensweisheit ist an der Außenseite des Rathauses ober den Bögen dem schönen Brunnen gegenüber, jedem Bürger von weitem sichtbar, in Stein eingehauen:

Hüt dich vo(r) unverstand,
er ist dir große schand;
und laß jdmann sei(n), der ist,
so sagt man vit, wer du bist.

In der Mitte des geräumigen Königplatzes erhebt sich der sog. schöne Brunnen, ein Meisterwerk der Plastik und eine Hauptzierde des stattlichen Platzes. Markgraf Wilhelm Friedrich von Ansbach, der 1715 die Friedrichsquelle hieher leiten ließ, ist der Stifter des „wirklich pompösen" Kunstbaues, der nach den Plänen des Baudirektors von Zocha und unter Leitung des Brunnenmeisters Conradi 1716 erbaut und von dem Hofbildhauer Fischer mit reichem plastischem Schmuck versehen wurde. Kunstkenner rühmen ihn als ein in architektonischer und bildnerischer Hinsicht anziehendes Monument und hervoragend wegen „der Vortrefflichkeit des Aufbaues, der Eleganz der Maßverhältnisse und der Meisterschaft der künstlerischen Durchbildung". Das in edlem Barockstil aus Sandstein erbaute Brunnendenkmal beschreibt Prof. Brand also:

In der sehr geräumigen Brunnenschale erhebt sich zuerst ein Unterbau, felsenartig gestaltet; auf diesem steht ein architektonisch reichgegliederter Oberbau, aus dem sich ein Obelisk (Spitzsäule) erhebt, dessen abgestumpfte Spitze mit einer Kugel abschließt, welche den brandenburgischen Adler trägt. Er ist aus Blei gestaltet und macht mit seinen ausgebreiteten Flügeln einen hübschen Eindruck, wenn man von der Stadtkirche herkommt. Der Obelisk ist mit allerland Emblemen geschmückt; die Medaillons scheinen antike Sagen bildlich darzustellen. An den vier Ecken des Oberbaus sitzen vier lebensgroße Najaden (Quell- und Flußnymphen), deren Leib fischartig endet; alle vier sind schöne Frauengestalten; Schiffersymbole tragen sie in den Händen und halten Muschelschalen in die Höhe, in die vier Delphine, welche am Fuße des Obelisken angebracht sind, das Wasser speien. Da dieses breit ausströmt, so bilden sie zierliche Kaskaden. Zwischen den Najaden, etwas vorgelagert, stoßen vier Tritonen in ihre Muschelhörner, aus denen Wasser in die Höhe springt. Am Oberbau selbst sind Reliefs der Stifter und ihres Sohnes, des späteren „wilden Markgrafen" angebracht, letzteres dem Richterschen Hause gegenüber; weiter sehen wir noch Wappen und Inschriften, die im schwulstigen Geschmacke jener Zeit die Baugeschichte erläutern.

1879 wurde der schöne Brunnen, um den dann anfangs unseres Jahrhunderts der Verschönerungsverein noch eine hübsche Anlage schuf, einer Restaurierung durch den Bildhauer Feuerlein in Roth unterzogen, wobei die Figuren neu hergestellt wurden, jedoch in getreuer Wiedergabe der alten. „Die Stadt Schwabach aber hat sich durch die Ausführung dieser Restaurierungsarbeiten nicht allein ein würdiges Kunstdenkmal erhalten, sondern sich auch Verdienste um die Pflege des Geschmackes und des Kunstgewerbes erworben." (Direktor des bayer. Gewerbemuseums Dr. Stegmann.)

Ein kleinerer Brunnen auf dem Königplatz, der sogenannte Pferdebrunnen, 1823 erbaut durch den Schwabacher Maurermeister Carl nach einer Zeichnung des Architekten Heydeloff in Nürnberg, dient weniger der Zierde als dem Nutzen und ist ein steter Zeuge des vor der Errichtung der Eisenbahnen starken Fuhrwerksverkehrs in unserer an wichtigen Verkehrsstraßen gelegenen Stadt, welcher auch die Entstehung zahlreicher Gasthöfe mit geräumigen Höfen am Marktplatze als dem einstigen Brennpunkte des Verkehrs, des öffentlichen und wirtschaftlichen Lebens nötig machte. Jetzt sind sie meist nur mehr ein Schatten einstiger Größe. Der bedeutendste Gasthof war ehedem das (neben der Drahtfabrik von Roiderer) sich erhebende Damaskohaus, einst hochberühmt als sog. „Fürstenherberge" oder „Alte Post", später als „Bayerischer Hof" bezeichnet, eines der monumentalsten und ehrwürdigsten Bauwerke aus der Markgrafenzeit, dessen mächtige Eingangspforte zwei Säulen schmücken, die einen Balkon tragen und dessen altertümlicher, riesiger Hof von weitläufigen Hintergebäuden und Gängen umschlossen wird. Eine vom Historischen Verein angebrachte Gedenktafel gibt dem Beschauer einige geschichtliche Anhaltspunkte: „Ehemalige Fürstenherberge, erbaut von der Linckschen Familie als Gasthaus „Zur goldenen Gans", neuerbaut nach 1726 von Bürgermeister und Posthalter Georg Lederer. Hier weilte als Gefangener im Juli 1547 Kurfürst Johann Friedrich von Sachsen und als Besuch u. a. Markgraf Albrecht von Ansbach am 13. Juni 1639". Vielbesucht war auch das benachbarte Gasthaus „Zum weißen Lamm", zeitweise im Besitze einer Familie Schiller, historisch bemerkenswert als Absteigequartier des Dichterfürsten Goethe, der hier vom 5. zum 6. November 1797 auf der Heimfahrt von seiner Reise in die Schweiz übernachtete; eine vom Historischen Verein errichtete Gedenktafel hält diese Erinnerung dauernd wach. Goethe selbst, der als sinniger Beobachter das gewerbereiche Schwabach wohl mit besonderem Interesse durchwandert haben mag und der auch der „Schwabacher Schrift" wiederholt in seinen Schriften gedenkt, schreibt über seinen Aufenthalt in Schwabach: „Die Stadt liegt in einem ganz flachen und fruchtbaren Tal, die innere Stadt ist alt, hat aber hie und da schöne neue Häuser, besonders sind vor den Toren viel und meist von Stein bis unters Dach aufgeführt. Logierten im Lamm". Ueberhaupt war Schwabach, gelegen am Hauptverkehrswege von Süden nach Norden, häufig die Station für Reisende, die hier gute Unterkunft fanden; so berichtet z. B. der berühmte Dichter Hebbel, der 1839 über Roth hieher kam: „In Schwabach hatte ich ein sehr gutes Logis um äußerst billigen Preis". Das ebenfalls am Königplatz gelegene Gasthaus „Zum goldenen Stern" mit seinem malerisch-altertümlichen Hof kann auf eine besonders weitreichende Vergangenheit zurückblicken, namentlich auf merkwürdige Reformationserinnerungen, worauf die folgende Gedenktafelinschrift hinweist: „In diesem Hause wurden am 16. Oktober 1529 gelegentlich des Schwabacher Konvents die Schwabacher Artikel beraten, eine der Grundlagen der Augsburger Konfession".

Wir verlassen den geräumigen Königplatz, an dem Architektur und Plastik so rühmlich zur Geltung kam und der mit dem schmucken Rathausbau und der dunklen Silhouette des altehrwürdigen Kirchturms im Hintergrunde sowie der reichen Komposition des monumentalen Brunnendenkmals in der Mitte einen vornehm-würdigen Gesamteindruck macht, und wenden uns zur Königstraße mit ihren schönen Geschäftshäusern, meist große Höfe in sich schließend, die bis zur alten Stadtmauer sich erstrecken (dort auch das Kolonnenhaus der Sanitätskolonne). An der Abzweigung des Spitalberges bei der altangesehenen Millizerschen Buchdruckerei werfen wir einen Blick den Berg hinab zur Spitalbrücke und zur Spitalkirche, die an der Stelle einer bereits im Mittelalter bestandenen Kirche beim alten Hospital am Schwabachflusse 1755 und 1756 neu aufgebaut und 1885—1889 umfassend restauriert wurde, wobei sie einen neuen, edelaufstrebenden Turm, neue Choranlage, Kanzel und Altar (Feuerlein-Roth) erhielt, auch farbige Fenster (Schuler), die rühmlich Zeugnis geben von der neuzeitlichen Wiederblüte des Schwabacher Kunstgewerbes. Von der Königstraße wenden wir uns bei der Abzweigung der Zöllnertorstraße, die am einstigen Gasthaus „Zum roten Ochsen" (jetzt Hagelauer) vorbei zur Südlichen Mauerstraße und weiter zum äußeren Ring in die Seminarstraße führt, in das an geschichtlichen Erinnerungen reiche Vorlohe, in dessen Mitte die schlicht-traute „Franzosenkirche" aufragt, die 1686/87 von der französischen Kolonie aus Steinen der verfallenen Reichsburg Kammerstein erbaut wurde, wozu dann 1725 noch der kleine, aber malerisch wirkende Turm errichtet wurde. Das Innere des am Eingangsportale mit dem Markgrafenwappen geschmückten Kirchleins ist dem reformierten Kulte entsprechend zwar einfach-schmucklos, aber trotzdem ganz ansprechend, zu beiden Seiten der Kanzel, in deren Nähe sich auch der charakteristische Vorsängerstuhl befindet, fesseln unser Interesse zwei Tafeln, auf denen das Vaterunser und die 10 Gebote in französischer Sprache angeschrieben stehen, die ja noch bis zum Jahre 1857 die Predigtsprache war, wo der letzte französische Geistliche starb. An den letzten französischen Namen der Kolonie — den Presbyter Poujol — erinnert noch die vom Vorlohe zum Schwabachflusse hinabführende Gasse, während die Martellstraße die Erinnerung an den bedeutendsten Kolonisten, den französischen Prediger Martell — le premier conducteur de la colonie de Schwabach — wachhält.

Von der Reformierten-Kirche begeben wir uns über die wappengeschmückte Neubau-Brücke, die einen köstlichen Blick auf die malerische Stadtpartie am Einfluß der Schwabach gestattet, zur Wöhrwiese und an der städtischen alten Turnhalle vorbei zur Penkendorferstraße, die zur sog. Aich und zur Spitalbrücke vorführt, dann wandern wir durch die engen und vielgewundenen Gäßchen am alten Mühlgraben zum wappen- und marmortafelgeschmückten, 1733 erbauten Münzgebäude (1907 teilweise umgebaut) und zu den altertümlichen Stadtmauerresten, ferner zu der einstigen, mit Wasserkraft betriebenen Nadler-Schor- und Poliermühle mit der daneben befindlichen alten Tuchmacher-Walkmühle. Dort gelangen wir zur Hördlertorstraße, die durch die mächtige Alte Linde den prächtigsten Abschluß findet. An dem Brauhaus Schwabach vorbei, dessen mächtige Brauanlagen bis zur Nördlichen Mauergasse und darüber hinaus zur Ringstraße sich erstrecken, steigen wir in der Nähe der Stadelmannschen Kunstmühle, (auf dem historischen Boden der bereits 1454 bestehenden Mittelmühle) zum Pinzenberg und jenen alten Teilen der Stadt, die sich terrassenförmig zum nördlichen Ringe hinaufbauen. Altertümliche Holzgalerien verleihen dem dortigen Hausgewinkel einen höchst eigenartig und anheimelnden Reiz, während unterirdische Labyrinthe von kühlen Bierkellern sowie die Brauereien BrauhausSchwabach u. Lösel den Ruhm des seit langem hochbedeutsamen Schwabacher Braugewerbes künden. Wir werfen einen flüchtigen Blick auf die in ihrer Altertümlichkeit anziehenden alten Häuser und Gäßchen, die zur Nürnberger Straße hinführen und schreiten die steinernen Treppenstufen hinab zur Kreuzung der Hördlertorstraße mit der Aich und der Friedrichstraße, wo der stattliche und gediegene Neubau der früheren Ruckschen Brauerei die mächtig vordringende Neuzeit repräsentiert gegenüber dem einst vom französisch-reformierten Geistlichen Martell erbauten, jetzt als Volksschulhaus und Kinderasyl dienenden Bau, der ein dauerndes Zeichen der eifrigen Kolonisationstätigkeit dieses Mannes bildet; schräg gegenüber ist das geschmackvoll renovierte Gebäude der vormaligen Brauerei „Zum schwarzen Adler", die zeitweise auch als Post diente. Besonders reizvoll macht sich dort die Eingangstüre über dem breiten Steintreppenaufgang, über deren Spannung der „Schwarze Adler" dem Hause eine schöne Zier verleiht. Von diesem Kreuzungspunkte aus, wo wir vermutlich eine der ältesten Stätten der Schwabacher Siedlungsgeschichte vor uns haben, lenken wir unsere Schritte weiter durch die Altstadt, deren alte Baulichkeiten teilweise recht hübsche Renovierungen aufweisen, der heimischen Eigenart angepaßt und mit wieder freigelegtem Fachwerke; wir befinden uns hier im Hauptgebiete des heimischen Handwerkerfleißes, wo tüchtige Meister emsig am Werke sind, um den Ruf der altüberlieferten handwerklichen Tradition Schwabachs hochzuhalten. Wir wählen den Weg entweder die Friedrichstraße entlang zum Kreuzungspunkte mit der Nürnberger Straße, dem sog. „Kreuz" oder aber über die Aich durch die Bachgasse entlang dem mauerumsäumten Schwabachflusse, der hier früher oftmals die Ufer in verheerenden Ueberschwemmungen überstieg, deren verhängnisvollste vom Jahre 1732 durch einen am reizvollen Wilhelm Schulerschen Hause in der Silbergasse eingelassenen Kupferstich dem Geschichts- und Heimatfreund veranschaulicht ist. Vorbei am sog. Höllsteg sowie dem auf Veranlassung des kunstverständigen Hafnermeisters Emanuel Kittler, des Vaters des berühmten fränkischen Bildhauers, äußerst stilschön renovierten Fachwerkgebäude am Eingang zur Silbergasse schreiten wir weiter zur sog. Fleischbrücke, benannt nach dem längs über den Schwabachfluß erbauten Fleischhaus, das 1732 ein Raub der genannten Wasserflut wurde. Die am Brückeneck befindliche wappengeschmückte sog. „Farb" gehört jetzt zu der einen großen Teil der Nürnberger Straße umfassenden und bis zur Friedrichstraße sich erstreckenden, mächtig ausgedehnten Ribotschen Hofseifenfabrik, der auch der einstige, als Handwerkerzunftherberge erinnerungsreiche „Grüne Baum" eingegliedert wurde (jetzt mit originellen Hausmalereien geschmückt). Beim Kappadozia und dem alten „Kappenzipfel", werfen wir einen kurzen Blick auf die zum Kirchenplatz führende Sägbrücke, dicht an der Laumerschen Brauerei „Zum Schiff" und der einstigen unteren Stadtmühle liegend, in der nach der Belagerung Schwabachs 1632 durch Wallenstein Bürgermeister Triller 11 Wochen lang im Verstecke lag, und wenden uns durch die Neutorstraße (mit dem auf dem Boden der früher Hassoldschen Brauerei, dem späteren „Saalbau zum Schwan" erstandenen Luna-Lichtspielhaus, zugleich Spielstätte der Schwabacher Kasperlbühne) zur Mauergasse (mit schönem Blick auf die am Ausflusse der Schwabach malerisch wirkende Partie bei der Pfarrgasse) oder aber in das altertümliche Gassengewinkel, das die Synagoge umfassend zwischen der Gasanstalt und der oberen Nürnberger Straße sich aufbaut und zur Wellerschen Brauerei und dem roten Backsteinbau der einstigen Leitnerschen Brauerei sowie zu den Resten des einst so malerisch diese Altstadtpartie abschließenden Nürnberger Tores hinaufführt, das als letzter und schönster Zeuge alter Stadtherrlichkeit und Stadtschönheit vor etwa einem Menschenalter neuzeitlichem Geiste und wachsendem Verkehr weichen mußte.

2. Ein Rundgang um das Stadtinnere.

Nach der Besichtigung der den inneren Kern Schwabachs bildenden Altstadt gehen wir dazu über, auch das außerhalb der alten Stadtmauern und der an Stelle der eingeebneten Stadtgräben und Wälle gebildeten Ringstraße erstandene neue Schwabach uns anzusehen. Bereits seit der Gründung der französischen Kolonie und der Entstehung größerer gewerblicher Betriebe ist in Schwabach die Vorstadtentwicklung eingeleitet worden, die zunächst namentlich vor dem Mönchstore (Fabrikanlagen der später Stirnerschen Kattunfabrik an der Penzendorfer Straße) und vor dem Zöllnertore („Neue Auslage" in der Wittelsbacherstraße) schon im 18. Jahrhunderte sich anbahnte; bereits im Jahre 1744 mußte der die ganze Stadt umziehende Stadtgraben mit hohem Walle der Erweiterung weichen, während die (zurzeit noch in vereinzelten schwachen Resten in der Südlichen Mauergasse sichtbare) Stadtmauer und die vier Tortürme (Nürnberger-, Mönchs-, Zöllner- und Hördlertor) erst im 19. Jahrhundert abgebrochen wurden. Wohlbebaute Gärten um den inneren Stadtkern und die breite, baumbepflanzte Ringanlage („hinterm Graben") umziehen jetzt an Stelle des gesprengten Mauergürtels die Altstadt. Nach dem 1849 erfolgten Eisenbahnbau strebte naturgemäß die neuzeitliche Hauptentwicklung Schwabachs in erster Linie zur Bahnhofseite zu, wo besonders in der Neuanlage von Fabriken, Lagerhäusern und Industriegleisanlagen die Neublüte des Schwabacher Gewerbslebens sich wiederspiegelt; aber auch nach den anderen Himmelsrichtungen hin sind zahlreiche gewerbliche Betriebe mit hochragenden Fabrikschlöten rings um den alten inneren Stadtkern erstanden, unterbrochen von neuzeitlichen, hübschen Vorstadthäusern mit netten Vorgärten namentlich in der Stadtparkgegend. Besonders gefördert wurde das Entstehen neuer Straßen und Stadtteile durch das für Schwabach so charakteristische Gewerbe der Gold- und Silberschlägereien, deren zeitweise überaus starke Blüte einen leistungsfähigen, breiten Mittelstand schuf und deren für die ganze Stadt bedeutsame große wirtschaftliche Kraft sich auch im äußeren Stadtbilde bemerkbar macht durch schmucke und zweckmäßige Neubauten, aus deren hell und freundlich eingerichteten Werkstätten der gleichmäßige Takt des Hammerschlages hörbar ist, der den Hauptpuls des ganzen Wirtschaftslebens der Stadt bildet. Da auch die industriellen Großbetriebe der sehr ausdehnungsfähigen Stadt nicht den manchen Fabrikstädten anhaftenden Charakter eintönig wirkender Fabrikkasernen tragen, sondern meist mit vorgebauten vornehm-schönen Fabrikkontoren und Villen der Fabrikbesitzer in schmuckem Grün daliegen, bietet das Stadtbild einen harmonisch-freundlichen und wohlabgeglichenen Gesamteindruck. Erhöht wird derselbe insbesondere durch den im letzten halben Jahrhundert erstandenen und hübsch zusammengewachsenen Stadtpark, der mit Recht als köstlichstes natürliches Schmuckstück der Stadt bezeichnet wird und der nicht nur als „Lunge der Stadt" von höchstem hygienischem Werte für unsere immer weiter sich dehnende Stadt der „hundert Schlöte" ist, sondern auch mancherlei Belehrungsmöglichkeiten für den Naturfreund und die heranwachsende junge Generation bietet, namentlich in dem auf Anregung des Oberstudiendirektors Kittler angelegten, sehenswerten Alpinum, das ein lehrreiches Bild der alpinen Pflanzendecke bietet. Angepflanzt wurden Vertreter unserer Mittelgebirge, besonders unseres Jura, sowie solche der vor- und hochalpinen Zone, in zahlreichen Formen namentlich Fels- und Geröllbewohner in ihrer eigenartigen, dem hochalpinen Klima angepaßten Tracht, ferner aber auch Vertreter aus den Pyrenäen, den Abbruzen, den Balkangebirgen, ja sogar aus dem Kaukasus und dem Himalaya. Die sorgfältige Weiterpflege und Ausgestaltung des Alpenpflanzengartens zu einem bleibenden Glanzjuwel unseres herrlichen Stadtparks, in den sich die kleine, aber zweckmäßige Anlage so harmonisch eingliedert, dürfte eine der Hauptaufgaben der nächsten Zeit sein. Auch außer dem vielbewunderten Alpinum weist der Stadtpark, der ein Muster kunst- und kulturgärtnerischen Schaffens darstellt und dessen Anlegung und Ausgestaltung ein Ruhmesblatt sowohl unserer vorausschauenden Stadtverwaltung als auch des tätigen Verschönerungsvereins bildet (besonders seines verstorbenen Vorstandes Sattlermeisters Roß), reichen gärtnerischen Schmuck und idyllische Anlagen auf, so besonders den sog. „Schwanenweiher", den jetzt wieder allerlei Wassergeflügel und majestätische Schwäne durchfurchen, ferner auch verschiedenen plastischen und sonstigen Schmuck, namentlich das von Prof. Philipp Kittlers — eines Schwabacher Stadtkindes — Meisterhand geschaffene Denkmal zur Erinnerung an die im Weltkriege gefallenen Söhne Schwabachs, in monumentaler Wucht einen sterbenden Krieger mit zerbrochenem Schwerte darstellend. (Philipp Kittler, einer der hervorragendsten fränkischen Bildhauer, wurde geboren zu Schwabach am 18. Juni 1861 als Sohn des Hafnermeisters Emanuel Kittler, eines kunstreichen Meisters von altem Schrot und Korn, der als langjähriger Vorsitzender des Gewerbevereins sich erhebliche Verdienste um die gewerbliche Hebung Schwabachs erworben hat.)

Während zwischen dem Stadtpark, der Südlichen Ringstraße und der Wittelsbacherstraße namentlich eine Kolonie schöner Gold- und Silberschlägerwerkstätten entstanden ist, die nebst schmucken Villen den großen Wiesenplan umsäumen, in den vor zwei Jahrzehnten die prächtigen Schulhaus-Neubauten (Luitpoldschulhaus und Progymnasium) als schönste Wahrzeichen unserer bildungsfreundl. Stadt eingebaut wurden, ist auf der Südseite gegen die Bahnstr. nach Roth u. die Meisenlachgegend zu eine industrielle Neustadt entstanden mit großen Lagerhäusern (Meister, Ribot) u. Fabriken, besonders Metallwarenfabriken, so die Wengleinschen Herold-Norica-Werke, ferner der Neubau der mit dem Firmenzeichen, einem Hahn geschmückten Schmauserschen Nadelfabrik, die Jägersche Schraubenfabrik, die Goldspinnerei der Gebrüder Schülein usw., die im Verein mit den großen Ziegeleien (Carlsche Dampfziegelei und Ringofenziegelei von Tauber und Bayerlein), die moderne Entwicklung Schwabachs zur „Stadt der Arbeit" am sinnfälligsten bekunden. Dazwischen schiebt sich aber überall das Grün der Bäume ein, Spiel- und Sportplätze und die einfach-zweckmäßig angelegte Jugendherberge künden von neuzeitlichem Streben nach körperlicher Ertüchtigung, harmonisch sich einfügende Vorstadtvillen zeugen von der wirtschaftlichen Kraft der Besitzer und dem gediegenen Können unseres heimischen Baugewerbes, das auch bei den geschmackvollen Hausrenovierungen im Stadtinnern sich vielfach vorbildlich betätigt. Auch geeigneter Hausschmuck und manch sinniger Hausspruch fesselt den Blick des Beschauers; erwähnt sei z. B. der köstliche Spruch an der reizvollen Villa des Maurermeisters Matthias Thaeter nächst dem einst von 7 Weihern umsäumten Ostanger:

Ein jeder baut sein Nest
Wie's ihm dünket aufs best'.
Wer bauet an die Straßen,
Der muß sich meistern lassen.

Bei unserem weiteren Rundgang schreiten wir durch die Ziegelgasse am Luitpoldschulhaus vorbei zur Zollstation Wittelsbacherstraße beim einstigen Siechweiher, wo die Rittersbacher

Straße (vorbei am sog. Felsenkeller) zum neueingemeindeten Stadtteil Forsthof-Uigenau und zu den Waldesschluchten des prächtigen Waldgebirges Heidenberg führt, während die Nördlinger Straße am städtischen Krankenhaus und dem Schießhaus vorbei nach Haag und dem einst burggekrönten Kammerstein sich hinzieht, dessen Dorfkirchlein auf ragender Höhe die ganze Umgebung beherrscht. Die mit schattiger Baumanlage bepflanzte breite Wittelsbacherstraße, die schon Goethe, dem weitgereisten, angenehm in die Augen fiel, wurde im 18. Jahrhundert als „Neue Auslage" oder Vorstadt vor dem Zöllnertore angelegt und mit gediegenen Sandsteinbauten bebaut. Auf der einen Seite fällt uns besonders das Evang. Vereinshaus (ehemaliger Gasthof „Zum Hirschen"), von dessen Ecke aus die Bogenstraße nach den wohlgepflegten Schrebergärten und der mächtigen und weithin sichtbaren Turnhalle des Turnvereins von 1848 abbiegt, und weiterhin das Bezirksamtsgebäude in die Augen, während die Gegenseite von der (1843 gegründeten) Lehrerbildungsanstalt eingenommen wird. Der stattliche Gebäudekomplex, der noch durch einen umfassenden Neubau an der Südlichen Ringstraße vergrößert wurde und dem auch das sog. Alte Rentamt (1780 vom Markgrafen Alexander als Irrenhaus erbaut) angegliedert wurde, umfaßt nunmehr mit seinen Bauten, Gärten, Höfen fast ein ganzes Stadtviertel. Der mittlere Hauptbau, der von einem Glockentürmchen (einem Bestandteil der einstigen im obersten Stock befindlichen Zuchthauskirche) gekrönt wird, war 1756 bis 1757 als Zucht- und Arbeitshaus erbaut worden. Der große Seminarhof, auf dem einst Züchtlinge ausgepeitscht wurden, wie originelle alte Kupferstiche darstellen, wird jetzt von blühender und edelstrebender Schuljugend belebt. Sic tempora mutantur! Einen höchst ansprechenden und durch den herrlich bepflanzten Hintergrund geradezu weihevoll wirkenden plastischen Schmuck hat der jetzt springbrunnengezierte Seminarhof erhalten in dem künstlerisch vollendeten Erinnerungsmal für die im Weltkriege gefallenen Seminarangehörigen (eine edle Kunstschöpfung unseres Schwabacher Landsmanns Wirth, des rühmlich bekannten Meisters der Bildhauerkunst).

An der Ecke des großen Seminarbaus kreuzt sich die (durch das einstige Zöllnertor) ins Stadtinnere führende Zöllnertorstraße mit der verkehrsbelebten Südlichen Ringstraße, einst „hinter dem Graben" mit großen Linden- und Kastanienbäumen bepflanzt und jetzt von stattlichen Neubauten eingesäumt (Progymnasium und Reichsbanknebenstelle, vornehme Villen, Goldschlägereien und gewerbl. Betriebe, wie die Sommersche Drahtfabrik und die Weghornsche Zwiebackfabrik mit schöner Fassadenmalerei) sowie mit der von der Ecke des Bezirksamts ab am schmucken Forstamtsgebäude vorbeiführenden Straße, die nach dem durch ein altes markgräfliches Jagdschlößchen bekannt gewordenen, jetzt fast schon mit Schwabach zusammengewachsenen Unterreichenbach führt. Den schönsten Schmuck und das edelste Juwel dieser Straße bildet das 1886 erbaute 3. Deutsche Reichswaisenhaus, das rotleuchtend in prächtiges Grün gebettet wohl bei jedem Besucher Schwabachs in seiner schönen Gediegenheit einen unvergeßlichen und haftenden Eindruck hinterläßt. Im Eingangsraume sind pietätvoll die Namen der Stifter und des um das Reichswaisenhaus besonders verdienten Kommerzienrats Fritz Ribot, des Schwabacher Ehrenbürgers, auf Marmortafeln angebracht. Am gegenüberliegenden, traulichen Friedhofe der Reformierten Gemeinde biegen wir zum schattigen Seminarturngarten ab und schreiten, dem von der Petzoldtstraße her vernehmbaren Hammerschlag der Blattgoldschlägereien lauschend, an der schlotgekrönten Moll- & Kühnschen Filzfabrik vorbei hinab in den idyllischen, saftig-grünen Schwabachwiesengrund mit schönem Blicke auf die einst rebenbepflanzten Höhen, die vom sog. Nadlersbach hinauf zur Prünstwaldung führen und auf den weithin sichtbaren, jetzt zur Wildschen Leder- und Goldbücherfabrik eingerichteten einstigen Knöllingerschen Gambrinuskeller beim sog. Heubersbuck. Auf der am Fuße der einst weintragenden Höhen („Weingäßchen" und „Weingärten") angelegten Badstraße, die zu dem schönen und von einer schattigen Baumpflanzung gesäumten Stadtbad führt, streben wir am schilfumsäumten sog. Forstersweiher und an herrlichen und hochragenden Neubauten vorbeiwandernd, dem schmucken Zollhäuschen und der sogenannten „Alten Linde" vor dem (abgebrochenen) Hördlertore zu, dem prächtigsten Naturdenkmale unserer Gegend. Dieser um das Jahr 1768 gepflanzte, jetzt mehrfach mit Eisenstäben gestützte mächtige Baumriese „da draußen vor dem Tore" ist eines der fesselndsten Wahrzeichen unserer Stadt. Hier genießen wir zugleich einen prächtigen Blick auf das Grün des Talwiesengrundes sowie an den noch schwach erhaltenen Resten der Stadtmauer entlang über den malerischen Schwabachfluß hinauf zu dem reizvollen Dächergewirr, aus dem der Turm der sog. Franzosenkirche hervorlugt.

Von der Alten Linde ab führt unser Rundgang durch die lindenbepflanzte Nördliche Ringstraße, vorbei an der Hufnaglschen Filzfabrik und anderen gewerblichen Betrieben zu dem schlichten Bau der alten Lateinschule (einstiges Schießhaus nächst der Stadtmauer) und dem sog. Steigerturm beim ehemaligen Nürnberger Tore, das als letztes der vier malerischen Stadttore den angeblichen neuzeitlichen Forderungen des Verkehrs weichen mußte, der sich jedoch überwiegend nicht durch die enge Nürnberger Straße in die Altstadt, sondern durch die weitere Fortsetzung der breiten Nördl. Ringstr., der Hauptverkehrsader der Stadt vollzieht. Vom einstigen Tore aus führt die verkehrsbelebte Landstraße, auf der wir abseits am Waldessaum der Prünst die Villa Eichwasen — an der Stelle einer aufgelassenen, 1816 errichteten Ziegelbrennerei — erblicken, nach Nasbach und weiter nach den gewerbereichen, einst zum Schwabacher Bezirk gehörigen Vororten Nürnbergs. Zwischen der Galgengartenstraße (zum alten mit steinernen Säulen umfaßten, 1814 abgetragenen Stadtgalgen, dem einstigen düsteren Wahrzeichen der Stadt führend) und der Ringstraße haben sich die Drei-S-Werke (Tuchmannsche Nadelfabrik) mächtig ausgedehnt, dann in der Fortsetzung der Ringstraße die Ringfabrik der Gebr. Weidner sowie gegenüber dem mächtigen städtischen Gaswerk, das wie „ein mächtig Außenfort der Stadt im Kampf der Neuzeit" aufragt, die altangesehene Staedtler-Uhlsche Nadelfabrik und weiter unten am lauschigen Schwabachfluße an der sog. Landsknechtsbrücke die höchst leistungsfähige Turngerätefabrik von Georg Stöhr in der Nähe des Wirthschen Saalbaues. Außerhalb des Ringgürtels der Stadt ist in der Hauptsache erst in unserem Jahrhundert nach der Limbacher Straße zu ein völlig neues Stadtviertel erwachsen mit neuen Straßen und Gebäuden und schöngebauten Fabriken, besonders der Nadelfabrik von Traumüller und Raum und der Diamantziehstein- und Drahtziehmaschinenfabrik Hans M. Bauer. Das herrlichste Schmuckstück im Kranze der Außenstadt bildet wohl der beim Limbacher Wäldchen idyllisch gelegene und in köstlichem Frieden daliegende, 1913 errichtete Waldfriedhof, während ein anderer Zeuge neuzeitlichen Menschheitsfortschrittes, die segensreiche Walderholungsstätte in stiller, gesunder Waldlage beim 2 Kilometer von Schwabach entfernten Limbach erstanden ist.

Während in dem auf den Höhen bei der Limbacher Straße im letzten Vierteljahrhundert neuerstandenen, ja fast aus dem Erdboden gestampften Industrieviertel sich die industrielle Neublüte unserer kräftig sich entfaltenden Stadtgemeinschaft kundgibt, zeigt uns ein Blick über den Schwabachwiesengrund hinweg zu dem sich dort auftürmenden altertümlichen und mächtigen Hausgemäuer ein in Trümmer gegangenes Stück Altschwabacher Industrieherrlichkeit: es sind die Rückmauern der früheren sog. „Fabrik" in der Penzendorfer Straße, die 1716 vom Markgrafen Wilhelm Friedrich als Kattunfabrik angelegt wurde und, nachdem sie unter der Familie Stirner sich mächtig entwickelt hatte, im Jahre 1825 ihr Ende fand, wo das gesamte Fabrik- und Oekonomieanwesen, bestehend in 15 größeren und kleineren Wohn- und Fabrikgebäuden zur Ausspielung gelangte. Später diente das Hauptgebäude zeitweise als Kaserne, dann als städtisches Waisenhaus und sog. „Kasernschulhaus", woselbst nunmehr auch das „Bürgerheim" eine Stätte gefunden hat. Zu den alten Bauwerken in der Penzendorfer Straße, von denen auch das zopfig-beschaulich dreinblickende Bezirkskrankenhaus Hervorhebung verdient, gesellen sich dann noch eine Reihe stattlicher neuer Häuser, die sich bis zur Rohrersmühle und darüber hinaus hinziehen und in nicht zu ferner Zeit mit den Neubauten an der Rohrersmühlstraße — Spachmüllersche Papierfabrik — und der von der Bahnhofstraße sich einschiebenden Wallenrodstraße (Methodistenkirche) zu einem neuen Stadtviertel zusammengewachsen sein werden. Von der althistorischen, jetzt industriellen Zwecken dienstbar gemachten Rohrersmühle, bei der während der Belagerung Schwabachs 1632 Wallensteins Lager sich befand, wandern wir unter der stattlichen Eisenbahnbrücke hindurch im herrlichen Schwabachwiesengrund nach der Rößleinsmühle, dem einstigen Nadelschleifwerke des Schwabacher Nadlerhandwerkes (jetzt Bronzefabrik) und weiterhin zur Rennmühle, der untersten Mühle der Stadt, jetzt als Farbwerk eingerichtet. Ueber den Arbeitersportplatz streben wir wieder dem Schienenweg zu, um den Rundgang um die Stadt abzuschließen, der uns ein abwechslungsvolles und reiches Bild neuzeitlichen Lebens und eine Fülle herrlicher Neubauten hat sehen lassen, die in malerischem Kontrast zu den altertümlichen Reizen der Altstadt stehen, aber doch meist so glücklich der Eigenart unserer heimischen Bauweise angepaßt sind, daß das entstandene Gesamtstadtbild den wohltuenden Eindruck harmonischer Einheit und gelungensten Ineinanderverwachsens macht und jeder Reisende, der auf der Fahrt von Nürnberg nach München auf unser Schwabach niederblickt, nicht nur eine „Stadt der Arbeit", sondern auch eine anmutige und freundliche „Stadt im Grün" vor sich sieht, wenn auch nicht gerade eine „Palmen- und Lindenstadt", wie sie bereits 1756 Schwabachs ältester Geschichtsschreiber v. Falckenstein voraussagte.

II. Geschichte der heimischen Gewerbe.

1. Allgemeines.

Wenn unsere freundliche Frankenstadt Schwabach heute selbst in fernen Zonen einen Namen von nicht ganz unbekanntem Klang hat, so verdankt sie dies nicht wie andere weitgenannte Orte etwa überragender geschichtlicher Bedeutung oder ausnehmenden landschaftlichen Reizen, sondern in erster Linie ihrer ungemein regen gewerblichen Tätigkeit und ihrer mannigfach in den Welthandel eingeschalteten Industrie. Wie kaum auf eine andere Stadt des Frankenlandes trifft denn auch auf unsere gewerbefleißige Stadt Schwabach das Dichterwort zu:

Dich hat noch nie besungen
Die hehre Poesie;
Wo dein Ruf hingedrungen,
Trug ihn die Industrie.

Von einigen günstigen, äußeren Umständen, besonders seiner bevorzugten Verkehrslage abgesehen kann man behaupten, daß Schwabach aus eigener Kraft geworden ist, was es ist. Die auf Industrie und Gewerbe begründete Bedeutung der Stadt läßt ein Erlahmen und ein beschauliches Ausruhen auf alten Lorbeeren nicht zu, wie dies aus bitteren Tatsachen der geschichtlichen Entwicklung hervorgeht, sondern verlangt von jeder Generation immer wieder aufs neue höchste Kraftanspannung. „Was du ererbt von deinen Vätern hast, erwirb es, um es zu besitzen." Aber gerade in diesem stets neuen Erarbeiten und in diesem nicht rastenden und nicht rostenden Vorwärtsstreben liegen die Wurzeln der Kraft und der Erfolge unserer hochentwickelten Stadtgemeinschaft begründet, deren wachsende Wichtigkeit und Bedeutung schon äußerlich ein Blick auf das immer mächtiger sich dehnende und reckende Stadtbild mit dem neuerstandenen Kranze herrlicher Vorstadthäuser und schön im Grünen liegender schlotgekrönter neuzeitlicher Fabrikbauten erkennen läßt. Zugleich ergibt aber auch die Betrachtung des harmonischen und gleichmäßigen Ineinanderwachsens des inneren Stadtkernes mit dem über den längst gesprengten Stadtmauergürtel hinausgewachsenen neuzeitlichen Schwabach, daß wir hier nicht eine in ungesunder Sprunghaftigkeit aufgeschossene, parvenühaft wirkende moderne Fabrikstadt, sondern eine organisch aus der Stätte einer auf alter Gewerbstradition fußenden Kultur herausentwickelte Stadtgemeinschaft vor uns haben, die in zeitgemäßer Vorwärtsentwicklung aus alten in neuzeitliche, neue Aufgaben und Formen bedingende Verhältnisse hinübergewachsen ist.

Schwabachs Ruf als Stadt des Gewerbefleißes ist ein altbegründeter. Neben dem überragenden Nürnberg hat unser Schwabach von jeher als blühender Sitz der Gewerbe seine besondere Stellung und Eigenart behauptet, ja als Industrie- und Fabrikstadt ist es ihm zeitweise völlig ebenbürtig gewesen. Dem 1777—1782 Franken und die Nachbarlande durchwandernden, scharf beobachtenden Wilhelm Gerken fiel schon in jener Zeit, in der neben dem beherrschenden Handwerk die deutsche Großindustrie erst im Anfangsstadium der Entwicklung steckte, der ausgeprägte Industriecharakter unseres dichtbevölkerten Schwabach ausnehmend auf: „Die Stadt ist ziemlich gut gebaut und ungemein volkreich, weil Fabriken und Gewerbe hier blühen. Es fällt ordentlich auf, wenn man von hier nach einigen Stunden gen Nürnberg kommt, wie groß der Unterschied zwischen beiden Städten hinsichtlich des Volkreichtums ist. Hier (in Schwabach) ist es so lebhaft auf den Gassen und die Industrie fällt überall so stark in die Augen, daß man sich ordentlich freut, den so lebhaften Ort zu sehen". Als die „Stadt der hundert Fabriken" hätte man Schwabach schon am Anfang des verflossenen Jahrhunderts bezeichnen können (1810: 99 Fabriken!); den meisten Reisenden, welche Schwabach um jene Zeit berührten, fiel daher naturnotwendig der typische Industriecharakter des gewerblich ungemein belebten Platzes schon bei flüchtiger Besichtigung auf, auf den recht wohl das Goethewort anwendbar war:

Wohl war bevölkert das Städtchen,
Mancher Fabriken befliß man sich da und manches Gewerbes.

Goethe hat diese Worte zwar nicht auf Schwabach geprägt, mochte aber während seines Verweilens in unserer Stadt, deren „schöne neuen Häuser vor den Toren" ihm besonders in die Augen stachen, lebhaft an sie erinnert worden sein. Als die „Stadt der Nadeln" genoß Schwabach damals einen Ruf, der sich von einer erdkundlichen Beschreibung in die andere überpflanzte; noch wichtiger als die Metallindustrie waren in jener Zeit die hochentwickelten heimischen Textilgewerbe, die freilich am Anfange des 19. Jahrhunderts, dem großen Marksteine der technischen Umwälzungen, eines nach dem anderen abstarb. Am Ende des 18. Jahrhunderts hatten Schwabachs Fabriken und Manufakturen mehr als 4000 Arbeiter beschäftigt, eine für damalige Verhältnisse ganz erstaunliche Gewerbsblüte. Welchem Umstande verdankte Schwabach diesen zeitweise ganz gewaltigen industriellen Aufstieg und überhaupt sein Aufkommen als Industriestadt? Den Hauptimpuls hatte zweifellos die an die Hugenotteneinwanderung sich knüpfende Kolonisation am Ende des 17. und am Anfang des 18. Jahrhunderts und die Gründung der französischen Kolonie in Schwabach gegeben; neben der Ansiedlung gewerbefleißiger Franzosen und Schweizer erfolgte auch ein wiederholter Zustrom des Glaubens wegen vertriebener österreichischer Kolonisten, so daß Schwabachs gewerbliches Leben vielseitigen Zufluß und Anregung erhielt, die erfrischend und belebend und wie kräftiger Gährstoff wirkte, und deren einmal gegebener Impuls auch dann noch im wirtschaftlichen Leben der Stadt weiterwirkte, als die fremde Kolonie selbst bereits dem Schicksal der Zerbröckelung und Auflösung verfallen war und die deutsche Bevölkerung das reiche Erbe antrat. Ueberdies konnte diese auch selbst auf jahrhunderte alte Erfahrung und vielseitige gewerbliche Betätigung zurückblicken, die allerdings durch den vernichtenden 30jährigen Krieg eine verhängnisvolle Unterbrechung und einen starken Rückschlag erfahren hatte. Immerhin wurde Schwabachs später bedeutsamstes Gewerbe, die Nadlerei, mitten aus den Wehen des unheilvollen Krieges heraus geboren und auch die anderen Gewerbe und Handwerke erstanden wieder in stetigem Wiederaufbau aus den Nöten jener Zeit, nachdem sie schon eine fast halbtausendjährige ruhmreiche Entwicklung hinter sich gehabt hatten.

---

2. Handwerk und Gewerbe im Mittelalter.

Schwabachs gewerbliche Entwicklung hat ihre Wurzeln schon im Mittelalter und ist eine seit langem festbegründete. Neben Ansbach wurde Schwabach die hervorragendste Stadt der Markgrafschaft Ansbach, und es hatte vor der Hauptstadt in gewerblicher Hinsicht noch den fördernden Umstand voraus, daß die unmittelbare Nähe der Reichsstadt Nürnberg, des bedeutsamsten Gewerbs- und Kulturzentrums von ganz Süddeutschland, zweifellos auch höchst anregend und befruchtend auf das zu edlem Wettbewerb angespornte Handwerk und Gewerbe des dichtbenachbarten Markgrafenstädtchens Schwabach einwirkte. In Dr. Hampe's „Nürnberger Ratsverläßen über Kunst und Künstler im Zeitalter der Spätgotik und Renaissance" (1449—1633) finden wir manche Anhaltspunkte über die rivalisierende Konkurrenz der Nürnberger und Schwabacher Meister; eine Reihe von Ratsentscheiden beziehen sich besonders auf den Wettbewerb der einst so blühenden Schwabacher Goldschmiedekunst sowie des schon frühzeitig sehr bedeutsamen Messerschmiedegewerbes, das außer in der Stadt Schwabach auch in den benachbarten Märkten Kornburg und Wendelstein lebhafte Pflege fand. Zahlreiche Nürnberger Ratsbeschlüsse beziehen sich auf den Verkauf von Schwabacher Messern in Nürnberg, auf die Schau (Gewerbskontrolle) der von den Schwabacher, Kornburger und Wendelsteiner Messerschmieden nach der alten Reichsstadt eingeführten Erzeugnisse, auf die projektierte Gründung einer Bruderschaft der Wendelsteiner Messerschmiede, auf einen in Schwabach abgehaltenen Kongreß des Handwerks der Nürnberger, Sulzbacher, Wendelsteiner, Kornburger und Schwabacher Klingenschmiede sowie auf sonstige Verhandlungen der Nürnberger mit den Schwabachern, worauf näher einzugehen an dieser Stelle der Platz fehlt. Die Metallgewerbe waren neben den ebenfalls schon seit Jahrhunderten in Schwabach eingebürgerten und in keiner bedeutenderen Stadtgemeinschaft fehlenden Textilhandwerken, wie der Tuchmacherei, der Weberei, Bortenwirkerei und dergleichen in Schwabach ganz besonders entwickelt, wie denn für das 15. und 16. Jahrhundert bereits Schleifmühlen in Schwabach nachgewiesen sind, die hauptsächlich im Dienste der Messerindustrie und des Eisenhammers benötigt wurden. Daß in der einst mit Befestigungswerken umgebenen, mit massigen Mauern und trotzigen Türmen umgürteten Stadt die waffenschmiedenden Gewerbe, die Harnischmacher und Panzerschmiede, die Schwertfeger und Stückgießer usw. nicht fehlten, ist schon in der Grenzlage der Markgrafenstadt in nächster Nähe der argwöhnisch betrachteten waffenstarrenden Reichsstadt begründet. Eine starke Arbeitsteilung, welche die Grenzgebiete jedes einzelnen Handwerkszweiges genau festsetzte, ließ eine große Anzahl von Spezialgewerben entstehen, die uns noch in späteren Jahrhunderten in einer Fülle von Kleingewerben entgegentreten, den Ahlenschmieden und Feilenhauern, Nagelschmieden und Zirkelschmieden usw. Auch der Eisenhandel gelangte in Schwabach zu Bedeutung. Schmiedekunst und Kunstschlosserei, an die in älterer Zeit auch die Uhrmacherei angegliedert war, brachten tüchtige Werke alter Handwerkskunst hervor und behaupteten ihre Wichtigkeit auch dann noch, als andere metallverarbeitende Handwerke infolge der Umgestaltung der Zeitverhältnisse überflüssig und gegenstandslos geworden waren. Vermutlich haben auch die Goldschlägerei und die Nadlerei, also die beiden für unser heimisches Wirtschaftsleben später zu ausschlaggebender u. lebenswichtiger Bedeutung gelangten Gewerbe bereits frühzeitig von Nürnberg, der alten Heimat dieser interessanten Industriezweige, auch im benachbarten Schwabach vereinzelte Ableger gefunden, wenn sie hier auch erst nach Jahrhunderten zur eigentlichen Hauptentfaltung kamen. Nach den Stadtrechnungen von 1572—1573 erhielt z. B. ein Nadler Hans Nitzsch das Bürgerrecht in Schwabach, 1593 bis 1594 ein Longoldschläger Fritz Baechtold.

Vielfach werden in den alten Stadtrechnungen auch Goldarbeiter und Goldschmiede genannt, für die sich in früherer Zeit bei dem Luxusbedürfnisse des Bürgertums und bei der oft in goldenen und silbernen Schmucksachen erfolgten Kapitalsanlage früherer sparkassenloser Zeit ein reiches Betätigungsfeld bot. Auch für Kirchengeräte, für Schützenfeste oder große Schießen, wie sie auch in Schwabach glänzend gefeiert wurden, ferner für Geschenke und Hochzeitsgaben, die trotz der bestehenden Luxusgesetze kostbar genug ausfielen, waren reiche Goldschmiedearbeiten nicht minder benötigt wie für wertvolle Präsente und städtische „Verehrungen", beispielsweise bei Landeshuldigungen; so fertigte z. B. Goldschmied Hans Himler von Schwabach einmal einen Silberpokal im Werte von 89 Gulden für den Markgrafen; bei einer anderen Landeshuldigung verehrte der Rat einen Pokal für fünfzig Reichstaler und ein Pferd mit Sattel. Die Sattlerei war in Schwabach natürlich infolge des bei den früheren Verkehrsverhältnissen erheblicheren Bedarfs ein angesehenes und lohnendes Handwerk, ebenso wie die anderen lederverarbeitenden Gewerke der Beutler, Riemer, Schuhmacher sowie die schwunghaft betriebene Gerberei, welche später durch zuziehende wohlhabende französische und schweizerische Kolonisten besonderes Ansehen, aber auch starke Konkurrenz erhielt. Auch die holzverarbeitenden Gewerbe, die Wagenbauerei, die kunstreiche Drechslerei und das Tischlerhandwerk, dessen gediegene und tüchtige Erzeugnisse uns noch jetzt mit Bewunderung vor der Handwerkskunst und Werkarbeit der alten Meister erfüllen, fanden in Schwabach eine günstige Stätte für kunstgewerbliche Entfaltung, nicht minder auch andere Handwerke, wie Hafnerei, Bekleidungskunst, Kürschnerei, Buchbinderei und dergleichen. Die buchgewerbliche Kunst hat in Schwabach bekanntlich eine ganz besondere Pflege gefunden; altberühmte Schwabacher Drucke und Verlagswerke, aufs gediegenste in Schweinsleder gebunden, bilden noch jetzt eine Zierde der Büchersammlungen. Die „Schwabacher Schrift", von Goethe und vielen Geistesheroen in ihren Schriften genannt und gepriesen, trug den Namen Schwabachs nicht bloß in die Fachkreise, sondern auch in die ganze gebildete Welt und verbindet noch jetzt den Begriff dieser neuerdings wieder sehr zu Ehren gekommenen Schriftgattung dauernd mit unserem Frankenstädtchen, wenn auch ursprüngliche Herkunft (siehe die treffliche Untersuchung von Liz. Clauß) kaum ganz einwandsfrei geklärt werden dürfte. Begünstigt wurde die frühzeitige Entwicklung Schwabachs zu einer angesehenen Drucker-Stadt durch die zahlreichen Papiermühlen, die nach dem Vorbild der Stromerschen ältesten deutschen Papiermühle bei Nürnberg auch im Markgrafentum zahlreich angelegt wurden, besonders auch in der Rother und Schwabacher Gegend, wobei die heimischen Wasserkräfte aufs zweckdienlichste nutzbar gemacht wurden und das ganze Landschaftsbild ein belebendes Gepräge erhielt; namentlich die obere und untere Fichtenmühle bei Rednitzhembach (mit dem hochangesehenen Namen Quinat enge verknüpft!) waren nicht ohne Bedeutung und das „Fichtenpapier" genoß weithin Ruf. Infolge der technischen Umwälzungen in der neuzeitlichen Papierindustrie wurde später die Umstellung der alten Papiermühlen für andere industrielle Betriebe zur Notwendigkeit.

Von anderen bodenständigen Gewerben könnten namentlich die Ziegelbrennereien erwähnt werden, die in allerdings ziemlich primitiven „Ziegelhütten" die nötigen Erzeugnisse für das heimische Baugewerbe lieferten und welche bescheidene Vorgänger unserer jetzigen großen modernen Ringofen- und Dampfziegeleien waren, ferner die blühenden, durch die Wasserkraft der Schwabach gespeisten Mahlmühlen, als deren bedeutendste sich die Stadelmannsche Kunstmühle bis in die Jetztzeit herein in ihrer ursprünglichen Bestimmung erhalten hat, während die älteste Mahlmühle, die Rohrersmühle und vorher schon die Rennmühle in neuerer Zeit zu anderen industriellen Zwecken bestimmt wurden. „Schwabacher Mehl" war zeitweise infolge seiner hervorragenden Güte so berühmt, daß man es bis nach Berlin, Hannover, ja bis Petersburg verschicken mußte, eine bei den früheren Transportmitteln ganz ungewöhnliche Ausdehnung des Exportes; für seinen guten Ruf zeugt es auch, daß bei der Hochzeit des Markgrafen Karl Wilhelm Friedrich mit einer preußischen Prinzessin in Berlin ausdrücklich des „schönen Schwabacher Mehles" Erwähnung getan wurde. Daß auch die Mehlhändler (Melber oder Pfragner) sowie die Bäcker in Schwabach stark vertreten waren, und infolge der großen Bevölkerungsdichte wachsende Bedeutung erlangten, ist schon aus den zahlreichen mit den Bäckerabzeichen geschmückten Häusern in der Altstadt abzunehmen, welche das Gepräge wohlehrbarer Behaglichkeit noch jetzt tragen. Teilweise sind diese Bäckerwappen an brauberechtigten Häusern auch mit den charakteristischen gekreuzten Bierschöpfen zu einem Doppelwappen vereint, dem Attribut des anderen in Schwabach hochentwickelten Gewerbes, welches das sog. „flüssige Brot" oder das altberühmte Schwabacher Bier produzierte und dessen alte Blüte wohl auch mit dem zwischen Schwabach und Spalt schon im tiefen Mittelalter stark in Aufnahme gekommenen Hopfenbaue zusammenhängen dürfte.

Das weitbekannte Schwabacher Braugewerbe hat den Ruf unserer Heimatstadt als einer Stätte des Gewerbefleißes zweifellos in erster Linie begründet und bildete seit dem Mittelalter das wirtschaftliche Hauptrückgrat der Stadt. „Alle Einrichtungen sind bei uns in das Große bemessen, wir haben Felsenkeller, deren Erbauung 3000—4000 Gulden gekostet hat und worinnen mancher 3000—4000 Eimer Bier aufbewahren kann" — konnten die Schwabacher Brauer mit berechtigtem Berufsstolze 1819 in einer Denkschrift feststellen. Schon im Mittelalter hatte es eine weit über lokale Grenzen hinausreichende Wichtigkeit und macht den Abschluß besonderer Verträge mit der benachbarten Reichsstadt zur Notwendigkeit. Als wichtiger Exportartikel und Tauschhandelsobjekt wurde Schwabacher Bier nach allen Himmelsgegenden verführt, besonders nach dem Süden und die Donaustraße entlang nach dem Osten; in Wien existierte noch im vorigen Jahrhundert wenigstens dem Namen nach ein Schwabacher Bierkeller. Welch ausnehmenden Rufes sich das Schwabacher Bier schon vor Jahrhunderten erfreute, ersehen wir aus zahlreichen Bezeugungen, z. B. aus Augsburger Chroniken. Als daselbst im Jahre 1509 ein großes Armbrust- und Büchsenschießen gehalten wurde, ließ der Rat roten und weißen Welschwein und Schwabacher Bier zu einem unentgeltlichen Genusse für die Schützen auflegen. In einem Verzeichnis der Lebensmittelpreise während des Reichstages zu Augsburg 1530 wird der Preis einer Maß Bier von Böhmen, Sachsen oder Schwabach zu 16 Pfennigen angegeben. Auch bei sonstigen festlichen Gelegenheiten (beispielsweise 1526 bei der Hochzeit des vornehmen Nürnbergers Ambrosius Quetz) wurde Schwabacherbräu als bevorzugtes Exportbier vielfach erwähnt.

Ein lebenswichtiges Handwerk war natürlich auch die Fleischerei oder Metzgerei, die bei dem prächtigen, namentlich durch die letzten Markgrafen sehr in die Höhe gebrachten fränkischen Viehschlag über Prachtmastvieh verfügen konnten. Daß sie aber auch in früheren Jahrhunderten bereits auf der vollen Höhe ihrer Zeit standen und große Leistungsfähigkeit besaßen, können wir aus originellen Einträgen in den Schwabacher Stadtrechnungen schließen. So heißt es in den Stadtrechnungen von 1569—1570 nach verschiedenen Ausgaben der Fastnachtszeit: „2 Ort (einen halben Gulden) den Metzgern verehrt, die einem Rat 12 Ellen Bratwurst an einem Stück verehrt". Auch im folgenden Jahre wird einer derartigen dem Rate von den Metzgern geschenkten Wurst Erwähnung getan. Offenbar handelte es sich um einen der einst mancherorts, besonders großartig in Nürnberg üblichen Fastnachtsumzüge der Gewerke, wobei die Bäcker mit Riesenbrezeln und die Metzger mit erstaunlichen Riesenwürsten paradierten, die auf großen Stangen in den Straßen umhergetragen wurden und bei deren festlicher Verspeisung auch der Stadtrat ein Ehrenstück abbekam. Konrad Grübel, der bekannte Nürnberger Volksdichter und ehrsame Flaschnermeister, der Sohn einer Jägerstochter aus Georgensgmünd bei Schwabach, gedenkt dieser alten fränkischen Handwerkersitten in seinem Gedichte: „Alte Spässe", indem er in wehmütig-humorvoller Rückerinnerung an die einstige, gute alte Zeit, außer anderen Bräuchen, wie dem Lichtlein-Tragen der Schmiede auch die originellen Metzgerumzüge erwähnt:

Die Metzger senn höi rumma zug'n
A Wurst, döi haut viel Zentner g'wug'n,
Döi hob'n s' trog'n aff der Gaß.
Su stark senn s' nimmer öiz, döi Männer;
Öitz macht mer Broutwürst', ober klänner,
Su kla, daß i nix klänners waß.

Die Schwabacher Metzger machten sicher die Sitte ihrer Zeit auch mit und gaben der Bürgerschaft des Städtchens den sichtbaren Beweis ihres leistungsfähigen Könnens und ihres beruflichen Stolzes. Auch Handwerkerkomödien wurden ja im Tanzsaal des Rathauses an Fastnacht aufgeführt, wobei Bürgerssöhne, Tuchmacher, Buchbinder usw. mitagierten, die dann „fürs gehaltene Spiel" eine städtische Verehrung bekamen ebenso wie den Handwerksgesellen oder Knappen zu ihren Tänzen ein städtischer Zuschuß gewährt wurde. Auch Altschwabach war früher ebenso wie das als Vorbild vorschwebende Nürnberg durch farbenreiche Handwerks-Gesellenaufzüge und Handwerkerfeste belebt, die ein anziehendes Stück alten Volkslebens darstellten: „Heiter und lustig, durch das Wandern etwas verfeinert, wußten die Handwerksgesellen in ihrer Blütezeit ihre Feste zu den beliebtesten in den Städten zu machen und in die Eintönigkeit des mittelalterlichen Lebens ein angenehmes Intermezzo einzuschieben" (v. Schanz).

3. Handwerk und Gewerbe in der Neuzeit seit der Kolonisation.

In solch kraftvoller Entfaltung vollzog sich beim Schwabacher Handwerk und Gewerbe die stetige und fortschreitende Entwicklung bis in das 17. Jahrhundert herein, als der unheilbringende 30jährige Krieg auch dem schwer betroffenen Schwabach einen fast vernichtenden kulturellen Rückschlag, eine beinahe gänzliche Entvölkerung und auch einen gewerblichen Verfall brachte, aus dem sich das verarmte Städtchen erst in jahrzehntelanger Arbeit wieder erholen konnte. Einen unerwarteten Aufschwung nahm dann das in langsamem Heilungsprozeß befindliche Wirtschaftsleben des Städtchens durch die Aufnahme der 1686 und den Folgejahren aus Frankreich geflohenen Reformierten oder Hugenotten, denen der Markgraf Schwabach als Wohnsitz und Siedlungsstätte anwies. Die Réfugiés brachten manche neue Industrie und manches in ihrem Heimatlande schon kräftiger und großzügiger entwickelte Gewerbe mit; namentlich die Textilgewerbe kamen durch die sich ansiedelnden fremden Strumpfwirker, Tuchmacher, Brokatweber, Tapetenwirker usw. zu höchster Blüte in Schwabach, das der Sammelplatz der ganzen Niederlassung wurde; auch die Gold- und Silberdraht- und Tressenfabrikation sowie andere Industriezweige fanden eine Zeit lang günstige Entwicklung.

Die Fürsorge der Markgrafen, welche sich um jeden Preis als Kolonisatoren verdient machen wollten, und durch Zoll-Vergünstigungen und Privilegien für die Bauherren neuer Häuser die Industrie auf jede Weise zu heben sich bemühten, hatte einen großen Aufschwung Schwabachs zur Folge, der auch dann noch nachwirkte, als die französische Kolonie selbst allmählich abbröckelte und mit der deutschen Bevölkerung sich verschmolz, welche auf dem großzügig gelegten Fundament dann kräftig weiterbaute. So entwickelte sich die Stadt im 18. Jahrhundert nach innen und nach außen immer lebhafter; besonders die Strumpfwirkerei und die Kattunfabrikation, die in der vom Markgrafen Wilhelm Friedrich 1716 erbauten, später von der Stadt und schließlich 1766 von der Familie Stirner übernommenen Fabrik in der Mönchstorvorstadt ihre Hauptstätte fand, nahmen eine geradezu glänzende Entwicklung, ebenso wie auch das auf deutschen Ursprung zurückzuführende und mitten in den Wehen des 30jährigen Krieges (1633) geborene Nadlergewerbe immer größere Ausdehnung fand. So beschäftigte denn die aufblühende Industriestadt im Jahre 1794 bereits 4033 Arbeiter; nach Hardenbergs Generalbericht über den damaligen Stand der Schwabacher Fabriken und Manufakturen betrug der Wert der Schwabacher Fabrikation 36 Prozent von dem des ganzen Fürstentums Ansbach, die Schwabacher Ausfuhr sogar fast die Hälfte der Gesamtausfuhr des Fürstentums. Im einzelnen wurde damals in den einzelnen Gewerbszweigen folgende Arbeiterzahl beschäftigt: Baumwolle 620 Arbeiter, Strümpfe 1795, Tabak 100, Papier 15, Weißgerberei 2, Tuch 109, Seifensiederei 16, Siegellack 10, Leoner Gold- und Silberdraht 212, Goldschlägerwaren 2, Maultrommeln 3, Nadeln 1125, Borten 21, Nägel 2; hergestellt wurden ferner noch Tabakköpfe aus Meerschaum, Drechslerwaren von Metall, Gürtlerwaren, chirurgische Instrumente und in ziemlich erheblichen Mengen Blechwaren. Die Gewerbsblüte hielt auch in der napoleonischen Aera noch an, teilweise begünstigt durch die Kontinentalsperre, welche die englische Konkurrenz zeitweise ganz lahmlegte; englische Fabrikwaren wurden konfisziert und rücksichtslos vernichtet, z. B. auch in Schwabach auf dem Ostanger angezündet und verbrannt. Um das Jahr 1810, wo Schwabach in 99 Fabriken 3555 Arbeiter beschäftigte und außerdem noch Nahrung für 1017 Gewerbsmeister und Künstler bot, war der Höhepunkt der heimischen Industrieblüte; im einzelnen war 1810 der Stand der wichtigsten Schwabacher Fabriken folgender:

1 Kattunfabrik hatte	480 Arbeiter und für	180 000 fl.	Absatz
1 feine Gold- und Silberdrahtfabrik	20 Arbeiter und für	21 000 fl.	Absatz
6 leon. Drahtfabriken	204 Arbeiter und für	104 500 fl.	Absatz
1 Kattunpapierfabrik	26 Arbeiter und für	8000 fl.	Absatz
2 Siegellackfabriken	5 Arbeiter und für	7000 fl.	Absatz
13 Tabakfabriken	101 Arbeiter und für	61 380 fl.	Absatz
47 Nadelfabriken	1500 Arbeiter und für	195 000 fl.	Absatz
27 Strumpffabriken	1069 Arbeiter und für	100 819 fl.	Absatz
1 Tuchmanufaktur	150 Arbeiter und für	42 000 fl.	Absatz
99 Fabriken	3555 Arbeiter und für	719 699 fl.	Absatz

Der Handel mit Getreide und Tabak betrug	238 590 fl.
Der Debit der Kaufleute und Krämer	125 425 fl
Es wurden sonach zu Schwabach Waren fabriziert und verhandelt im Wertbetrage von	1 083 714 fl.
Der Absatz ins Ausland betrug	539 231 fl.

Schon war aber in verschiedenen Industriezweigen der höchste Punkt der aufsteigenden Linie erreicht, und in raschem Abfall vollzog sich innerhalb weniger Jahrzehnte die absteigende Kurvenbewegung: „Im 19. Jahrhundert erfuhr die Schwabacher Industrie bedeutende Verschiebungen und Umwälzungen. Der ganze industrielle Charakter des Orts ändert sich, die alten Industriezweige sterben vielfach ab, andere kommen neu auf oder erfahren doch in ihrer Organisation bedeutsame Umgestaltungen". (Schanz.) Namentlich die Textilindustrie erlag der im Zeitalter der Maschinen eine völlige wirtschaftliche Revolution herbeiführenden neuen Technik, teils in jähem Sturze wie die 1825 aufgelöste Stirnersche Kattunfabrik, deren 15 größere und kleinere Wohn- und Fabrikgebäude vor nunmehr hundert Jahren zur Ausspielung kamen, teils in langem Todeskampfe und verzweiflungsvollem, jahrzehntelangem Siechtum, wie die Tuchmacherei, die Strumpfwirkerei und Weberei. Die Tuchfabrik der Gebrüder Hellmuth hatte schon 1818 ihren Todesstoß erlitten, zwei andere einst für Schwabach hochbedeutsame Unternehmungen verlegten ihren Sitz nach dem nahen Nürnberg, nämlich 1825 die Tabakfabrik der Gebrüder Bestelmeyer und 1841 die Beckhsche leonische Drahtfabrik in der sog. „Vorstadt" vor dem Zöllnertor. Wie die Textilindustrie, so drohten auch die Metallgewerbe in diesen vernichtenden Auflösungsprozeß hineingezogen zu werden, besonders die Nadlerei, welche lange Zeit den Lebensnerv des gesamten heimischen Wirtschaftslebens der Stadt gebildet hatte.

So bot unser einst so blühendes Schwabach um die Mitte des 19. Jahrhunderts ein überaus düsteres wirtschaftliches Gesamtbild mit geringen Aussichten einer Zukunftsentwicklung, zumal die fortschreitende Industrialisierung der Gewerke auch eine Reihe anderer einst den Mann redlich nährender handwerklicher Betriebe, denen eine Umstellung in neue Verhältnisse mit anderen Aufgaben schwer möglich war, allmählich in langsamen Todeszuckungen zum Aufhören brachte. Die Industriestadt Schwabach, einige Jahrzehnte vorher noch die „Stadt der hundert Fabriken", drohte zur Rolle eines bescheidenen Landstädtchens herabgedrückt zu werden; die alten Industrien waren verschwunden oder im Erlöschen, neue Unternehmungen, welche die brotlos gewordenen alten, gelernten Handwerker und Arbeiter hätten aufnehmen können, standen kaum in Aussicht. Erst in der zweiten Hälfte des 19. Jahrhunderts gelang in zähem Ringen ein neuer Aufstieg, und zwar in so kräftiger Vorwärtsbewegung, daß schon innerhalb einiger Jahrzehnte die einstige industrielle Stellung zurückerrungen, ja bald überflügelt werden konnte. Insbesondere haben sich die metallverarbeitenden Gewerbe infolge der Tüchtigkeit, des Weitblicks und der tatkräftigen Initiative hervorragender Industriepioniere kraftvoll zu neuer Blüte emporgearbeitet, indem sie unter beherztem Bruch mit der Vergangenheit und Zerschlagung der alten Gefäße, die sich nicht mehr mit lebenskräftigem Inhalt füllen ließen, das zusammenbrechende Handwerk in die Form neuer Industriebetriebe überführten, die durch zeitgemäße Ausnutzung der neuzeitlichen technischen Errungenschaften auf die Höhe der Entwicklung gebracht wurden, und so vor allem die einst handwerklich betriebene, dann hausindustriell gewordene Nadlerei und Drahtzieherei zu neuzeitlichen Großbetrieben ausgestalteten. Aehnlich wurde auch ein anderer aus dem alten Handwerk sich heraus entwickelnder Industriezweig, die Seifenindustrie, durch Ph. Benj. Ribot in vorbildlicher Aufbauarbeit zu einem Unternehmen ausgebaut, das bereits in den 80er Jahren als angesehenste Seifenfabrik Bayerns und eine der führenden Firmen des ganzen deutschen Vaterlandes gelten konnte und weiterhin durch seine weitschauenden Söhne, die Kommerzienräte Fritz und Konrad Ribot, glänzend an der Spitze der Entwicklung dieses Industriezweiges gehalten wurde.

Von ganz besonderer Wichtigkeit wurde auch die in der zweiten Hälfte des 19. Jahrhunderts überraschend schnell und kräftig sich entwickelnde Metallschlägerei, insbesondere die Goldschlägerei, die trotz mancher schweren Krisen zum lebenswichtigen Kern des heimischen Gewerbslebens gedieh. Vereinzelte Goldschläger hat es in Schwabach schon in früheren Jahrhunderten gegeben, ohne aber zunächst im Wirtschaftskörper der Stadt eine größere Rolle zu spielen. 1847 waren es erst noch drei Gold- und Silberschläger mit fünf Gehilfen. Erst im Laufe der 50er Jahre änderte sich das Bild, indem sich zunächst namentlich die Silberschlägereien ausdehnten. In beispiellos raschem Wachstum wuchs dann das Schlägergewerbe zu einem das Wirtschaftsleben der Stadt entscheidend mitbestimmenden Gebilde heran, dessen Hauptbedeutung für Schwabach darin lag, daß es einen breiten und wohlhabenden Mittelstand schuf und gerade in einer Zeit des Niedergangs alter, einst ausschlaggebender Gewerke eine neue Erwerbs- und Aufstiegsmöglichkeit bot. 1861 zählte man bereits 22 Gold- und Silberschläger mit 96 Gesellen und Lehrlingen; im Jahre 1883 beschäftigte die Feingoldschlägerei 110, die Gelbmetallschlägerei 86, die Silberschlägerei 460, die Weißmetallschlägerei 340 Personen. Innerhalb dreier Jahrzehnte war die Schlägerei zu einem Gewerbe herangewachsen, das für Schwabach nicht minder charakteristisch wurde wie einst die Nadlerei für die „Stadt der Nadeln". „Dem Fremden, der zum erstenmale in die Stadt eintritt, fällt das Geräusch dieser Schläge, das er aus den vielen Häusern heraus hört, am meisten auf; überall sieht er Männer und Knaben den schweren Hammer schwingen, der das zwischen eigens präparierten Häutchen befindliche Metallblech oder Metallblatt dünn machen muß", schrieb 1883 Professor Schanz. Eines der für unsere „Stadt der Arbeit" am meisten kennzeichnenden und ihr einen eigenartigen Stempel aufdrückenden Gewerke ist die Schlägerei auch jetzt noch, ganz besonders die Goldschlägerei, während die anderen Zweige der Metallschlägerei inzwischen einen starken Rückgang erfahren haben.

Die gewerbliche und industrielle Entwicklung Schwabachs in den letzten Jahrzehnten auch nur in Form einer kurzen Uebersicht darzulegen, verbietet an dieser Stelle der engezogene Raum der Festschrift. Neben den für das „nadelnspendende" Schwabach seit langem hochbedeutsamen Nadelfabriken, die teilweise jetzt auch Grammophonnadeln produzieren, und den Drahtfabriken und der damit in Beziehung stehenden, glänzend sich entwickelnden Diamantziehstein- und Drahtziehmaschinenfabrikation haben sich in den letzten Jahrzehnten eine ganze Anzahl weiterer Industriezweige aufgetan, namentlich Schraubenfabrikation und sonstige metallverarbeitende Industrien, aber auch eine Reihe anderer, hochentwickelter gewerblicher Betriebe aller Art, die zum Nutzen unserer aufstrebenden Stadtgemeinschaft hier ihre Stätte gefunden haben. Von all diesen Bahnbrechern unserer heimischen Industrie und unseres Gewerbes gilt jenes Wort auf dem Denkmal der Barbara Uttmann, welche durch die Einführung der Spitzenklöppelei im sächsischen Erzgebirge, einer an sich armen Gegend, eine Quelle des Erwerbs erschloß:

„Ein sinniger Geist, eine tätige Hand,
Sie ziehen den Segen ins Vaterland."

Daneben hat aber auch das Kleingewerbe und das kernige Handwerk sowie der im wirtschaftlichen Blutkreislauf ebenfalls nicht unwichtige Handel in unserem Schwabach seine starke Lebenskraft bewiesen, ebenso auch das heimische Kunsthandwerk, das die alten Grundsätze, die seine Arbeit zur Kunst stempeln, nämlich Zweckmäßigkeit, Echtheit des Materials und Schönheit, hochhält. Mit Stolz kann heute unser Schwabach auf seine tüchtigen Meister sehen, und kein einsichtiger Kenner wird dem Können dieser Männer des Sinnens und Hantierens trotz ihres einfachen Werkkittels die Anerkennung vorenthalten, die der Dichter in die Worte kleidete:

Jedweder Leistung Ehr und Preis!
Der beste Orden, den ich weiß,
Ist eine Hand voll Schwielen!

Schwabach (1930)

Es ist eine Stadt der Arbeit mit durchaus eigenartiger Industrie. Hergestellt werden Filze und Lederwaren aller Art, Ziehsteine mit winzigen Oeffnungen bis 0,01 mm zum Ziehen von Draht, Draht selbst aus allen Metallen, von allen Stärken und für alle Zwecke, Millionen Schrauben und Federn, Gold- und Silbergespinste, mehr als 100000000 Papiersäcke und Tüten, Turn- und Sportgeräte aller Art, Bronze aus Metallen, Farben aus Erden, neuzeitliche Nährmittel u. s. f. Früher war die Bierbrauerei so bedeutend, daß man in das Stadtwappen zwei Bierschöpfen aufnahm, heute haben Nadeln und Blattgold Schwabach berühmt gemacht. Schwabach war schon vor mehr als 100 Jahren die „Stadt der Nadeln", verlor aber seine Bedeutung im Zeitalter der Maschine. Seit einigen Jahrzehnten erscheinen die Schwabacher Nadeln wieder auf dem Weltmarkt und besonders die Grammophonnadel hat einen einzigartigen Siegeszug angetreten. An jedem Arbeitstag werden in Schwabach 20000000 Nadeln hergestellt, davon allein 10000000 Grammophonnadeln. Für den Fremden ist eine andere Industrie auffällig: die Schlägerei. Etwa 120 Betriebe schlagen echtes Blattgold, einige andere Aluminium, Silber, Zinn. Der erste Goldschläger kam 1572 nach Schwabach; heute braucht Schwabach jährlich 1000 kg Gold und ist damit die erste Goldschlägerstadt der Welt. Handarbeit und Handfertigkeit sind hier noch ausschlaggebend und die Maschine hat nur untergeordnete Bedeutung. Das Gold wird geschmolzen, gehämmert und möglichst dünn ausgewalzt. Etwa 400 Blättchen von 25 mm Seitenlänge werden in die „Quetsche" gelegt und mit einem zwanzigpfündigen Hammer zu Blättern von 100 mm Seitenlänge ausgeschlagen. Die 400 Blättchen der Quetsche werden in Frankreich gekauft; es ist derselbe Stoff, aus dem Montgolfier seinen ersten Luftballon hergestellt hat. Die großen Stücke Blattgold werden in 4 Teile geschnitten und etwa 1200 – 1400 davon zwischen ebensoviel Blättchen aus Goldschlägerhaut in das „Lot" gefüllt und nochmals auf etwa 100 mm ausgeschlagen. Goldschlägerhaut ist die präparierte Innenschicht des Blinddarms vom Ochsen. Die geviertelten Stücke Gold kommen nun in die „Form" aus feinsten Goldschlägerhäutchen. Das „Dünnschlagen" zu Blättern bis 140 mm Seitenlänge ist nur mit Handarbeit möglich und gelingt nur nach langjähriger Uebung. Zuletzt wird das Gold auf die gewünschte Größe beschnitten. Neben dem Schlagen ist noch eine Menge von Nebenarbeiten nötig: Pressen, Trocknen, Einlegen, Schneiden, Beschneiden u. s. f. Das besorgen meist Frauen und Mädchen; in kleineren Betrieben ist oft die ganze Familie beschäftigt. Aus 8 g Gold, also etwas mehr als in einem Zwanzigmarkstück enthalten war, schlägt man 1000 Blatt Gold, 80 mm lang und breit und kann damit einen Reiter samt seinem Pferd vergolden. Es ist dann so dünn geworden, daß das Licht durchscheint und daß 10000 Blättchen aufeinander gelegt erst 1 mm dick sind. Das Blattgold geht in alle Welt. Große Mengen kauft Indien, große Mengen gehen in die Druckereien aller Art, in die Prägeanstalten, in die Bleistift- und Zigarettenfabriken. Noch mehr Material als die Goldschläger verarbeiten die Aluminiumschläger. Blattaluminium läßt sich nicht so dünn schlagen wie Gold. Es sieht aus wie Silber, wird aber nicht schwarz und hat deswegen das Blattsilber immer mehr und mehr verdrängt. Gar mancher „silberne" Schuh verdankt Glanz und Beständigkeit dem Aluminium.

Schwabach hat im frühen Mittelalter sehr oft seinen Herrn gewechselt. Das Wappen über dem früheren Zehntgebäude, der heutigen Stadtsparkasse, stammt aus der Zeit, in der die Stadt oder später wenigstens die Pfarrei zum Kloster Ebrach gehörte. 1364 kam Schwabach an die Hohenzollern und damit zum Markgrafentum Ansbach. Hier ließ der Markgraf seine Münzen schlagen, von hier aus zogen seine Truppen in den Kampf gegen Nürnberg. Noch heute hängt eine Fahne, die sie 1502 den Nürnbergern im Kirchweihtreffen von Affalterbach abnahmen, in der Rosenbergerkapelle, einem Seitenteil der Stadtkirche. Wenn fürstliche Gäste in die Stadt kamen, so wohnten sie im vornehmsten Gasthaus, der Fürstenherberge, dem jetzigen „Bayer. Hof" am Marktplatz. Im ersten Stock lagen die Bedientenräume, außen kenntlich durch die niedrigen Fenster, darüber die fürstlichen Prunkräume. Markgraf Wilhelm Friedrich besaß in Unterreichenbach ein Jagdschlößchen. Er ließ 1716 den Schönen Brunnen erbauen und vor der Stadt eine große Kattunfabrik, sein Sohn, der „wilde Markgraf", ein Zucht- und Arbeitshaus. Die Markgrafen gaben sich alle Mühe, nach dem dreißigjährigen Krieg fremdes Geld und fremde Industrie ins Land zu bringen. Sie siedelten zuerst österreichische Emigranten an, die wegen ihres Glaubens Haus und Hof verlassen mußten. 1686 entstand eine französische Kolonie aus vertriebenen Hugenotten. Sie waren ein Staat im Staate, hatten einen eigenen Geistlichen, einen eigenen Direktor und erbauten sich ein eigenes Gotteshaus aus den Trümmern der einstigen Reichsfeste Kammerstein. Von ihren Industrien, der Strumpf-, Borten- und Tapetenwirkerei, ist nichts mehr vorhanden. Die Gemeinde zählte anfangs etwa 500 Mitglieder, wurde aber immer kleiner. Bis 1857 wurde in Schwabach französisch gepredigt, der letzte Franzose starb 1887. An die französische Gemeinde erinnern noch die Häuser mit Mansardendächern in der Altstadt, die 2 Tafeln in der reformierten Kirche mit dem Vaterunser und den 10 Geboten in französischer Sprache und der Straßenname Poujolsberg.

Die schönen alten Bauten der Stadt liegen am Marktplatz Die Stadt lag an der großen Handelsstraße, die von Augsburg über Nördlingen nach Nürnberg führte. Hier in Schwabach war die letzte Rast und die letzte Nachtherberge vor Nürnberg. Für den großen Wagenverkehr waren die Gasthäuser besonders eingerichtet. Sie hatten große Einfahrtstore und lange Höfe mit den Stallungen für die Pferde. Die Höfe sind geblieben, aus den Stallungen sind Wohnungen geworden. Im „Weißen Lamm" wohnte Goethe, im „Goldenen Stern" berieten 1529 die Evangelischen die „Schwabacher Artikel", die Grundlage der Augsburger Konfession, und in der Fürstenherberge weilte 1547 als Gefangener der Kurfürst Johann Friedrich von Sachsen. Die Stadtkirche und ihre Kunstschätze entzücken den Kenner. Die Kirche wurde 1469–1495 erbaut; die Rosenberger Kapelle im Norden und die Sakristei im Süden sind später angebaut worden. An der Ausschmückung des Innern ist Nürnberger Kunst wesentlich beteiligt. Der Hochaltar stammt aus der Werkstatt von Michael Wohlgemut, an ihm hat sicher Veit Stoß mitgearbeitet. Das Sakramentshäuschen wurde eine Zeitlang Adam Kraft zugeschrieben, unbekannt ist der Meister des Kruzifixus am Speisealtar, berühmt ist das Rosenkranzbild in der Rosenberger Kapelle. Das Rathaus stammt aus dem Jahre 1509, wurde aber mehrfach umgebaut. In seiner Bogenlaube waren früher Läden eingerichtet.

Von den Befestigungen der früheren Zeit sind nur noch einige Türmchen und Mauerreste vorhanden und ein größeres Stück der Stadtmauer im Westen. Die Stadtväter haben zu gründlich für Luft und Licht gesorgt. Nicht versäumen darf man einen Besuch im Stadtteil nördlich der Schwabach und an der Schwabach selbst. Dort ist die alte Zeit lebendig mit ihrem Gewirr an Gassen und Gäßchen, mit ihren Höfen, Winkeln und winzigen Häusern. Die Linde vor dem ehemaligen Hördlertor wurde 1768 gepflanzt und ist als Naturdenkmal geschützt.

Das neue Schwabach hat sich nach Süden und Osten entwickelt. Dort befindet sich auch der große Stadtpark mit dem neuen Kriegerdenkmal von Professor Philipp Kittler, einem geborenen Schwabacher. Das Kriegerdenkmal für 1870/71 steht auf dem Marktplatz, im Hofe der Lehrerbildungsanstalt ein Denkmal für die gefallenen Lehrer und Schüler.

Zusammenstellung.

Wissenswertes. *Unmittelbare Stadt, 12250 Einwohner, Volksschulen, Berufsfortbildungsschule, Progymnasium mit Realschule, Lehrerbildungsanstalt, 2 evangelische Kirchen, 1 katholische, 1 reformierte Kirche, Methodistenkirche, Synagoge, Reichswaisenhaus, 8 Aerzte, 2 Apotheken.*

Sehenswertes. *Am Weg vom Bahnhof in die Stadt: Kleiner Stadtpark mit Kriegerdenkmal, dahinter der große Stadtpark; katholische Kirche; Wappen des Klosters Ebrach an der Stadtkämmerei; Stadtkirche; Rathaus; Oberamtshaus mit Gedenktafel; „Bayerischer Hof", „Weißes Lamm" und „Goldener Stern" mit Gedenktafeln; Schöner Brunnen, 1879 erneuert; Pferdebrunnen, 1823 erbaut; reformierte Kirche mit dem Wappen des Markgrafen.*

Nördlich der Schwabach: Malerische Partien an der Schwabach, besonders am Einfluß und Ausfluß, am Nadlersbach, am Pinzenberg; die Stadtmauerreste am Hördlertor; die alte Linde.

Im Süden: Neues Vierämterhaus mit den Sammlungen des Historischen Vereins, Luitpoldschulhaus, Progymnasium, Lehrerbildungsanstalt in den Räumen des früheren Zucht- und Arbeitshauses, Bezirksamt, Forstamt, Reichswaisenhaus, Friedhof der reformierten Gemeinde, Wasserwerk.

Spaziergänge in die nächste Umgebung: Katzwang 4 km, Ellbogental am Katzwanger Keller 3 km, Hammer Schwarzach 4 km, Kuhr'scher Keller 5 km, an der neuen Vogelschutzanlage vorbei in die Maisenlach 2 km, zum Heidenberg nach Ungenthal 5 km und Kammerstein 5 km, in die Laubenhaid 2 km, ins Schwabachtal aufwärts, ins Zwieseltal nach Unterbaimbach und Dietersdorf 5 km.

Schwabach (1939)

I. Geschichte Schwabachs.

Von Heinrich Krauß-Schwabach.

Schwabach baut sich in einem freundlichen Tale aus, das von dem gleichnamigen Flusse durchzogen wird, von dessen Bett aus die Stadtanlage in Terrassen zur waldumsäumten Hochfläche aufsteigt und kann sich der Anmut eines friedlich ausschauenden Stadtbildes rühmen, welches in glücklicher Wechselwirkung zu dem Gesamteindruck der Landschaft steht. Schon ein flüchtiger Blick auf das türmereiche, aber auch schlotgekrönte Stadtbild läßt erkennen, in welch inniger Verknüpfung hier Gegenwart und Vergangenheit steht. Freilich verleiht der kräftige Pulsschlag der fortschreitenden Neuzeit unserer „Stadt der Arbeit" mehr und mehr ein modernes Gepräge.

1. Die älteste Geschichte der Stadt.

Die früheste Geschichte Schwabachs verliert sich ins Dunkel und kann sich bloß auf unbeglaubigte Vermutungen stützen. Angeblich soll der Name des Flusses, von dem dann der Ort benannt wurde, bedeuten: „Schwaben-Ach", d. h. das Wasser oder der Bach der Schwaben und es sei die Entstehung unseres Ortes und der schwäbischen Siedlungen im Schwabachtal etwa in die Zeit von 700 n. Chr. zu versetzen. Erst um das Jahr 1000 jedoch tritt Schwabach mehr in das Licht der Geschichte. Als früheste Besitzerin erscheint eine fränkische Gräfin Reginswint, welche Schwabach mit mehreren Orten im Rangau dem Kloster Fulda übergibt. Infolge Schenkung, Kauf oder Verpfändung wechselte Schwabach seitdem im Mittelalter mehrfach die Besitzer. Es wurde eine Domäne der Staufen und kam von ihnen durch Schenkung an das Kloster Ebrach. Diese bedeutsame Abtei nahm lange Zeit eine geradezu herrschende Stellung in Schwabach ein und hat sich auch noch in die spätere Zeit, wenn auch in beschränktem Umfange, eine beachtliche Position dort zu behaupten gewußt. Im Jahre 1281 veräußerte sie bis auf das Patronatsrecht der Kirche mit ihren Einkünften und dem Mönchshof alles an Kaiser Rudolf I. von Habsburg. (Der Mönchshof oder Ebracherhof — später Gasthof „Zum goldenen Engel", dann Stadtkämmerei, jetzt Polizeiwache — wurde noch lange teils von einem ebrachischen Verwaltungsbeamten bewohnt, teils zur Aufbewahrung des Gült- und Zehntgetreides benützt.) Im Jahre 1348 verleiht Kaiser Karl IV. die Reichsburg Kammerstein mit den Märkten Schwabach, Heroldsberg, Kornburg und Altdorf dem Grafen Johann von Nassau als Erblehen. Dieser verkaufte im Jahre 1364 die Reichsfeste Kammerstein nebst dem Markte Schwabach und Kornburg seinem Oheim Friedrich V., Burggrafen von Nürnberg, erb- und eigentümlich als Reichslehen. Von da an ist Schwabach dauernd im Territorialbesitz der *Hohenzollern* geblieben, zunächst unter burggräflich nürnbergischer, dann unter brandenburg-ansbachischer Landeshoheit bis 1791, schließlich unter preußischer Herrschaft bis zu seiner Einverleibung in Bayern 1806.

2. Die Markgrafenzeit und die preußische Aera.

Unter den tatkräftigen Markgrafen von Ansbach blühte die bereits im Mittelalter ummauerte, mit alten Marktrechten und mit einem Hochgericht ausgestattete Stadt Schwabach kräftig empor und entwickelte sich, begünstigt durch eine vorteilhafte Verkehrslage, allmählich zu einer der ersten Städte des fränkischen Kreises. Schon im 15. Jahrhundert wurde die Stadt Schwabach Münzstätte des Fürstentums und 1572 sogar zu einer der 4 Kreismünzstätten des fränkischen Kreises erhoben und zwar für sämtliche weltliche Fürsten des Kreises; als „*Haupt-Münz- und Legestadt*" des fränkischen Kreises hatte Schwabach geschichtliche Bedeutsamkeit. Auch in militärischer und politischer Hinsicht hatte Schwabach eine gewisse Stellung. War auch Nürnberg als einer der Kulturmittelpunkte des alten deutschen Reiches die befruchtende Quelle für Schwabach, so benützten andererseits die Markgrafen das der mächtig aufstrebenden und sehr beargwöhnten Reichsstadt benachbarte wehrhafte Schwabach wiederholt als Ausgangspunkt oder Stützpunkt für ihre kriegerischen Unternehmungen gegen die reichsstädtischen „Pfeffersäcke", so 1450 bei der Schlacht von Pillenreuth („Fischzug") und 1502 bei der Schlacht bei St. Peter am Walde („Kirchweihtreffen von Affalterbach"). In der Zeit der *Reformation*, der sich Schwabach frühzeitig (1525 bis 1528) anschloß, gewährte das mauerumgürtete, von Stadtgraben und hohem Walle umzogene und durch Tore, feste Tortürme und sonstige Wehrtürme und Basteien geschirmte Städtchen, das in vier Stadtviertel (Hodlertor, Mönchstor, Zöllnertor und Nürnberger Tor) zerfiel und außer mit der machtvollen Johanniskirche, noch mit einer Reihe anderer Kirchen und Kapellen geschmückt war, ein sicher reizvolles Bild nach außen; auch die geistige Entwicklung der mit einer lateinischen Schule versehenen Stadt war trotz mancher durch den Zeitgeist bedingten Verirrungen (Hexenverbrennungen) keine ungünstige, ebenso wie auch die wirtschaftliche Entwicklung der in Künsten, Kunstgewerken und Handwerken durch Nürnbergs Nähe zu edlem Wettbewerbe angeeiferten gewerbefleißigen Bevölkerung bis zum 30jährigen Kriege in stetigem Fortschreiten und Wachsen begriffen war. In manchen Gewerben hatte Schwabach schon frühzeitig im Mittelalter eine führende Stellung. Das *Schwabacher Bier* z. B. wurde weithin versandt, namentlich die Donaustraße entlang nach Wien und dem Osten, im Westen bis nach Straßburg. Der berühmte Fischart hebt 1575 in seinem Gargantua das „schwabachisch" Bier als eines der bedeutendsten süddeutschen Biere, denen er nur noch wenige an die Seite stellt, ausdrücklich hervor. Das Schwabacher Stadtwappen (Bierschöpfen) erhält die Erinnerung an den alten Ruhm des Schwabacher Braugewerbes wach. Ob dagegen der traditionelle Ruhm des (besonders im 18. Jahrhundert in hoher Blüte stehenden) Schwabacher Buchdrucks begründet ist, ist vorerst nicht nachweisbar, und ob die in Buchdrucker- und literarischen Kreisen überall, wo deutsche Zunge klingt, bekannte „*Schwabacher Schrift*" in Schwabach selbst erfunden wurde, ist zweifelhaft. Man neigt vielmehr der Ansicht zu, daß ein in Nürnberg tätiger Typenschneider, der die schon frühzeitig in Augsburger und Ulmer Drucken der Jahre 1472 und 1482 auftretende Schriftart besonders pflegte und vielleicht vervollkommnen half, ein geborener Schwabacher war und ihr zu dem bald in Fachkreisen allgemein üblich werdenden Namen der Schwabacher Schrift verhalf.

Die wirtschaftliche und kulturelle Entwicklung der besonders in Textilgewerben und metallverarbeitenden Handwerken blühenden Stadt Schwabach erfuhr einen sehr schweren Rückschlag durch den *Dreißigjährigen Krieg*, in welchem die Stadt Unsägliches litt. Durch Plünderungen und der Not folgende Seuchen wurde Schwabach beinahe gänzlich entvölkert. In der Erinnerung der Nachwelt haftet besonders die *Belagerung Schwabachs* durch Wallenstein 1632. Als dieser Feldherr, im Begriffe, auf der Alten Veste bei Zirndorf sich zu verschanzen, auf seinem Marsche an Schwabach vorbeikam, verschloß ihm die protestantische Stadt, von dem eben anwesenden schwedischen Hauptmann Ebner in der Hoffnung auf schwedische Hilfe bestärkt und von dem Bürgermeister Driller angefeuert, die Stadttore und leistete kühnen Widerstand. Von der Stadtmauer am Mönchstor aus beschossen die waffengeübten Bürger die in ihrer Stärke unterschätzten feindlichen Abteilungen. Das auf einem Felde bei der Rohrersmühle befindliche Zelt Wallensteins wurde dabei mit einer Falkonetkugel über den Haufen geworfen, sein Hoffattler getötet, dem Herzog selbst flog angeblich eine Kugel dicht am Kopfe vorbei. Nach einem abgeschlagenen Angriffe der Wallensteinischen Dragoner auf das Mönchstor erfolgte die Beschießung der Stadt mit Kanonen, und die Hissung der weißen Fahne durch die Schwabacher und die 3tägige Plünderung der Stadt (Versteck des mit Aufhängen bedrohtem Bürgermeisters Driller in der unteren Mühle bei der Sägbrücke.) Auch weiterhin noch hatte die Stadt alle Schrecken der damaligen Kriegsführung durchzumachen und verfiel einer zunehmenden Verödung und Entvölkerung. Nur ganz allmählich ging der Heilungsprozeß vor sich, insbesondere gefördert durch Einwanderung von zuziehenden Ansiedlern und eine von den Markgrafen planmäßig geförderte Kolonisation. Eine besondere Kräftigung verdankte Schwabach der seit 1632 einsetzenden und nach dem Friedensschlusse sich stark steigernden Einwanderung glaubenstreuer evangelischer Exulanten, die aus den österreichischen Ländern vertrieben worden waren und dann nach dem allmählichen Versiechen dieses bis 1682 sich fortsetzenden bedeutsamen Zustromes *österreichischer Kolonisten* die seit 1686 erfolgende Niederlassung der französischen Flüchtlinge, welche nach Aufhebung des Edikts von Nantes eine neue Heimat suchten und in dem ihnen vom Markgrafen als Wohnsitz und Siedlungsstätte angewiesenen Schwabach eine bald stark wachsende Kolonie gründeten die im Jahre 1716 immer noch 96 Haushaltungen mit 494 Seelen zählte. Die Begründung der französischen Kolonie in Schwabach bildet einen Hauptmarkstein in der Entwicklung unseres Gemeinwesens. Die französischen Flüchtlinge brachten manchen in ihrer Heimat bereits kräftiger entwickelten neuen Gewerbszweig mit ins fränkische Land; neben der Weißgerberei kamen besonders die Textilgewerbe durch die fremden Strumpfwirker, Tuchmacher, Brokatweber, Tapetenwirker usw. zu höchster Blüte in Schwabach, das zum Sammelpunkte der ganzen Niederlassung im Markgrafentum Ansbach wurde; auch die Gold-

Der Nadler.

Ich mach Nadel auß Eysendrat
Schneid die leng jeder gattung glatt/
Darnach ichs feyl / mach öhr vnd spitzn/
Alßdann hert ichs ins Feuwers hitzn/
Darnach sind sie feil / zu verkauffn/
Die Krämer holen sie mit hauffn/
Auch grobe Nadel nem̄en hin/
Die Ballenbinder vnd Beuwrin.

Holzschnitt von Jost Amman, Vers von Hans Sachs 1568

und Silberdraht- und Tressenfabrikation und andere Industriezweige fanden eine günstige Entwicklung. Zwar verfiel diese fremde Kolonie, die eine privilegierte Gemeinde mit eigener Kirche und Gottesdienst in französischer Sprache (bis 1857 wurde hier französisch gepredigt) bildete, allmählich der Auflösung, aber damit erlosch das nun einmal geweckte industrielle Leben nicht und Deutsche setzten das Begonnene mit Eifer fort. Die Markgrafen, die sich als Kolonisatoren verdient zu machen bestrebten und durch Einführung neuer Industriezweige ihre zweitgrößte Stadt Schwabach zu heben trachteten, regten die Bautätigkeit und industrielle Niederlassungen durch besondere Privilegien an, Sandsteinbauten, ein- und zweistöckig, meist in regelmäßigem Quadrat gebaut, zum Teile mit einem in Stockwerkhöhe überragenden Mitteltrakt, erinnern schon rein äußerlich im Stadtbilde im Kontrast zu den alten malerischen Giebelhäusern an die Kolonisationsperiode der Markgrafenzeit des 17. und 18. Jahrhunderts. Markgraf Friedrich Wilhelm, der Erbauer des „Schönen Brunnens“, dem er das Wasser durch eine 4 Kilometer lange Wasserleitung von der Friedrichsquelle bei Oberreichenbach zuleiten ließ, errichtete in der Vorstadt vor dem Mönchstor 1716 die später so bedeutsame Kattunfabrik (1825 aufgelöst, später Waisenhaus und Kasernschulhaus in der Penzendorfer Straße). Der Nachfolger dieses in dem von ihm 1712 erkauften Jagdschlößchen zu Unterreichenbach ver-

Dratzieher.

Den Drat/Kupffer vnd Messing rein/
Zeuch ich auff meiner Scheiben klein/
Mach Röllen Drat/Zin jn vnd Wid/
Vnd Dratbürsten für die Goldschmidt/
Auch kommn meiner quintsaiten sum̄
Herrlich auff das Claucordium/
Auß kleinem Drat man an viel orten
Macht Hutschnür vñ gedrungen Borten.

Holzschnitt von Jost Amman, Vers von Hans Sachs 1568

storbenen Fürsten, war der sog. „Wilde Markgraf“, der das Kolonisationswerk und die Vergrößerung Schwabachs fortsetzte, und auch die sog. „Neue Auslage“, eine regelmäßige Vorstadt vor dem Zöllnertor (jetzt Wittelsbacher Straße), begründete, wo insbesondere auch 1756 ein Zucht- und Arbeitshaus (jetzt Aufbauschule) errichtet wurde. Sein Nachfolger, der letzte Markgraf Karl Alexander, ließ daran 1780 noch ein Irrenhaus anbauen; nach dessen Abdankung kam Schwabach 1792 unter preußische Landeshoheit und wurde 1806 dem Königreich Bayern einverleibt.

3. Schwabach als bayerische Stadt.

Die erste Hälfte des 19. Jahrhunderts brachte der bis dahin in stetigem Aufstieg begriffenen Industriestadt nach einem für lange letzten Aufblühen während der sog. Kontinentalsperre eine jahrzehntelange traurige Wirtschaftskrise und sogar einen Bevölkerungsrückgang (1818: 6862, 1852: 6439 Einwohner). Die Schwabacher Industrie erfährt in diesem Zeitraum bedeutende Verschiebungen und Veränderungen, der ganze industrielle Charakter des Ortes ändert sich, die alten Industriezweige, vor allem die einst blühenden Textilgewerbe (Strumpfwirkerei, Kattunfabrikation), sterben ab, andere kommen neu auf oder erfahren doch in ihrer Organisation bedeutsame Umgestaltungen, wie z. B. die Nadlerei, die vom Handwerksbetrieb nach schweren Kämpfen zum Maschinenbetrieb sich umbilden mußte. Neben der dann in der zweiten Hälfte des 19. Jahrhunderts eine starke Neublüte erlebenden Nadelfabrikation bildete seitdem auch die stark aufblühende Blattmetallfabrikation den Lebensnerv des gesamten heimischen Wirtschaftslebens. „Das Alte stürzt; es ändert sich die Zeit . . .“ Auch das äußere Stadtbild, das ein teilweise neues Gesicht erhielt, spiegelt diesen Anbruch einer neuen Zeit wieder. Türme und Tore fallen, nachdem Wall und Graben schon 1744 der Erweiterung der Stadt hatten weichen müssen. Schwabach wird in den Eisenbahnverkehr eingeschaltet (27. März 1849 erste Probefahrt von Nürnberg bis zu dem 1848—1849 erbauten Bahnhof Schwabach); rings um den gesprengten inneren Stadtgürtel strebt das neue Schwabach immer weiter hinaus, namentlich nach der Stadtpark- und Bahnhofseite zu. Die Entwicklung Schwabachs zu einer modernen Industriestadt und einer ausgeprägten „Stadt der Arbeit“

Der Goltschlager.

Silber/ Golt / ich zu Blettern schlag/
Diß zu seim Handwerck brauchen mag/
Maler vnd Brieffmaler darbey/
Vnd ander Handwerck zur Malerey/
Auch mag man das Golt maln vnd reibn/
Ein Gülden Schrifft darmit zu schreybn/
Dergleich mag man Golt auch spinnen/
Wircken/vnd vernehn mit sinnen.

Holzschnitt von Jost Ammann, Vers von Hans Sachs 1568

machte dann besonders seit den 90er Jahren des 19. Jahrhunderts Riesenfortschritte, sodaß sich in wenigen Jahrzehnten ein Kranz von Villen, industriellen und gewerblichen Betrieben und Fabriken, staatlichen Neubauten (Postamt, Finanzamt, Forstamt) und städtischen Neubauten, namentlich zeitgemäßen Schulhäusern und andere Zeugen einer aufstrebenden neuzeitlichen Stadtgemeinschaft sich um den alten Stadtkern herumlegte. Doch paßte sich das neue Schwabach charaktervoll dem Stadtbilde an und fügte sich glücklich dem Gesamteindruck der Landschaft ein, sodaß das Schwabach des 20. Jahrhunderts den anderen fränkischen Städten ebenbürtig sich an die Seite stellen kann.

4. Schwabachs Neublüte im großdeutschen Reich.

Einen bedeutsamen Einschnitt seiner Geschichte erlebte Schwabach seit 1933 infolge der nationalsozialistischen Machtergreifung, die auch im inneren und äußeren Leben unserer Stadtgemeinschaft eine starke und durchgreifende Wandlung nach sich zog, den ganzen Lebensstil des neuen deutschen Menschentyps umgestaltete und auch im äußeren Stadtbilde mannigfache Neubildungen und Neugestaltungen schuf. Vieles ist neu geworden. Spuren der in kurzem Zeitraume vollzogenen mach'vollen Umgestaltung treten auch nach außen hin jedem sichtbar in Erscheinung. Die Stadt Schwabach hat ein neues Gesicht erhalten; die Wiedererweckung echter deutscher Stadtschönheit ist vor allem das Verdienst des 1. nationalsozialistischen Bürgermeisters und Kreisleiters Wilhelm Engelhardt. Durch die Freilegung des Holzfachwerks hochragender Giebelhäuser und durch Belebung der Häuserfassaden mit mannigfachem malerischen und plastischen Hausschmuck, insbesondere durch Anbringung echt deutscher Gewerkszeichen und Wirtshausschilder gewannen der Marktplatz und die Seitenstraßen intime und malerische Reize. Schwabach wurde wieder eine schöne fränkische und echt deutsche Stadt. Einen Hauptmarkstein bildete in der neueren Entwicklung unserer Stadtgemeinschaft vor allem die 1935 erfolgte Wiedererhebung Schwabachs zur Garnisonstadt durch Herverlegung einer Nachrichten-Abteilung (ehedem 1859–1882 Reiterkaserne in der Penzendorfer Straße, Militärstallungen in der jetzigen Bergner'schen Schraubenfabrik). Eine weitere einschneidende Neuerung bedeutet die Umwandlung der Lehrerbildungsanstalt in eine kraftvoll sich entwickelnde deutsche Aufbauschule. Eine planvolle Förderung erfuhr die Volksgesundheit durch die zeitgemäße Schwabach-Regulierung und eine vorbildliche moderne Kläranlage, sowie den Ausbau der Wasserversorgung, ferner durch ein prächtig gelegenes Parkbad und durch den Bau des neuen Stadtkrankenhauses. Auch die großzügige Förderung des Siedlungswesens und der Stadtrandsiedlungen und vielgestaltige Fortschritte auf den verschiedenen Gebieten neuzeitlicher Kommunalpolitik zeugen von dem Wehen neuen Geistes und neuer Lebenskraft. Wie allenthalben in deutschen Landen macht sich dank der Aufbauarbeit des Führers des großdeutschen Volkes und Reichskanzlers Adolf Hitler auch in unserer engeren tatkräftig geleiteten Stadtgemeinschaft Schwabach ein Bild planvollen inneren und äußeren Aufstiegs wahrnehmbar. Möge ein günstiger Stern über der Zukunft unserer tausendjährigen und doch so lebensvoll vom Strom neuen Geschehens durchpulsten Stadtgemeinschaft leuchten!

II.
Hauptsehenswürdigkeiten Schwabachs.

Von Heinrich Krauß-Schwabach.

Das hehrste Schmuckjuwel unseres Stadtdiadems ist der geräumige und nunmehr zu alter Schönheit wiedererweckte Schwabacher Marktplatz, einer der schönsten des ganzen Frankenlandes. Seine großartigen Bauwerke bilden gewissermaßen eine steingewordene Geschichte des tausendjährigen Schwabach.

Die Perle unter den ehrwürdigen Ueberresten der Vergangenheit der Stadt ist die (seit 1525 protestantische) St. Johannis- oder Stadtkirche, von 1469—1495 im spätgotischen Stile aufgeführt, mit einem geräumigen Mittelschiffe und zwei Seitenschiffen. Sie hat zwar im Aeußeren durch Wegnahme von Nebengebäuden, namentlich durch Einebnung des vormaligen alten Kirchhofs 1849 mit seinen Kapellen und Häusern manche Aenderungen erlitten, im Innern aber im wesentlichen ihren Reichtum an den alten Werken und Denkmälern der Kunst gewahrt, sodaß sie geradezu als ein herrliches „Museum fränkischer altkirchlicher Kunst" bezeichnet werden kann. Mit ihrem hochragenden, kupfergedeckten Turme (42 Meter hoch, bis zur Spitze 72 Meter) ist sie das Hauptwahrzeichen der Stadt und ein „weit in die Lande hineinragender Sichtpunkt für die Umgebung, deren Charakter sie mit bestimmt". Die kunstvolle und stilgerechte gotische Steingalerie des Turmes wurde leider 1804 durch einen eisernen Kranz ersetzt. Aus der Fülle der reichen und von Kunstkennern vielgerühmten Kunstschätze können hier nur einige herausgehoben werden. An der Grenze des edel emporstrebenden Chores und des Langhauses erhebt sich das lange Zeit als ein eigenhändiges Kunstwerk Adam Krafts angesehene 14,40 Meter hohe Sakramentshäuschen von 1505 mit dem Wappen des Stifters Hans Rosenberger. Doch ist das Kunstwerk, das in der Hauptsache eine Wiederholung des Sakramentshäuschens in der Lorenzerkirche in Nürnberg darstellt, auf keinen Fall Adam Kraft, ja nicht einmal seiner Werkstatt zuzuschreiben. Dem angeblich im Schwabacher Spital (1798 abgebrochen, hinter der Spitalkirche) gestorbenen berühmten Nürnberger Bildhauer Adam Kraft wurde von der Nürnberger „Künstlerklause" an der unmittelbar anstoßenden Chormauer ein hübscher Gedenkstein gesetzt, der die Büste des Altmeisters zeigt (eine Schöpfung Hermann Schöns).

Das wertvollste und großartigste Stück der Stadtkirche, eines der grandiosesten Kunstwerke der ausklingenden Gotik überhaupt im ganzen Frankenlande, ist der im Chor befindliche, 1506—1508 entstandene, 16 Meter hohe Hochaltar mit 3 Flügelpaaren übereinander und einer reichen architektonischen Bekrönung; seine Errichtung wurde kontraktlich 1507 mit Michael Wohlgemut abgeschlossen, von dem jedoch nur die Staffelbilder herrühren, während er das Schnitzwerk einem anderen, tüchtigeren Meister übertrug. Jedenfalls ist kein Altarwerk aus seiner Werkstatt hervorgegangen, das solch vortreffliche Schnitzereien aufweist, wie der Schwabacher Hochaltar. Es war kein Geringerer als Veit Stoß, unter dessen Leitung diese Altarteile entstanden und der zum Teil selbst Hand mit anlegte. Das meiste an den Malereien des Altars stammt von Sebastian Dayg in Nördlingen. Im Mittelschrein Christus und Maria thronend, zu den Seiten Johannes der Täufer und der hl. Martin, die Schutzpatrone der Kirche.

Von den ebenfalls wertvollen und rühmlich erhaltenen Altären der Stadtkirche nennen wir noch den Crispinaltar (früher Zunftaltar der Schustergilde) und den Katharinenaltar, vielleicht vom Meister des Wolfgangaltars der Nürnberger St. Lorenzkirche stammend (um 1440—1450). Er steht jetzt auf einer Staffel, welche einen gemalten, selten schönen Christuskopf auf dem Schweißtuch der Veronika zeigt, der Dürerschen Einfluß verrät. Ueber dem 1534 errichteten sog. Speisealtar oder Abendmahlsaltar befindet sich der kolossale, zwar nicht von Veit Stoß, jedoch von einem bedeutenden Meister stammende Kruzifixus, ein Werk der reifen Renaissance. Ein reizvolles Schmuckkästchen für sich bildet die 1509 erbaute Rosenberger-Kapelle mit alten Glasmalereien und künstlerisch wertvollen Gemälden und Skulpturen, von bedeutenden Altmeistern der fränkischen Kunst stammend, so das hochberühmte Rosenkranzbild mit dem Monogramm M. S.

Von den Epitaphien der Kirche seien genannt zwei alte, massive, gefärbte Steinskulpturen, den 1473 verstorbenen Ritter Hans von Wallenrod nebst Rittersfrau darstellend, den Stifter des Katharinenaltars der Wallenrodschen Pfründe, dann die marmorne Grabplatte des 1510 gestorbenen Münzmeisters Hans Rosenberger, des Stifters der Rosenberger-Kapelle und des Sakramentshäuschens, ferner Grabsteine der Patrizierfamilie Linck und anderer früher in der Kirche begrabener vornehmer Personen. Die Seitenwände und Säulen der Kirche waren bis zur Kirchenrenovation von 1715 mit schönen Malereien verziert; dem Jahre der nächsten Renovierung 1831 entstammt die Kanzel. Im Jahre 1896 wurde eine Gesamtrestauration der Kirche vorgenommen und der Chor mit Fenstergemälden versehen.

Die Spitalkirche wurde an der Stelle der bereits im Mittelalter am Schwabachufer erbauten Kirche, die mit dem alten Hospital (gestiftet 1375 von Hermann Glockengießer, eingeweiht 1404) verbunden war, in den Jahren 1755 und 1756 neu aufgebaut und 1885—1889 umfassend restauriert, wobei sie einen edelaufstrebenden Turm, neue Choranlage, neue Sakristei, Kanzel und Altar (Feuerlein in Roth) erhielt; auch das Innere wurde vortrefflich wiederhergestellt; der Chor wurde mit farbigen Fenstern (Chr. Schuler) sowie mit einem Sterngewölbe versehen.

Die katholische Kirche (1848—1850 erbaut) hat in den letzten Jahrzehnten durch Ausschmückung nach der malerischen Seite ansehnlich gewonnen und 1925/1926 einen stattlichen Erweiterungsbau (nach den Plänen von Professor Schulz, Nürnberg) erhalten.

Das schlichte Gotteshaus der Reformierten Gemeinde, im Volksmunde „Franzosenkirche" genannt, wurde in der Boxlohe 1686—1687 von der französischen Kolonie unter Verwendung der Trümmer der verfallenen Burg zu Kammerstein erbaut, wozu 1725 noch ein kleiner, aber malerisch wirkender Turm zugefügt wurde. Das Innere des am Eingangsportal mit dem Markgrafenwappen geschmückten Kirchleins ist dem reformierten Kulte entsprechend einfach und schmucklos; zu beiden Seiten der Kanzel, in deren Nähe sich auch der charakteristische Vorsängerstuhl befindet, fesseln unser Interesse 2 Tafeln, auf denen das Vaterunser und die 10 Gebote in französischer Sprache geschrieben stehen. Der trauliche Friedhof der Reformierten Gemeinde befindet sich an der Westseite der Stadt. Außer dem aufgelassenen Friedhof bei der jetzigen stilvoll renovierten Dreifaltigkeitskirche (erbaut 1607—1608) besitzt Schwabach seit 1913 noch einen herrlichen neuen Friedhof mit Waldfriedhof, in idyllischem Frieden beim Limbacher Wäldchen liegend.

Auch die profane Baukunst sowie die Plastik kam in Schwabach rühmlich zur Geltung, besonders auf dem gebäudestolzen Marktplatz mit dem 1528 neuerbauten Rathaus, das seitdem verschiedenen Hauptbauveränderungen unterworfen wurde und das mit seiner altertümlichen Steinbogenlaube und im Gewande der im Zuge der Marktplatzverschönerung erfolgten Fachwerkfreilegung einen recht schmucken Eindruck macht. Auch seine Innenräume erfuhren in nationalsozialistischer Aufbauarbeit gediegene Ausgestaltung sowie Ausschmückung mit Gemälden einheimischer Maler; den Rathausaufgang ziert neuerdings auch das überlebensgroße Gemälde des 1814 in Schwabach geborenen berühmten Tonkünstlers Adolf von Henselt.

Die Hauptzierde des geräumigen Marktplatzes ist der vom Markgraf Wilhelm Friedrich gestiftete sog. „Schöne Brunnen", ein Meisterwerk der Plastik, erbaut 1716 nach den Plänen des Baudirektors von Zocha und unter Leitung des Brunnenmeisters Conradi und von dem Hofbildhauer Fischer mit reichem bildnerischen Schmuck versehen. Das Brunnendenkmal ist in edlem Barockstil aus Sandstein erbaut. In der sehr geräumigen Brunnenschale erhebt sich zuerst ein Unterbau, felsenartig gestaltet; auf diesem steht ein architektonisch reichgegliederter Oberbau, aus dem sich ein Obelisk erhebt, dessen abgestumpfte Spitze mit einer Kugel abschließt, welche den aus Blei gestalteten brandenburgischen Adler trägt. Die Spitzsäule ist mit allerhand Emblemen und Medaillons geschmückt. An den vier Ecken des Oberbaues sitzen 4 lebensgroße Najaden, deren Leib fischartig endet. Sie halten Muschelschalen in die Höhe, in die 4 Delphine, welche am Fuße des Obilisken angebracht sind, das Wasser speien. Da dieses breit ausströmt, so bilden sie zierliche Kaskaden. Zwischen den Najaden, etwas vorgelagert, stoßen 4 Tritonen in Muschelhörner, aus denen Wasser in die Höhe spritzt. Reliefs der Stifter, Wappen und Inschriften im schwulstigen Geschmack jener Zeit erläutern die Baugeschichte.

Die Umrahmung des Marktplatzes hat in neuerer Zeit eine würdige Verschönerung und Ausgestaltung namentlich durch Fachwerkfreileguug und Fassadenschmuck sowie Kunstschmiedearbeiten erfahren. An der Ecke zwischen oberem und unterem Königplatz erhebt sich das stattliche, mehrfach umgebaute Eckgebäude der Hüttlinger-Stellwaag'schen Drahtfabrik, einst lange Zeit als Oberamtshaus im Besitze der Markgrafen. Malerischer Hof; nebenan die ehemalige Schwabacher Mauthalle, einstiges Frauentraut'sches Stiftungsgebäude. Nicht weit davon das monumentale Damaskohaus, die einstige sog. Fürstenherberge oder „Alte Post" mit säulengetragener Altane. Eine Gedenktafel kündet: „Ehemalige Fürstenherberge, erbaut von der Linck'schen Familie als Gasthaus „Zur goldenen Gans"; neuerbaut nach 1726 von Bürgermeister und Posthalter Georg Lederer. Hier weilte als Gefangener im Juli 1547 Kurfürst Johann Friedrich von Sachsen und als Besuch unter anderem Markgraf Albrecht von Ansbach am 13. Juni 1639." Ein gleichfalls von durchreisenden Fremden vielbesuchtes Gasthaus war das benachbarte „Weiße Lamm", historisch bemerkenswert als Absteigequartier des Dichterfürsten Goethe, der hier vom 5.—6. November 1797 auf der Heimfahrt von seiner Reise in die Schweiz übernachtete, was eine Marmortafel am Hause in der Erinnerung festhält. Malerisch ist auch das Hofgewinkel des hochgiebeligen Gebäudes, dessen Holzgebälk eine neuerdings wieder freigelegte Inschrift aufweist. An der Westseite des Marktplatzes blickt das althistorische Gasthaus „Zum goldenen Stern" mit altertümlichem Hofgewinkel auf eine weitzurückreichende Vergangenheit zurück, insbesondere merkwürdig durch die in einer Gedenktafel festgehaltenen Reformationserinnerungen: „In diesem Hause wurden am 16. Oktober 1529 gelegentlich des Schwabacher Konvents die Schwabacher Artikel beraten, eine der Grundlagen der Augsburger Konfession." Am „Goldenen Hahn" erstand eine gefällige Fassadenmalerei von E. Meister.

Schwabach, Königplatz

Jenseits des Schwabachflußes findet sich noch manch anziehendes Stück Alt-Schwabachs, so das 1733—1734 erbaute, mit dem Markgrafenwappen und einer Erinnerungstafel geschmückte frühere Münzgebäude. In der Nähe des Nadlersbaches malerisch enggewundene Gäßchen, altertümliche Stadtmauerreste und die einstige Nadler-Schor oder Poliermühle.

Den altertümlichen, vielfach noch wappengeschmückten Stätten in der Altstadt stehen prächtige neuzeitliche Zeugen der vorwärtsstrebenden Stadtgemeinschaft und modernen Stadtentwicklung zur Seite. Im Jahre 1904 wurde das neue, mit schönem Kuppelbau versehene Gebäude für das Progymnasium und Realschule (jetzt Oberschule) errichtet. In unmittelbarer Nähe wurde im Jahre 1905 der nach dem Entwurfe des Architekten Otto Schnartz begonnene Bau des Luitpoldschulhauses ausgeführt unter der Bauleitung des Stadtbaurats Wagner. Der massige Bau des idyllisch daliegenden Schulhauses verleiht dem Stadtbilde ein gewisses Gepräge. Die einfachen Formen, die stark gegliederten und zurückspringenden Giebel, die rauhen, hellgrauen Putzflächen, verbunden mit entsprechender Sandsteingliederung und das hohe, rote, deutsche Ziegeldach geben dem Gebäude den Charakter heimatlicher, bodenständiger Bauweise, wozu das üppig rankende Grün der kletternden Schlinggewächse anmutend beiträgt. In der Nähe wurde 1930 von der Stadtgemeinde das staatliche Behördengebäude geschaffen, das auch das Schwabacher Heimatmuseum mit wertvoller Münzsammlung und einem wachsenden Schatz heimatlicher Erinnerungsstücke birgt. 1936 wurde am verkehrsreichen Postplatz in der Nähe des Postamtes und des schmuck erneuerten Kreissparkassengebäudes der gediegene Um- und Neubau des städtischen Sparkassengebäudes geschaffen, der sich harmonisch dem architektonischen Gesamtbilde jenes Platzes einfügt. Bildnerischer Hausschmuck von Bildhauer Netter.

Die 1843 errichtete Lehrerbildungsanstalt (nunmehr Deutsche Aufbauschule) wurde im Gebäude des 1756 erbauten Zuchthauses untergebracht und erfuhr in unserem Jahrhundert durch bedeutende bauliche Vergrößerung am Adolf Hitler-Ring eine zeitgemäße Erweiterung, allerdings kaum ausreichend für die stark wachsende Schülerzahl. Den malerischen Hof des einstigen Seminars ziert ein künstlerisch wertvolles Erinnerungsmal für die im Weltkriege gefallenen Seminarangehörigen von Bildhauer Wirth.

Ein köstliches Juwel Schwabachs ist auch das 1686 erbaute III. Deutsche Reichswaisenhaus, jetziges NS-Jugendheim in der Nähe der geräumigen Turnhalle und des Sportplatzes des Turnvereins von 1848 und des städtischen Wasserwerkes, das nunmehr noch durch ein im Schwabachgrunde errichtetes neues Pumpwerk eine wertvolle Ergänzung erhielt. Ein verstecktes Schmuckkästchen bildet das 1929 von der Stadtgemeinde erbaute Kinderheim zwischen Königstraße und Schwabachfluß. Ein starkbesuchter Kindergarten befindet sich am Dietrich Eckart-Platz in der ehemaligen Schwabacher Lateinschule.

Der Volksertüchtigung dienen Reit- und Schießstätten, so an der Nördlinger Straße mit Schützenmuseum und bei der Rößleinsmühle, der Volksgesundheit ferner auch eine Reihe wohlgepflegter Spiel- und Sportplätze, weiter die neue Kneippanlage im Schwabachwiesengrund, das städtische Volksbad, sowie die 1882 angelegte städtische Badeanstalt im Schwabachtalgrunde, zu der eine schattige Baumanlage von der Hördlertorlinde aus führt. Diese sogen. „Alte Linde" vor dem 1874 abgebrochenen Hördlertor ist das anheimelndste Naturdenkmal Schwabachs, gepflanzt um das Jahr 1768. Der mehrfach mit Eisenstäben und Baumstämmen gestützte mächtige Baumriese bietet einen prächtigen Blick auf die Stadthöhen und in das Grün des Talwiesengrundes.

Als köstliches Schmuckstück der Stadt gilt mit Recht der 1882 prächtig angelegte und hübsch zusammengewachsene Stadtpark, der als „Lunge der Stadt" anzusehen ist und ein Muster kunst- und kulturgärtnerischen Schaffens darstellt. Er birgt auch ein kleines Alpinum, ferner den idyllischen Schwanenweiher sowie mannigfachen plastischen Schmuck, so das Kriegerdenkmal für die Gefallenen von 1870/71 (eine kranztragende Geniengestalt) und insbesondere das von Professor Kittler's Meisterhand geschaffene Denkmal für die im Weltkriege gefallenen Söhne Schwabachs, in monumentuler Wucht einen sterbenden Krieger mit zerbrochenem Schwerte darstellend.

Wie ein blauer Edelstein leuchtet im smaragdgrünen Stadtpark die Wasserfläche des 1937 geschaffenen Schwabacher Parkbades, das mit seinem Terrassencafe einen Hauptanziehungspunkt bildet. Eine Sprungvorrichtung, sowie eine Rutschbahn sorgen für abwechslungvolle Belebung; das Wasser bleibt infolge neuzeitlicher Vorkehrungen („Petunia-Verfahren“) stets rein und leuchtend klar, die grünen Wiesenflächen und die umrahmenden Baumbestände des Stadtparks sind eine Wohltat für Auge und Nerven. Bildnerischer Schmuck bringt eine harmonische Verbindung zwischen Natur und Kunst. Das Schwabacher Parkbad wird auch von verwöhnten auswärtigen Gastbesuchern als eines der idealsten des ganzen Frankenlandes gerühmt. Schöne Wege führen an der Jugendherberge vorbei oder an der einst von Carl Wenglein, dem Schöpfer eines reichhaltigen Naturmuseums, begründeten Vogelschutzanlage vorbei in die Waldabteilung Meisenlach sowie auf den Heidenberg, das herrliche Waldgebirge und den sog. „Berg der Schwabacher“.

Im Norden der Stadt Schwabach erstand zwischen der Hördlertorlinde und der Waldabteilung Prünst auf dem Boden des „Heubersbuck“ in gesunder Höhenlage 1938 das prächtig gelegene, mit allen neuzeitlichen Einrichtungen ausgestattete Stadtkrankenhaus. Die weithin sichtbare Bekrönung der Stadt

Schwabach, Königstraße

Schwabach bildet seit 1935 die in machtvoller Monumentalität und doch stilvoller Einfachheit erbauten Kasernengebäude, die hochthronend das gesamte Stadtbild überragen als herrliches Sinnbild wiedergewonnener deutscher Wehrhoheit. Weitere Kasernbauten sind im Werden. Eine Reihe militärischer Nebengebäude sowie Wohngebäude erstanden ringsum; ein stattlicher Schießplatz in der Waldabteilung Prünst und ein umfangreicher Militärexerzierplatz, Funkhaus usw. bilden die notwendige Ergänzung der ständig sich erweiternden militärischen Einrichtungen.

Eine reizvolle Neubelebung erfuhr die Peripherie der im Hintergrunde von der dunklen Silhouette des Heidenbergs überschatteten Stadt Schwabach durch die Entstehung zahlreicher in lieblichen Grünschmuck gebetteten Häuser der Wohnsiedlungsgesellschaften und durch monumentale Häuserblocks mit hübschen Vorgärten. Eine Vorstadt im Kleinen bildet außer der Gartenheim-Siedlung in der Penzendorfer Straße auch die Randsiedlungskolonie im Vogelherd im Süden der Stadt. Mehr und mehr wird Schwabach zur schmucken Gartenstadt. Bei Limbach Waldsportplatz und Hitlerjugendheim.

Sehenswert sind auch die mannigfaltigen Fabrikbetriebe, nunmehr meist im äußeren Stadtgürtel angelegt. Weltruf genießt seit langem insbesonders die weitbekannte Schwabacher Nadelindustrie, die den Ruhm Schwabachs als „Stadt der Arbeit“ fest begründet und deren modern angelegte fünf neuzeitlichen Fabrikgroßbetriebe als Hauptproduktionsstätten heimischen Fleißes besonderes Interesse beanspruchen dürfen; charakteristisch ist ferner für unsere Stadt des Gewerbefleißes auch die Blattmetallfabrikation und Blattaluminiumschlägerei, insbesondere die Herstellung des echten Blattgoldes in großen, mittleren und kleineren Betrieben, die Schwabachs wirtschaftlicher und sozialer Struktur ein eigenartiges Gepräge verleihen. Die Herstellung anderer Industrieerzeugnisse, wie Draht, Drahtziehsteine, Filz, Bronze, Trauringe, Seifen, Lebkuchen, Turn- und Sportgeräte usw. kann hier nur andeutungsweise Erwähnung finden. Neuerdings hat Schwabach, die ausgeprägte „Stadt des Blattgolds und der Nadeln“ sich insbesondere auch zur bedeutsamen „Stadt der Schrauben“ in kraftvollem Aufschwung entwickelt, wovon großartige Fabrikerweiterungsbauten auch nach außen hin zeugen. Im Kranze der fränkischen Industriestädte kann Schwabach mit in vorderster Reihe um die Palme erfolgreicher Aufbauarbeit ringen.

Literatur: Das bereits in mehreren stattlichen Bänden im Verlage von H. Millizer erschienene Schwabacher Heimatwerk von Heinrich Krauß, ferner die in Vorbereitung befindliche große Schwabacher Stadtchronik von Heinrich Krauß.

Schwabach (1949)

Schwabach ist eine Stadt der Arbeit mit durchaus eigenartiger Industrie. Hergestellt werden Filze und Lederwaren aller Art, Ziehsteine mit winzigen Oeffnungen bis 0,01 mm zum Ziehen von Draht, Draht selbst aus allen Metallen, von allen Stärken und für alle Zwecke, Millionen Schrauben und Federn, Gold- und Silbergespinste, Papiersäcke und Tüten, Turn- und Sportgeräte aller Art, Bronze aus Metallen, Farben aus Erden, neuzeitliche Nährmittel u. s. f. Früher war die Bierbrauerei so bedeutend, daß man in das Stadtwappen zwei Bierschöpfen aufnahm, später haben Nadeln und Blattgold Schwabach berühmt gemacht. Schwabach war schon vor mehr als 100 Jahren die „Stadt der Nadeln", besonders die Grammophonnadeln sind weltbekannt geworden. Weltbekannt sind auch die Schwabacher Gold-, Silber- und Aluminiumschlägereien. Der erste Goldschläger kam 1572 nach Schwabach. Vor dem Kriege verarbeitete Schwabach in etwa 120 Werkstätten jährlich 1000 kg Gold und war damit die erste Goldschlägerstadt der Welt. Handarbeit und Handfertigkeit sind hier noch ausschlaggebend und die Maschine hat nur untergeordnete Bedeutung. Das Gold wird geschmolzen, gehämmert und möglichst dünn ausgewalzt. Die großen Stücke Blattgold werden in 4 Teile geschnitten und nochmals auf 100 mm ausgeschlagen. Die geviertelten Stücke Gold kommen nun in die „Form" aus feinsten Goldschlägerhäutchen. Das „Dünnschlagen" ist nur mit Handarbeit möglich und gelingt nur nach langjähriger Uebung. Zuletzt wird das Gold auf die gewünschte Größe beschnitten.

Schwabach hat im frühen Mittelalter sehr oft seinen Herrn gewechselt. Das Wappen über dem früheren Zentgebäude, der heutigen Polizeiwache, stammt aus der Zeit, in der die Stadt, oder später wenigstens die Pfarrei zum Kloster Ebrach gehörte. 1364 kam Schwabach an die Hohenzollern und damit zum Markgrafentum Ansbach. Hier ließ der Markgraf seine Münzen schlagen, von hier aus zogen seine Truppen in den Kampf gegen Nürnberg. Noch heute hängt eine Fahne, die sie 1502 den Nürnbergern im Kirchweihtreffen von Affalterbach abnahmen, in der Rosenberger-Kapelle, einem Seitenteil der Stadtkirche. Wenn fürstliche Gäste in die Stadt kamen, so wohnten sie im vornehmsten Gasthaus, der Fürstenherberge, dem jetzigen „Bayer. Hof" am Marktplatz. Im ersten Stock lagen die Bedientenräume, außen kenntlich durch die niedrigen Fenster, darüber die fürstlichen Prunkräume. Markgraf Wilhelm Friedrich besaß in Unterreichenbach ein Jagdschlößchen. Er ließ 1716 den Schönen Brunnen erbauen und vor der Stadt eine große Kattunfabrik, sein Sohn, der „wilde Markgraf", ein Zucht- und Arbeitshaus. Die Markgrafen gaben sich alle Mühe, nach dem dreißigjährigen Krieg fremdes Geld und fremde Industrie ins Land zu bringen. Sie siedelten zuerst österreichische Emigranten an, die wegen ihres Glaubens Haus und Hof verlassen mußten. 1686 entstand eine französische Kolonie aus vertriebenen Hugenotten. Sie waren ein Staat im Staate, hatten einen eigenen Geistlichen, einen eigenen Direktor und erbauten sich ein eigenes Gotteshaus aus den Trümmern der einstigen Reichsfeste Kammerstein. Von ihren Industrien, der Strumpf-, Borten- und Tapetenwirkerei, ist nichts mehr vorhanden. Die Gemeinde zählte anfangs etwa 500 Mitglieder, wurde aber immer kleiner. Bis 1857 wurde in Schwabach französisch gepredigt, der letzte Franzose starb 1887. An die französische Gemeinde erinnern noch die Häuser mit den Mansardendächern in der Altstadt, die 2 Tafeln in der reformierten Kirche mit dem Vaterunser und den 10 Geboten in französischer Sprache und der Name Poujolsberg

Die schönen alten Bauten der Stadt liegen am Marktplatz. Die Stadt lag an der großen Handelsstraße, die von Augsburg über Nördlingen nach Nürnberg führte. Hier in Schwabach war die letzte Rast und die letzte Nachtherberge vor Nürnberg. Für den großen Wagenverkehr waren die Gasthäuser besonders eingerichtet. Sie hatten große Einfahrtstore und lange Höfe mit den Stallungen für die Pferde. Die Höfe sind geblieben, aus den Stallungen sind Wohnungen geworden. Im „Weißen Lamm" wohnte Goethe, im „Goldenen Stern" berieten 1529 die Evangelischen die „Schwabacher Artikel", die Grundlage der Augsburger Konfession, und in der Fürstenherberge weilte 1547 als Gefangener der Kurfürst Johann Friedrich von Sachsen. Die Stadtkirche und ihre Kunstschätze entzücken den Kenner. Die Kirche wurde 1469—1495 erbaut; die Rosenberger-Kapelle im Norden und die Sakristei im Süden sind später angebaut worden. An der Ausschmückung des Innern ist Nürnberger Kunst wesentlich beteiligt. Der Hochaltar stammt aus der Werkstatt von Michael Wohlgemut, an ihm hat sicher Veit Stoß mitgearbeitet. Das Sakramentshäuschen wurde eine Zeitlang Adam Kraft zugeschrieben, unbekannt ist der Meister des Kruzifixus am Speisealtar, berühmt ist das Rosenkranzbild in der Rosenberger-Kapelle. Das Rathaus stammt aus dem Jahre 1509, wurde aber mehrfach umgebaut. In seiner Bogenlaube waren früher Läden eingerichtet.

Von den Befestigungen der früheren Zeit sind nur noch einige Türmchen und Mauerreste vorhanden und ein größeres Stück der Stadtmauer im Westen. Die Stadtväter haben zu gründlich für Luft und Licht gesorgt. Nicht versäumen darf man einen Besuch im Stadtteil nördlich der Schwabach und an der Schwabach selbst. Dort ist die alte Zeit lebendig mit ihrem Gewirr an Gassen und Gäßchen, mit ihren Höfen, Winkeln und winzigen Häusern. Die Linde vor dem ehemaligen Hördlertor wurde 1768 gepflanzt und ist als Naturdenkmal geschützt. Das neue Schwabach hat sich nach Süden und Osten entwikkelt. Dort befindet sich auch der große Stadtpark.

Schwabach als bayerische Stadt (1806 bis 1950)

Von Heinrich Krauß

a) Von 1806 bis 1850.

Am 6. Juni 1806 erfolgte auch zu Schwabach die Huldigung sowie die Ablegung des Treueids durch alle geistlichen und weltlichen Beamten der Stadt und auch des platten Landes. Die weiteren nicht abreißenden Truppeneinquartierungen — von 1806—1809 in Schwabach nicht weniger als 128 000 Mann — und die wechselvollen kriegerischen und politischen Ereignisse in der napoleonischen Zeit, in der zahlreiche Söhne der Stadt Schwabach und des Umlandes ihr Leben opferten, besonders auch auf den Eisfeldern Rußlands, sollen in der vorliegenden gedrängten zusammenfassenden Uebersicht nicht im einzelnen dargelegt werden. Nur ganz kurz seien einige Marksteine der inneren Entwicklung Schwabachs und seiner Wirtschaftsgeschichte sowie ins Auge fallende städtebauliche Ausgestaltungen gestreift.

Wie in der preußischen Aera, so erfolgte auch in der bayerischen Zeit für unsere in stetigem Aufstieg begriffene Gewerbestadt Schwabach eine weitere starke Wirtschaftsblüte, ja sogar um 1810 eine geradezu treibhausartige Hochblüte, besonders in der Epoche der gegen Englands Handel gerichteten sog. Kontinentalsperre durch Napoleon und die mit ihm verbündeten Staaten (feierliche Verbrennung englischer Fabrikate und Baumwoll- und sonstiger Textilerzeugnisse auf dem Schwabacher Ostanger). Dagegen bahnte sich dann nach dem Jahre 1815 eine jahrzehntelang anhaltende traurige Wirtschaftskrise und eine lähmende Stagnation an. Diese wurde noch fühlbarer infolge der Not des schweren Teuerungs- und Hungerjahres 1816/17; am 26. Juli 1817 endlich wurde die lang ersehnte Einführung des ersten reichbeladenen und geschmückten Erntewagens in den „Goldenen Stern“ mit einer lange im Gedächtnis haftenden großartigen Dankfeier begangen (ähnlich dann später 1854 nach dem Teuerungsjahr von 1853/54). Verheerende Großbrände wüteten 1821 in dem an der Schwarzach gelegenen Nadelschleifwerk des Nadelfabrikbesitzers Jacobi zu Schwabach, im gleichen Jahre besonders auch in der dann aus Sandstein wieder neu aufgebauten sog. „Neuen Gasse“; die Städel mußten wegen der Feuergefährlichkeit damals außerhalb des Stadtmauerrings in der jetzigen Reichswaisenhausstraße errichtet werden und wurden später zu Wohnhäusern ausgebaut. Eines der größten Großfeuer Schwabachs veränderte 1846 das Stadtbild an der Höllgasse und dem Nordwestteil des oberen Marktplatzes völlig, wonach statt der abgebrannten stattlichen Holzfachwerkhäuser Sandsteinbauten errichtet wurden; ebenso wurde 1846 auch das Haus Marktgasse 109 (jetzt Seltmann, Königstraße 4) eingeäschert und dann in Sandstein neu erbaut.

Nach der Gewährung einer Konstitution oder Verfassung für Bayern durch den König Max I. Joseph — sein großes in Oel gemaltes Bild schmückt den oberen Treppenaufgang im Schwabacher Rathaus — im Jahre 1818 erfolgte auch die für die neue Entwicklung unserer Stadtgemeinschaft bedeutungsvolle Bildung des Magistrats der nunmehr kreisunmittelbar werdenden Stadt Schwabach.

Trotz der nach den Kriegsnöten der napoleonischen Aera folgenden jahrzehntelangen ununterbrochenen Friedenszeit vollzog sich infolge der in anderen Staaten frühzeitiger verwerteten umwälzenden maschinellen und technischen Umgestaltungen usw. in Schwabach ein bis um die Mitte des 19. Jahrhunderts anhaltender stetiger Niedergang und ein Stillstand, auf manchen Gebieten sogar ein Rückschritt, so daß die einst so gewerbeblühende Stadt Schwabach zum ausgesprochenen Landstädtchen herabzusinken drohte und sogar einen traurigen Bevölkerungsrückgang erfuhr (1818: 6862 Einwohner; 1852: 6439 Einwohner). Die Schwabacher Industrie erfuhr in diesem Zeitraum bedeutsame Verschiebungen und Strukturveränderungen; der ganze gewerbliche und industrielle Charakter des Ortes änderte sich, die Webstühle hörten allmählich auf zu surren und die mannigfachen einst so blühenden Textilgewerbe, die Strumpfwirkerei und Tuchfabrikation usw. starben ab. Ein schwerer Schlag für Schwabach war besonders die 1825 erfolgte „Ausspielung“ (durch eine Güterlotterie) und Auflösung der Stirner'schen Kattunfabrik, der zeitweise größten Fabrik Altschwabachs mit großem Oekonomiebesitz. Andere Gewerbszweige erfuhren in ihrer Organisation unter großen Schwierigkeiten bedeutsame Umgestaltungen, wie z. B. die Drahtzieherei und die altnachweisbare Nadlerei, die nach lähmenden inneren Kämpfen von hausindustriellen zu modernen, maschinellen Großbetrieben sich zunächst wenig erfolggekrönt umzugestalten sich abmühte. Der Fortzug wichtiger Fabriken von der Stadt Schwabach nach der für Absatz und Verkehr günstiger gelegenen Handelsmetropole Nürnberg — so 1825 der Tabakfabrik der Gebrüder Bestelmeyer und 1841 der großen Beckh'schen leonischen Drahtfabrik — erhöhte noch die Arbeitslosigkeit in Schwabach.

Trotzdem erfuhr das Stadtbild Schwabachs auch in dieser Niedergangsperiode einige Verschönerungen. Es seien an dieser Stelle bloß erwähnt die Abtragung des Stadtgalgens beim Hochgericht 1814 und des sog. Rabensteins — einer von Wasen hergestellten runden Anhöhe, auf der die Enthauptungen mit dem Schwert stattfanden — auf dem Ostanger 1815, dann die Errichtung des zweckmäßigen und doch künstlerischen Pferdebrunnens auf dem Marktplatz 1823, die Anlegung des großen Schulgartens mit Obstbaumschule (auf dem Terrain des später dort erbauten Reichswaisenhauses) 1824 usw. Einen Markstein in der städtebaulichen Entwicklung im Stadtkern Schwabachs bedeutete vollends die Freistellung der Stadtpfarrkirche, die Einebnung des früher mit einer Mauer umgebenen Kirchhofs und die Abtragung der baufälligen Privat- und

Schulgebäude (Lateinschulhaus und deutsche Schule) auf diesem Platze 1838—1849 usw.

Trotz wirtschaftlichen Niedergangs erfolgte 1836 die Gründung der günstig sich entwickelnden Schwabacher Stadtsparkasse, die bald darauf auch beitretende Landgemeinden einbezog. Das bescheidene Sparkassenlokal befand sich zunächst auf dem Rathause (Trennung der Stadtsparkasse und Distriktssparkasse im Jahre 1867, neuerdings dann Wiedervereinigung der beiden Geldinstitute).

Einen bemerkenswerten Einschnitt in der inneren Entwicklung unserer Stadtgemeinschaft bildete das zunächst mit großen Erwartungen begrüßte Drang- und Sturmjahr 1848, das zahlreiche Vereinsbildungen (Turnverein, Gewerbeverein usw.) und politische Ereignisse, so z. B. auch einen Sturm auf die an den Hauptbau des Rathauses angebaute sog. Fronfeste durch die Anhänger des verhafteten jugendlichen Herausgebers einer radikalen republikanischen Zeitschrift Sticht und die Herbeirufung von Militärtruppen aus Nürnberg zur Folge hatte. Die nachfolgende Reaktion und politische Verfolgung ließ die schon in den 40er Jahren aus wirtschaftlichen Gründen einsetzende Auswanderung besonders nach Nordamerika in der ersten Hälfte der 50er Jahre noch vermehrt in Erscheinung treten; aus Stadt und Land Schwabach ergoß sich ein großer Auswandererstrom in überseeische Länder.

Doch machten sich um die Mitte des Jahrhunderts auch einige Silberstreifen am Horizont bemerkbar. Im Geistesleben Schwabachs bedeutete vor allem die 1843 erfolgte Errichtung des prot. Lehrerseminars — zeitweise bis 1878 auch mit einer Taubstummenschule verbunden —, das zunächst als wirtschaftsfördernder Ausgleich für die bedauerliche Wegverlegung der früher für Schwabach so bedeutungsvollen, 1841 aufgelösten großen Strafarbeitsanstalt — auch das Schwabacher Irrenhaus wurde 1846 aufgelöst und mit der Erlanger Irrenanstalt vereinigt — gedacht war, eine das gesamte kulturelle Leben unserer Stadtgemeinschaft vielseitig befruchtende Institution, die wirtschaftlich allerdings erst allmählich mit ihrem Wachstum doch auch den Nahrungsstand Schwabachs mannigfach günstig beeinflußte. Bemerkenswert war auch die Bildung einer eigenen katholischen Kirchengemeinde Schwabach (zunächst Kuratie 1839) und die Erbauung der katholischen Kirche mit Turm (1848—1850) und des Pfarr- und Schulhauses; diese Baulichkeiten wurden nach den in dankenswerter Opferwilligkeit kostenlos gefertigten Plänen des Vorstandes der hiesigen Eisenbahnbausektion Alfons Kohler von Maurermeister Rambs und Zimmeister Herdegen auf dem vorderen Teil des Käferlein'schen Gartens in der jetzigen Ludwigstraße aus Sandstein erbaut.

Einen besonders ins Auge fallenden Markstein in der neueren Entwicklung unserer Stadt und ihres Umlandes bedeutete unstreitig der Bau der für Handel und Verkehr hochbedeutsamen Nord-Süd-Bahn (Hof-Augsburg-München) und die allerdings zunächst auch mit einigen unliebsamen Rückwirkungen auf manche bisher blühende Transportgewerbe und Handwerke verknüpfte Einschaltung Schwabachs in den Eisenbahnverkehr; am 27. März 1849 erfolgte die erste Probefahrt von Nürnberg bis zu dem 1848—1849 erbauten, weit draußen vor dem Mauerring und den Toren abseits gelegenen Schwabacher „Eisenbahnhof", am 1. April 1849 die Eröffnung der Bahn von Nürnberg nach Schwabach — die schon am 30. März durch ein Festessen im Gasthof „Zum goldenen Engel" in „sehr heiterer" Weise offiziell gefeiert worden war — und darauf dann die weitere Ausgestaltung der Nord-Südbahn. Das Dampfroß und die — erst neuerdings elektrifizierte — Eisenbahn wirkte sich naturgemäß mit der Zeit als mächtiger Hebel für das gesamte Wirtschaftsleben unserer gewerbereichen Stadt Schwabach aus, wenn auch die Bebauung der nur ganz allmählich ausgestalteten Bahnhofstraße nur langsam nach einigen Jahrzehnten sich vollzog. Schon vor dem Eisenbahnbau hatte die Errichtung des in der Nähe unserer Stadt bei Worzeldorf und Wendelstein vorbeiführenden Ludwig-Donau-Main-Kanals (1836—1843) neue große Wirtschaftsaussichten eröffnet und die Arbeitslosigkeit vorübergehend etwas gemildert.

b) Die Zeit von 1850 bis 1900.

Die 50er Jahre verliefen nach außenhin ziemlich geräuschlos und brachten für die Schwabacher Bürgerschaft einen Nachklang der sentimentalen „Biedermeierzeit", freilich auch wenigstens in ihrer ersten Hälfte noch einen weiteren schmerzlichen wirtschaftlichen Niedergang, der in den noch anhaltenden massenhaften Auswanderungen nach Amerika sich widerspiegelte.

Bloß wenige in Erscheinung tretende wichtigere Begebenheiten unterbrachen das nur allzu geruhige Leben der Stadt, so vor allem verhängnisvolle elementare Ereignisse wie die Wasserflut 1851 und der Brand am Spitalberg bei der Königstraße 1857. Höchst bedauerliche Folgen hatte eine wilde Schulpanik, die aus einer an sich bedeutungslosen Rauchentwicklung bei einem Kaffeerübenbrand (Cichorie) im Parterre des in den oberen Stockwerken bei einer Schülerzahl von 430 Kindern stark überbelegten und ungeeigneten Mädchenschulhauses in der Bindergasse (jetzt Glockengießergasse 6) im Jahre 1856 sich entwickelte; bei der panikartig erfolgten überstürzten Räumung der Schulklassen wurden im Gedränge auf den Stiegen 10 Schülerinnen gequetscht und verletzt, zwei weitere Schülerinnen, die Konfirmandinnen Reil und Eckstein — die Mutter der letzteren, eine geborene Mühlöder, war überdies erst einige Tage vorher gestorben — völlig erdrückt und erstickt; die beiden Opfer der Schulpanik wurden im (alten) Friedhof in einem gemeinsamen Grabe feierlich beerdigt.

Originelle Abwechslung brachten in dem damals noch einen sehr starken landwirtschaftlichen Einschlag aufweisenden Schwabach einige große Distriktslandwirtschaftsfeste. Von dem damals in unserer Brauerstadt — 1854 nicht weniger als 43 Bierbrauer, 54 Branntweinbrenner, 13 Gastwirte, 2 Garköche und 3 Hopfenhändler in Schwabach — noch stark betriebenen Hopfenbau zeugt es, daß unserer hopfenbauenden Stadt durch den König 1852 ein eigenes Hopfensiegel verliehen wurde; als Hopfensiegelhalle diente das Schrannenlokal im Schwabacher Rathaus.

Gegen Ausgang der 50er Jahre waren nach jahrzehntelanger gewerblicher Stagnation endlich einige Ansätze einer sich anbahnenden günstigeren Wirtschaftsentwicklung Schwabachs wahrnehmbar. Insbesondere wirkte sich die fortschrittliche Verwertung der Dampfkraft in den Schwabacher Fabriken und Betrieben, die allerdings meist erst in den 60er und 70er Jahren Eingang fand, sehr günstig aus. In einigen führenden Betrieben setzte sie sogar schon 1859 ein, so besonders in der leonischen Drahtfabrikation; so ging die seit 1775 bestehende leonische Drahtfabrik von Johann Leonhard Hüttlinger in Schwabach bereits im Jahre 1859 zum Dampfbetrieb über, 1863 dann die Kern'sche Drahtfabrik und 1881 die Berger'sche Drahtfabrik (jetzt Roiderer), deren Bestehen bereits in die markgräfliche Zeit zurückreicht. Die Nadelfabrikation wird noch besondere Darstellung finden. Die von Ph. Benjamin Ribot seit 1849 aus einem schon vorher bestehenden bescheidenen handwerklichen Betrieb durch Tatkraft und moderne Werbemethoden bald zu beachtlicher Höhe emporgehobene Ribot'sche

Seifenfabrik erhielt schon 1864 Dampfbetrieb (Dampfkessel mit 36 Pferdekräften). Der Betrieb wurde frühzeitig völlig konzentriert und entwickelte sich stetig zur größten Seifenfabrik Bayerns (1883: 40 Arbeiter). Zwei Schwabacher Bierbrauereien gingen bereits 1873 zum Dampfbetrieb über; unter den 30 Bierbrauereien im Jahre 1883 hatten 8 Dampfbetrieb, von den 4 Malzfabriken in Schwabach hatten in letzterem Jahre 2 Dampfbetrieb.

Nach außenhin wenig bemerkbar, vollzog sich in der 2. Hälfte der 50er Jahre ein allmählich sich anbahnender und dann stetig, seit den 60er Jahren sogar schnell und sprunghaft sich fortsetzender gewerblicher Aufstieg infolge der Entstehung zahlreicher Gold- und namentlich Silberschlägereien (1847: 3 Gold- und Silberschläger mit 5 Gehilfen; 1861: 22 Gold- und Silberschlägereien in Schwabach mit 96 Gehilfen und Lehrlingen). Das starke Aufblühen gerade dieses Gewerbezweiges war besonders in jener Zeitperiode des sonstigen wirtschaftlichen Niedergangs Schwabachs wertvoll aus dem Grunde, weil es vielen arbeitslos gewordenen Schwabacher Bürgern aus der absterbenden Weberei und der damals noch in einer Art Krisenzustand dahinsiechenden Nadlerei neue Nahrungsaussichten und auch der heranwachsenden Jugend hoffnungsvolle Erwerbsmöglichkeiten eröffnete.

Eine weitere Besserung der Wirtschaftslage unserer darniederliegenden Stadt Schwabach bahnte sich allmählich auch an infolge der Verlegung einer Reitergarnison nach Schwabach seit 1859 (Chevaulegers, zeitweise Ulanen), von 1865 ab bis zur Auflösung 1882 untergebracht in dem stattlichen, zur alleinigen Einheitskaserne ausgestalteten früheren städtischen Pfründnerhaus in der Penzendorfer Straße und dem 1865 neuerbauten Reithaus und den Stallgebäuden beim großen Exerzierplatz am Ostanger, dem Grundstock der jetzigen großen Bergnerschen Schraubenfabrik, die 1911 in bescheidenen Ausmaßen gegründet und 1919 in die Bahnhofstraße verlegt wurde und zum größten Industrieunternehmen Schwabachs heranwuchs.

Im Jahre 1854 erfolgte die Herausgabe der dankenswerten, von Theodor Mizler gedruckten Schwabacher Chronik aus der Feder des langjährigen, damals pensionierten Stadtschreibers Wolfgang Petzoldt.

Die frühzeitige Errichtung eines hygienisch wertvollen Leichenhauses in Schwabach im alten Friedhof 1856 (in Nürnberg 1852, in Roth erst 1884, in Windsbach 1912) war ein kulturell hocheinzuschätzender Fortschritt. Insbesondere aber wurde von den Zeitgenossen die Erbauung der neuzeitlichen „Gasfabrik“ oder des Gaswerks 1863 gewissermaßen als ein Symbol des Anbruchs einer lichtvolleren neuen Zeitepoche Schwabachs gewertet, die dann vollends in den 70er Jahren in Erscheinung trat. Von wesentlicher Bedeutung erwies sich für Schwabach die Trennung von Justiz und Verwaltung 1862 und die Bildung des Bezirksamts Schwabach aus den zusammengelegten vormaligen zwei Landgerichtsbezirken Schwabach und Roth (früher Pleinfeld). Diese Trennung hatte die Errichtung eines besonderen Gerichtsgebäudes in der Ludwigstraße in der 2. Hälfte der 60er Jahre zur Folge (später infolge der neuen Gerichtsverfassung von 1879 dann als „Amtsgericht“ bezeichnet). Das auf administrative Tätigkeit beschränkte Bezirksamt Schwabach hatte auch weiterhin seinen Sitz im früheren Landgerichtsgebäude in der Wittelsbacherstraße, das 1799 vom Staat aus Privatbesitz angekauft und zum Amtssitz des preußischen Kreisdirektoriums bzw. dann in bayerischer Zeit zum Sitz des Landgerichts Schwabach (der obersten Behörde für Justiz und Verwaltung zugleich) bestimmt worden war.

Im Jahre 1863 wurde hier die Fünfzigjahrfeier der bedeutungsvollen Völkerschlacht bei Leipzig zu einem Erinnerungsfest mit großartigem, historischem Festschmuck ausgestaltet. Im Jahre 1865 erfolgte die Bildung der jetzt noch bestehenden Freiwilligen Feuerwehr (neben der damaligen Turnerfeuerwehr); die Gründung der Sanitätskolonne folgte dann 1885 nach.

Der kurze Bruderkrieg von 1866 zwischen Bayern und Preußen brachte vorübergehende Wolken über Schwabach und seine Umgebung. Aengstliche Gemüter vergruben hier (ebenso wie in der Umgebung, besonders auch in Spalt) Geld und Wertgegenstände aller Art. Die unter Rittmeister Fels in Schwabach garnisonierende Eskadron des 2. Ulanen-Regiments in Ansbach verließ in Eile die Garnisonstadt Schwabach, um ins Feld zu rücken. Bildung eines Vereins zur Unterstützung verwundeter Krieger. Einrichtung der Ulanenkaserne in der Penzendorfer Straße und des (1812 neuerbauten) städtischen Krankenhauses in der Nördlinger Straße zu Lazaretten. Nach dem bald erfolgten Waffenstillstand Einzug einer Eskadron des Mecklenburger Dragoner-Regiments in Schwabach, das dem hier im Lazarett verstorbenen Dragoner Franz Jahlas ein schönes Sandsteingrabmal im (alten) Friedhof widmete. Die für einige Zeit in unserer Stadt erfolgte Einquartierung der norddeutschen Truppen führte fast zu einer allmählich freundschaftlich gewordenen Verbrüderung der Norddeutschen mit der Schwabacher Bürgerschaft, wie überhaupt in Franken der Bruderkrieg bald eine geistige Ueberbrükkung der Mainlinie herbeiführte.

Wesentlicher für die innere Entwicklung unserer Gewerbestadt als der mehr episodenhafte Krieg von 1866 war die Zwischenzeit zwischen diesem und dem Jahre 1870, einmal wegen der 1869 erlassenen neuen Gemeindeordnung, die gewisse kommunale Selbständigkeiten und eine neuzeitliche Entwicklung für die Städte brachte, zweitens wegen des bayerischen Gewerbegesetzes, welches die Innungen aufhob; in Schwabach beschleunigte es den Bruch mit der Vergangenheit in manchen hier zu Industriezweigen sich ausgestaltenden einstigen Handwerken. Insbesondere ermöglichte die neue fortschrittliche Gewerbegesetzgebung die Umbildung der durch veraltete Hemmungen und die Gegnerschaft zwischen Meistern und Verlegern allzu lange eingeengte Nadlerei und die 1869 erfolgte Errichtung einer mit neuzeitlichen Maschinen ausgestatteten großen neuen Nadelfabrik von Staedtler & Uhl (als Handwerksbetrieb gegründet 1794), die bald unter Zuziehung eines Stammes geschulter rheinländischer Arbeiter aus Aachen usw. einen großen Aufschwung nahm. Weiterhin entwickelten sich dann auch andere aus dem altangesehenen Schwabacher Nadlerhandwerk sich herausbildende modern sich einrichtende großartige Produktionsstätten zu Großbetrieben und verlegten ihre Fabrikräume in neuerbaute große Fabrikgebäude außerhalb der Stadtmauern, so die 1850 von dem fortschrittlichen Nadelfabrikanten Reingruber begründete und 1884 in das später von Tuchmann noch ständig erweiterte Gebäude vor dem Nürnberger Tor übersiedelnde Nadelfabrik (später als Drei-S-Werk, Schwabacher Spinnereinadel- und Stahlspitzenwerk, bezeichnet), ferner die bereits 1723 gegründete geschichtlich bedeutsame Nadelfabrik von Leonhard Schmauser, die 1911 in das stattliche und neuzeitlich gestaltete neue Fabrikgebäude in der Walpersdorfer Straße übersiedelte, sowie die aus einem alten Nadlereibetrieb (mit der Nadelmarke „Falke“) hervorgegangene, von dem tätigen Simon Traumüller zu beachtenswerter Höhe gebrachte und dann in neugebaute große Fabrikräume in der Staedtlerstraße einziehende Nadelfabrik Traumüller & Raum. Im Jahre 1891 wurde vom Gaswerkspächter Friedrich Herold in sehr günstig gelegener Bahnhofsnähe eine neue und schön gebaute Schwabacher Nadelfabrik errichtet und mit zeitgemäßen Maschinen ausgestattet. Diese Herold'sche Nadelfabrik wurde später mit dem Nadelwarenbetrieb von Wenglein in Nürnberg vereinigt und zu dem großen H. J. Wenglein's Norica- und Heroldwerk ausgestaltet. Der spätere Siegeszug der Sprechmaschine gab auch den in den Schwabacher Nadelfabriken hergestellten vorzüglichen Sprechmaschinennadeln ein weithinreichendes Absatzfeld. Wie in der Nadelerzeugung, so vollzog sich auch in anderen Schwabacher Gewerbebetrieben eine neue industrielle Epoche infolge zunehmender Verwertung der Dampfkraft, der Elektrizität und der modernen Maschinentechnik.

Das Jahr 1870 insbesondere hatte einen Einschnitt und Wendepunkt unserer Stadtentwicklung bedeutet, weniger wegen der Kriegsereignisse, als vor allem wegen des dann einsetzenden neuen Zeitgeistes und der Anbahnung einer Modernisierung des ganzen Stadtbildes. Im Kriege von 1870/71 mußten auch zahlreiche Schwabacher ihr Leben dahingeben, deren Namen in dem 1875 auf dem unteren Königplatz errichteten Denkmal (später an den Stadtparkrand verlegt) der Nachwelt erhalten sind. Um die Verwundetenpflege in den Schwabacher Lazaretten machten sich Bürgermeister Strobel und Bezirksamtmann von Parseval (der Vater des Erfinders eines starren Luftschifftyps August von Parseval) und der Schwabacher Zweigverein zur Pflege verwundeter und erkrankter Krieger verdient. Im März 1871 große Friedensfeier in Schwabach und später nach der Heimkehr der Krieger Volksfest mit solennem Festschießen auf dem Ostanger am 10. Juli 1871.

Die Zeit des neuerstandenen und geeinten Deutschen Reiches brachte auch in Schwabach die durch Reichsgesetze geregelten fortschrittlichen Neuerungen, so die Einheit der Währung (Mark und Pfennige statt Gulden und Kreuzer), das Dezimalsystem in Maß und Gewicht, die Einheit des Rechts (1879 Gerichtsorganisation und Amtsgericht auch in Schwabach), die Zivilehe und die Errichtung eines weltlichen Standesamts in Schwabach (auf dem Rathaus) 1876, späterhin dann den Ausbau der Sozialpolitik 1889 und die wichtige Invaliditäts- und Altersversicherung u. dgl. Frühzeitig erfolgte schon 1880 die Einrichtung der Trichinenschau in Schwabach. Im Jahre 1873 wurde hier ein Messungsamt errichtet, 1885 das Forstamt von Schwabach, das leider infolge der bayerischen Forstorganisation um 1853 aufgelöst worden war, wieder in Schwabach errichtet. 1889 wurde in Schwabach eine öffentliche Telefonstation eingerichtet und die Stadt an das staatliche Telefonnetz angeschlossen. Im Jahre 1891 stellte die Stadt einen fachmännisch geschulten Stadtbaumeister an, 1893 auch einen fachmännischen Stadtschulrat (Johannes Kern), eine nur in wenigen bayerischen Städten eingeführte fortschrittliche Einrichtung.

In der Zeit nach 1870 und besonders dann in den 80er und 90er Jahren erfuhr die Stadt auch eine zunächst allmählich, dann rasch aufsteigende Bevölkerungsbewegung infolge der durch die sog. Gründerzeit hier nur wenig beeinflußten zunehmenden Industrialisierung. Nachdem die Stadt Schwabach 1856 einen Tiefstand mit 6184 Einwohnern gehabt hatte und auch 1871 erst 6702 Einwohner und im Jahre 1875 7024 Einwohner zählte, stieg die Einwohnerzahl 1885 auf 7670, 1890 auf 8103, 1895 auf 8410, 1900 auf 9385, 1905 auf 10 347 und 1910 auf 11 195 Einwohner.

Ueberhaupt wurde Schwabach in der Zeit nach 1870 von neuem, fortschrittlichem Leben erfüllt. „Das Alte stürzt, es ändert sich die Zeit und neues Leben sproßt aus den Ruinen.“ Auch die städtebauliche Entwicklung machte rasche und fast sich überstürzende Fortschritte. So wurde 1870 der frühere, in städtischen Besitz übergegangene rentamtliche Getreidespeicher auf der Wöhrwiese zur städtischen Turnhalle (mit daran anschließendem Turnplatz) ausgestaltet.

Um der Stadt ein neuzeitliches Gepräge zu geben, glaubte das fortschrittliche Bürgertum des bisherigen Landstädtchens Schwabach, in dem noch dörflich anmutende Hirtenhäuser standen und glockentragende Rinderherden durch die Kothgasse oder sog. Kuhgasse und durch die sonstigen Gassen der holperig gepflasterten Stadt auf die zur Kuhweide bestimmten beiden Gemeindeödungen, den Eichwasen beim „Kuhweiher“ und den Ostanger getrieben wurden und die Gäule in die Pferdeschwemme bei der Wöhrwiese geritten wurden, auch im Stadtbild einen deutlichen Bruch mit der Vergangenheit ziehen zu sollen. Nachdem bereits 1744 Wall und Graben der Erweiterung der Innenstadt hatten weichen müssen, ging man 1872 tatenfroh an die systematische Niederreißung des „altmodischen“ und anscheinend nutzlosen Stadtmauergürtels. 1874 und 1875 fielen das Hördlertor, das Mönchstor und das Zöllnertor mit ihren freilich zu enge gewordenen und verkehrshemmenden Tordurchgängen und ihren bewohnten Tortürmen. Auch Turm, Mauerpartie und Wehrbefestigungen am Ausfluß der Schwabach fielen den Forderungen der Neuzeit zum Opfer und machten bald Neubauten Platz; bei dem sog. Neutor erfolgte ein Durchbruch zum Limbacher Weg und zu der sich anbahnenden Ringstraßenbildung, der auch die Herstellung der neuzeitlicher gestalteten Landsknechtsbrücke 1872 dienen sollte. 1875 folgte die Errichtung zeitgemäßer eiserner Brücken und Stege über den Schwabachfluß im Stadtinnern, der neuen Spitalbrücke, Fleischbrücke, Sägbrücke usw. Im Jahre 1879 fielen trotz gewichtiger Gegenstimmen des damaligen rechtskundigen Bürgermeisters Rentsch und kunstsinniger Kreise auch die wenig störenden malerischen Wehrbefestigungen beim Einfluß des Schwabachflusses nebst dem Pulverturm (an der Südseite) und dem Wasserturm (an der Nordseite) dem durch den städtischen Baurat A. Heim vertretenen fortschrittlichen „Zeitgeist“ zum weiteren Opfer; sie wurden niedergelegt und 1880 wurde dann die jetzige doppelbogige, wappengeschmückte steinerne hohe Neubaubrücke mit Eisengeländer (statt des hölzernen Uebergangs) errichtet. Im Jahre 1893 wurde schließlich auch das damals noch als herrlicher malerischer Zeuge einstiger Stadtschönheit stehende, angeblich künstlerisch wenig wertvolle Nürnberger Tor abgebrochen, um — nach amtlicher Begutachtung — „Licht und Luft“ in die Stadt hereinzulassen.

Aber auch zahlreiche als positive Fortschritte zu wertende dankenswerte Neuerungen und Stadtverschönerungen wurden Ende der 70er und in den 80er Jahren in rascher Folge durchgeführt. 1877 wurde das frühere, 1768 von der Stadt erbaute Schießhaus zum Lateinschulgebäude ausgestaltet — ein neues Schießhaus der Feuerschützengesellschaft war schon 1875 in der Nördlinger Straße auf der Gegenseite des 1876 abgebrochenen Siechenhauses errichtet worden — und ein Turnplatz bei dem dann 1878 erbauten hölzernen „Steigerturm“ (mit eisernem Geländer) angelegt; die Wasserleitungsverhältnisse wurden seit dem Jahr 1869 zeitgemäß gestaltet; der sog. „Schöne Brunnen“ wurde 1879 künstlerisch restauriert, auch die Erweiterung der Stationsanlage und die Vergrößerung der unzulänglichen Bahnhofgebäude wurden 1879 durchgeführt. Im Jahre 1882 wurde ein wertvoller Fortschritt erzielt durch die Einrichtung der ersten städtischen öffentlichen Schwimm- und Badeanstalt in Schwabach und die Anlegung eines Promenadenwegs am Nadlersbach. (Erst späterhin wurde dann 1896 infolge dankenswerter Privatinitiative ein für die Volkshygiene förderliches „Brausebad“ in der

Südlichen Ringstraße und 1906 von Schönberger ein modernes Brausebad in der Neutorstraße, das nunmehrige städtische Volksbad, eröffnet.)

Ein wertvoller bleibender Gewinn war es. daß 1882 auf dem infolge des Abzugs der hiesigen Reiterschwadron in die Nürnberger Kaserne freigewordenen großen Reiterübungsplatze am Ostanger der herrliche, bald schön sich zusammenwachsende große „Stadtpark", gewissermaßen die Lunge des zur Industriestadt werdenden Schwabach, angelegt wurde. Im Jahre 1886 wurde ferner das rotleuchtende, mit den gemalten Wappen der deutschen Stämme geschmückte III. Deutsche Reichswaisenhaus, das „Haus der liebenden Waisenpflege" auf dem von der Stadt kostenlos überlassenen Grund des umfangreichen Rettungshausgartens errichtet. Auf Kosten der Hospitalstiftung wurde 1885—1889 die Erneuerung und teilweise Erweiterung der Hospitalkirche und die Erbauung des edelaufstrebenden neuen Spitalkirchturms durchgeführt; 1896 erfolgte die Restaurierung der prächtigen Stadtkirche (der neuerdings 1946 eine weitere stilvolle und künstlerisch wirkende Renovierung folgte).

Auch vielseitige besonders unter dem tätigen rechtskundigen Bürgermeister Karl Pohl in die Wege geleitete kommunale Projekte dienten dem Wohle der Stadtgemeinschaft und der Stadtverschönerung, so wurde 1889 mit der Neupflasterung der wichtigsten Straßen, ferner mit der Kanalisierung der Stadt und der Anlegung der Gehsteige und Zementtrottoirs begonnen. 1889 erstrahlte bereits in vereinzelten Fabriken und Wohnhäusern fortschrittlicher Fabrikbesitzer das erste elektrische Licht in Schwabach (das städtische Elektrizitätswerk Schwabach wurde allerdings reichlich verspätet erst 1920 errichtet). Fortschritt war auf den verschiedensten Gebieten ersichtlich. Das heute zum Gemeingut gewordene Fahrrad bürgerte sich (zunächst allerdings in der Form des unbequemen Hochrads) in Schwabach, wo sogar besondere „Radfahrkurse" in der Turnhalle abgehalten wurden, anfangs der 80er Jahre ein, das Motorrad nach 1895; erst um die Jahrhundertwende wurde dann auch der Auto- und Kraftwagenverkehr in unserer großstadtnahen Stadt allgemeiner. Dadurch waren freilich die in den 90er Jahren aufgetauchten vielfachen Projekte von neuen Bahnverbindungen nach Abenberg usw., sowie auch der Plan einer Pferdebahn oder Benzinbahn oder sogar einer „elektrischen Straßenbahn" vom abgelegenen Schwabacher Bahnhof in die Stadt zum Scheitern verurteilt.

Kinovorführungen kamen in Schwabach in den 90er Jahren zunächst bloß in der Form wandernder Kinematographen auf den Märkten, dann in großen Gaststätten vor das schaulustige Publikum (erst in unserem Jahrhundert wurden später ständige eigene Lichtspieltheater (das Luna-Lichtspielhaus, die Bank-Lichtspiele und neuerdings 1949 die Ring-Lichtspiele) errichtet; ebenso wurden Vorführungen mit der Sprechmaschine in den 90er Jahren zunächst auf Jahrmärkten und dem Schwabacher Volksfest durch wandernde Schausteller und Artisten veranstaltet. Seit den 80er Jahren waren hier auch endlich statt der Säle in den oberen Stockwerken von Gasthöfen große und geräumige Parterresäle erbaut worden, so der Hiltner-Saal zwischen der Bahnhofstraße und dem Stadtpark (jetzt Nicklas, Bahnhofstraße 30), ferner der 1887 errichtete Parterresaal des Gasthofs „Zum goldenen Hirschen" in der Wittelsbacherstraße, dann der große „Bären"-Saal, der 1889 im Forsterschen Gasthof „Zum schwarzen Bären" (jetzt Stadtgasthof) in der Ludwigstraße ausgestaltet wurde, weiterhin der 1896 erbaute Feuerlein-Saal (Nördliche Ringstraße 4) usw.

Um 1890 entstanden große neuzeitliche Eiskeller und Bierkelleranlagen außerhalb des Stadtrings. Insbesondere wurde im Jahre 1894 von Michael Knöllinger der herrlich gelegene Gambrinuskeller oberhalb der „Alten Linde" erbaut, der infolge der prächtigen Höhenlage zeitweise eine großartige Fremdenverkehrshebung für unsere Stadt bedeutete (jetzt städtisches Besitztum beim Stadtkrankenhaus) usw.

Das Schwabacher Stadtbild erhielt besonders seit der 2. Hälfte der 80er Jahre ein neues Gesicht. Zahlreiche Straßenzüge an der damaligen Stadtperipherie begannen besiedelt und mehr und mehr ausgebaut zu werden. Rings um den gesprengten inneren Stadtgürtel strebte das neue Schwabach immer weiter hinaus, namentlich in die Gegend „hinterm Graben", die jetzige Südliche Ringstraße, ferner nach der Richtung des Stadtparks, der ein magnetartiger Kristallisationskern für die städtebauliche Entwicklung Schwabachs wurde, sowie dann in Bahnhofsnähe. Den Hauptgrund für die rasch sich vollziehende Neubebauung bildete der in den 80er und dann besonders in den 90er Jahren sich anbahnende rasche Aufstieg Schwabachs zur ausgeprägten Industrie- und Fabrikstadt in neuzeitlichem Sinne. Insbesondere wurde für unsere „Stadt der Arbeit" außer der starken Neublüte der Nadelfabrikation besonders in den 80er Jahren hochwichtig die Blattmetallfabrikation und namentlich die zunehmende Entstehung der Goldschlägereien. Im Jahre 1883 beschäftigte die Feingoldschlägerei bereits 110, die Gelbmetallschlägerei 86, die Silberschlägerei sogar 460. die Weißmetallschlägerei (Zinnschläger) 340 Personen, so daß das gesamte Schlägereigewerbe in Schwabach nahezu 1000 Personen beschäftigte oder den 7. Teil der hiesigen Bevölkerungszahl in Anspruch nahm. In der Folgezeit wurde dann in erster Linie die Echtblattgoldfabrikation zum Lebensnerv Schwabachs und gab der wirtschaftlichen und sozialen Struktur unserer blühenden Gewerbestadt ein besonders eigenartiges Gepräge. Die Silberschlägereien dagegen, traten späterhin in den Hintergrund und wurden durch die neuaufkommende Blattaluminiumfabrikation mehr und mehr verdrängt, ebenso wie die sonstigen Metallschlägereien durch die Bronzefarbenfabrikation. Bei zunehmendem Wohlstand der sich stark vermehrenden und kapitalkräftigen Gold- und Silberschlägermeister wurden mehr und mehr auch die zunächst in alten, finsteren Höfen und dunklen, fast lichtlosen, ungesunden Gassenwinkeln und an den Stadtmauern erstandenen zahlreichen Schlägereiwerkstätten in sonnige, helle und von schmucken Hausgärten umgebene, zweckmäßig eingerichtete Neubauten an der Stadtperipherie verlegt, besonders in die Gegend der Petzoldtstraße, der Südlichen Ringstraße (Goldschlägerei Hunger, ferner 1897 die zeitweise stark blühende Blattgoldfabrik von Günther & Herbst usw.), ferner in die Stadtparkstraße, später dann in die Wittelsbacherstraße, die Hindenburgstraße, die Ebersbergerstraße und in andere Randgegenden Schwabachs.

Nachdem sich die Errichtung des Schwabacher Bahnhofs 1849 anfangs in der Zeit des wirtschaftlichen Niedergangs Schwabachs eigentlich wenig ausgewirkt hatte, wie denn sogar noch in den 80er Jahren die Bahnhofstraße fast ländlichen Charakter und dörfliches Aussehen (mit Städeln usw.) hatte, drängte dann in der anhebenden Periode der neuen Industrieblüte die städtebauliche Entwicklung vor allem in Bahnhofsnähe, namentlich seit Ende der 80er und in den 90er Jahren (Zementwarenfabrik Abrie, Nadelfabrik Herold usw.). So war es denn auch das Gegebene, daß 1898 das neue Postamtsgebäude nicht etwa im Stadtkern und in der Altstadtmitte, sondern an dem mehr und mehr zum geographischen Mittelpunkt des sich dehnenden Stadtbildes werdenden Luitpoldplatz erbaut wurde, der nach einiger Zeit sogar geradezu zum Verkehrszentrum Schwabachs geworden ist. Alte Schwabacher Geschäftshäuser und sich dehnende Fabrikunternehmen verlegten ihre Lagerhäuser und neuerbauten Fabrikationsräume zunehmend mit gutem Grund in die Nähe des Bahnhofs und der Bahnhofgeleise, so besonders dann später nach der Jahrhundertwende die entstehenden großen und zukunftsreichen Schraubenfabriken von Jaeger und Bergner. Doch auch nach Penzendorf und nach Limbach zu sowie nach dem Norden der Stadt zu entstanden stattliche neue Häuserreihen, ja sogar Stadtaußenviertel (1904 Erbauung der 1859 begründeten Diamantziehstein- und Drahtmaschinenfabrik von H. M. Bauer in der Limbacher Straße). Auch in der sonstigen Stadtrandlage wurden Fabrikanlagen errichtet, vereinzelt auch im Westen, wo in den 90erJahren die von der Hutmachermeisterfamilie Moll 1861 begründete ursprünglich handwerklich betriebene Filzherstellung auf ein Grundstück an der Wasserstraße verlegt wurde, woselbst die Erzeugung dann fabrikmäßig mit Dampfbetrieb in großem Maßstab vorgenommen wurde. Im Jahre 1935 erfolgte neuerdings die Errichtung des jetzigen umfangreichen schönen Neubaus der Moll & Kühnschen (Paul Reiner'schen) Filzfabrik sowie des Wohnhauses in der Talstraße.

So legte sich denn schon seit den 80er und 90er Jahren allmählich ein großer, ständig sich ausdehnender, schmucker Kranz neuer Häuser, Villen und Fabrikanlagen rund um den zwar ebenfalls sich verschönenden, durch Kanalisation und Trottoirisierung merklich gewinnenden, aber wenig erweiterungsfähigen inneren Kern der Altstadt; nach allen Himmelsrichtungen dehnte sich zusehends die „Stadt der Arbeit" Schwabach und der ganze Stadtrand wurde mehr und mehr besiedelt.

Neues Baugelände wurde erschlossen, so daß die Straßenbenennung, die 1885 neu geregelt worden war, bis herauf in die Gegenwart ihren Fortgang nehmen mußte. Fast jedes Jahr waren neue Straßenbenennungen für neuangelegte Straßen oder für kleinere Straßen, die früher noch der Hauptstraße eingerechnet wurden, nötig geworden. So wurden im Jahre 1898 folgende Straßen neu benannt: Alexanderstraße, Albrechtstraße, Austraße, Wiesenstraße, Rother Straße, Talstraße, Waikersreuther Straße, Lindenstraße, Feldstraße. Bogenstraße, Angerstraße, Zweigstraße, Walpersdorfer Straße, Reichenbacher Straße. Im Jahre 1900 wurde neu benannt die Birkenstraße (nach Karl Dehm's Forschungen).

Einen jähen Rückschlag der Wirtschaftslage Schwabachs verursachte der riesige Millionenbankkrach im Jahre 1896 infolge des Zusammenbruchs des Schwabacher Vorschußvereins, mit einem Defizit von weit über einer Million Mark. Fast das ganze Städtchen und besonders große Teile des Schwabacher Mittelstandes, insbesondere die zahlreichen Gläubiger, die die Hälfte ihrer Guthaben einbüßten, die Besitzer der 600 Aktien, die nicht nur den Stammanteil von je 300 Mark verloren, sondern die uneingezahlten Haftbeträge von weiteren je 300 Mark infolge Reichsgerichtsentscheidung nachzahlen mußten, sowie die 17 Aufsichtsräte, die nach schwierigen Vergleichsverhandlungen 50 000 Mark Pauschal-Haftsumme bezahlen mußten, wurden in Mitleidenschaft gezogen, ferner große Teile der Geschäftswelt, die auch durch das Gefolge der zahlreichen Konkurse von beteiligten Fabrikanten usw. betroffen wurden. Um welche Riesensummen es sich damals handelte, die fast wie Zahlen aus der späteren Inflationszeit anmuten, ersieht man aus der Schlußabrechnung des Apotheker Heim'schen Konkurses, bei dem unter die nichtbevorrechteten Forderungen zu 1 512 000 Mark bloß der Betrag von 62 000 Mark = 4,15 Prozent zur Verteilung gelangten. Doch schon binnen weniger Jahre erholte sich Schwabach infolge der allgemeinen Industrie- und Wirtschaftsblüte von dem zunächst als unheilbares Verhängnis empfundenen Schlage, ein Zeichen der Lebenskraft unserer bald sich wieder zu gutem Einvernehmen zusammenschließenden Stadtgemeinschaft.

Der meist ruhige Gang der geschichtlichen Entwicklung in der langen Friedensperiode wurde ferner unterbrochen durch wiederholte traurige Elementarereignisse, so die große Wasserflut um 1893 und vor allem durch zahlreiche Brände und Großfeuer, die das Stadtbild besonders der Altstadt mannigfach veränderten. Namentlich in den vielen Brauhäusern gab es häufig Brände, die bei der früheren winklichen Bauart und den mangelhaften Löscheinrichtungen und Wasserverhältnissen oft große Ausmaße annahmen. Heulende Trompetensignale der Feuerwehrmänner und am Stadtkirchturm ausgehängte rote Feuerfahnen setzten oft die gesamte Bürgerschaft in Schrecken. (Erst später Hydranten, 1911 eine elektrische Feuerweckeranlage, 1925 Motorspritze und dann weitere Modernisierungen der Feuerwehr; 1900 Neuerbauung des Feuerwehrgerätehauses in der Nördlichen Ringstraße 7).

Ein Auszug aus der Brandchronik der 1865 gegründeten Freiwilligen Feuerwehr und den dankenswerten Aufzeichnungen von Johann Förthner aus unserer Zeitperiode bis 1900 möge hier eingefügt werden; genauere Darstellungen werde ich später an anderer Stelle bringen.

1861: Brand des „Storchnests" (Südl. Mauerstr. 9, jetzt Schmidt) und des Nachbargebäudes (Südl. Mauerstr. 11, spätere Reichel'sche Bierbrauerei und Mälzerei)

1865: Sattlermeister Reinhardt, Friedrichstraße; Hafnermeister Kittler, Bachgasse (Brennofen).

1866: Bayerlein, Kappadozia (Wohnhaus); Brauerei Hassold, Neutorstraße (Malzdarre); Schönekker und Eckert (Städel); Pfeifer und Lösel, Pinzenberg (Hinterhaus); Ellinger (Leitner), Malzdarre.

1867: Vogelreuther, Nürnberger Straße (Wohnhaus); Bäckerei Monatsberger, Rosenbergerstraße (Wohnhaus); Struhler, Neue Gasse (Wohnhaus).

1868: Brauerei Hertlein (Roter Ochse); Drahtfabrik Kern, Königstraße 1 und 1b (Wohnhaus und Fabrik); Bohlsmühle, Kappadozia an der Sägbrücke (Mühle, damals Bronzefarbenfabrik von Dietrich, wahrscheinlich Explosion).

1869: Ziegelei Dingfelder, Lindenstraße (Wohnhaus).

1870: Bierlein, Silbergasse (Wohnhaus); Hafnerei Mack, Hafnersgäßchen (Wohnhaus); Ziegelei Reichert, Reichenbacher Straße (Ziegelhütte).

1871: Götzger, Bachgasse (Wohnhaus); Brauerei Knöllinger, Benkendorferstraße (Wohnhaus). Pfister, Frauentrautgasse.

1872: Thumshirn, Ludwigstraße (Hinterhaus); Gömmel, Neutorstraße (Malzdarre).

1873: Rißmann, Penzendorfer Straße (Wohnhaus); Hutmacher Moll, Pinzenberg.

1874: Brand, Neutorstraße (Hinterhaus); Brauerei Pfeifer und Weber, Königstraße 15 und 17, jetzt Eisenhandlung Fischer und Uhrmacherei Baum, einer der größten Brände in Schwabach.

1875: Schuhmacher Mögelein, Nördliche Mauerstr. (Wohnhaus).

1876: Brauerei Hauselt, Rosenbergerstr. (Brauhaus).

1877: Zimmerei Petzold, Herrnkeller, Rittersbacher Str,; Bäckerei Hartmann, Schulgasse (Wohnhaus).

1878: Leitner, Nürnberger Straße (Wohnhaus und Brauerei) und Löwenstein, Pinzenberg, (Großbrand).

1879: Kaufmann Enser, Am Kreuz (Wohnhaus); Brauerei Salomo, Ludwigstraße (Brauhaus).

1880: Maurer Ruhsam, Ziegelgasse (Wohnhaus, Gartenlaube); Pfeufer, Bismarckstr. (Stadel).

1882: Zech, Heubersbuck (Wohnhaus).

1883: Hirschmann, Spitalberg (jetzt Verlagsgebäude des „Schwabacher Tagblatt"); Großbrand, wobei auch mein Geburtshaus daneben (Drechslerei meines Vaters August) bei den Löscharbeiten beschädigt wurde. Zwei Feuerwehrleute schwer verletzt.

1884: Oekonom Fürhäußer, Nürnberger Str. (Stadel).

1885: Hartmann, Königplatz 25 (Stadel); Brauerei Forster, Hördlertorstraße (Brauhaus und Stadel).

1886: Städel an der Bahnhofstraße, die damals noch ländlichen Anstrich hatte.

1889: Brauerei Höfler, Rosenbergerstr. (Malzdarre).

1890: Farnbacher Bogenstraße (Wohnhaus).

1891: Neujahrsnacht, Wirtschaft Hübner, Königplatz 31 (Hinterhaus); Brauerei Kögel, Friedrichstraße (Brauhaus); Kohlbauer, Galgengartenstraße (Stadel).
1892: Nadelfabrik Reingruber, Nördl. Ringstraße (Sägspäneboden).
1893: Dienst der Feuerwehr beim Hochwasser am 2. Februar; Brauerei Rohmer zum „Goldenen Stern", Königplatz (Malzdarre).
1895: Brauerei Michael Leithner, Zöllnertorstr. 12 (Brauhaus).
1896: Nadelfabrik Reingruber (Kesselhaus); Simon, Rennmühle (Wohnhaus und Farbmühle); Nadelfabrik Christoph Bauer, Pinzenberg 22 (Nadelfabrik mit Wohnhaus; spätere Wirtschaft „Zur Packnadel").
1897: Bronzefabrik Weigand, Stadtparkstraße 21 (Fabrik); Oekonom Beck Am Siechweiher 2 (Wohnhaus; Blitzschlag).
1898: Brauerei Quinat, Nördl. Ringstraße (Stadel); Gärtner Disterer, Gartenstraße (Wohnhaus; Blitzschlag); Seifenfabrik Ribot, Kappadozia (Stadel).
1899: Brauerei Michael Leithner, Südl. Mauerstr. (Faßhalle); Brauerei Quinat, Hördlertorstraße 9/11 (Brauhaus); Ziegelei Schindler, Nürnberger Straße (Stadel); Forsters Bahnhofrestauration, Bahnhofstraße 43 (Wohnhaus); Mich. Hofmann, Wirtschaft „Zum Walfisch", Neutorstraße 3 (Wohnhaus und Rückgebäude).
1900: Schwandner, Lorbeerstraße beim Hördlertor (Stadel); Eisenhandlung Fischer, Königstr. 15 (Hintergebäude).

c) Die Zeit von 1900—1933.

Die Jahrhundertwende fiel in unserem Schwabach in eine Zeit des Weiteraufstieges und des fortschreitenden Ausbaus zur eigentlichen Industriestadt. „Das Neue drängt mit Macht herein". Nach innen und außen bahnte sich eine Umbildung der Stadtgemeinschaft an. Das Bürgertum wandelte sich mit dem Fortschreiten der modernen Zivilisation, die Arbeiterschaft und frühzeitig auch die schon seit den 60er Jahren in Schwabach nachweisbaren gewerkschaftlichen Arbeiter-Organisationen wurden zu einem mehr und mehr in Erscheinung tretenden wichtigen Faktor im Gesamtleben unserer „Stadt der Arbeit", die schon seit langem eine politische Hochburg der Demokratie und auch mit einem starken „Tropfen sozialen Oels gesalbt" war. Mit dem günstiger sich gestaltenden Lebensstandard änderte sich die Lebenshaltung und auch das früher einfach-schlichte Wesen der Schwabacher; der Lebensstil und die Wohnkultur der einzelnen Bürger und auch die immer mehr ausgebauten öffentlichen Einrichtungen wurden bei den wachsenden Ansprüchen immer gepflegter. Rapider und vielseitiger Fortschritt hielt auf den verschiedensten Gebieten in unserer großstadtnahen Stadt seinen Einzug. Das Verkehrsleben vor allem machte Riesenfortschritte. Neben der Eisenbahn, die dem gesteigerten Verkehr durch frühzeitige Einführung von Vororts- und Nahzügen nach Nürnberg entgegengekommen war, entwickelte sich seit der Jahrhundertwende der Kraftwagenverkehr in kaum geahntem Ausmaße; schon 1913 wurden auch Motorpostlinien ausgestaltet. Lenkbare Luftschiffe und Flugzeuge kreuzten nicht selten auch über unserer Stadt (bereits am Pfingstsonntag 1909 passierte Graf Zeppelin mit seinem Luftschiff „Zeppelin 2" die Stadt Schwabach; das gerade für Schwabach beziehungsvolle Luftschiff „Parseval 3" überflog am 13. Oktober 1909 gleichfalls Schwabachs Gebiet). Filmwesen (Errichtung des Luna-Lichtspielhauses 1912) und das für Schwabachs Industrie so wichtig werdende Grammophon, erst weit später auch seit einem Vierteljahrhundert der aus dem heutigen Leben kaum mehr wegdenkbare Rundfunk traten einen Siegeszug ohnegleichen an.

Das kulturelle und geistige Niveau der Schwabacher Bevölkerung, Bildung und Gesittung hoben sich zusehends. Das Schulwesen, von jeher der Stolz unserer bildungsfreundlichen Stadt, wurde zeitgemäß und den Bedürfnissen unserer Stadt entsprechend ausgestaltet. Dem 1894 aus der alten Lateinschule herauswachsenden Progymnasium wurden seit 1904 die für unsere Industriestadt hochnötigen Realkurse angegliedert, die allmählich zur 6kursigen Realschule und neuerdings sogar zur Oberrealschule ausgebaut wurden. Die Lehrerbildungsanstalt, die immer mehr zur alma mater unserer Stadt wurde, das Volksschul- und Berufsschulwesen (neuerdings 1948 noch durch eine wertvolle Handelsschule ergänzt) wurden auf vorbildliche Höhe gebracht. Die vorwärts gerichtete Entwicklung brachte bis zum Ausbruch des 1. Weltkrieges bereits eine Hochblüte auf den verschiedensten Gebieten der Wirtschaft und Kultur.

Auch das Wachsen und Werden des neuen Stadtbildes entsprach dem wirtschaftlichen und kulturellen Aufschwung der wachsenden Stadtgemeinschaft und wurde gewissermaßen zum äußeren Spiegelbild der damaligen Blütezeit. Mit dem Aufstieg der Wirtschaft dehnte und reckte sich auch das neue Schwabach nach allen Richtungen und erhielt ein verjüngtes Gesicht. Da aber die Entwicklung Schwabachs zur Industriestadt nicht so sprunghaft vor sich ging wie bei anderen typischen eintönigen Fabrikstädten, war auch die städtebauliche Entwicklung hier eine stetiger sich anbahnende und weniger gekünstelte als in anderen unschön und rasch aufschießenden Fabrikstädten. Meist liegen unsere Schwabacher Fabriken und Schlägereiwerkstätten in schönstes Grün und Blumengärten gebettet und bieten so schon äußerlich dem Beschauer ein Musterbeispiel vorbildlicher „Schönheit der Arbeit". Neben den schon früher blühenden Industriezweigen trat auch die Schrauben- und Federnfabrikation in den neugegründeten, bald zu Großbetrieben sich entwikkelnden Schraubenfabriken von O. & H. Jäger (gegr. 1805) und Richard Bergner (gegr. 1911, seit 1919 in der Bahnhofstraße, später durch Neubauten stark erweitert) in den Vordergrund; Schwabach, die „Stadt der Nadeln und des Blattgolds", wurde auch zur weltbekannten „Stadt der Schrauben".

Das Leben unserer Stadt, die kommunalen und sozialen Einrichtungen wurden immer vielgestaltiger; jedes Jahr brachte Neuerungen und Fortschritte und mannigfachen Ausbau; es ist uns daher in dem vorliegenden „Kurzen Gang der Geschichte Schwabachs" aus Raumgründen unmöglich, die wachsende Fülle von Einzelheiten zu verzeichnen, deren Behandlung einem später folgenden Chronikbande mit eingehenden Einzeldarstellungen vorbehalten werden soll; an dieser Stelle beschränken wir uns daher darauf, lediglich einige Stichproben und Stichworte herauszuheben.

Das Bauwesen erlebte eine fast treibhausartige Hochblüte; nicht nur zahlreiche gewerbliche und private schmucke und gediegene Bauten, sondern auch allerdings längst fällige öffentliche, staatliche und städtische sowie sonstige öffentliche Gebäude wurden in stattlichen, teilweise imposanten Größenverhältnissen meist außerhalb des eigentlichen alten Stadtkerns im Grünen neu erbaut. So wurden 1903 das große neue Finanzamtsgebäude an der Bahnhofstraße, 1907 der monumentale Ausbau der Lehrerbildungsanstalt, 1909 das neue Forstamtsgebäude im Gartengrundstück des Bezirksamtes, 1914 die Friedenskirche der Methodistengemeinde (in der Wallenrodstraße) usw. errichtet. Auch die Stadtgemeinde Schwabach selbst machte sich unter dem langjährigen rechtsk. Bürgermeister Hofrat Wilhelm Dümmler in regem Wetteifer mit den staatlichen Behörden um die fortschrittliche Ausgestaltung kommunaler Einrichtungen und durch die Errichtung zeitgemäßer, kostspieliger und für die damalige Zeit vorbildlicher Gebäude, vor allem prächtiger Schulhäuser verdient. So wurden die Stadtwerke ausgestaltet, 1900 das schon erwähnte wappengeschmückte Feuerwehr-Gerätehaus mit Turm erbaut, 1902 bis 1903 der Um- und Ausbau des Rathauses vollzogen, 1904 das architektonisch imposant wirkende Progymnasialgebäude mit Kuppelbau, 1905 das grün umrankte, für jene Zeit großartige Luitpoldschulhaus mit Turnhalle usw. von der Stadt unter großem, opferreichen Kostenaufwand erbaut und dann die zu den neuen Schulhäusern führende Rathausgasse erweitert. Im Jahre 1913 wurde von der Stadt als idyllisches und würdiges Schmuckstück der herrlich gelegene Neue Friedhof nebst Waldfriedhof mit gediegener Aussegnungshalle geschaffen.

Weiterhin wurde 1903 das Bereitschaftshaus der Sanitätskolonne Schwabach, jetzt des Bayerischen Roten Kreuzes errichtet. 1911 die segensreiche Lungenheilstätte (Walderholungsheim) bei Limbach geschaffen. Insbesondere entstanden auch in Schwabach, das mehr und mehr zu einer Hochburg des Turnens und des Sportes wurde, umfangreiche Spiel- und Sportplätze der kräftig sich entwickelnden Sportvereine, so des Sportklubs von 1897, des Turn- und Sportvereins 1904 (früherer Arbeiter-Turnverein) und des Turnvereins von 1848, der im Jahre 1911 auch die geräumige, neuerdings mit schönen Wandmalereien geschmückte Turnhalle an der Jahnstraße erbaute. Neue Fabrikgebäude und Lagerhäuser (so in der Walpersdorfer Straße 1906 das Stephan Meister'sche Lagerhaus, ferner das Ribot'sche Lagerhaus, jetzt Weghorn-Werk) und moderne Privatgebäude wurden namentlich in der Stadtperipherie errichtet, auch große Wohnblocks mehrerer bedeutsamer, gemeinnützig wirkender Wohnbau-Genossenschaften (beispielsweise der 1909 begründeten Baugenossenschaft „Gartenheim", Baubeginn 1911) schossen nach und nach in die Höhe, so daß bis zum Ausbruch des 1. Weltkrieges wieder zahlreiche Straßenzüge neu erstanden und bebaut wurden, so 1903 die Wallenrodstraße, 1905 die Schillerstraße und der Schillerplatz, 1908 die Stirnerstr., Ebersbergerstr., Wolfskeelstr., Schützenstr., Petzoldstr., Lorbeerstr., Scherzerstr., Staedtlerstr., Beckhstr., Limbacher Str., Mühlenstr., Wolfsgrubenstr., Eilgutstr., Maximilianstr., Bergstr., Goethestraße, Leitelshofer Straße und Theresienstr Im Jahre 1911 wurden neu benannt der Luitpoldplatz, die Rohrersmühlstr., Jahnstr., Huttersbühlstr., Forsthofer Str., Friedrich-Linck-Straße, Rupprechtstr., Martellstr., Nadlerstr.; im Jahre 1914 die Gutenberg-Str. und die Friedensstr.; im Jahre 1915 die Eisentrautstr. Vorausgreifend fügen wir hier gleich die Neubenennungen zahlreicher Straßen im Jahre 1926 an, nämlich: Anna-Klein-Straße (vorher 1920 Kleinstr.), Drei-Tor-Weg, Driller-Str., Henselt-Weg, Kern-Str., Kloster-Ebrach-Str., Kreuzwegstr., Nasbacher Weg, Siedlungsstraße, der Wilhelm-Friedrich-Weg, Aeußere Ziegelgasse (die Fortsetzung der Ziegelgasse oder späteren Hindenburg-Str.).

Der bisher in langer Friedensperiode ruhig verlaufende geschichtliche Entwicklungsgang und die stetig aufsteigende Bewegung Schwabachs erfuhr eine jähe Unterbrechung durch den Ausbruch des unglücklich endenden und einen politischen Umschwung bringenden Weltkriegs von 1914—1918, der für unsere Fabrikstadt nicht bloß starke wirtschaftliche Rückschläge im Gefolge hatte, sondern auch der Stadtgemeinschaft empfindliche Blutverluste brachte.

Das von Prof. Philipp Kittlers (eines 1861 geborenen Schwabachers) Meisterhand 1923 geschaffene Weltkriegsdenkmal „Der sterbende Krieger" im unteren Stadtpark weist fast 400 Namen Schwabacher Söhne auf, die ihr Leben hingaben oder vermißt wurden. Auch die harten Nachkriegswehen und die schwere Geldkrise und Geldentwertung oder Inflation, die an die einstige Assignatenentwertung erinnerte, brachte eine starke finanzielle und seelische Schädigung, besonders für den Mittelstand und die Sparer. Schwindelerregende Zahlengebäude, Milliarden und Billionen wurden auf den fast wertlos werdenden Papiergeldscheinen erklettert. 1 Liter zehnprozentiges Einheitsbier kostete beispielsweise im Januar 1923 140 Mark und stieg bis zum Oktober 1923 auf 75 Millionen, im November des gleichen Jahres sogar auf 79 Milliarden Mark! Nach der Einführung der Rentenmark wurden 1924 die Geldverhältnisse zwar wieder stabilisiert, doch setzte um 1929 eine mehrere Jahre anhaltende Wirtschaftskrise und Arbeitslosigkeit ein, die dann einen Nährboden für die rasche Ausbreitung der nationalsozialistischen Bewegung schuf.

Trotzdem wurden auch in der Zeit von 1918 bis 1933 (unter dem seit dem Jahr 1920 wirkenden rechtskundigen 1. Bürgermeister Dr. Georg Betz) manche Fortschritte in der Entwicklung Schwabachs, die in der Landwirtschafts-Ausstellung von 1924 (mit glänzendem historischen Festzug) und in der großartigen Gewerbe-Ausstellung von 1925 im Luitpoldschulhaus zutage trat, sowie auch in der weiteren Ausgestaltung des wachsenden Stadtbilds erzielt, das übrigens auch infolge einiger Eingemeindungen, besonders der Einverleibung von Forsthof und Uigenau 1924 eine beachtliche Vergrößerung erfuhr. 1920 erwarb die Stadtgemeinde von Steinmetz den Gasthof „Zum goldenen Engel" (das Hauptgebäude des einstigen Ebracher Mönchshofes, das 1793 neu hergestellt und dann durch 2 Flügelgebäude erweitert worden war) für die Stadtsparkasse, die dann im Jubiläumsjahre 1936 in das neuzeitlich ausgestaltete prächtige Kassengebäude am verkehrsgünstigen Luitpoldplatz verlegt wurde; das städtische Dienstgebäude in der Ludwigstraße wurde jüngst 1950 durch die Errichtung eines modernen Geschäftshauses noch erweitert.

Von weittragender Bedeutung war die Errichtung des Städtischen Elektrizitätswerkes Schwabach im Jahre 1920; die infolgedessen sich schnell steigernde Verwertung der elektrischen Kraft in hiesigen Fabriken und größeren sowie auch in kleineren gewerblichen Betrieben erwies sich als wertvoller Hebel für die gesamte heimische Wirtschaft und für die Allgemeinheit. 1924 wurde eine bald vielbenutzte Jugendherberge in der Lindenstraße 1 eingerichtet. 1926 wurde das neue Städtische Wasserwerk in der Reichswaisenhausstraße mit automatischem Druckwind-Pumpwerk erbaut (1936 die Erbohrung eines Tiefbrunnens im Schwabach-Wiesengrund und 1949 die eines weiteren hochergiebigen Tiefbrunnens bei Reichenbach durchgeführt). 1929 wurde von der Stadtgemeinde auf dem von ihr erworbenen früheren Fuchs'schen Brauereigrundstück das Städtische Kinderheim errichtet (die Inneneinrichtung schuf der Frauenverein vom Roten Kreuz; die Aufgaben der sozial wertvollen Institution wurden auch durch die Liselotte-Wenglein-Stiftung und durch eine Stiftung des Kommerzienrats Hermann Jung gefördert). 1930 errichtete die Stadt das neue große Aemtergebäude, das im Erdgeschoß auch dem Heimatmuseum des Heimat- und Geschichtsvereins zeitweise eine dankenswerte Stätte bot (neuerdings als Raum für die amerikanische Bücherei und für die Städtische Volksbücherei ausgestaltet). Die hygienisch förderliche Modernisierung und Erweiterung des Schlachthofs erfolgte 1931, auch viele andere kommunale Aufgaben, die an dieser Stelle nicht im einzelnen aufgeführt werden können, wurden trotz erschwerender Wirtschaftskrisen durchgeführt, insbesondere wurde die gesundheitlich wertvolle Schwabachregulierung und die 1934 sich anschließende moderne Kläranlage in die Wege geleitet.

Auch die nach dem 1. Weltkrieg vordringlich gewordene Wohnraumbeschaffung, die Erbauung städtischer Beamtenhäuser, die großzügige Förderung des genossenschaftlichen Siedlungswesens und der Stadtrandsiedlung, die Beschaffung von Schrebergärten, die soziale Fürsorge für die Kriegsopfer und andere Probleme stellten vielseitige neue Aufgaben. Auch die vielfach wahrnehmbare gewerbliche und private Bautätigkeit und ungebrochener Unternehmergeist zeugten von der trotz des verlorenen Krieges allmählich wieder erlangten zähen Widerstandskraft und dem Aufbauwillen unserer schaffensfreudigen Stadtgemeinschaft. Neben den großen und bedeutsamen metallverarbeitenden Großbetrieben traten auch andere Industriezweige in den Vordergrund, so die Nährmittelfabrik von Fritz Weghorn, die in die Walpersdorfer Straße verlegt wurde, die aus dem Handwerk hervorgegangene Turngeräte- und Fahrzeugfabrik von Georg Stöhr in der Nördlichen Ringstraße, die Bronzefarbenfabrikation, die Trauringfabriken und die Konservenfabrik von Hennecke, die in der Wiesenstraße zunehmende Ausdehnung und Bedeutung erlangte, während die lange den Lebensnerv unserer heimischen Wirtschaft bildende Blattgoldfabrikation einer Krise entgegenging, die dann im 2. Weltkrieg einen lähmenden Charakter annahm.

1929 wurde das Meyer'sche Parkhotel in der Bahnhofstraße errichtet. Großbrände in jener Zeit, wie z. B. der Tauber- und Bayerlein'schen großen Ringofenziegelei 1929, und Explosionen, die an anderer Stelle besprochen werden sollen, brachten manche Störungen des Wirtschaftslebens mit sich.

Beachtenswert sind die mannigfachen gemeinnützigen Einrichtungen, die auch in dieser Zeitperiode von Einzelpersönlichkeiten und Vereinen sowie Organisationen geschaffen wurden, beispielsweise auf dem fördernswerten Gebiete des Natur- und Vogelschutzes, der bereits seit den 90er Jahren in Schwabach eine bleibende Stätte gefunden hatte. Nachdem schon 1912 der von Frau Kommerzienrat Hähnle geleitete Bund für Vogelschutz in Stuttgart auf Anregung des Schwabacher Vogelschutzpioniers Heinrich Brechenmacher ein Vogelschutzgehölze bei der Wolfsgrubengasse in Schwabach erworben und ausgestaltet hatte, schuf im Jahre 1928 Kommerzienrat Carl Wenglein die später in städtischen Besitz übergegangene prächtige und höchst lehrreiche Vogelschutzanlage in der Walpersdorfer Straße, ferner ein reichhaltiges Naturmuseum mit großer Vogeleier- und Nestersammlung. Der von ihm 1931 begründete Weltbund für Natur- und Vogelfreunde verschaffte vollends unserer schon früher bestbekannten „Stadt des Vogelschutzes" weit hinaus über unsere Grenzen Geltung und anerkannten Ruf. Im Jahre 1930 wurde das idyllische Kneippbad beim lieblichen Schwabach-Wiesengrund geschaffen. So bot Schwabach im Jahre 1933 im allgemeinen ein günstiges Bild nach innen und außen. Die Bevölkerungszunahme, die infolge des Weltkriegs zeitweise unterbrochen worden war und sogar einen Rückgang, besonders der männlichen Einwohner aufzuweisen hatte — 1910: 11 195 Einwohner, darunter 5468 Männer; 1919: bloß 11 033 Einwohner, darunter 5187 Männer —, hatte bald wieder eine aufsteigende Bewegung zu verzeichnen: 1922: 11 332 Einwohner; 1925: 11 782; 1928: 12 000; 1930: etwa 12 350; 1936: über 13 000; 1939: 14 063; 1946: 17 842 Einwohner.

Vieles war in der bayerischen Zeit bis zum Jahre 1933 neu geworden; nach außen hin paßten sich die vielen neuerstandenen großen Fabrikbetriebe und ihre Gebäude und überhaupt das organisch gewachsene Neu-Schwabach charaktervoll und harmonisch dem inneren Stadtbilde an; es fügte sich auch glücklich dem Gesamtbild der Landschaft an, so daß das Schwabach des 20. Jahrhunderts den anderen fränkischen Städten ebenbürtig an Stadtschönheit sich an die Seite stellen konnte. Auch die innere Entwicklung Schwabachs war in diesem Zeitraum zumal seit der Gewährung der Verfassung und der Bildung des Magistrates 1818 stetig — mit kurzen Unterbrechungen — fortgeschritten und wurde mannigfach gefördert durch tüchtige und weitblickende Bürgermeister; besonders von denen mit längerer Amtsperiode, so den rechtsk. Bürgermeistern Karl Martini, Karl Strobel, Karl Pohl, Wilhelm Dümmler und Dr. Georg Betz; mit großer Sachkunde stand der Stadtvertretung (dem Magistrat und dem Kollegium der Gemeindebevollmächtigten bzw. seit 17. Juni 1919 dem Stadtrat) eine gut eingearbeitete Stadtverwaltung zur Seite; wir erinnern lediglich an die langjährig tätigen, verstorbenen Stadtschreiber Wolfgang Petzoldt und Konrad Krauß sowie den Stadtkämmerer und späteren 2. Bürgermeister Wilhelm Albrecht. Wegen ihrer Verdienste um die Stadt Schwabach wurden zu Ehrenbürgern ernannt der langjährige Dekan und Distriktsschulinspektor Kirchenrat Friedrich Böckh, ferner Dekan und Stadtschulreferent D. Max Herold, Kommerzienrat und Gemeindekollegiumsvorstand Fritz Ribot und die langjährigen Mitglieder der Stadtvertretung Fabrikant Paul Goppelt und neuerdings Oberlehrer Johann Appler. Mit der goldenen Bürgermedaille wurden ausgezeichnet die lange Jahre in der Stadtvertretung tätig gewesenen Justizrat Joseph Fensterer und Geschäftsführer Michael Hierl. Ihre Lebensbilder sowie die der zahlreichen **gemeinnützigen Stifter**, die sich den bleibenden Dank unserer Stadtgemeinschaft verdient haben, werde ich an anderer Stelle später ausführlicher darstellen.

d) Die jüngste Zeit — Ausklang.

Einen folgenschweren Einschnitt nicht nur in die Geschichte der Völker, sondern auch in unserer Stadtgeschichte brachte das schicksalhafte Jahr 1933 mit seinen Umwälzungen und Umgestaltungen, die der jetzigen Generation in frischer und für viele auch tragischer Erinnerung stehen. Die nationalsozialistische Zeit von 1933 bis 1945, die auch den verhängnisvollen 2. Weltkrieg (1939—1945) mit seinen weltpolitischen Auswirkungen umfaßt, der von neuem die friedliche Aufwärtsentwicklung auch unserer Stadt Schwabach jäh unterbrach, kann infolge der eine objektive Beurteilung erschwerenden Zeitnähe und infolge der in raschem, kaleidoskopartigem Wechsel sich vollziehenden, zurzeit kaum überschaubaren Geschehnisse und der mannigfaltigen Ueberfülle der Ereignisse in dem vorliegenden, nunmehr zum Abschluß gelangenden, kurz zusammengefaßten Geschichtsüberblick nicht näher dargestellt werden.

Lediglich einige Neugestaltungen in der städtebaulichen Entwicklung seien wenigstens kurz angedeutet: 1936 Ausbau des neuen Stadtkassengebäudes am verkehrsreichen Luitpoldplatz; 1938 Erbauung des neuzeitlich eingerichteten, in herrlicher Höhenlage gelegenen Stadtkrankenhauses und Errichtung des für unsere wachsende „Stadt der Arbeit" hygienisch wertvollen Parkbades am Rand unseres prächtigen Stadtparks; 1941 Erbauung des markanten Gebäudes der Reichsbank (jetzigen bayerischen Landeszentralbank) am Eck des Schillerplatzes und der Südl. Ringstraße sowie Errichtung des 23 Meter hohen Aussichtsturmes (Altmann-Turms) auf dem Heidenberg; 1942 Erbauung der umfangreichen Wohnblockgebäude beim früheren Zollhäuschen in der Wittelsbacherstraße 11, 13, 15 und 17 usw. Die Wiedererhebung Schwabachs zur Garnisonstadt hatte auch umfassende Planungen und die Anlegung ausgedehnter Truppenübungsplätze und mannigfacher Heereseinrichtungen, Wohngebäude (u. a. auch des sog. „Blauen Hauses" in der Staedtlerstraße 1935), ferner einer Heeresverpflegungsanlage und dergleichen zur Folge. Insbesondere erhielt das Stadtbild im hochgelegenen Nordteil Schwabachs eine völlige bauliche Neugestaltung durch die Errichtung monumentaler Kasernen und Militärgebäude 1935, die aber nur ein Jahrzehnt der von den Erbauern geplanten Zweckbestimmung dienten und bereits 1945 von den einrückenden amerikanischen Besatzungstruppen belegt wurden und vielleicht in späterer Friedenszeit friedlichen Zwecken dienen werden.

Wesentliche und noch jetzt in die Augen fallende Umgestaltungen erfuhr das städtebauliche Gesicht Schwabachs während des zweiten Weltkrieges durch englische Luftangriffe, insbesondere durch den schweren Luftangriff in der Nacht vom 12. zum 13. Oktober 1941; durch Sprengbomben wurden 21 Gebäude Schwabachs vollständig zerstört, 20 schwer beschädigt, so daß 41 Häuser eingerissen werden mußten; in 86 Häuser fielen Brandbomben, worauf sie zu brennen begannen; 33 Gebäude brannten dabei zum Teil oder vollständig nieder, während es in 53 Fällen gelang, die brennenden Brandbomben oder Entstehungsbrände erfolgreich zu bekämpfen. Somit verlor die Stadt Schwabach in jener Unglücksnacht insgesamt nicht weniger als 74 Gebäude, mehr als 500 Einwohner waren obdachlos geworden, 9 Zivilpersonen erlitten den Tod; es gab ferner 95 meist durch Phosphorverbrennungen und dergl. leicht Verletzte. So bitter die Verluste auch für zahlreiche Hausbesitzer und die sonstige betroffene Bevölkerung waren, so kam doch unser Schwabach im großen und ganzen verhältnismäßig weniger beschädigt davon im Vergleich zu schwerer beschädigten Städten wie Nürnberg usw.

Es war insbesondere eine günstige Fügung des waltenden Schicksals, daß die Stadt Schwabach beim Anrücken der amerikanischen Truppen im April 1945 rechtzeitig gerade noch im letzten Augenblick sich entschloß, einen völlig aussichtslos gewordenen Widerstand zu unterlassen und die Panzersperren zu beseitigen, so daß eine sonst unausbleibliche Schädigung oder gar teilweise Vernichtung unserer Stadt abgewendet werden konnte. Nach der bedingungslosen Kapitulation der offenen Stadt Schwabach, aus der die deutschen Truppen noch zur rechten Zeit abgezogen waren, rückten am 19. April 1945 die amerikanischen Panzer in die Stadt, die weiß geflaggt hatte, ein. Ein neues Kapitel in unserer Stadtgeschichte nahm seinen Anfang.

Der überaus schwere Blutverlust, den unsere Schwabacher Bevölkerung mit zahlreichen Toten und Kriegsversehrten durch den lange dauernden, verhängnisvollen zweiten Weltkrieg erlitt, ist uns in schmerzlicher Erinnerung; es vergingen auch bange Jahre für die betroffenen Heimkehrerfamilien, bis endlich die zahlreichen Gefangenen in ihre liebe Heimatstadt Schwabach heimkehrten, herzlich bewillkommnet nicht nur von ihren Angehörigen, sondern auch von der Stadtgemeinschaft, von der das Wort galt: „Als unsere Kinder auszogen, glaubten wir sie verloren; als sie wiederkamen, wurden sie uns zum zweiten Male geschenkt!"

Wenn auch der schon frühzeitig einsetzende Wiederaufbau die Wunden im durchfurchten Gesicht unserer schönen alten Stadt nach außen hin mehr und mehr vernarben ließ, so machten sich doch die bitteren Folgen des verlorenen verhängnisvollen 2. Weltkrieges naturgemäß auch in unserer Stadt Schwabach in mannigfachster Weise auf den verschiedensten Gebieten geltend. Schwabach hat trotz der vielen Toten und sonstigen Opfer des Krieges infolge der Aufnahme vieler Ausgebombter aus den hart betroffenen benachbarten Großstädten Nürnberg und Fürth, ferner zahlreicher Evakuierter und gastlich aufgenommener, aus ihrer Heimat ausgesiedelter deutschsprechender Flüchtlinge, besonders aus dem Norden und Osten, einen starken Zuwachs der sprunghaft auf etwa 20 000 Einwohner anwachsenden Bevölkerung erhalten, der eine umfangreiche Wohnungsbeschlagnahme und eine starke Wohnraumnot und die Errichtung zahlreicher Baracken, Flüchtlingslager, Behelfsheime, Wohnhäuser usw. zur Folge hatte und die Stadtgemeinde vor vielseitige und schwere neue Aufgaben stellte, die aber nach tunlichster Ueberwindung unausbleiblicher Schwierigkeiten und Uebergangserscheinungen doch verhältnismäßig zufriedenstellend gemeistert wurden. Alt- und Neubürger sind mehr und mehr zu einer Einheit zusammengewachsen, was gerade in unserer Stadt, die ja schon vor Jahrhunderten eine gastliche Zufluchtsstätte für viele mit der Zeit sich gut einbürgernde und in der neuen Heimat sich heimisch fühlende heimatvertriebene Exulanten und Emigranten aus Ost und West geworden war, auf guter geschichtlicher Tradition beruht. Die Eingliederung der sehr zahlreichen Neubürger und der Verschmelzungsprozeß, der infolge der starken, an die Zeiten der Völkerwanderung erinnernden Umvolkung großer Volksteile sich ergab, vollzieht sich in unserer Stadt mit wachsendem gegenseitigem Verstehen.

Auch die Beschaffung von Arbeitsmöglichkeiten und Bereitstellung geeigneter Arbeitsräume geschieht in stetiger, durch die gemeindlichen Finanznöte infolge der Währungsreform natürlich sehr erschwerter Wiederaufbauarbeit. Für die Stadtvertretung und die Stadtgemeinschaft ergab sich eine Ueberfülle oft schwer zu lösender gemeindlicher Probleme. Die Zusammenarbeit mit den amerikan. Besatzungsbehörden und der Militärregierung, die Umstellung der Kriegswirtschaft auf mehr friedensmäßige freie Wirtschaft, die Lockerung der Zwangswirtschaft (mit dem lästig empfundenen Markensystem) und sukzessive Ueberwindung der drückenden Ernährungsschwierigkeiten, die Fürsorge für die stark angewachsene Masse der Hilfsbedürftigen, die Minderung der starken Arbeitslosigkeit, die Behebung sozialer Mißstände, die großzügige Planung des wirtschaftlichen Wiederaufbaus und des Neubaus von Wohnhäusern, die Förderung der zahlreichen Siedlungsgenossenschaften, die Besserung der Verkehrsverhältnisse, die Hebung der infolge der zersetzenden Wirkungen des

Krieges stark gesunkenen Volksmoral, die Förderung der kulturellen Belange, die demokratische Umerziehung des Volkes und besonders der Jugend, die sog. Entnazifizierung, die Behebung der Schulraumnot, die Förderung der Weiterbildung auch der Erwachsenen durch die ins Leben gerufene, gerade für unsere „Stadt der Arbeit“ wertvolle Volkshochschule und die sonstigen vielgestaltigen Probleme auf den verschiedensten Gebieten des wirtschaftlichen. sozialen und kulturellen Lebens stellten immer wieder von neuem schwer zu bewältigende Aufgaben an unsere Stadtvertretung und an die verantwortungsbewußten Kreise unserer Heimatstadt.

Soweit wir mitten im Strome des Geschehens stehenden Zeitgenossen es zu beurteilen imstande sind, sind neuerdings trotz riesenhaft sich auftürmender Schwierigkeiten doch in verhältnismäßig kurzer Zeitspanne beachtenswerte Ansätze eines Wiederaufstieges und eine stufenweise Erleichterung. wenn auch noch nicht die völlige Behebung der unausbleiblichen Nachwirkungen des verhängnisvollen Zusammenbruchs und ein stetiger, planvoller Wiederaufbau nicht zu verkennen. Man darf nicht übersehen, daß die enge Verflechtung der Stadtschicksale in das Volksgeschehen, ja in das ganze Weltgeschehen in unserer heutigen unruhvollen Zeit naturgemäß das Wirken unserer engeren Stadtgemeinschaft stark abhängig macht von höheren Einflüssen und Gewalten.

Doch möchte ich der Hoffnung Ausdruck geben, daß nach den schweren Schicksalsfügungen der jüngsten Zeitperiode ein neuer, schönerer Abschnitt in der wie Ebbe und Flut wechselnden Geschichte Schwabachs anheben möge. Möge ein hellerer Stern und ein günstigeres Walten des Schicksals über der Zukunft unserer tausendjährigen, auch in schwersten Stürmen ungebrochenen und wieder so lebenskräftig vom Strom neuen Geschehens durchpulsten Stadtgemeinschaft leuchten, der schon eine altehrwürdige, in das einstige Hördlertor nach dessen Erneuerung eingefügte Pergamentinschrift den lapidaren Wunsch widmete, der auch das nunmehr vorliegende Ende des kurzgefaßten ersten Stadtchronikbandes krönen möge:

„Gott wolle fernerhin
die liebe Stadt bewahren!“

Anhang: Zweimal Schwabach 1951 von A(ich) bis Z(öllnertorplatz) – ausgewählte Stationen, Daten und Zahlen

I. Ein Gang durch Alt-Schwabach

Georg Baumann, 1. 4. 1951 (Gekürzte Fassung)

1. Zöllnertor
2. Stadtmauer
3. Reformierte Kirche
4. Spital
5. Spitalkirche
6. „Gasthaus zum Lamm“
7. Fürstenherberge
8. Alte Maut
9. Oberamtshaus
10. Rathausgasse
11. Schöner Brunnen
12. Pferdebrunnen
13. Gasthaus „Zum goldenen Stern“
14. Königsplatz
15. Häuser am Marktplatz
16. Alt-Schwabacher Marktleben
17. Der ehemalige Kirchhof
18. Das Rathaus
19. Evangelische Stadtkirche
20. Mönchshof
21. Fleischbrücke
22. Die „Farb“
23. Kreuz
24. Friedrichstraße
25. „Auf der Aich“
26. Mittelmühle
27. Münze
28. Kastenamtlicher Getreidespeicher
29. Stadtmauer
30. Hördlertor

1. Zöllnertor

... Erbaut um 1389, schon erwähnt 1394, wegen Baufälligkeit neu erbaut 1726, seit 1726 Schlaguhr auf dem Turm (diese jetzt auf dem Turm der Reformierten Kirche). Davor Bastei mit Vortor und Zugbrücke, Bastei 1821/22 entfernt. Die beiden **Löwen** am Stadtparkeingang (Bahnhofstraße) standen einst vor diesem Tor. Es erbrachte den höchsten Zoll von den 4 Schwabacher Stadttoren. Diese bis 1809 noch zur Nachtzeit versperrt. Acht Torsperrer, vom Stadtrat gewählt, überwachten die Schließung, Sperrgeld für Verspätete (Ausdrücke: „Tursperr“, „Sperrsechser“). Seit 1819 Brücken- und Pflasterzoll, sowie Abwurfscheit (von jedem Holzfuhrwerk), letzteres 1834 aufgehoben.

Markgraf Georg d. Fromme wollte am Zöllnertor einen **„Luginsland“** oder ein Schloß erbauen, wir werden nun beim Weitergehen an jenem grünen Haus den **Grundstein** finden (Zöllnertorstraße 9). Wir lesen (beachte die Orthographie damals!):

„Den ersten stain hat herzog augustus
von sachsen und marggraf Jörg zu Brandenburg.
Ist gelegt am 15. taag mairy
und haist der Tag in läntz anno 1543“.

Infolge des Todes des Markgrafen unterblieb der Bau. ...

2. Stadtmauer

... Die nördliche Hauswand des grünen Hauses bildet einen Teil der Stadtmauer, alte Wachstube mit Treppe zur Stadtmauer (1941 beim Fliegerangriff abgebrannt). In der Südlichen Mauerstraße erkennen wir in 100 m Entfernung einen alten **Stadtmauerturm**. Der Stadtplan von 1739 weist außer den 4 großen Tortürmen und den Ein- und Ausflußtürmen noch 12 solche eckige Türme auf, zusammen 20. Stadtmauerbau begann 1365. Da Schwabach im Städtekrieg 1388 schon eine Mauer hatte, wurde es verschont, während andere Orte und Burgen (Kornburg z. B.) zerstört wurden. In den folgenden Jahren Verbesserungen an der Stadtbefestigung. Die unbebaute Wöhrwiese, Mönchswiese und das Boxlohe lagen innerhalb der Mauern. (**Stadt** Schwabach 1375 erwähnt, also 100 Jahre lang wahrscheinlich kleinere Mauer). **Tore:** Zöllnertor – Mönchstor (Ludwigstraße) – Nürnberger Tor (Nürnberger Straße) – Hördlertor (Hördlertorstraße). Befestigte Mauerbogen am Ein- und Ausfluß der Schwabach, aufziehbare starke Eisengatter. **Wehrgang** um die ganze Stadt, ziegelüberdacht (noch erhalten bei der alten Turnhalle an der Wöhrwiese. Graben seit 1744 eingefüllt. Höhe der Mauer: 6 – 8 m, Stärke 0,5 – 1,5 m. Abbruch der Tore: Zöllner- und Hördlertor 1874, Mönchstor 1877, Nürnberger Tor 1893, um „Licht u. Luft in die Stadt zu lassen“. ...

3. Reformierte Kirche

. . . 1686 Grundsteinlegung – Steine aus der Burgruine Kammerstein – 1687 Weihe – über dem Eingang markgräfliches Wappen – jetziger Turm erst 1725 erbaut – Turmuhr 1874 von abgebrochenem Zöllnertor – 1892 starb der letzte Presbyter aus der französischen Gemeinde, namens Poujol.

Kirche schlichter **Rechteckbau,** ohne Chor, früher auch ohne Orgel (Vorsängerstuhl!), erst ab 1886 solche – schöne Kanzel, **kein Altar** (nur Tisch) – **Tonnengewölbe,** – an der Nord- und Südwand neben der Orgelempore **2 Tafeln** mit Vaterunser, Glaubensbekenntnis und Zehn Geboten in französischer Sprache aus Goldfäden (Tapetenwirkerei) – **Fahne** der französischen Kolonie in Schwabach, 1729 vom Markgrafen verliehen: 1. Seite = Markgr. Wappen, Name, Jahreszahl; 2. Seite = am Markgrafenthron schutzsuchende Gestalt mit der Inschrift „Solange mich Gallien festhielt, gab es keine Freiheitshoffnungen und keine Fürsorge für Hab und Gut" in lateinischer Sprache.

Westlich der Kirche steht das **„Haus der Kirche"** (Boxlohe 9 und 11), ehemals „Franzosenspital", Koloniebäckerei, Armenhaus, Pfarrhaus und Schule. Die Kolonieschule wurde noch 1812 von 13 lutherischen, 4 katholischen und 8 reformierten Kindern besucht, bekannt wegen ihres guten Unterrichts in der französischen Sprache.

Zahl der eingewanderten französischen Flüchtlinge betrug etwa 500; von den 3000 Einwohnern Schwabachs gegen Ende des 17. Jahrhunderts **1 000 Flüchtlinge!**

Eine Nachwirkung der Einwanderung der Reformierten war auch die häufigere Verwendung des Sandsteins und der Mansarde beim Bau der Häuser: Boxlohe, Königsplatz, Friedrichstraße (meist quadratischer Grundriß, um ein Stockwerk höherer Mittelteil, Lisenen = senkrechte Streifen, durchbrochene Dächer, Mansarden). . . .

4. Spital

Am Fuße des Spitalbergs – gegründet 1375 durch den Nürnberger Bürger Hermann **Glockengießer** und seine Frau Elisabeth – Weihe des Spitals und seiner Kirche 1404 (Das „Rote Buch" oder das „Gültbuch" des Spitals aus dem Jahr 1404 ist im Stadtarchiv noch vorhanden) – Förderung durch viele Stiftungen, Vermögen der Hospitalstiftung 1900: 439000 M., Jahreseinnahmen: 20000 M., Ausgaben: 17000 M. – schon 1529: Einnahmen 744 Gulden, Ausgaben 707 Gulden –.

Es bestand eine **Herrenpfründe** für alte, gebrechliche Vornehme, eine **Armenstube** für Stadtarme, eine **Gaststube für Bettler** (8 Betten) – mit dem Spital verbunden war ein eigenes **Siechenhaus** für die Kranken (hier starb Adam Kraft 1507), später gehörte das **„Lazarett"** an der Penzendorfer Straße (Haus-Nr. 17) und der **Siechkobel** am Siechweiher an der Nördlinger Straße dazu. 1529 bei 2500 Einwohnern 29 Personen in der Herrenpfründe. 9 in der Armenstube.

Im 18. Jahrhundert gehörten noch zum Spital: das Spitalgebäude, 2 Hofreiten, Scheune, Nebengebäude, Spitalkirche; in 33 Ortschaften **Bauernhöfe** (damals gehörten ja den meisten Bauern ihre Höfe noch nicht), die Rohrersmühle, 429 Morgen Äcker, Wiesen, Weiher, Gärten und 360 Morgen Wald, sowie viele Hypotheken. (Den großen Spitalwald im Penzendorfer Wald schenkte ein Penzendorfer kinderloser Bauer dem Spital gegen die Verpflichtung, ihn bei Siechtum zu pflegen.) . . .

5. Spitalkirche

. . . Noch sehen wir, wie sie mit dem Hauptgebäude des Spitals verbunden war (2 Bogen in der Mauer). Damals stand noch eine andere Kirche, deren Boden tiefer lag: 1404 errichtet, zu Ehren des hl. Antonius und der hl. Elisabeth (die Stifterin hieß auch Elisabeth) geweiht – **gotisch** – 1755/56 Abbruch – Ersatz durch einen **Saalbau,** Chor der alten Kirche blieb stehen – der heutige Turm und die Sakristei stammen aus dem Jahre 1885 – 2 Glocken (um 1500 und 1732). Wir sehen die Chorwand von außen an: Spuren der Wirkungen einer Sprengbombe, die neben der Ufermauer niederging, – **Flutmarke** und Inschrift (Ostseite):

„Die Höhe der großen Wasserfluth dahier
in Schwabach.
Montags den 29. Septembris
am Tage Michaelis Anno 1732".

. . . Der Schwabacher Marktplatz zeigt ein einzigartig geschlossenes Marktbild, wie wir es selten finden.

6. „Gasthaus zum Lamm"

. . . Erinnerungstafel, daß hier 1797 Wolfgang von **Goethe** übernachtet hat. Es ist ein altes Wirtshaus, der Hof zeigt alte Stallungen und „Galerie“, die untersten Querbalken des Fachwerks eine langatmige **Inschrift.** Wir lesen den Anfang:

„Anno 1566 Hab ich Hans Vlpe durch gottes
Hilff miet Elena Horscholmi von Georgs-
gemvnd mein liebe Hausfrawen gott Sei es
Loeb erpavt dise vnsere BeHAVSv̄g.“

Daneben ein kleineres Giebelhaus (Flaschnerei Röder), ehemals ein Wirtshaus mit dem drolligen Namen **„Zur Käferschachtel“.**

In der Mitte der Südfront des Platzes die

7. Fürstenherberge.

Früher **Posthalterei:** erster kaiserlicher Posthalter war Joh. Phil. Heidungsfelder, seit 1695 in der „Fürstenherberge“, vertauscht diese mit dem Gasthaus „Schwarzer Adler“ (Hördlertorstraße 2) und zieht mit der Post dorthin. Georg Lederer kauft die baufällige Fürstenherberge und errichtet 1728 den heute noch stehenden Bau, in den dann auch die kaiserliche Post wieder kam. Beachte die Buchstaben G. L. im Oberlichtgitter, **Balkon auf 4 Säulen!** Oben im Giebel eine goldene Gans. „Zur goldenen Gans“ hieß nämlich dieses Gasthaus, das schon vorher bestand und 1488 von Heinrich Linck errichtet worden war. Weil öfter **Fürsten** hier wohnten – bzw. wohnen mußten – tauften die Schwabacher das Haus Fürstenherberge. Wir lesen die Inschrift: „. . . Hier weilte als Gefangener im Juli 1547 Kurfürst Johann Friedrich von Sachsen (im Schmalkaldischen Krieg! Gefangener des Kaisers Karl V.) und als Besucher u. a. Markgraf Albrecht von Ansbach am 13. Juni 1639“.

Im 2. Stock die Herrschaftswohnungen, Mittelzimmer mit Balkon, mehr ein Saal, mit Stuckdecken, im 1. Stock kleine Fenster (Wohnung des Dienstpersonals), im Erdgeschoß Gaststube und Wohnung des Wirtes und Poststube. Ganz oben Saal für die Öffentlichlichkeit (Tanzboden).

Wir gehen in den Hof: **Pferdestallungen** und **Wagenremisen,** darüber die Wohnung der Pferdeknechte, der Postillions und des sonstigen Personals. Jede „Post“ hatte damals einen großen Pferdebestand, damit die Pferde gewechselt werden konnten (Wassermungenau – Schwabach – Nürnberg). Aufhebung der Pferdepost (auch für Reisende!) 1849 nach Errichtung der Eisenbahnlinie (Nord-Süd), damals 30 Pferde als Bestand.

Auf der gleichen Seite des Marktplatzes die

8. alte Maut.

(Lagerhaus): Konfektionsgeschäft Boecklein, Königsplatz 23. Vorher Wohnung des **Stadtrichters,** der über Leben und Tod entscheiden konnte, erbaut 1532. – Hier, auf dem Rathaus oder auf dem Marktplatz fanden die „hochnotpeinlichen Sitzungen“ statt, Hinrichtungen aber auf dem „Rabenstein“ oder am „Hochgericht“.

9. Oberamtshaus

. . . – Königsplatz 21 – seit 1468 Sitz des **Amtmannes** der Ansbacher Markgrafen (einer hieß v. Seckendorf, einer v. Berlichingen, einer v. Wallenrod) bis 1779, im Hof schöne Holzgalerien mit Balustergeländer (wie Flaschen) – seit 1781 Privatbesitz (Familie Hüttlinger heute) – 1660 von Grund auf neu aufgeführt (das besagt die Gedenktafel am Nordosteck) – rückwärts angebaut **Hüttlinger'sche Drahtfabrik,** 1775 als **„Leonische Drahtfabrik“** gegründet (vergoldeter Draht, wie man ihn in **Lyon** in Frankreich herstellte, brauchten die Tapetenwirker; kein echtes Gold verwendet, sondern Kupfer). Die Firma Hüttlinger führte als **erste** die **Dampfmaschine in Schwabach** ein (1859). . . .

10. Rathausgasse

Früher nur ein kaum 2 m breites Gäßchen. Haus-Nr. 1 und 3 war die **erste Münze** in Schwabach (1470 – 1733), heute Möbelgeschäft Höllfritsch – vorne wohnte der **Münzmeister Rosenberger** (Elektrogeschäft Memmert heute). Seit 1572 war das Schlagen von Münzen im Fränk. Reichskreis folgendermaßen geregelt:

für die Reichsstädte in Nürnberg,
für die Grafen in Wertheim,
für die geistlichen Fürsten in Würzburg,
für die weltlichen Fürsten in Schwabach.

Später (1733) wurde die Münze in den Westteil der Stadt verlegt. . . .

11. Schöner Brunnen

mit seinem figurengeschmückten Obelisk (Spitzpfeiler)! 1715 läßt Markgraf Wilhelm Friedrich 2 Quellen in **Oberreichenbach** (4 km entfernt) fassen und das Wasser in Holzrohren nach Schwabach leiten (1869 durch eiserne ersetzt, Gefälle 49 m). 1716 Bau des Brunnens, in 24 Stunden 7000 Eimer Wasser liefernd, jetziger Brunnen nur Kopie vom Jahre 1878/79 bis auf die aus dem Original übernommenen Bleigüsse (ganz oben markgräflicher Adler, Porträtsreliefs des Markgrafen und seiner Gemahlin, sowie ihres Sohnes, markgräfliches Allianzwappen, ovale Inschriftentafel) – oben Delphine, Mitte Nymphen (Wasserjungfrauen), unten Tritone (Meeresgötter). ...

12. Pferdebrunnen

Errichtet 1823 als Pferdetränke (damals noch sehr starker Pferdefuhrverkehr, noch keine Eisenbahn, Schwabach war Straßenknotenpunkt und ist es heute noch, daher die rasche Entwicklung).

13. Gasthaus „Zum goldenen Stern"

(Nordwestecke des Marktplatzes.) Königsplatz 12 – einst vom Rat der Stadt als Gasthaus erbaut, 1716 vom Markgrafen als Absteigequartier benützt – **Gedenktafel** heißt:

> „In diesem Haus wurden am 16. Oktober 1529
> gelegentlich des Schwabacher Konvents
> die Schwabacher Artikel beraten, eine
> der Grundlagen der Augsburger Konfession".

14. Königsplatz 8

(Kolonialwarengeschäft Müller) – an dieser Stelle stand einst (bis 1846) das **erste** Rathaus der Stadt, der höchste Fachwerkbau des Ortes, erbaut 1507/09. Es fiel der **Brandkatastrophe** vom 2. 9. 1846 zum Opfer. ...

15. Häuser am Marktplatz

Wir können 3 Typen unterscheiden:

Etwa 1500 – 1600 **Typ I:**
Erdgeschoß gemauert, Dach fällt gegen die Straße zu ab; Königsplatz 6.

Etwa 1600 – 1700 **Typ II:**
Untergeschoße gemauert, Giebel schaut auf die Straße, Giebel Fachwerk; Königsplatz 21, 23, 25, 31, 33.

Etwa 1700 – 1800 **Typ III:**
Franzosenstil; Erdgeschoße massiv, übrige Geschoße aus Großbacksteinen oder Fachwerk, oft verputzt; Lisenengliederung, Walmdach (4 Dachflächen) meist Mansardenform, Zwerghäuser, vorspringender oder betonter Mittelgiebel, Erker; meist quadratischer Grundriß; Königsplatz 29, 14, 4. ...

16. Alt-Schwabacher Marktleben

Ab 1530 acht **Jahr-Märkte.** Seit 1723: Montage nach Lichtmeß (2. II.), nach Lätare (3 Wochen vor Ostern), nach dem 1. Mai, nach Johanni (24. VI.), nach Bartholomäi (24. VIII.), nach Matthäi (21. IX.), nach Simon und Judä (28. X.), 8 Tage vor Weihnachten (18. XII.). Seit 1771 noch jeden Dienstag und Freitag **Schrannenmarkt** (Umsatz jährlich etwa 38000 Ztr. Getreide, 400 Ztr. Hopfen, 12000 Ztr. Tabak im Jahre 1854). Versuch der Einführung der Woll- und Weinmärkte 1622 gescheitert an der Konkurrenz Nürnbergs (früher Weinbau am „Weinstöckchen", Weinschankrecht für jeden Hausbesitzer) – dazu 2 **Wochenmärkte** (Mittwoch und Samstag) für Gemüse, Obst, Eier, Geflügel usw. und Erzeugnisse der Schwabacher Weber, Strumpfwirker, Kammacher, Nadler. Drüben am nördlichsten **Arkadenpfeiler** des Rathauses werden wir gleich die **Grundmaße** sehen: eine **Elle** = 0,415 m mit Halbe, Viertel und Achtel, ein **Fuß** = 0,291 m mit 12 Zoll und 24 Halbzoll; die Schlosser messen heute noch nach Zoll. Wenn es aber einmal regnete, flüchtete man sich mit dem ganzen Verkaufskram unter die „Schwibbögen".

17. Der ehemalige Kirchhof

Wir nehmen am „Schönen Brunnen" dem Konfektionsgeschäft Boecklein gegenüber Aufstellung mit dem Blick zum **unteren Marktplatz,** wo die Bäume stehen. Der untere Marktplatz war einst St. Lazarus-Kirchhof (1849 eingeebnet; wenn alljährlich Kirchweihbuden und Masten aufgestellt werden, kommen manchmal noch Menschenknochen heraus) – jetzige Baumreihe zeigt etwa den Verlauf der damaligen Friedhofmauer. An derselben standen (beim Baum ganz rechts) die **Marienkapelle,** in welche

1585 die **Lateinschule** eingebaut wurde (1838 abgerissen). – Links davon stand ein Metzgerhaus. Hinter der Marienkapelle hätten wir sehen können: die **„Teutsche Schule“** und dann die **Linck'sche Kapelle** (erbaut 1500). Seit 1528 Kirchhof nicht mehr benützt, Friedhof auf dem Ostanger angelegt (Penzendorfer Str.); Schwabach war eben größer geworden. Königsplatz 11 (2. Pfarrhaus) war Reichslehen der Kühedorfer.

18. Das Rathaus

. . . 1528/29 **jetziges Rathaus** durch Gemeinde im Hand- und Spanndienst erbaut. Nördlicher Anbau zunächst noch nicht, später an dieser Stelle die **„Fronveste“,** welche im Revolutionsjahr 1848 gestürmt wurde, um einen gefangengehaltenen Demokraten zu befreien, was aber mißlang. Heutiger Anbau stammt aus dem Jahre 1902. Das eigentliche Rathaus hat ein Walmdach; Dach und oberes Stockwerk wurden nämlich erst 1799 aufgesetzt. Im Westteil eine **Halle,** die sich in 5 Stichbogen gegen den Marktplatz öffnet. Lesen wir einmal die **Inschrift** an der Westwand:

„Hüt dich vo unverstand, er ist die große schand
vnd las idman sei der ist so sagt man nit wer du bist.“

Kritisiere andere nicht, dann kritisieren sie dich auch nicht! – Wir schauen uns am nördlichsten Arkadenpfeiler die **Maße** an, dann an der Südseite das **Wappen der Seckendorf** mit der Jahrzahl 1551. – Nun gehen wir in die Gasse zwischen Rathaus und Kirche. Dem Turm gegenüber 3 **Wappen** (Fulda, Schwaben, Ebrach, beachte: Bischofshut, den auch die Äbte trugen; Abtstäbe; geflügelter Löwe, Eber), an der Nordseite nochmals 3 Wappen (Kaiser, Burggraf, Ansbach), an der Westseite des Anbaues das Schwabacher Wappen aus der preußischen und bayrischen Zeit (bayrisch seit 1806). Im Erdgeschoß innen gute Bilder der Stadttore, das **Archiv** rechts vom Eingang enthält alte Bücher mit Pergamentblättern und in Schweinsleder gebunden. Im 1. Stock **Trausaal, Sitzungssaal** mit altem Kachelofen (im 2. Stock).

19. Evangelische Stadtkirche

... Geschichtliches von der **jetzigen Kirche,** welche St. Johannes d. Täufer und St. Martin geweiht ist; Baumeister wahrscheinlich Heinrich Kugler. Grundsteinlegung 1469 (Südwestecke), Grundsteinlegung zum Turm 1471, 1480 Bau bis zur halben Höhe der Pfeiler, 1488 bis zu den Schwibbogen des Gewölbes, Weihe am Pfingstabend 1495 durch Bischof Wilhelm v. Eichstätt zu Ehren St. Johannes und St. Martins, **26 Jahre Bauzeit** – erste evangelische Predigt am Sonntag Invokavit 1524 durch den Nürnberger Augustinermönch Hans Dorsch. Am 2. 3. 1528 beschließt der **Ständetag in Ansbach:** „Reine Predigt des Evangeliums und Abschaffung aller Gebräuche, welche nicht durch die Hl. Schrift begründet seien“. Damit war die **Stadt Schwabach evangelisch geworden.** Erstes Denkmal der beginnenden Reformation in Schwabach der am 5. 2. 1524 errichtete „Almosenkasten“ zur „Übung guter Werke im evangelischen Sinn“.

Nun wollen wir die Stadtkirche einmal zuerst von **außen** betrachten:

Wir stehen am **Turm.** Spätgotisch, spitzes Dach mit patinierten (grünspanigen) Kupferplatten belegt, alles ist „himmelanstrebend“ (vergleiche das stumpfe Zeltdach z. B. der Katzwanger Kirche) – Turm bis zur **Fahne** 72 m hoch, bis zum **Kranz** 37 m, Kreuz des Kirchendaches 27 m. Ganz oben im Turm die **„Laterne“** 59 m hoch – hier saugte die Sirene 1945 die weiße Fahne der sich den Amerikanern ergebenden Stadt ins Innere, tapfere Männer verhüteten in letzter Minute die Beschießung und Zerstörung der Stadt – ehedem **Türmerwohnung** im Turm (beim Kranz), bestehend aus Wohnzimmer mit Schlafnische (Alkoven) und einer winzigen Küche, sowie einigen Nebenräumen – der **Galgen** auf der Nordseite diente zum Heraufziehen von Holz, Wassereimern usw. – Wer hinauf wollte, mußte an der Westseite klingeln, dann ließ der Türmer einen Schlüssel herunter. Wir lesen folgende **Inschrift:**

„anno dni MCCCCLXXI (1471) iare an sant
bonifacius obent hat mā den erstē stain gelegt“.

(Wenn sich über Buchstaben ein Strich befindet, so bedeutet das, daß hier Buchstaben ergänzt werden müssen, meist ein „n“.) . . .

20. Mönchshof

Hier stand im Mittelalter wahrscheinlich der grundherrliche Wirtschaftshof als Wirtschafts- und Verwaltungsmittelpunkt der Siedlung Schwabach und des Schwabacher Landes, ursprünglich wohl im Besitz der Frankenkönige, später als Lehen in der Hand des Grafen Cuno von Horburg (1117), dann des Herzogs Konrad von Rothenburg. Der Sohn Kaiser Konrads III., Friedrich, das „Kind von Rothenburg“ schenkt zwischen 1157 und 1167 seine Besitzungen in Schwabach mit Pfarrei an das **Kloster Ebrach** (im Steigerwald) – Ebrach besitzt hier als **Verwaltungszentrale** den Mönchshof mit einer **Kapelle,** der Maria Magdalenenkapelle (auf dem Platz des heutigen Cafés „Frankenhof“) – sie wurde 1813 abgetragen. Viele Bauern mußten ihren „Zehnten“ (den geistlichen Zehnten) hier abliefern. Wir sehen die große **Zehntscheune** mit ihrem Krüppelwalmdach, ein ganz altes Gebäude. Das im Osten des Hofes stehende Gebäude ist etwas jünger, aber auch recht alt. „Noch lange nach Einführung der Reformation hatten die Schwabacher Pfarrer bei ihrem Amtsantritt sich dem katholischen Abt von Ebrach vorzustellen und ihm den Treueid zu leisten“ (Clauß).

21. Fleischbrücke

Über dem Wasser zur Linken der Brücke stand von 1721 bis 1732 das **Fleischhaus,** das der „Großen Flut“ vom 29. 9. 1732 zum Opfer fiel. ...

22. Die „Farb“

Betrachten wir nun einmal die „Farb“ über dem Bach (Nürnberger Straße 2, Buchdruckerei Iffland)! Sie wurde wieder aufgebaut und dann als **Walkmühle** mit **Pferdegöpelbetrieb** eingerichtet, da die Schwabach hier kein Mühlrad treiben konnte. Beachte das **Steinrelief** einer Walkerei, Jahreszahl 1785. Vorher befand sich in Penzendorf eine Walkmühle, von französischen Flüchtlingen eingerichtet (1687).

Durch die enge Nürnberger Straße kommen wir zum

23. Kreuz,

wie man im Volksmund zu der Straßenkreuzung Nürnberger Straße – Friedrichstraße sagt. Vor dem Eingang zum Laden Christ. Schuler (Friedrichstraße 11) bleiben wir stehen. Rechts ein altes Haus mit Krüppelwalmdach, hier wohnte der Kastner Balth. Zinn (Großvater des Naturforschers Zinn), links daneben ein ebensolches (Kühdorfer Wappen!), gerade vor uns der Nürnberger Berg, oben Überreste des ehemaligen Nürnberger Tores, links die Friedrichstraße mit vielen alten Häusern. Wir gehen über die Straße vor den Eingang des Ladens Käs (Eisenwaren) und sehen uns das **Schuler'sche Haus** genauer an: Typ III, quadratischer Grundriß, Mansardendach, Mittelgiebel, derselbe betont, Lisenen, Wappen, ehemals große Toreinfahrt. Vom Physikus (Arzt!) Ammon 1736 erbaut, seit 170 Jahren Glaserhandwerk in diesem Hause.

Nun wandern wir durch die

24. Friedrichstraße

(westlich): Haus-Nr. 20 (Sport-Mohring) Typ III (ältere Form), noch kein unterbrochenes Dach, reiche Lisenengliederung, Balkon, Erker; daneben Banklichtspiele vom Typ I mit nachträglichem Erker; auf der linken Seite der Straße ein ganz **originelles Haus:** Haus-Nr. 29 (Schuh-, Installations- und Möbelgeschäft). Typ I, oben Erker mit Aufzugbalken und Rolle, Mitte großes Tor, weil früher Brauerei, rundbogig mit sogenannter Rustika-Umrahmung (Quader mit tief ausgemeißelten Fugen); am östlichen Hauseck Zeichen der Schankgerechtigkeit, eine **Hand mit einem Kelch** und den Worten „Imer geseng Got“. Wir treten in die **Torhalle** und bewundern die massive Eichenbalkenbauweise; der Zugang zu den Wohnungen stellt ein Gewinkel dar, ein echt mittelalterliches, aber doch stattliches Haus. Das **„Mädchenschulhaus“** auf der rechten Straßenseite (Haus-Nr. 28) rechnen wir dem Typ III zu (hier wohnte einst der Hugenottenprediger Martel) ebenso wie das 50 m weiter links stehende Wohngebäude der Stadelmannsmühle; dazwischen das alte Gasthaus **„Zum schwarzen Adler“** mit Wappen. ...

25. „Auf der Aich“

(hier stand einst das Eichhaus). Moderne Häuser (z. B. Trabert Textilhaus) haben den Platz mittelalterlicher Gebäude eingenommen. Wir gehen bis zur Brücke und bemerken die **Mündung des sogenannten Nadlerbaches** (schon im 15. Jahrhundert als Mühlbach errichtet, im 18. Jahrhundert die Nadlerschurmühle treibend). Im Mündungseck das ehemalige **Gerberhaus** (muß neben fließendem Wasser stehen!).
Wir wandern westwärts auf der rechten Seite ein Stück durch die **Benkendorferstraße,** biegen nach der Metzgerei nach rechts ein (bei Haus-Nr. 8) und stehen vor der

26. Mittelmühle

(im 16. Jahrhundert Obermühle genannt) mit seiner alten **Quelle** – früher Christiansmühle genannt, etwa aus dem 15. Jahrhundert – schönes Mühlradgehäuse. Wir begeben uns durch den Durchlaß der Mühle, überqueren die Hördlertorstraße, gehen ein Stück westlich und steigen zum **Pinzenberg** hinauf, links alte Gebäude (Galerien) – zurück zur Hördlertorstraße – dann südliche Münzgasse – dort die neue

27. Münze.

1733 erbaut, bis 1796 in Betrieb – großer Komplex für die damalige Zeit – **Wappen des Markgrafen** über dem Eingang – am Nadlersbach entlang bis zum Südeingang – Gedenktafel, Bach fließt unter dem Torraum – nach Westen weitergehend, sehen wir den

28. kastenamtlichen Getreidespeicher

zur Linken, später Turnhalle. Wir gehen um sie herum, einen Blick über die Wöhrwiese in das Gewinkel der Boxlohe werfend, und sehen die

29. Stadtmauer,

teils mit, teils ohne Bedachung mit Schießscharten und Brustwehr. Unser Weg führt uns an der Mauer entlang nach Norden. Rechts bemerken wir die Überreste (Mühlradlager) der Nadel-, Schor- und Poliermühle, vorher Eisenhammer und Walkmühle.

Gleich darauf sind wir in der Hördlertorstraße und kommen, uns westlich haltend, zum

30. Hördlertor

mit seinen alten idyllischen Zollhäuschen und der mächtigen „Alten Linde“ (etwa 200 Jahre alt). Damit haben wir das Gebiet der mauerumgürteten Altstadt verlassen.

II. Ein Gang durch Neu-Schwabach

Christoph Haag, 1. 5. 1951 (Gekürzte Fassung)

1. „Alte Linde“
2. Reformierter Friedhof
3. Zöllnertorplatz
4. Luitpoldschulhaus
5. Ämtergebäude
6. Schillerplatz
7. Postplatz
8. Katholische Stadtpfarrkirche
9. Alter Friedhof
10. Unterer Stadtpark
11. Bergner'sche Schraubenfabrik
12. Oberer Stadtpark
13. Parkbad
14. Walpersdorfer Straße
15. Wenglein'sche Nadelfabrik
16. Bahnhofsplatz
17. Kasernenschulhaus
18. Drei-S-Werke
19. Gaswerk
20. Städtler
21. Turngerätefabrik Georg Stöhr

Nun wollen wir die Außenstadt besichtigen, das industrielle Schwabach.

1. An der „Alten Linde“

Wir werfen einen Blick in nördlicher Richtung die Lorbeerstraße hinauf, wo wir einige der ab 1936 erbauten **Kasernen** bemerken. Die heutige Regelsbacher Straße werden schon in ältester Zeit die Bauern des Dorfes „Suabach“ befahren haben, wenn sie im Frondienst auf den **„Königsäckern“**, welche dort oben liegen für den Königshof, arbeiten mußten. Wenn wir darauf dem Nadlersbach entlang nach Westen wandern, wollen wir uns noch einmal umsehen, um die **Stadtmauer von außen** ins Auge zu fassen. An der Wegkreuzung machen wir halt. Rechts oben grüßt uns das neue Stadtkrankenhaus am **„Weingäßchen“.** Dort baute man nämlich vor 200–300 Jahren einmal Wein wie in so manchen Gegenden unseres Keuperbeckens, d. h. man probierte den Weinbau – aber der Saft war zu sauer.

2. Reformierter Friedhof,

auch Franzosenfriedhof genannt (nicht Kirchhof, weil ja keine Kirche da steht). 1687 erste Beerdigung, ursprünglich keine Grabsteine, nur Bäumchen auf den Grabhügeln (Grundsatz der **Einfachheit** bei den Reformierten). Rechts über der Straße das städtische Wasserwerk mit dem Hochbehälter, links das ehemalige Reichswaisenhaus (bekam Waisenkinder aus dem ganzen Reich), heute Infektionskrankenhaus.

Das Gäßchen direkt vor uns würde uns zum Turnplatz des **Turnvereins von 1848** mit seiner geräumigen Turnhalle führen. Der demokratische Gedanke hatte in Schwabach schon frühzeitig Fuß gefaßt: 1848 Gründung eines „Turnvereins“ und Anschaffung einer schwarz-rot-goldnen Fahne (mußte später versteckt werden, ist heute noch vorhanden). Das Jahr 1850 brachte das **Verbot des Turnvereins.** 1860 wieder als getarnter „Turn- und Rettungsverein“ erstanden, der Feuerlöschdienst betrieb und nebenbei turnte. Ab 1880 erst gibt es wieder einen regelrechten „Turnverein“.

Unser Weg geht nun stadteinwärts durch die Reichswaisenhausstraße, bis wir am **Forstamt** (Amt seit 1885 in Schwabach) vorbei an den

3. Zöllnertorplatz

kommen, wo wir unsere Innenstadtwanderung begonnen haben. Dem Forstamt (Reichswaisenhausstraße 1a) gegenüber erblicken wir über den Zaun hinweg in einem Hof ein **Goldschlägerhäuschen.** Solche Werkstätten sind typisch für Schwabach, dem **Hauptsitz der deutschen Blattmetallindustrie.** 120 solche Werkstätten gab es noch 1883 mit rund 1000 Beschäftigten (bei 7000 Einwohnern). Inzwischen hat sich aber das Ausland, das uns das meiste Blattgold abnahm, selbständig gemacht. Dazu kommen heute noch Devisenschwierigkeiten und so finden wir zur Zeit nur noch 23 Goldschlägereibetriebe mit 200 Beschäftigten – aber der Hauptsitz dieser Industrie in Deutschland ist Schwabach immer noch.

Die Häuser südlich des Zöllnertores (Wittelsbacherstraße hauptsächlich) hieß man früher **„Auslage vor dem Zöllnertor“.** Wieder ein anderer Haustyp herrscht hier vor, bestimmt von hohen Regierungsbaumeistern im Auftrag des Markgrafen, es ist der **„Empirestil“** – der Typ IV. Eine Flucht von Fenstern, alle gleich groß, alle Haustüren von gleicher Art: steinerne Staffeln, steinerne hervortretende Türbalken und Türstöcke, alle vom gleichen Format. Betrachte die Türen (zugemauert der Lehrerbildungsanstalt) und die der südlich stehenden Häuser. Auch die Häuser scheinen wie Soldaten ausgerichtet zu sein, als wenn das preußische Soldatentum jener Zeit auch auf die Baustile abgefärbt hätte.

Im 18. Jahrhundert wurde die Stadt innerhalb der Mauern zu klein, daher schlug die Obrigkeit vor, vor den Toren „Auslagen“ zu erbauen. Wer dorthin ein Haus baute, bekam Privilegien, d. h. Steuererlaß für eine gewisse Zeit, je nachdem, ob er „ein-, zwei- oder dreigädig“ baute. Schöne Stadtbaupläne arbeitete man damals in Ansbach für Schwabach aus (siehe Erlanger Neustadt), aber eingehalten hat man sie nicht.

Das rechts liegende **Landratsgebäude** stammt aus der letzten Zeit dieser „Kolonisation“ (1799 – Landgerichtsgebäude damals), der **Gold. Hirschen“** aus der Anfangszeit (1738), der links befindliche vordere Teil der heutigen **Lehrerbildungsanstalt** (mit den zugemauerten Türen) wurde mit dem später sichtbaren sogenannten **alten Rentamt** in der Seminarstraße (dort links) 1737 errichtet. An Stelle des Neubaues der Lehrerbildungsanstalt (Südliche Ringstraße, mit dem Türmchen am Eck) stand früher (von 1738 bis 1906) ein Gebäude, welches die **„Leonische Drahtfabrik Beckh“** beherbergte. Drüben überm Platz befand sich das Wohn- und Bürogebäude der Fabrik, heute das **Gasthaus zur Löwenbrauerei** mit dem Balkon.

Als 1756 die genannten Gebäude der heutigen Lehrerbildungsanstalt in ein **„Zucht- und Arbeitshaus“** für das Markgrafentum Ansbach verwandelt wurden, mußten die „Züchtlinge“ hier in dieser Drahtfabrik und andern Industrien arbeiten. 1841 verlegte man „wegen besserer Wasserkräfte als in Schwabach“ die Leonische Drahtfabrik nach **Mühlhof** und **Roth,** wo sie sich heute noch befinden. Das Fabrikgebäude wurde dann Volksschulhaus und später fand die Seminarübungsschule hier ein Unterkommen.

Das vor uns im Osten liegende langgestreckte Gebäude wurde also 1756 in ein Zuchthaus umgebaut und bekam einen Anbau (mit dem heutigen Toreingang). Im November 1759 zogen 300 „Züchtlinge und im Ansbacher Land aufgegriffenes herrenloses Gesindel und Diebsvolk“ in dieses Haus ein, **billige Arbeitskräfte** für die aufstrebenden „Manufakturen“ der markgräflicherseits sehr bevorzugten Stadt (Verkehrsknotenpunkt!). 1838 schloß man das Zuchthaus. 1843 richtete man ein **„Schullehrerseminar“** ein und noch heute (1951) werden Lehrer hier herangebildet, also seit **rund 110 Jahren!** Damals hatte die Anstalt 40 Seminaristen – 1844 Errichtung der Seminarübungsschule – der Nordflügel an der Südlichen Ringstraße wurde 1907 errichtet. Dort wirkte der Seminarlehrer Aug. Lutz, ein Vorbereiter der heutigen Heimatkunde. – Der Ostbau der heutigen Lehrerbildungsanstalt wurde 1780 erbaut (heute Orgelzimmer, nur zu sehen, wenn wir in den Garten eintreten) und zwar für 40 – 50 Irre als **„Irrenanstalt“** – wieder billige Arbeitskräfte. Heute gehören sämtliche beschriebenen Teile zur **Lehrerbildungsanstalt** bzw. zur **Oberschule.** – Wir betrachten noch den Mittelteil mit dem Glockentürmchen, unter dem sich der **Betsaal** des Zuchthauses befand (3. Stockwerk), zeitweise Gottesdienstraum und Wohnung des katholischen Seelsorgers (1840 – 1844). . . .

4. Luitpoldschulhaus

(mit **Volksschule, Berufsschule** und **Handelsschule**), 1905 erbaut. Ein weiteres (modernes) großes Schulhaus wird demnächst an der Penzendorfer Straße errichtet. – Vor uns sehen wir das 1930 erbaute

5. Ämtergebäude.

Hier sind im Erdgeschoß untergebracht: **Notariat, Vermessungsamt** und **Landpolizei-Hauptposten;** in den oberen Stockwerken befinden sich Wohnungen, während das Untergeschoß im Norden die **Volksbücherei** birgt (früher befand sich hier das **Heimatmuseum,** welches in einiger Zeit seinen neuen Platz im heutigen Kasernschulhaus finden soll). . . .

6. Schillerplatz,

auch **„Omnibus-Bahnhof“** genannt. Links die **Oberrealschule** (früher Progymnasium mit Realschule), erbaut 1904, rechts die **Landeszentralbank,** erbaut 1941. Wir wenden uns bei diesem Gebäude nach rechts der Südlichen Ringstraße folgend. Zur Rechten fällt uns ein modernes Gebäude auf: die **„Ringlichtspiele“,** also ein Kino, 1949 erst geschaffen. Wieder richten wir unsere Gedanken zurück auf kulturgeschichtliche Verhältnisse: Gelegentliche Vorführungen von wandernden **„Kinematographen“** (aus diesem schrecklichen Wort hat der Volksmund „Kino“ gemacht) gab es in Schwabach schon seit der 90er Jahre; man konnte 8 – 10 Nummern (lauter „Einakter“) sehen, bei welchen sich die Personen fabelhaft schnell bewegten. Selbstverständlich waren die Filme damals noch stumm, den Text konnte man auf der Leinwand lesen. Vor 50 Jahren etwa spielte aber schon ein Unternehmer im kleinen Bärensaal regelmäßig an Samstagen und Sonntagen. Die Nummern liefen einigemale nacheinander ab, das Auswechseln der Spulen ergab die notwendigen Pausen. Wer bei einer bestimmten Nummer den Kinoraum betrat, mußte ihn bei Wiederholung derselben wieder verlassen; „Vorstellungen“ im heutigen Sinn kannte man also noch nicht. Schließlich wurden das „Lunatheater“ und darauf die „Banklichtspiele“ eingerichtet. Tönende Filme haben wir erst seit etwa 20 Jahren. – Wir kommen an der Gastwirtschaft **„Brausebad“** (links) vorbei, wo um 1900 ein Privatmann die erste sanitäre Anlage eines „Wannenbades mit Brause“ eröffnete – damals etwas ganz Neues. Ehe wir zum Postplatz gelangen, fällt uns noch rechts das große **Telephongebäude** auf (erste öffentliche Telephonstation in Schwabach 1891); beim **Postamt** (erbaut 1898) biegen wir nach Osten ein, um an die Reklamesäule vor der **Vereinsbank** zu kommen.

7. Postplatz

... Sein eigentlicher Name „Luitpoldplatz“ hat sich nicht eingebürgert. Man könnte ihn aber auch den **„Schwabacher Plärrer“** nennen. Gegenüber erblicken wir die **„Stadt- und Kreissparkasse“** (Gebäude 1936 erbaut, Sparkasse 1836 errichtet). Hier auf diesem Platz mußte bei der Belagerung Schwabachs 1632 mancher Wallenstein'sche Soldat ins Gras beißen. – Wir schauen nach Norden: das große dunkle Sandsteingebäude ist das **Amtsgericht** (in den 60er Jahren erbaut). Wir überschreiten die Straße und begeben uns in die 1848/50 erbaute und 1925/26 erweiterte

8. Katholische Stadtpfarrkirche,

deren **Schutzpatron St. Sebald** ist. (Eingang rechte Seitentüre) **Hochaltar,** 1934, **neubarock,** mit **Hochbild,** die Verherrlichung Mariä darstellend, 1614. (Diese Kirche ist natürlich nicht so alt, die alten Kunstwerke stammen aus älteren Kirchen) Links lebensgroße Figur des hl. **Willibald** von Eichstätt, rechts die der hl. **Walburga** von Heidenheim, seiner Schwester – beide mit dem Krummstab, Walburga mit Bibel und einem Ölfläschchen (weil von Zeit zu Zeit unter ihrem Grab Öl ausgeflossen sein soll). Auf dem Tabernakel steht die alte **Figur des hl. Sebald** (um 1490 geschnitzt) mit dem zweiknotigen Pilgerstab und einer Kirche (von anderer Seite als Alexius bezeichnet). ...

Darauf begeben wir uns zum Zollhäuschen an der Penzendorfer Straße und stehen vor dem

9. Alten Friedhof.

„Gottesacker am Plickersdorfer Weg auf dem Ostanger“ – **1528 angelegt,** da der Lazaruskirchhof bei der Stadtkirche zu klein geworden war (1914 wurde auch dieser Gottesacker zu klein). Der **Ostanger** lag damals zwischen Penzendorfer- und Lindenstraße. Das schöne **Rustika-Tor** stammt aus dem Jahre 1616. Die **Friedhofkirche** wurde 1609 gebaut. ...

Auf dem Dach ein **„Dachreiter“** (erst später draufgekommen) mit Glocke – **Grabdenkmäler außen an der Kirchenmauer** aus dem 17./18. Jahrhundert – rechts an der Südwand innen **Holzepitaph** mit der Taufe Jesu, 1542; unten die zahlreiche Familie des Verstorbenen (Jak. Reck) – die sehenswerte Kanzel verbrannte beim Fliegerangriff 1943 – an der Wand rechts **Klapptafel** in Altarform, Vertreibung aus dem Paradies, 1626; hier konnte jeder Stifter seinen Namen lesen – rechts neben dem Hochaltar das **steinerne Grabdenkmal** des ansbachischen Kastners Balth. **Zinn,** gestorben 1723; er war der Großvater des großen Naturforschers Dr. Zinn aus Schwabach, nach dem die Zinnie in den Blumengärten benannt ist. – **Altar** um 1670, Wappen und Familie des Stifters (Stadtschreiber Brückner), barock. Interessant sind die beiden liegenden Grabepitaphien: sogenannte **Tumba**-Form (wie Grab der hl. Stilla in Abenberg, Gräber der Nürnberger Großen auf den alten Friedhöfen, Gruft der Rieter in Allerheiligen usw.) – Joh. Frauentraut (gestorben 1630) und links davon Jeremias Heuber (gestorben 1650). Zum Schluß betrachten wir noch das **Butzenscheibenfenster** (neuromanisch) rachlich bemerkenswerter Glasmalerei – wir lesen:

> „Gott den Almechtigen zu lob Und Ehren
> ließen dießes fenster Machen casper Ammon,
> Hanß Rückert, Hanß Stellwag, Adam Flemming,
> Christopf Heint, Burger und Tuchmacher
> alhier zu Schwobach. Ao. 1653“.

Das war die übliche Rechtschreibung des Jahres 1653. Überall schrieb man nach eignem Gutdünken, überall anders. Da war es wirklich Zeit, daß man eine einheitliche Rechtschreibung schuf, über die unsere Kinder so seufzen.

Nachdem wir noch einen Blick auf die **Gruftenhalle** mit ihren Rundbogen (um 1780) und das Grabdenkmal des „Commerzienrates und Fabrikanten“ David Friedr. **Beckh** (geboren 1755, gestorben 1828), dem Erbauer der Beckh'schen Leon. Drahtfabrik geworfen haben, verlassen wir wieder durch den Haupteingang den Gottesacker.

Unser Weg führt uns nun die Bahnhofstraße hinauf. An der rechten Seite liegt der

10. untere Stadtpark

mit den 2 gußeisernen **Löwen** (seit 1945 ohne Schwert und Szepter), welche ehedem vor dem Zöllnertor gestanden haben. Weiter innen das **Kriegerdenkmal** 1914/18 (**400** Gefallene!) und der sogenannte **Schwanenweiher.**

Einige Schritte noch und wir stehen vor dem **Finanzamt** (erbaut 1903), dahinter im Westen der frühere **städtische Baugarten** mit der Stadtwaage, heute zur Bergner'schen Fabrik gehörig, einst ein Hinrichtungsplatz mit dem aus einem erhöhten Wasen bestehenden **„Rabenstein“** (der Körper des Hingerichteten blieb liegen oder wurde auf das Rad geflochten, sodaß die Raben sein Fleisch fressen konnten). Hier wurde nur mit dem Schwert hingerichtet; 1815 trug man den Rabenstein ab (1814 war schon der Galgen auf dem Hochgericht an der Nordseite der Stadt beseitigt worden). Dem Finanzamt gegenüber mündet die Wallenrodstraße in die Bahnhofstraße. Dort fällt uns ein größeres Eckhaus auf, die **„Friedenskirche“** – das Gotteshaus der methodistischen Gemeinde (1914 errichtet). Die dahinter befindliche **lithographische Fabrik** (Leupold) war früher die 1911 gegründete

11. Bergner'sche Schraubenfabrik,

welche 1919 in die Bahnhofstraße (ehemalige Reithalle und Stallungen der einstigen Schwabacher Garnison) verlegt wurde. Diese große Fabrik, welche manchmal gegen 1000 Arbeiter schon beschäftigte, sehen wir beim Weitergehen an der Bahnhofstraße rechts. Hier und auf dem westlich gelegenen **Exerzierplatz,** dem heutigen

12. oberen Stadtpark,

den wir durch die Maximilianstraße erreichen, übten von 1859 – 1882 Chevaulegers und später Ulanen, von hier aus zogen sie 1866 in den deutschen Bruderkrieg. Der Stadtpark hält für den Naturkenner allerhand bereit: eine **alpine Anlage** mit Alpenpflanzen (z. B. Latschen, Alpenrosen usw.), Blutbuchen, Blutahorn, Weymouthskiefern, Silberpappeln u. a.

Südlich schließt sich das moderne, 1938 erbaute,

13. Parkbad

an mit seinem kristallklaren Wasser (je ein Becken für Schwimmer und Nichtschwimmer und Plantschbecken, sowie große Liegewiesen).

Nach Süden gehend, nimmt uns die **industriereiche**

14. Walpersdorfer Straße

auf. Rechts die **Jäger'sche Schraubenfabrik** (gegründet 1905), darnach die **Nadelfabrik** von **Leonhard Schmauser** (gegründet 1723, erbaut 1911), dann winkt von rechts oben der Luftsack des **Flugplatzes** der Besatzungsmächte, während links die **Weghorn'sche Lebkuchen-, Flocken- und Schokoladefabrik** die Straße abschließt. Eigentlich treffen wir noch weiter außen die Wenglein'sche **Vogelschutzanlage** (1928 errichtet, heute der Stadt gehörig). Einwärtsgehend fällt uns das große **Meister'sche Lagerhaus** auf, dem sich die beiden **Militär-Verpflegungslager** (Silos) mit ihren vielen Stockwerken anschließen. Wir sind inzwischen wieder am Eingang zum Parkbad angelangt und wenden uns nach Osten, um durch die Angerstraße auf die Rother Straße zu kommen. Links die

15. Wenglein'sche Nadelfabrik

(Herold- und Noricawerke, gegründet 1891, hauptsächlich Grammophonnadeln). . . .

16. Bahnhofsplatz

1848/49 wurde die sogenannte **Nord-Südbahn** von Hof über Nürnberg und Schwabach nach Augsburg und München gebaut. Allerdings hatte damals der Schwabacher Bahnhof noch nicht die heutige Größe. Wie seinerzeit die Anlegung eines Straßenknotenpunktes vor dem Zöllnertor die wirtschaftliche Entwickung entscheidend beeinflußte, so wirkte sich die neue Eisenbahnlinie ungemein **fördernd auf Handwerk und Industrie Schwabachs** aus. Die **Verlegung** der Schwabach – Weißenburger Straße **über Roth** (heutige **Bundesstraße 2**) tat Schwabach keinen Abbruch, ließ aber Roth mehr zur Geltung kommen. Die **nun einsetzende rasche**

Entwicklung der Handwerkerstadt Schwabach zur **Industriestadt** (1852 hatte Schwabach 6439 Einwohner, 1900 schon 9385, 1936 bereits 13000 und heute rund 20500) zeigt sich in die wie Pilze aus dem Boden wachsende **Fabriken** (heute 96 Fabriken!), die den Arbeitssuchenden Verdienst geben konnten. Aus dem **dicht**besiedelten südlichen und westlichen Hinterland Schwabachs begann eine **Einwanderung nach Schwabach.** Diese wurde noch vermehrt durch die gute Möglichkeit der in Schwabach wohnenden Arbeiterschaft, in 45 Minuten an ihre Arbeitsstelle in der Industriezentrale Nürnberg zu kommen.

Vier Geleise sehen wir am Bahnhof: 2 für den Fernverkehr, eines vorne für den Nahverkehr mit Nürnberg, eines zum Rangieren. Für die **Gepäckaufbewahrung** wurde kürzlich eine Halle errichtet; Erweiterungsbauten des Hauptgebäudes aus dem Jahr 1879 und später. **Höhenmarke** am Bahnhof (Ostseite): 340 Meter über Normal-Null. . . .

17. Kasernschulhaus

. . . 1716 von Markgraf Wilhelm Friedrich als „Staatsbau" zur Förderung der „Manufaktur" als **Kattunfabrik** (Kattun = bedruckter Baumwollstoff) erbaut. Ein **Hauptgebäude** mit 2 Seitenflügeln (das heutige Schulhaus), **Web-, Farb- und Laugenhaus** (das längliche Gebäude rechts vom ehemaligen Lazarett, mit den Vorgärtchen); auch das heutige **Kreiskrankenhaus** (hinter uns, grün) gehörte später dazu; **Bleichwasen** war der Schießplatz. 1740 erwirbt die Stadt die Fabrik mit 40 Webstühlen, verpachtet, Kattun- und Hutherstellung – 1766 kaufen die Gebrüder Stirner den Komplex, erhalten Staatszuschüsse. 500 Arbeiter und Arbeiterinnen, **Zuzug vieler „nachgeborener Bauernsöhne"**. Später herhöhte sich die Zahl auf **700 Beschäftigte,** 8000 Stück Kattun werden jährlich erzeugt – Glanzzeit während der Kontinentalsperre, die Napoleon 1806 verfügt (bis 1814). – Als dann ab 1814 die billigere englische Ware den deutschen Markt überschwemmte, ging der Umsatz Schwabacher Stoffe gewaltig zurück – 1825 Versteigerung und Zerschlagung des Besitzes – Stadt bekommt das heutige Schulhaus, zunächst **Pfründnerhaus,** dann ab 1866 **Kaserne** (daher der Name „Kasernschulhaus") bis 1882, dann **Schulhaus.** Im Kasernschulhaus wurde am 9. 5. 1814 der bekannte Klavierkomponist Adolph von **Henselt** geboren. . . .

18. Drei-S-Werke

. . . eine **Nadelfabrik,** Besitzer Herbert Schmauser – SSS bedeutet „**S**chwabacher **S**pinnerei- und **S**tahlspitzenwerk", gegründet 1850 von Reingruber, 1884 erbaut. Nun folgen wir der Reichsstraße aufwärts bis zur **Verkehrsinsel,** um einen **Blick** in die tiefer gelegene Altstadt zu werfen. Vom **Nürnberger Tor** sehen wir leider nicht mehr viel, nur ein Stück des Zwingers mit **Wehrgang** und eine Torhälfte. Die Nürnberger Straße abwärts bis zur **Schmiede,** dann links in die Gasstraße einbiegen (südlich Synagogengasse mit **Synagoge,** erbaut schon 1530, da es seit 1508 Juden in der Stadt gab), bis wir wieder an der Reichsstraße 2 uns befinden. Rechts das aufgelassene

19. Gaswerk, erbaut 1863.

Jetzt bekommen die Schwabacher das Gas von Nürnberg; das kommt billiger. Wenn wir den Berg abwärts schreiten, sehen wir die 2 **Gaskessel** neben dem Feuerwehrgerätehaus. Gegenüber fällt uns die alte **Nadelfabrik**

20. Städtler

auf. Sie stelle Kammgarnnadeln und Nähnadeln her, erbaut 1869 und gegründet 1794. Ehe wir an die **Landsknechtsbrücke** kommen, bemerken wir links die

21. Turngeräte- und Fahrzeugfabrik Georg Stöhr;

rechts (beim Photographen Kandel) ist noch der **Stadtmauergraben** in Spuren sichtbar.

Am Postplatz beschließen wir unsere Wanderung durch Schwabach.

III. Daten und Zahlen von 1951

1. Einwohnerzahlen der Stadt Schwabach von 1375 bis 1951:

1375	1500 Einwohner
1480	2500 Einwohner
1529	2500 Einwohner
1632	3000 Einwohner
1635	20 Bürger
1648	2000 Einwohner
1682	2500 Einwohner mit 500 Flüchtlingen aus Österreich
1686	3000 Einwohner mit 500 Flüchtlingen aus Frankreich
1818	6852 Einwohner, dann Abnahme!
1852	6439 Einwohner
1870	6700 Einwohner
1890	8103 Einwohner
1900	9385 Einwohner
1910	11195 Einwohner, nach dem 1. Weltkrieg Abnahme!
1919	11033 Einwohner
1930	12350 Einwohner
1939	14069 Einwohner
1946	17842 Einwohner
1951	20474 Einwohner (männlich 9267, weiblich 11207)

2. Amtsgebäude Schwabachs

Rathaus
Landrat
Amtsgericht
Arbeitsamt
Bahnstation
Landpolizeihauptposten
Forstamt
Gesundheitsamt
Krankenhäuser (2)
Kirchen (6)
Dekanat
Pfarrämter (5)
Vermessungsamt
Landeszentralbank
Sparkasse
Bank
Schulhäuser (5) – Volksschule, Oberrealschule, Oberschule, Berufsschule, Handelsschule, Lehrerbildungsanstalt
Eichamt
Zollamt
Notariat
Finanzamt

3. Statistische Angaben

96 Fabriken
488 Werkstätten
422 Verkaufsgeschäfte
82 Gastwirtschaften
400 Beamte und Behördenangestellte
45 Volksschullehrer
10 Berufsschullehrer
50 Lehrer an höheren Lehranstalten
40 Ärzte und Zahnärzte
1650 Gebäude
6013 Haushaltungen
1293 ha Fläche des Stadtgebietes
356 ha bebaute Fläche
51 km Straßen, Wege
37 km Wasserleitung
22 km Kanalisation

4. Industrie – Erzeugnisse

Nadeln (5 Fabriken)
Schrauben (2 Fabriken)
Blattgold (23 Betriebe)
Federn
Seifen
Zementwaren
Bier
Draht
Drahtziehsteine
Drahtziehstein- und Diamantbohrmaschinen
Filzwaren
Kreiden
Schuhtäckse
Backsteine und Ziegeln
Säcke, Zelte, Planen
Farben
Malzkaffee
Drahtbürsten
Elektrische Geräte
Lebkuchen, Schokolade, Getreideflocken
Gemüse- und Obstkonserven
Treibhausblumen
Turngeräte und Karosserien
usw.

Schwabacher Feingoldschläger, Ausstellung München
Postkarte von 1927

III.
Schwabacher Firmen auf Postkarten, Werbemarken und in alten Werbeanzeigen

„Schwalbenseife schwimmt“
Postkarte o. J., um 1900

Ph. Benj. Ribot in Schwabach, den

Datum des Poststempels.

P. P.

Hiemit mache ich Ihnen die ergebenste Anzeige, daß mein Reisender binnen Kurzem das Vergnügen haben wird, Sie zu besuchen.

Ich bitte Sie freundlichst, mich durch denselben mit Ihren bedeutenden Aufträgen beehren zu wollen, deren pünklichste Ausführung meine angelegentlichste Sorge sein wird.

Hochachtungsvoll

Ph. Benj. Ribot.

„Ribot's Seifen sind die Besten!“
Postkarte von 1901

„Perlin“
Postkarte von 1902

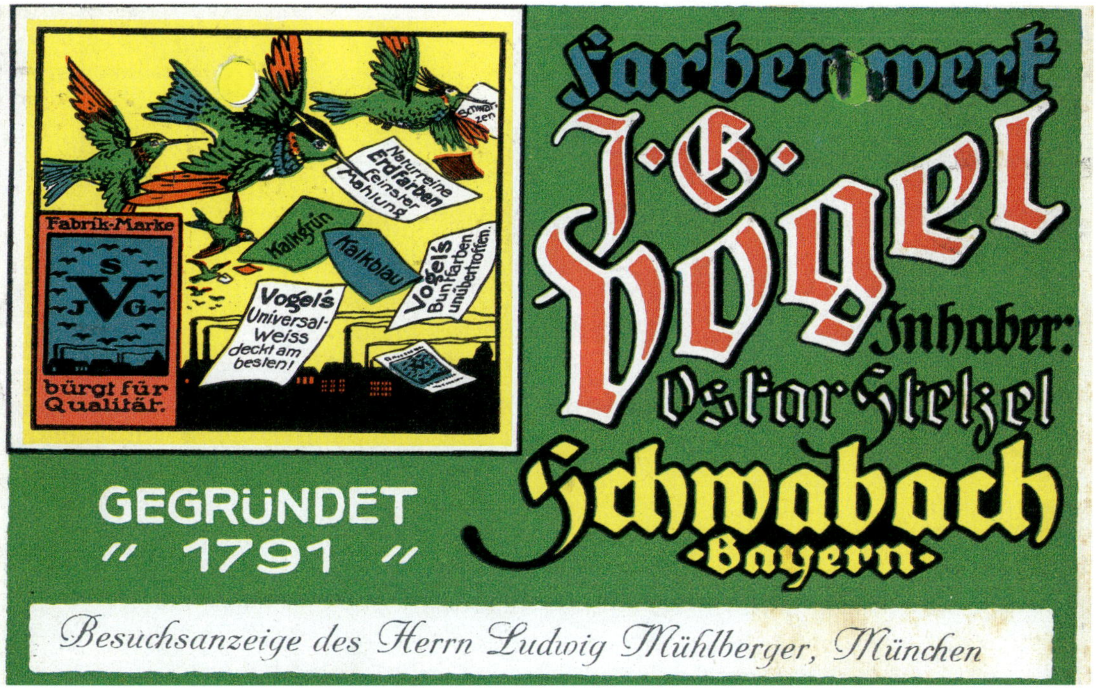

Farbenwerk J. G. Vogel
Postkarte von 1925

PH. BENJ. RIBOT
Postkarte o. J., um 1900

„Ribot's Seifen"
Vorzugs-Preisliste

H.M. BAUER
Schwabach b. Nürnberg
Pressteine
Zieheisen
Diamantzieh u. Bohr-Polier u. Draht
Zieh-Maschinen
Diamantwerkzeuge
gehen über die
GANZE WELT

Christoph Hunger, Schwabach
Auf der Aich 1 und 3.

Spielt Fussball
1. SPORT CLUB
SCHWABACH
V. f. Bewegungsspiele

Gold-u. Silberwaren
FRITZ BACHMEIER
Schwabach.

Adler-Apotheke
CURT MÜNCH
Schwabach

Nur das Gute bricht sich Bahn
Gg. Meichhörner, Schw…bach
Manufaktur u. Modewaren.

Altes Nürnberger Tor, Schwabach
1895 nach der Natur gez. v. Otto Schirmer
Telephon No. 173
Otto Schirmer
Telephon No. 173
Malergeschäft und Farbenhandlung

ECHTER SCHWABACHER MALZ-KAFFEE

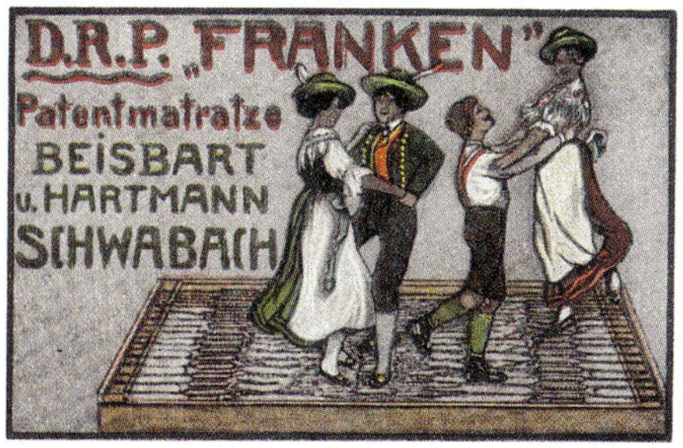
D.R.P. „FRANKEN"
Patentmatratze
BEISBART
u. HARTMANN
SCHWABACH

J. Bräuning, Inh. L. Trautnitz
Seifensied. u. Hdlg. Schwabach

J. Bräuning, Inh. L. Trautnitz
Seifensied. u. Hdlg. Schwabach

J. Bräuning, Inh. L. Trautnit
Seifensied. u. Hdlg. Schwabach

ENGEL-APOTHEKE
G. Rosenhauer
SCHWABACH
Telefon 77

ALT-SCHWABACH. Spitalkirche.

ALT-SCHWABACH. Mönchstor.

Central Molkerei
GEORG WEISS
· Schwabach ·
7 Ludwigstrasse. 7

G. GEISSLER
CIGARREN
CIGARETTEN
&
TABAKE
SCHWABACH
Ludwigstr. 1

ALLE WELT
SINGT IHR LOB
PH. BENJ. RIBOT. SCHWABACH i/B.

Ribot's
Schwalben-Seife
PH. BENJ. RIBOT
IN
SCHWABACH
Kgl. bayer. Hofseifenfabrik

Schwalbenseife
Ph. Benj. Ribot
Schwabach
schwimmt, sie wäscht u. bleicht!

Schutzverein für Handel & Gewerbe.
Kauft in Schwabach

Schuh Waren
GRAU
Schuh Waren
Nur langsam
Um 7 Uhr wird aufgemacht

„Fidelitas"
Schwabach.

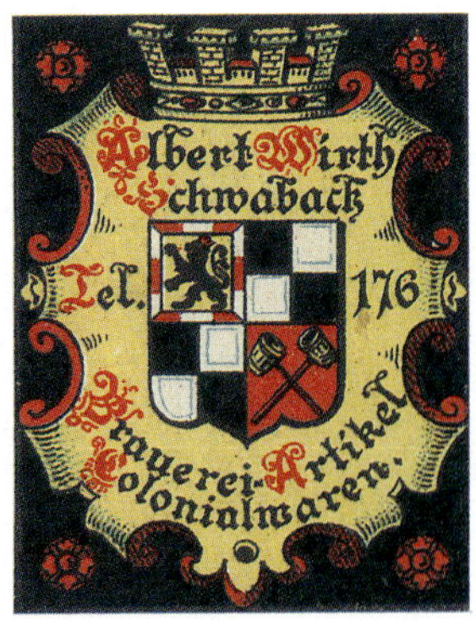
Albert Wirth
Schwabach
Tel. 176
Brauerei-Artikel
Colonialwaren.

Albert Wirth
Schwabach
Tel. 176
Brauerei-Artikel
Colonialwaren.

S.
Und Nikita sprach zum Ferdinand
Nimm diese Nadel in die Hand
Steck sie in das Gramophon
Bedenk: 's ist Fürsten-Doppelton
Jn allen besseren Musik-
Geschäften zu haben.
NADELFABRIK REINGRUBER
SCHWABACH.

S.
Griechenland und Serbien
wollen es nicht verderbien
Drum spielen alle Leute dort
Mit Fürstennadeln fort u. Fort.
Jn allen besseren Musik-
Geschäften zu haben.
NADELFABRIK REINGRUBER
SCHWABACH.

S.
Hipp Hipp hurra! Ich habs gefunden
Die Burchard-Nadel ist's allein
Wo die Geräusche sind verschwunden
Bei allen Platten gross und klein.
Von ersten Künstlern empfohlen.
NADELFABRIK REINGRUBER
SCHWABACH.

S.
Der Klingsor Nadel starkes Spiel
Tönt von der Pegnitz bis zum Nil.
Qualitätsnadel!
Jn allen besseren Musik-
Geschäften zu haben.
NADELFABRIK REINGRUBER
SCHWABACH.

S.
Hätt' Sultan Hamid wutentbrannt
Der Pascha Nadel Spiel gekannt,
so hätt' er seine Feinde, just
Mit Musik ersäuft im Bosporus.
Jn allen besseren Musik-
Geschäften zu haben.
NADELFABRIK REINGRUBER
SCHWABACH.

J. F.
Verband der Buchbinder-Meister Bayerns
C. MÜLLER, SCHWABACH

BUCHBINDERMEISTER
VERBAND DER
BAYERNS.
FRITZ UHL
SCHWABACH.

Frauenlob
Fabrikation von
Teigwaren aller Art
Carl Gögelein
Schwabach.

Bäckerei
K. RABUS
SCHWABACH

Lohnkutscherei!

Hotel z. „Goldnen Engel.“

Altrenommiertes Haus.

Seit 1864 im gleichen Familienbesitz.

Besitzer: Jean Steinmetz.

Telefon 47.

Weinhandlung!

J. Hagelauer, Schwabach

landwirtschaftl. Maschinen u. Geräte aller Art.

Volle Garantie. Probelieferung.

Telefon-Ruf 185.

Buchdruckerei Hermann Millizer

Spitalberg 3. Gegründet um das Jahr 1520. Telephon Nr. 22.

Verlag des „Schwabacher Tagblatt“.

Anfertigung aller Drucksachen

für den amtlichen, gewerblichen sowie den privaten Bedarf und für Vereine (ein- und mehrfarbige Ausführung), desgleichen Werkdruck.

Max Röder, *Sattler- u. Tapezierermeister*

Nürnbergerstrasse Nr. 25

empfiehlt sich in allen ins Fach einschlägigen Arbeiten.

Diwan zu den billigsten Preisen, sowie die feinsten Salon-einrichtungen.

Diwan stets am Lager.

Empfehle mich auch in

Geschirr- und Treibriemen-Arbeiten

reell und biliig.

Achtungsvoll *Der Obige.*

Blitzableiter-

Anlagen werden fachmännisch unter der weitgehendsten Garantie und billigster Berechnung hergestellt.

Max Gehring

Flaschnerei und Blitzableitergeschäft

Königsstrasse 12. Ecke Spitalberg.

Werbung (1911/1912)

Konrad Reingruber

vormals Ph. Hochreuther

Aich 5 Schwabach Aich 5

Schwarze u. farbige Kleiderstoffe

Gardinen u. Cöper-Vitrages

Bett- u. wollene Couvertdecken

Weisse Tücher in allen Breiten und Preislagen

Lamann'sche Tricotagen (Normalwäsche)

Weisse Taschentücher in maco-, halbleinen und reinleinen in allen Preislagen

Barchente u. Federleinen

Spezialität:

Gut gereinigte Bettfedern und Flaum

Ingefieder in den gangb. Größen vorrätig.

Grösste Auswahl: Streng reelle Preise.

Anfertigung sämtlicher Herren- und Damenwäsche.

Medizinal-Drogerie

Louis Richter, Schwabach

Bekannt billigste und reellste Bezugsquelle aller

Drogen, Chemikalien, Colonialwaren, Materialwaren, Farben etc.

Reichhaltiges Lager der verschiedensten

Tisch- und Krankenweine

Sämtliche Krankenpflegeartikel Verbandstoffe, Tierheilmittel

Telephonruf Nr. 70.

Bau- u. Möbelschreinerei m. Kraftbetrieb

von

Urban List

vorm. **Fritz Ruttmann**

Nördl. Mauerstr. **Schwabach** Am Ausfluss.

Spezialität: Komplette Braut-Ausstattungen.

Jederzeit grösste Auswahl in kompletten Schlaf-, Wohnzimmern und Kücheneinrichtungen.

Grosses Lager einzelner Möbel. — Anfertigung aller Möbel nach Zeichnungen in eigener Werkstätte.

Nur solide Ware! Billigste Preise!

Übernahme sämtl. Bauarbeiten bei promptester Ausführung.

Sie kommen nicht zu spät — **wenn Sie eine gute Uhr besitzen**

grosse Auswahl in allen Ausführungen, spez. mit Präzisions-Ancer-Werken bei

Gottl. Baum, Königstr. 9

Auswahlsendung bereitwilligst.

Fugenlose Trauringe
in allen Preislagen
Maschinelles Erweitern u. Verengen
ohne Goldverlust
Gravieren gratis.
gesch.

Garantie für Goldgehalt.

Chr. Strobel ▫ Schwabach

Hördlertorstrasse 3

Kurz-, Weiss-, Woll- u. Schnittwarengeschäft

Touristenhemden
Rucksäcke
Portemonaies
Hosenträger
Cravatten
Strumpfsocken
Leinen-Wäsche
Mey's Stoffwäsche
en gros und en detail
Monteur-Anzüge

Corsetten
Hemden
Strümpfe
Handschuhe
Markttaschen
Unterröcke
Gürtel
Untertaillen
Wolle in allen Farben
Schürzen in grosser Auswahl

Stets Eingang von Neuheiten in Kleiderbesätzen und Knöpfen.

Cigarren und Cigarretten en gros.

Restaurant Porlein, Schwabach

neben dem Seminar, Bezirks- u. Forstamt.

Unter obigem empfehle ich ***zu jeder Tageszeit***

warme und kalte Speisen

Rauchfleisch, Wurstwaren

Jeden Montag u. jeden Donnerstag ***Schlachtschüssel.***

Stallungen für 30 Pferde. — Fremdenzimmer.
Eigene Metzgerei. — Prima Gg. Leitner-Bräu.

Zahlreichem Zuspruch sieht entgegen

Hans Porlein.

Martin Lindner, Schwabach

b. Nürnberg

Benkendorferstrasse 2, Auf der Aich.

Empfehle meine grossen Lager in allen Sparten des

Korb-, Holz-, Bürsten- und Kinderwagengeschäfts.

Ehe Sie anderweitig kaufen, gestatte ich mir, Sie höflichst einzuladen, meine Ausstellungen zu besichtigen.

Ein Besuch meines Lagers verpflichtet nicht zum Kauf.

Eigene Reparaturwerkstätte.

Billigste Preise.

Aufmerksame Bedienung.

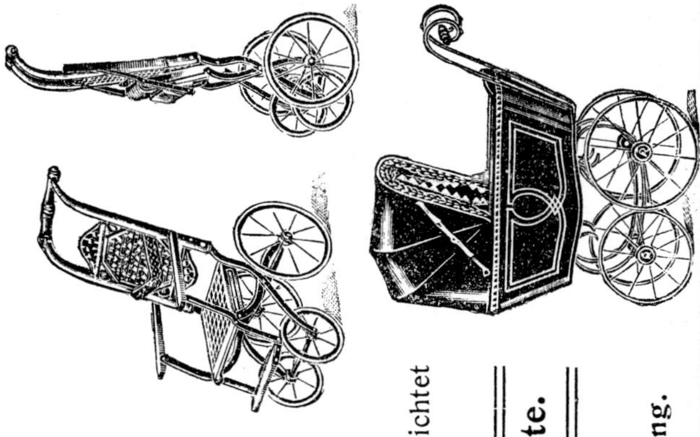

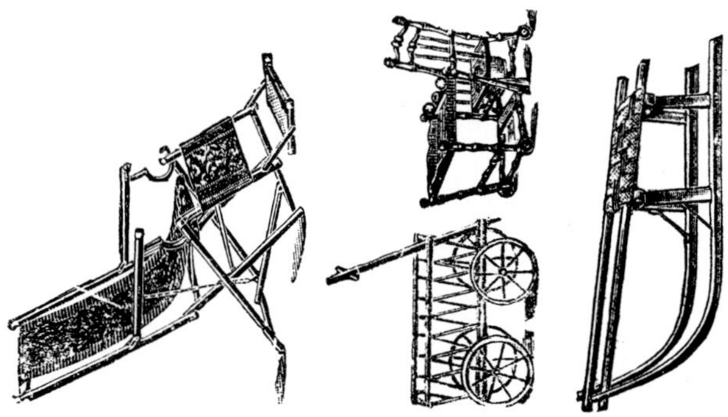

Georg Seltmann

Spitalberg 3

Grösstes Lager am Platze.

Schirme ⌘ Herrenartikel

Filzwaren.

August Fritz Gundel, Königsplatz 8

Mechanische Holzdreherei.

Beste Bezugsquelle aller Holz- u. Korbwaren, Oekonomiegeräte 2c. an Wiederverkäufer.

Versand nach allen Post- und Bahnstationen.

Grösste Auswahl.

Carl Müller

Buchbinderei, Papier- und Schreibwarenhandlung

empfiehlt als

Spezialität: **Papierausstattungen**

in Herren- und Damenformat

mit Monogrammprägung

sowie die in meinem Alleinverlag erschienenen

Tucks Künster-Postkarten.

Vornehmste Marke.

Billigste Preise.

Christof Hunger

Auf der Aich 1–3 **Schwabach** Gegründet 1868.

erlaubt sich den fortwährenden Eingang von Neuheiten in

Kurz-, Weiss-, Woll- und Ganteriewaren sowie Spielwaren

höflichst anzuzeigen und ladet zum Besuche seiner reichhaltigen Ausstellung ohne jeden Kaufzwang ergebenst ein.

Die 5 grossen modernen Schaufentter sind besonders beachtenswert.

---

an der Stadtkirche **Gg. Lipps** an der Stadtkirche

Schwabach.

Kurz-, Weiß- u. Wollwaren

Spezialgeschäft in

Herren-Hüten und Mützen

Kravatten u. Herrenwäsche.

Zu Ausstattungen ist sehr zu empfehlen mein eigenes Fabrikat die

Spiraldrahtfeder-Matratze.

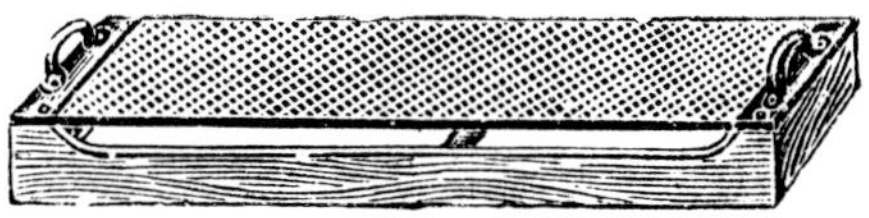

Ferner habe ich stets ein Lager in Patentmatratzen eisernen Kinderbettstellen und Bettstellen für Erwachsene, überhaupt in sämtlichen Eisenmöbeln sowie allen Sorten Sieben.

Verzinkte Drahtgeflechte fertige ich in allen Höhen, Maschenweiten und Drahtstärken nach Maß auf Holz- oder Eisensäulen montiert bei billigster Bedienung.

Gg. Wieder, Sieb- und Drahtflechterei vormals Zink.

Schwabach, Boxlohe.

Verkauf österr. Regie-Zigarren und Tabake.

Aeltestes Zigarren-Spezial-Geschäft

von

Georg Geissler

Schwabach, Ludwigsstr. 1.

Grösstes Lager in Zigarren Zigaretten u. Tabaken

aus nur erstklassigen Fabriken.

Für Wirte u. Wiederverkäufer en gros-Preise.

Echte Schweizer und Holländer Zigarren.

Bitte genau Firma und Strasse beachten!

Johann Schuler

Silbergasse 4–6 Schwabach

= Fernsprecher 154 =

Glaserei u. Bildereinrahmungsgeschäft.

Alle einschlägigen Neu- und Reparatur-Arbeiten bekannt gut, schnell und billig.

Ladengeschäft für Glas, Porzellan, Steingut, Zinn, Nickel usw. — Alle Gebrauchsgeschirre für Wirtschaft und Haushalt. — Spiegel, fertige Bilder etc.

Grösste Auswahl. Billigste Preise.

Konfektionshaus Buko

Ludwigsstrasse 7 **Schwabach** neben der :: Rose ::

Billigste Bezugsquelle für fertige

Herren- u. Knaben-Garderoben

Berufs- u. Arbeiterbekleidung

Hüte und Mützen

Anfertigung eleganter Herren-Moden

nach Mass.

Bierbrauerei - Gesellschaft

Schwabach A.-G.

vormals Johann Forster

:: Pinzenberg :: No. 36 **Schwabach** Hördlertorstraße No. 12, 14 u. 16

Prämiiert: Paris, Berlin, Nürnberg, Würzburg

empfiehlt ihre vorzüglichen, aus besten Rohmaterialien sorgfältigst hergestellten

Lager- und Exportbiere

in heller und dunkler Farbe.

Lieferung durch eigene Eisenbahn-Transportwaggons

Bezirks-Telefon Schwabach No. 18

:: Kellerei Nürnberg No. 4974 ::

Telegramm-Adresse: Forsterbräu.

Depots in Nürnberg und Würzburg.

Größte Brauerei am Platze.

Konrad Stephan

Schwabach (S. Fuchs Nachf.) Königsstr. 11

a) Schnittwaren

Grösstes Lager am hiesigen Platze.

Kleiderstoffe, Blusenstoffe, Schürzenstoffe, Unterrockstoffe, Satins, Blaudrucke, Hemdenflanelle, Bettbarchente, Bettzeuge, Bettdecken, Bettücher etc. etc.

Bettfedern

b) Herrenkonfektion

Herren-, Burschen-, Knaben-Anzüge, Winterüberzieher, Wetterkragen, Winterlodenjoppen, Stoff- und Arbeitshosen, Lederhosen in allen Grössen, blaue Ueberanzüge

Grösstes Lager am hiesigen Platze.

Beste Qualitäten.

Solide Preise.

J. G. Schreyer'sche Buchhandlung

(Sortiment)

Schwabach

empfiehlt sich zur pünktlichen und schnellen Besorgung aller **Bücher** und **Schriften** bei buchhändlerisch festgesetzten Preisen.

Annahmestelle für Abonnements

auf sämtliche **Zeitschriften, Lieferungswerke, Mode- und Fachjournale**; die Zustellung derselben erfolgt frei ins Haus — also mit Wegfall der postalischen Zustellungsgebühr. **Probenummern** stehen gerne zu Diensten.

Uhren aller Art, erstklassige Werke,
Gold- und Silberwaren
Brillen, Zwicker etc. etc.
Operngläser, Thermometer
Taschenlampen
etc. etc.

Thomas Enders

Reparaturen zuverlässig und billig.

Schönberger'sche Cementfabrik Ziegelgasse Telephon 67

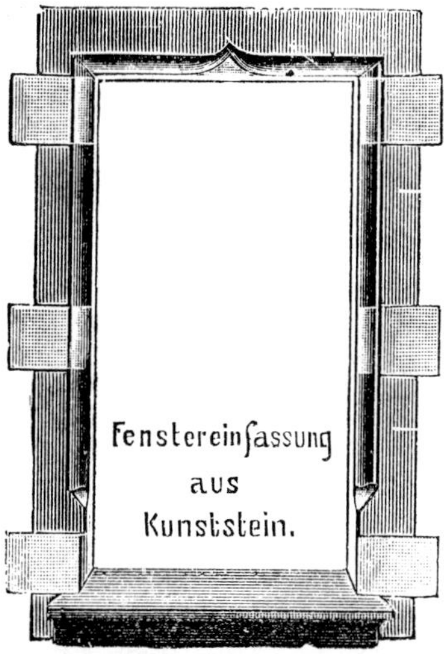

empfiehlt sich zur Übernahme von

jeder Betonarbeit

wie wasserdichte Keller Abortgruben, Kegelbahnen u. Wasserbauten

Zeugnisse über ausgeführte Arbeiten stehen zu Diensten.

Lager in sämtl. Cementwaren

sowie

Ausführung von Fenstereinfassungen in Natursteinen und Kunststeinbeton.

Hochachtungsvoll

D. O.

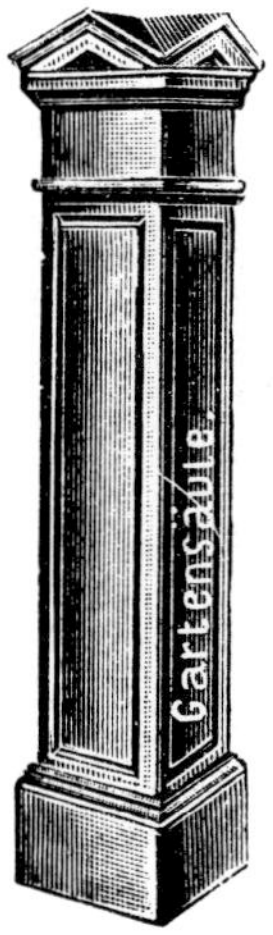

Cementplatten.

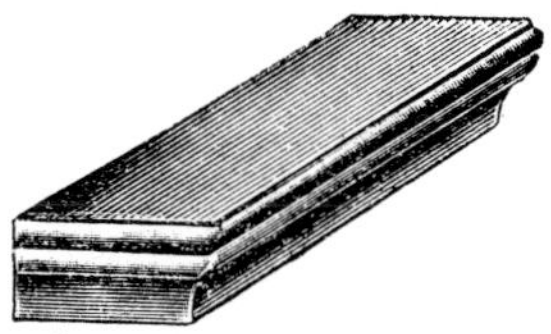

Cementstufe.

Leonhard Schönberger sen.

Ziegelgasse **Maurermeister** Telephon 67

empfiehlt sich bei vorkommenden Maurerarbeiten.

Uebernahme von Neubauten.

Anfertigung von Bauplänen und Kostenvoranschlägen sowie Gutachten aller baulichen Sachen.

Hochachtungsvoll **D. O.**

Meine

Afrana-Nähmaschinen

der Firma Biesolt & Locke, Meissen

bieten allen Käufern die Gelegenheit, sich am

unentgeltlichen Näh- und Stickunterricht

zu beteiligen.

Vertreter: **Adam Bayerlein**

Schwabach, Glockengiesergasse 5.

Herren-Anzüge

Burschen u.
Kinder-Anzüge
in allen Preislagen u. Grössen
Arbeiter-Anzüge
Lederhosen

W. Boecklein

Schwabach Marktplatz.

Grösste Auswahl

in

Bettfedern	**Kleiderstoffen und**
Bettbarchent	sämtlichen
Bettzeug	**Woll- u. Baumwoll-**
Bettücher	**waren.**

Buchbinderei, Papier u. Schreibwaren-,
Lederwaren- u. Buchhandlung
von

Fritz Uhl, Schwabach

Königsplatz 14

empfiehlt sich in allen Buchbinderarbeiten in sauberster Ausführung zu billigen Preisen.

Georg Lipps Wwe.

Schwabach, Zöllnertorstr.

Kurz-, Weiss- und Wollwaren-Geschäft.

Stets Neuheiten in Besatz-Artikeln.

Alleinverkauf
von Dr. Lahmann's Unterkleidung.

Sie fahren gut

wenn Sie wie bisher nur die Schwalbenseife verwenden, denn

1 Stück Schwalbenseife
1 Kochtopf, genügend **frisches Wasser**
(zum Nachspülen) und ein ganz klein wenig
Gesunder Menschenverstand
ist alles, was man nötig hat dabei; das ist

Die ganze Kunst zu Waschen.

Komplette

Wohnungs-Einrichtungen

in verschiedenen Stilarten empfiehlt zu billigsten Preisen

Konrad Sengling

Bau- und Möbelschreinerei mit Kraftbetrieb. Schwabach, Limbacherstr.

Mayr's Reformfenster

D. R. P. Nr. 171 244

sind die billigsten Doppelfenster für Schul-, Fabrik- und Wohnräume gegen die bisherigen Sommer- und Winterfenster oder Kastenfenster, schließen absolut dicht und können auch für schwächeres Mauerwerk verwendet werden.

Alleiniger Licenzinhaber für Schwabach und Bezirksamtssprengel

Konrad Sengling, Schreinermeister,

Schwabach, Limbacherstraße. — Musterstock steht zu Diensten.

Stadtbad Schwabach

empfiehlt:

Brause-, Wannen-, Kohlensäure- u. Dampfbäder.

Jede Woche Freitag, Samstag und Sonntag bis Mittag 12 Uhr geöffnet.

Hochachtungsvoll

Der Besitzer: **L. Schönberger.**

Brauhaus Schwabach

Aktien-Gesellschaft

Schwabach

Hördlertorstraße 11, 12, 14 und 16

Pinzenberg 36 Frauentrautgasse 1 und 3.

Prämiiert: Paris, Berlin, Nürnberg, Würzburg.

Vorzügliche helle und dunkle

Lagerbiere.

Als hochfeines Tafelbier die Marke:

Brauhaus Schwabach „Export".

Lieferung

durch eigene Eisenbahntransportwaggons.

Bezirks-Telephon Schwabach Nr. 18.

Kellerei Nürnberg Nr. 4974.

Telegramm-Adresse: „Brauhaus".

Depots in Nürnberg u. Würzburg.

Größte Brauerei am Platze.

Werbung (1914)

Bayer. Vereinsbank, Filiale Nürnberg

Wechselstube Schwabach

Spitalberg 3 Hauptniederlassung München **Telephon 34**

Filialen in:

Augsburg	Erlangen	Landshut	Regensburg
Bad Kissingen	Fürth	Nürnberg	Straubing
Bayreuth	Kempten	Passau	Würzburg

Aktienkapital .	51 000 000 Mk.	Pfandbriefumlauf	483 000 000 Mk.
Reservefond .	25 400 000 „	Hypothekenbest.	495 000 000 Mk.

Ausführung aller in das Bankfach einschl. Geschäfte

insbesondere

An- und Verkauf von Wertpapieren mit und ohne Börsennotiz

Eröffnung provisionsfreier Scheckrechnungen

Uebernahme von Bareinlagen gegen Verzinsung auf tägliche oder längere Kündigung

Entgegennahme von Geldern der Gemeinden, Stiftungen und Kirchengemeinden in laufender Rechnung, im Giro-Scheck-Verkehr und gegen Ausstellung von Schuldscheinen

Gewährung von Konto-Korrent-Krediten

Diskontierung und Einzug von Wechseln

Ausstellung von Schecks, Wechseln und Kreditbriefen auf das In- und Ausland

Aufbewahrung und Verwaltung von Wertpapieren aller Art als

Offene Depots.

Uebernahme von Wertgegenständen in geschlossenem und versiegeltem Zustande als

Geschlossene Depots.

Vermietung von Schrankfächern in den Stahlkammern (Safes)

in verschiedenen Grössen auf längere od. kürzere Zeitdauer (Reisezeit).

Den Gemeinden, örtlichen Stiftungen, Kultusstiftungen und Kirchengemeinden ist die

Errichtung offener Depots bei der Bayerischen Vereinsbank gestattet.

Die Pfandbriefe sind durch Verordnung der Kgl. Bayer. Staatsregierung als **mündelsicher** und als geeignet für die Anlage von Gemeinde- und Stiftungskapitalien erklärt.

Ueber alle Vermögensangelegenheiten der Kunden wird unbedingtes Stillschweigen gegen Jedermann und jede Behörde, insbesondere auch gegenüber den Rentämtern, bewahrt.

Reglements für alle Geschäftszweige stehen kostenfrei zur Verfügung.

Portland-Cementwarenfabrik, Beton- u. Eisenbetonbaugeschäft

Chr. Ludw. Abrie, Schwabach am Bahnhof.

Telephon 46

Fabrikation und Lager

von

Kanalisations-Röhren

kreisrund und eiförmig in allen gangbaren Lichtweiten.

Brunnenröhren, Trottoirplättchen und Einfahrtssteine
20/20 cm breit.

Bodenplatten, Treppentritte mit u. ohne Profil, **Viehbarren, Schweinströge, Gartensäulen, Ofensteine etc.**

Uebernahme von **Wasserbauten.**

Herstellung wasserdichter Keller, Abortgruben etc.

Betonierungsarbeiten jeder Art
bei billigster Berechnung.

Verkauf von stets frischem
Portlandcement erster Qualität.

Gg. Wieder Schwabach

vormals Zink

Boxlohe 2

Siebmacher und Drahtflechterei.

Empfehle meine Spezial-Fabrikation in **Drahteinzäunungen,** fachmännisch montiert auf Eisen-, Beton- oder Holzsäulen, in allen Höhen, Stärken und Maschenweiten. Die schon seit 50 Jahren sehr gut bewährte **Spiralstahldrahtfeder-Matratze** ist heute noch sehr zu empfehlen.

Am Lager führe **eiserne Kinderbettstellen,** überhaupt alle **Eisenmöbel,** sowie **Drahtwaren, Seilerwaren, Holzwaren, Bürsten** und **Siebe.**

Reelle Bedienung. **Billige Preise.**

Adam Wittmann, Schwabach

Höllgasse 3. Fahrradhandlung Höllgasse 3.

empfiehlt

erstklassige Fahrräder

Mars, Triumph etc. nebst sämtlichem Zubehör.

Guteingerichtete Reparatur-Werkstätte.

Schwabacher Tagblatt

Amtsblatt des Stadtmagistrats und kgl. Bezirksamts

K. Amtsgerichts, K. Notariats, K. Rentamts, K. Forstamts, gemeindlicher u. a. Behörden. Publikationsorgan sämtlicher Vereine in Schwabach und Umgebung (mehr als 100).

Spitalberg 3. **Weitaus verbreitetstes Blatt hiesiger Stadt und Gegend.** Telephon 22.

2500	4100	1600
Abonnenten in Schwabach	**Gesamt-Auflage**	**Land-Auflage**
bei einer Haushaltungszahl von 2800. Das ist eine derart hohe prozentuale Verbreitung, wie sie nur ganz wenige Zeitungen Deutschlands in ihrem Ausgabeort aufweisen können. Das „Tagblatt" ist in allen Bevölkerungskreisen gleich stark verbreitet.	des im Jahre 1801 gegründeten und seitdem ununterbrochen erscheinenden „Schwabacher Tagblatt". Reichhaltigstes Blatt der Stadt Schwabach und des Amtsbezirks Schwabach sowohl hinsichtlich des Lesestoffes als des Inseratenteiles.	verteilt über das ganze Bezirksamtsgebiet, Distrikt Schwabach und Distrikt Roth, mit zusammen 53 Gemeinden. Das „Schwabacher Tagblatt" ist auch das Publikationsorgan des Landwirtsch. Vereins Schwabach-Roth u. sonst. landwirtschaftl. Vereine.
Insertionspreis: Die 1spaltige (44 mm breite) Zeile 12 Pfennig, lokale 10 Pfg. Bei Wiederholungen entsprech. Rabatt. Reklamen (92 mm breit) 30 Pfennig.	**Buchdruckerei H. Millizer, Schwabach** ∴ Siehe Empfehlung auf gegenüberliegender Seite. ∴	Abonnementspreis: Viertelj. 1.60 Mk. monatlich 55 Pfg., wöchentlich 13 Pfg. Auswärts nehmen Postanstalten und Landpostboten Bestellungen entgegen.

Buchdruckerei Hermann Millizer

Spitalberg 3 ▫ Telephonruf 22 — **Schwabach** — Geschäftsgründung ums Jahr 1520

Anfertigung sämtlicher Buchdruck-Arbeiten in ein- und mehrfarbiger Ausführung vom einfachsten **bis zum feinsten Genre.** — Entwürfe werden schnellstens angefertigt.

Herstellung von Büchern, Werken, Zeitschriften, Katalogen, Preislisten, Broschüren, Festschriften Hochzeits- u. Tanzzeitungen, Liederbüchern, Jahresberichten, Statuten, Briefbogen, Rechnungen Plakaten, Zirkularen, Mitteilungen, Postkarten, Quittungen, Prospekten, Frachtbriefen, Paket- u. Aufklebadressen, Speise-, Visit-, Verlobungs- u. Vermählungskarten, Trauerbriefen, Trauer- u. Dankkarten, Kuverts, Programms, Einladungs-, Eintritts- u. Tanzkarten, Kranzschleifen usw. usw.

Modern eingerichtete Buchdruckerei mit reichstem Material.

5 Druckmaschinen — darunter ganzautomatische —, Stereotypie, Setzmaschine, Perforier-, Numerier- und Stanzmaschine, sowie sonstige Hilfsmaschinen.

Schwabacher Tagblatt. — Muster stets zu Diensten. Solide Preise. — Buchdruckerei Millizer.

Nikol. Schaffner, Schwabach

Fahrrad- und Automobil-Handlung

Königplatz 25 — Reparaturwerkstätte — Telephon 56.

Motorräder, Motorwagen, Motorlastwagen, Zubehörteile.
Benzin
und Oel für Automobile.

Fahrräder, Nähmaschinen, sämtliche Ersatzteile, Waschmaschinen, Wringmaschinen, Waschmangeln.

überziehen der Wringwalzen billigst.

Autogene Lohnschweißerei.

Automobil-Lohnfahrten.

Telephonruf Nr. 124 — **Schwabach** — Geschäftslokalitäten Königsplatz 31.

Abonnementspreis:
In Schwabach m. Einschluß des Trägerlohnes vierteljährl. 1.25 ℳ, monatl. 42 ₰, wöchentl. 10 ₰; auswärts bei Zustellung durch die Post vierteljährl. 1 ℳ 72 ₰, monatl. 59 ₰.

Allgemeine

Volks-Zeitung

Organ für Vertretung freiheitlicher Volksinteressen

Insertionsgebühr
für die einspaltige Zeile oder deren Raum: bei lokalen Anzeigen 10 ₰, bei auswärtigen Anzeigen 12 ₰. Reklamen per Zeile 30 ₰. Bei Wiederholungen entsprechender Rabatt.

Verantwortlicher Redakteur: J. P. Iffland in Schwabach	Erscheint täglich (mit Ausnahme der Sonn- u. Feiertage) früh 11 Uhr. — Größere Anzeigen möglichst frühzeitig erbeten.	Druck und Verlag von J. P. Iffland in Schwabach.

Buchdruckerei J. P. Iffland, Schwabach Königsplatz 31

Druck und Verlag der „Allg. Volks-Zeitung".

Anfertigung aller geschäftlichen **Buchdruckarbeiten** in Schwarz- u. Buntdruck. Reichhaltiges u. modernes Schriften- und Ziermaterial. — Motorbetrieb. — 2 Schnellpressen u. Tiegeldruckpresse. — Setzmaschine. — Hilfsmaschinen.

Günther & Herbst

Aecht Blattgold-Fabrik

Schwabach bei Nürnberg.

Fabriziert

Blattgold in allen Grössen und Nüancen.

Prämiiert auf der
Bayer. Landesausstellung
1882 und 1896.

= **Telephon Nr 26.** =

Moll u. Kühn'sche Filzfabrik

Telephon 40 **Karl Reiner** **Telephon 40**

Schwabach bei Nürnberg.

Spezialitäten:

Schleif-, Polier- und Hochglanz-Polierfilze in Platten und Scheiben, in allen Dimensionen und Härtegraden für alle technischen Zwecke.

Sohlenfilze und alle in die Filzwarenbranche einschlägigen Artikel.

Adam Bayerlein, Schwabach

(Konrad Dannreuther's Nachfolger)

Glockengießergasse 5.

Alleinvertreter für Schwabach und Umgebung

der weltberühmten

Afrana-Nähmaschinen

Größtes Lager am Platze!

Fahrräder u. Bestandteile.

Eigene Reparatur-Werkstätte für Nähmaschinen und Fahrräder.

Größte Auswahl in Musikinstrumenten am Platze!

wie

Zithern, Violinen, Mandolinen, Guitarren, Lauten, Okarinas, Mund- und Ziehharmonikas. Saiten und Bestandteile.

Ferner

Theatergläser, Brillen u. Zwicker, Thermometer, Taschenuhren, Regulateure, Standuhren, Wecker, Taschenlampen und Ersatzbatterien.

Uhren und Goldwaren werden billigst repariert.

Gebrüder Gottlieb, Schwabach

Telephon 175 **Maurermeister** Telephon 175

Baumaterialienlager u. Cementwaren-Fabrik

Limbacher Straße 5 und 7.

Ausführung von Neubauten sowie Maurer-, Beton- und Tüncher-Arbeiten.

Großes Lager in Baumaterialien.

Lager in fertigen Brunnen- und Cementröhren, Brunnendeckel, Brunnentröge, Viehbarren in verschiedenen Längen, **Cementgartensäulen** einfach, profiliert und mit Aufsatz, **Einzäunungspfosten** mit Eiseneinlage, **Rinnenschalen, Abdeckungs-, Grenz- und Rinnensteine, Sockelsteine** für Remisenbau, **Cementstufen, Fenster- und Grabeinfassungen** einfach, profiliert und in Kunststeinform usw. usw.

Öle, Lacke, Terpentin, Sikkativ. Pinsel und Bürsten aller Art.

Billigste Preise werden durchgehends zugesichert.

Bei Abnahme von Waggonladungen Fabrikpreise.

Hotel zum Schwarzen Bären

Telephon 88 ***Schwabach*** *Telephon 88*

Jean Enders Witwe.

Größtes Etablissement am Platze. — Elektrische Beleuchtung. Grosse Säle. Separate Zimmer. — Schattiger Garten. — Hausdiener am Bahnhof. Zwangloser Verkehr.

Stallungen.

Ausschank von ff. hellem Brauhausbier sowie des beliebten feinen Export-Tafelbieres.

Zentraltheater (Kinematograph)

im kleinen Saal bringt stets Neuestes und Bestes.

Zitzner & Richter

Nürnberg **Schwabach bei Nürnberg.** *1882.*

Formen-Fabrik

für Gold-, Silber-, Aluminium- und Metallschlägereien.

Solide billige Bedienung.

Gebr. Wandel, Schwabach

Drahtweberei, Sieb- u. Drahtwaren.

Spezialität: **Bronze-Gazen** (sogenannte Müller-Gazen) für Müllerei-Zwecke.

Ferner alle Arten **Drahtgewebe** aus Phosphorbronze, Kupfer, Messing, Eisen etc.

Anfertigung von **Drahtmatratzen** in Holz- und Eisenrahmen (unter langjähriger Garantie), **Aufzugs-Umwehrungen, Gittern, Durchwürfen, runden Sieben** für technische, chemische und landwirtschaftliche Zwecke.

Schnelle Bedienung, billige Preise.

Mich. Knöllinger, Schwabach

Inhaber: Karl und Richard Knöllinger

Brauerei und Malzfabrik, Malzkaffee- und Farbmalzrösterei

empfehlen ihren an der Regelsbacherstrasse gelegenen **„Gambrinuskeller“** zum gefälligen Besuch und zur Abhaltung von Festlichkeiten, geöffnet das ganze Jahr.

Staubfreie Lage. Vorzügliches Bier. Gute Bedienung.

Desgleichen ihre **Wirtschaft an der Hördlertorstrasse,** verbunden mit schönem der Neuzeit entsprechendem Saal mit Bühne für Vereine und Gesellschaften.

Fabrikation und Verkauf von prima Farbmalz u. Malzkaffee, gebranntem Gerstenkaffee, verpackt und in Säcken.

Telephon 23. Telephon 23.

Paul Goppelt

Schwabach.

Cichorienkaffee-Fabrikation und Farbmalzbrennerei

Dampfbetrieb.

Nikol. Schaffner, Schwabach

Brunnenbohrung, Metallgießerei und Installationsgeschäft

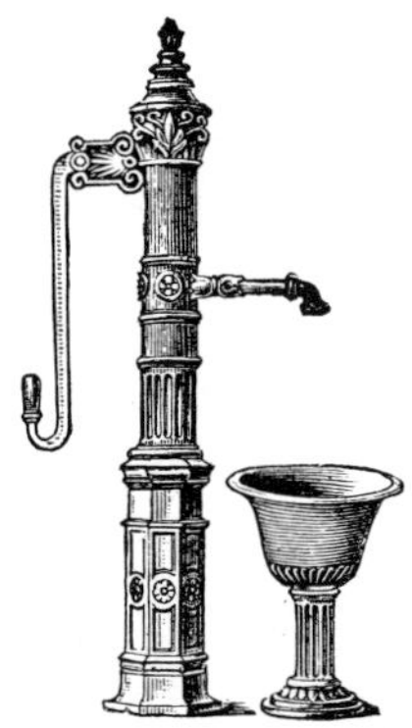

Königpl. 25 **Reparaturwerkstätte** Tel. 56.

Herstellung **gebohrter Brunnen,** in jeder Tiefe und Weite, Ausführung von **Gas-, Wasser- und Dampf-Leitungen,** Fabrikation von **Pumpwerken, Ventilen, Bierhahnen, Normalgewinde** für Feuerwehren. **Kloset- und Badeeinrichtungen.**

Lager in **Garten-, Gas- u. Feuerwehrschläuchen,** sämtlichen **Gasglühlichtartikeln, Einschleifen** der **Holzbrunnenwerke, Ventile** und **Bierhahnen** billigst.

Ankauf von alten Metallen zu höchsten Preisen.

Schönberger'sche Cementfabrik, Schwabach

Ziegelgasse — empfiehlt sich zur Uebernahme — Telephon 170

jeder Beton-Arbeiten

wie wasserdichte Keller, Abortgruben, Kegelbahnen und Wasserbauten.
Zeugnisse über ausgeführte Arbeiten stehen zu Diensten.

Lager in sämtlichen Cementwaren

sowie **Ausführung von Fenstereinfassungen in Natursteinen und Kunststeinbeton.**

Lager in sämtlichen Cementwaren bei

Herrn Heider, Maurermeister in Büchenbach

und bei

Herrn Feuerlein, Maurermeister in Schwand.

Es werden auch dort größere Aufträge entgegengenommen.

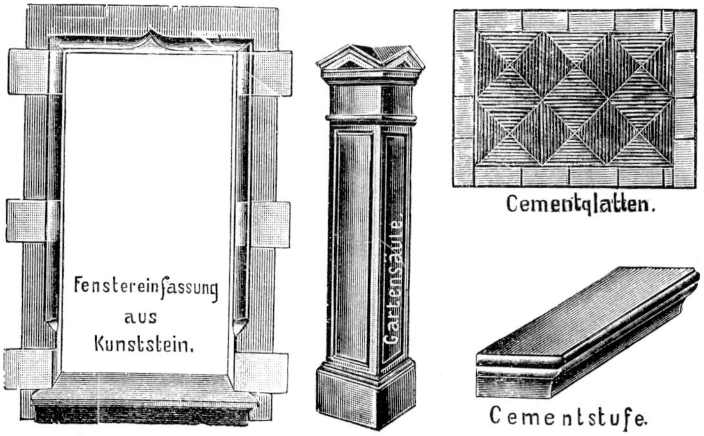

Leonhard Schönberger sen., Maurermstr.

Ziegelgasse — Telephon 170

empfiehlt sich bei vorkommenden Maurerarbeiten.
Uebernahme von Neubauten. Anfertigung von Bauplänen u. Kostenvoranschlägen sowie Gutachten aller baulichen Sachen.

Grammophon-Zentrale

Vertrieb von Ia Sprechapparaten u. Musikinstrumenten.

Vertrieb von Ia Sprechapparaten u. Musikinstrumenten.

Thom. Popp, Schwabach

Nördlinger Straße 2 ▫ Am Siechweiher.

Schallplatten

aller Marken, per Stück Mark 1.25, Mark 2.— und höher.

Umtausch alter Platten.

Elektrische Taschenlampen, Läutwerke etc.

:::: Reparaturen prompt und billigst. ::::

Werbung (1925)

Wilhelm Schuler, Glasermeister

Glaserei, Bilder- und Spiegelhandlung

Aeltestes Geschäft Keine Filiale

Nur in diesem Hause! Silbergasse 6.

Papier-Industrie Schwabach

Georg Spachmüller & Comp.

Großbetrieb für Papierverarbeitung und Druckerei

Telephon Nummer 180 Postscheck-Konto 3944

Telegramm-Adresse: Papierindustrie

Papier

Papiersäcke

Papierabreißapparate

Papierpackungen

Rollenpapiere

Vorteilhafte Bezugsquelle für Wiederverkäufer und Großverbraucher.

S. Rosenstein
Schwabach

gegründet 1858 — Telephon 29

Damen-, Backfisch- und Kinder-Konfektion
Mode- und Seidenwaren
aparteste Neuheiten

Herrenstoffe

Wäschestoffe für Leib-, Tisch- u. Bettwäsche
in anerkannt besten Qualitäten

Ausstattungslager
Gardinen. Bettfedern

Normal-Herren-Wäsche
Fabrikate der Fa. W. Benger Söhne, Stuttgart.

Hans M. Bauer

Bayer. Diamantziehſtein- und Drahtziehmaſchinenfabriken

Kommanditgeſellſchaft

Zweigbüro: Nürnberg
Gleisbühlſtraße 7, Ecke Marienſtraße
Telephon 1721.

SCHWABACH
Limbacher Straße 31/33 // Tel. 144
Gegründet 1859.

SPEZIAL-FABRIK

für:

A. Diamantziehsteine
Safierziehsteine
Rubinziehsteine
in den Bohrungen von 3,60 mm bis 0,010 mm Feinheit für Draht- und Glühfaden-Fabrikation

Pressdüsen aus Diamant, Safir, Korundum und Metallen für Bleiminen etc.

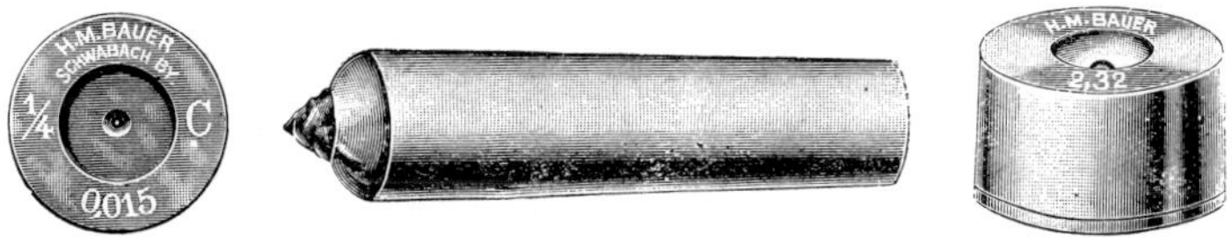

Reparaturen von Diamantziehſteinen und Diamantwerkzeugen.

Diamantwerkzeuge für alle Zwecke. Abdrehdiamanten, Bohrdiamanten, Sägediamanten, Schreibdiamanten, Rohdiamanten, Diamantstaub und Diamantpulver

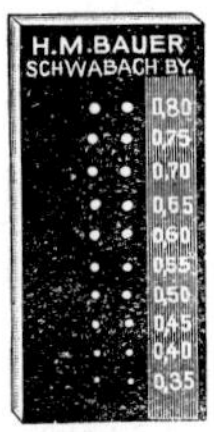

B. Zieheisen aller Art mit runden und Faſſon-Löchern in Stahl, Kompoſition und Metallguß. Reparaturen derſelben.

C. Mehrfach- und Einfach-Drahtziehmaschinen für Drähte von 8 mm bis 0,010 mm Feinheit. Insgeſamt 80 Typen.

Diamantziehstein-, Bohr-, Polier- und Bearbeitungsmaschinen. Präzisionswalzwerke. Diamant-Schleif- u. Sägemaschinen. Reparaturen und Erſatzteile.

D. Einschlägige Werkzeuge und Apparate.

Buchdruckerei

H. Millizer, Schwabach

Telephon 22

ausgeſtattet neben reichhaltigem Schriftmaterial mit Linotype-Setzmaſchinen, Rotations-Druck- und ſonſtigen Maſchinen, empfiehlt ſich zur

Herſtellung aller Druckarbeiten

für Behörden, Private und Vereine.

Schwabacher Tagblatt

125. Jahrgang

im Verlag der Buchdruckerei Hermann Millizer erſcheinend, wird infolge ſeiner großen Verbreitung in Stadt Schwabach und dem geſamten Gebiete des Bezirksamtes Schwabach als

erfolgreichſtes Inſertions-Organ

empfohlen.

Nic. Schaffner

Königplatz 25 **Schwabach** Telephon 199

Abteilung I:

Anstalt für Brunnenbohrung u. Pumpenbau

Eigene Metallgießerei und Fabrikation der Pumpwerke für Hand- und Kraftbetrieb

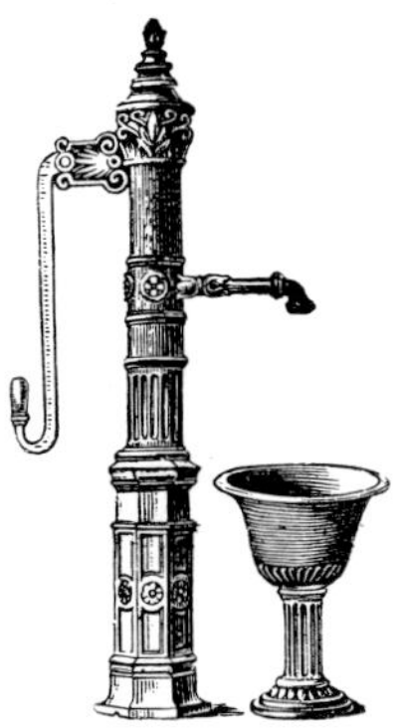

Hauswasserpumpen mit Tiefsauganlage bis über 30 Mtr. mit Motor

Besteingerichtete Reparaturwerkstätte

Nicol. Schaffner

Königplatz 25 **Schwabach** Telephon 199

Staatlich anerkannte Kraftwagen-Reparatur-Werkstätte

Vertretung von Automobilen, Motorrädern, Fahrrädern und Nähmaschinen erster Marken wie N.S.U., N.A.G., Brennabor, Hansa-Lloyd

Amtlich bevollmächtigt zur Ausbildung von Fahrern für Motorräder und Motorwagen aller Art

Älteste, besteingerichtete Reparatur-Werkstätte

Spezialität: Generalreparaturen von Autos aller Systeme und Fabrikate — Großes Ersatzteil-Lager

Bereifungen aller Fabrikate / Stock-Niederlage

Personen- und Lastkraftwagen aller Art

Motorräder u. Beiwagen

Betriebssicher Formenschön Angenehm

Neckarsulmer Fahrzeugwerke A.G. Neckarsulm

Dapolin-Pumpstation / Prima Autoöle

Feuerwehr-, Garten- u. Wasserschläuche in allen Dimensionen

Grabdenkmäler / Krieger-Ehrungen

und alle sonstigen

Steinmetz- und Bildhauerarbeiten

in jedem Material werden ausgeführt von

Heinrich Krodel, Bildhauer

Schwabach, Limbacher Straße 2

(Verfertiger des von Prof. Kittler-Nürnberg entworfenen Schwabacher Weltkriegdenkmals)

Sauberste Arbeit. Billigste Preise.

Georg Scharrer / Schwabach

Pinzenberg 21

Fahrräder / Motorräder / Nähmaschinen

Spezialität: Neuanfertigung von Fahrrad- und Motorradrahmen sowie Reparieren von Rahmen aller Art. Gut eingerichtete Werkstatt. Reparaturen prompt und billigst.

K. Scheuerlein / Schwabach

Nördliche Mauerstraße 2 a

Mechanische Strickerei

empfiehlt sich im Anfertigen von

Kasakkleidern / Kostümen / Herren-, Damen- und Kinderwesten / Pullovers / Rodel-Garnituren / Damenjacken / Kindermänteln

Garantiert nur Ia Qualitäten.

Christoph Rösch

Schwabach

Nürnberger Str. 24 Telephon 276

Feinmechanische Werkstätte

Fahrräder

Größte Auswahl in den bedeutendsten Fabrikmarken, wie „Diamant“, „Opel“, „Viktoria“, „Germania“, „Corona“ etc. etc.

Sämtliche Fahrrad-Ersatz- u. Zubehörteile, fachmännisches Vornehmen sämtlicher Reparaturen unter Garantie.

Nähmaschinen

Vertretung in Pfaff- u. Naumann-Maschinen für Familiengebrauch, Gewerbe und Industrie. Ersatzteile, Oele, Garne u. Nadeln. Unterricht im Sticken u. Stopfen kostenlos.

Reparaturen aller Systeme werden fachmännisch in eigener Werkstätte ausgeführt.

Motorräder

„Viktoria“, 4 PS mit und ohne Beiwagen.

„Zündapp“ das Motorrad für jedermann, 2 1/4 PS und 2 3/4 PS, glänzender Bergsteiger, billig im Betrieb.

„Hecker“, Viertakt-Motorrad, das modernste und rassigste deutsche Motorrad, 3 PS.

Vertreter der 4 PS Opel-Wagen

Prospekte und Vorführung des Wagens kostenlos und unverbindlich.

Besichtigen Sie bitte meine Lagerräume! Erleichterte Zahlungsbedingungen! Coulanteste Bedienung! Fachmännische Ratschläge erteilt bereitwilligst: **Christoph Rösch,** behördlich ermächtigter Kraftfahrlehrer.

Chr. Ludwig Abrie / Schwabach

Portlandzementwarenfabrik u. Betonbaugeschäft.

Größtes Zementwarenlager am Platze

Verkauf von Dyckerhoff-Portlandzement

Ausführung sämtlicher Beton- u. Eisenbetonarbeiten

Wasserdichtmachen von Kellern.

Otto Schleicher / Schwabach

Telephon 65 Trödler-Misch-Masch Telephon 65

Nur Boxlohe 6 (Alt-Trödelhaus von 1890)

An- und Verkauf von alten und neuen Möbeln aller Art

Aeltestes Geschäft am hiesigen Platze

Misch-Masch-Geschäft ist das weit und breit bekannte

Möbelhaus

am hiesigen Platze.

Eigene Schreinerei und Tapezier-Reparaturwerkstätte im Haus.

Georg Stöhr

Bedeutendste Turn- und Sport-Gerätefabrik Süddeutschlands

Fernruf 125

Schwabach bei Nürnberg

Spezialfabrik

für moderne Turngeräte Turnhallen- und Spielplatz-Einrichtungen

Deutsche Sportschau 1925 Nürnberg:

Goldene Medaille.

Besichtigen Sie meine beiden Ausstellungen in der Turnhalle (Luitpoldschulhaus) und auf dem Liliput-Stadion (Progymnasium).

Fritz Bachmeier / Schwabach

Südl. Ringstraße 6
gegenüber dem Postgebäude

Gold- und Silberwaren, Schmucksachen optische Waren, Brillen u. Zwicker, Jagd-Gewehre, Scheiben-Gewehre, Zimmer- und Flobertstutzen, Revolver, Pistolen. Munition zu allen Waffen.

HANS LEUTHOLD / SCHWABACH

NÜRNBERGER TOR — TELEPHON 294

Reparatur von Autos, Motor- und Fahrrädern

landwirtschaftlichen Maschinen

VERTRIEB VON LANDWIRTSCHAFTLICHEN MASCHINEN.

Meyer's Café und Weinstube

Neue Gasse 4 — Schwabach — Telephon 263

empfiehlt das weltberühmte Münchner Hackerbräubier. Großes Lager in gut gepflegten Weiß-, Rot- und Tischweinen verschiedener Jahrgänge / Prima 21 er Maikammerer / Süßweine / Liköre / Schaumweine Fremdenzimmer / Elektrisches Klavier.

Hans Hauerstein

Schwabach bei Nürnberg

Wagenbau u. Holzwarenfabrikation

Städtlerstraße 8 — Telephon 137

empfiehlt sich in der Ausführung aller ins Fach einschlägigen Arbeiten.

Abteilung Wagenbau:
Neuanfertigung aller Wagen, wie Geschäfts-, Luxus- und Sportwagen, Führerhäuser, Lastbrücken und Anhänger in allen Ausführungen und Holzarten.

Abteilung Holzwaren:
Neuanfertigung aller Arten von Leitern, wie Schub-, Transmissions-, Haushaltungs- und Malerleitern, Staffeleien, Fensterleitern etc., Rodelschlitten, Stielfabrikation, Rundstäbe etc.

Reparaturen aller Art prompt und sauber.

Bei außergewöhnlichen Bestellungen genügt Skizze mit Maßangabe.

Preisliste auf Wunsch gratis und franko.

Adam Bayerlein

Schwabach

Glockengießerstr. 5 Telephon 179

Gritzner-Nähmaschinen mit echtem Kugellager, Dürkopp- u Kochs Adler-Nähmaschinen für Haushalt, Gewerbe und Industrie sind erstklassige Fabrikate.

Mars-, Cito-, Dürkopp- u. Gritzner-Fahrräder sind Qualitätsmarken.

Eigene Reparaturwerkstätte.

Pianos und Harmoniums

Musik-Instrumente aller Art

in großer und schöner Auswahl.

Sonntags geschlossen.

E. Hinterleitner / Schwabach

en gros — Tuche — en detail

Bahnhofstraße 4 — Bahnhofstraße 4

Herrenstoffe aller Art

wie Buxkins · Donegal · Noppen · Manchester
Cord · Nadelstreifen · Cheviots · Kammgarn
Gabardine · Drapes · Foules · Marengo
Streifhosen usw. sowie

Damenkostümstoffe.

Herrliche Muster, reiche Lagerauswahl zu ausnehmend billigen Preisen, da fast ausschließlich direkter Bezug ab Fabrik. Zahlungserleichterung. Für Wiederverkäufer Engros-Preise.

Julius Schuler

Kunst- und Bauglaserei
Rahmenwerkstätte

Spezialität: Bildereinrahmung

Bilder- und Spiegelhandlung

hält sich zur Anfertigung sämtlicher ins obige Fach einschlagenden Arbeiten bestens empfohlen.

Tabletterahmen für Handarbeiten
Runde und ovale Rahmen.

Kein Laden!

Verkauf im 1. Stock!

nur Silbergasse 3

Walter & Mederer / Schwabach

Benkendorferstr. 18 — Inh.: Fritz Mederer — Benkendorferstr. 18

Maschinen und Apparate
Motorfahrzeuge N. P. U. und Motorenbau
Transmissionsanlagen und Riemen
Reparaturen an Maschinen aller Art.

Hans Hartmann

Schwabach

Ziegelgasse 19 Ziegelgasse 19

Bau- und Möbelschreinerei

Stahldraht-Matratzen.

Zigarren

Zigaretten

Tabake

erhalten Sie in größter Auswahl und besten Qualitäten bei

Paul Rabenstein

Nürnberger Straße 9 Fernruf 171

Für Wiederverkäufer Original-Fabrikpreise!

Fachdrogerie Karl Fickel

Friedrichstr. 14/16 **Schwabach** Fernruf 121

Klein- und Großhandel

Einziges fachmännisch geleitetes und leistungsfähigstes Spezialgeschäft der Drogenbranche am Platze.

Geschäftsprinzip: Alle Waren in nur erster Qualität bei niedrigsten Preisen, so daß sie, gleiche tadellose Qualität vorausgesetzt, jede Konkurrenz aushalten. Sämtliche Artikel für die häusliche Gesundheitspflege und den praktischen Familienbedarf, für Industrie, Gewerbe und Landwirtschaft. Herstellung pharmazeutisch. Sondererzeugnisse Marke „WOLMIREI“, ges. gesch.

Ehrenpreis: Ausstellung Nürnberg, Oktober 1921.

Man beachte: Nur der Fachmann kann Sie so bedienen, wie Sie es wünschen u. Ihnen sachverständigen Rat geben.

Tanz-Schule Zeh

Nördl. Ringstr. 17 Telephon Nr. 279

Mitglied des B. T. V. der B. Künstler-Gewerkschaft

Inhaber des Befähigungsnachweises für Tanzlehre erteilt

Unterricht

in Rhythmik, Gymnastik, Gesellschaftslehre, Alt- u. Modetanz in Kursen u. Privatstunden

Schönberger'sche Zementwarenfabrik

Betonbaugeschäft und Baumaterialien

Inhaber: Hans Schönberger, Maurermeister

Telephon 234 Ziegelgasse 18

Unternehmung für Hoch- und Tiefbau.

Joh. Wechsler / Schwabach

Boxlohe 13 (hinter der Reformierten Kirche)
empfiehlt in großer Auswahl zu mäßigen Preiſen:
Brautkränze · Brautſchleier in Tüll u. Chiffon · Brautbouquets · Tauf-ſchleier · Kommunion- und Konfirmandenkränze · Anſteckſträußchen Blumenſtöcke · Blumen für Vaſen und Jardinieren · Laubzweige Kommunion- und Altarkerzen · Schleifen · Ranken · Tropfer · Perl-kränze · Grabkränze · Sterbekleider und -Kiſſen vom einfachſten bis zum feinſten hochwattierten Atlaskiſſen ſowie alle einſchlägigen Artikel.

Heinrich Petzoldt, Schwabach

Nürnberger Straße 15
Inhaber: Max Petzoldt
Flaſchnerei- und Inſtallationsgeſchäft

empfiehlt komplette ſanitäre Anlagen, wie: Küchenausgüſſe · Küchen-ſpültiſche · Gasherde in reicher Auswahl · Badeeinrichtungen · Waſch-tiſche · Kloſettanlagen · Brunnen · Flügelpumpen ſowie Bauflaſchnerei

Sauberſte Ausführung — Reelle Preiſe.

Jean Oberndörfer / Schwabach

Dekorationsmaler
Königſtraße 11 — Telephon 292

Renovieren von Faſſaden in Oel- und wetter-beſtändigen Farben · Moderne Zimmer-malerei · Verkauf von Patent-Bronzen in allen Farbtönen nebſt Verbindungs-mitteln.

Waſchen iſt Vertrauensſache!

Kluge Hausfrauen erſparen ſich Mühe und Aerger des Waſchtages und vertrauen ihre Wäſche unſerer Waſch-anſtalt an, denn ſie wiſſen, daß dieſelbe dort fachmänniſch behandelt wird. Wir waſchen Hauswäſche nach Gewicht von 30 Pfd. an und liefern in kürzeſter Zeit je nach Wunſch gewaſchen und geſchleudert, gewaſchen und ge-trocknet ſowie ſchrankfertig zu billigſten Preiſen.

Erſtklaſſige Herrenſtärkwäſche
Damenkleider und Bluſen
Ausſtattungen
Gardinen-Reinigung und -Spannerei
Tadelloſe Bedienung
in Färbereien und chem. Reinigung

Waſchanſtalt Hartmann

Elektriſche Maſchinenwäſcherei und Plätterei
Silbergaſſe 7 — Schwabach — Silbergaſſe 7
Betrieb: Zöllnertorſtraße 12.

Weller-Bräu

SCHWABACH

Fernruf 223 gegründet 1701 Fernruf 223

ff. helle und dunkle Lagerbiere

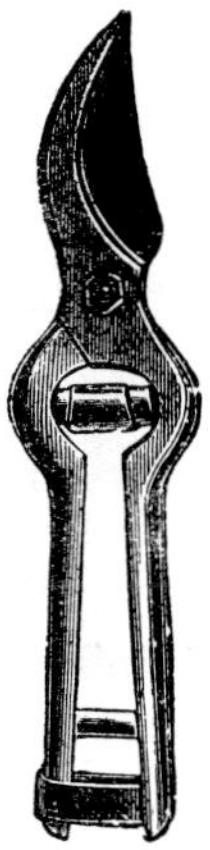

Gg. Hosch

Inhaber: **Adam Weinheimer**

Messerschmiedmeister **Schwabach**

Nürnberger Straße 10

— Anfertigung sämtlicher Messerwaren — Lager in nur erstklassigen Tischbestecken, Haarschneidemaschinen, Gartenwerkzeuge, Rasiermesser, Rasierapparate, Abziehmaschinen, Waffen und Munition

— Ältestes Spezialgeschäft am Platze —

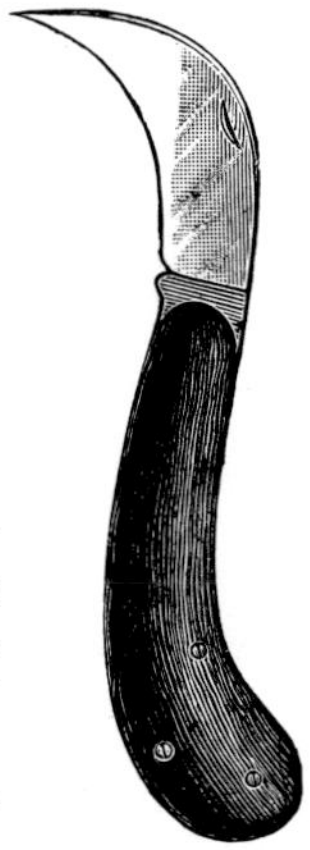

Uhren und Goldwaren

Silber- und **Alpaka-Gegenstände** für Geschenke besonders passend

empfiehlt **Adolf Dornhuber,** SCHWABACH, Bachgasse 20.

Ausstellungsstand Zimmer 9, parterre.

Hans Schneider

Lederlager

Schuhbedarfsartikel

:: Schwabach ::

Friedrichstraße 7 — Fernruf 186

en gros — en détail

Reichhaltiges Lager rein eichengegerbter Sohl- und Vache-Leder in Hälften und Croupons — Schäfte — erstklassige Fabrikate in Schuhcreme und Schnürriemen in allen gangbaren Farben — Continental- und Excelsior-Gummi-Absätze — Für Wiederverkäufer Vorzugspreise

— Sämtliche Schuhbedarfsartikel —

Ankauf von rohen Häuten und Fellen

Sattlerei und Polsterei

Tapezieren u. Linoleumlegen / Polstermöbel / Offenbacher Lederwaren

Koffer Damentaschen

Lederbeutel / Schultaschen / Pferde- u. Viehdecken

Anfertigung von Arbeits- und Luxusgeschirren aller Art

Treibriemenfabrik

Neuanfertigung von prima Kernleder-Treibriemen

Reparaturen von Treibriemen

Lager von Näh- u. Binderiemen sowie Verbindungen jeder Art

Adam Damasko, Schwabach,

Königplatz 29 — Fernruf 258

Ältestes Geschäft am Platze

„Efi"

das selbsttätige Wasch- und Bleichmittel

mit aktivem Sauerstoff ist mit einem Seifengehalt von ca.

65%

das beste und billigste deutsche Erzeugnis dieser Art.

Spart Zeit, Kraft und Geld!

Hersteller:

Fl. Voit, Schwabach

Nürnberger Tor.

Grau's Schuhwarenlager

Schwabach

Reichhaltige Auswahl in allen Schuhwaren

Alleinverkauf der Dr. Lahmannstiefel und „Medicus" Gesundheitsstiefel

Dr. Lahmanns Gesundheits Stiefel

Weißer Hirsch

„Medicus" Gesundheits-Stiefel

Dr. Scholl's Fußpflege-Artikel.

Maß- und Reparatur-Werkstätte, eingerichtet mit den neuesten Maschinen.

Lampen, Leuchter u. Laternen

für Zimmer, Erker, Korridor und Diele fertige ich in jeder gewünschten Ausführung u. Holzart, auch in schwarz, zu mäßigen Preisen an. Besichtigen Sie Stand Nr. 49, Zimmer 18, im 1. Stock und teilen Sie mir Ihre Wünsche mit · Kegelspiele, Steinhauerknüpfel in Ia Weißbuche, Gardinenstangen · Rascheste Anfertigung aller Drechslerarbeiten für Schreinerei- und Zimmereibedarf sowie für die Industrie.

Fritz Gundel, Drechslermeister

Königplatz 8 *Königplatz 8.*

Büttnerei Georg Ott

Königplatz 33 **Schwabach** Königplatz 33

Gasthaus „Weißes Lamm".

Neuanfertigung von Kufen und Schäffern.

Spezialität: Odelfässer.

Alle in das Fach einschlagende Reparaturen werden prompt erledigt.

Damenhüte

elegant / reiche Auswahl / billige Preise!

Umarbeiten älterer Hüte in neueste Formen rasch u. preiswert

Frieda Weidner

Spezial-Putzgeschäft

Nürnberger Str. 12 Schwabach Nürnberger Str. 12.

Luna-Lichtspiele

Ab 1. bis 3. August:

„Blut und Sand"

6 Akte aus dem Leben eines spanischen Stierkämpfers.

Ab 7. bis 10. August:

Die Jagd um die Welt in 18 Tagen

Der größte je gezeigte Abenteurerfilm in 3 Teilen nach Motiven von Jules Verne.

Original-Aufnahmen aus allen Erdteilen.

A. Werner

Schwabach

Größte Konditorei am Platze

Fabrikation feinster Nürnberger Lebkuchen und Schokoladen-Artikel.

Zimmer 25, 2. Stock

Papier- und Schreibwarenhandlung

Fritz Uhl, Schwabach

Königplatz 14

Große Auswahl in allen Papier- u. Schreibwaren

Aktenmappen // Einkaufs- und Besuchstaschen

Geld- und Brieftaschen

Photo-Artikel der bekanntesten Fabriken.

Buch- und Musikalien-Handlung

Ernst Uhl, Schwabach

Königplatz 14

Geschenkwerke // Romane // Klassiker // Reiseführer / Landkarten / Musikalien / Schulbücher

sind in großer Auswahl vorhanden

Alle **Zeitschriften** werden schnellstens besorgt.

Besichtigen Sie auf der Gewerbeschau unsere Stände sowie die Herrenzimmer der Fa. M. Schwendtner und der Schreinerinnung Schwabach.

Fr. Carl Buhl
Wollwaren
Bachgasse 8 Bachgasse 8

Spezialität: Einsatzhemden / Unterhosen
Strümpfe / Wollgarne aller Art.

Richard Knöllinger
Schwabach
bittet um Besichtigung seiner Produkte Zimmer 25

'Erko'-Malzkaffee
3 Früchtenkaffee
Erka-Mehl

Qualitätsware.
Billige Preise.

Für Bäckereien
Malzmehl
Marke „Brillant"

Salmiak-Terpentin-Seifenpulver
„LOYAL"
mit Kernseifenschnitzel / extra hochprozentig
sparsamstes Waschen / höchste Waschkraft
Hersteller:
Fl. Voit / Schwabach
Nürnberger Tor

Fahrräder
Nähmaschinen
Motorräder

Jakob Ehrenschwerdt, Schwabach
Bahnhofstraße
Fachmännische Reparaturwerkstätte.

Kein Magen- und Darmleidender
versäume einen sofortigen Versuch mit
Gärtner's Malzextrakt-Weizenbrot
D. R. P. Nr. 398159.
Leicht verdaulich — äußerst kräftig und nahrhaft — angenehmer Geschmack. Glänzende Gutachten von bekannten Nürnberger Aerzten sind jedem Brot beigepackt; u. a. schreibt der Direktor des städt. Krankenhauses Nürnberg, Herr Prof. Dr. J. Müller, vormals Universitätsprofessor in Würzburg: Das Brot ist nach meinen Beobachtungen **leicht verdaulich** und **wohl bekömmlich.** Es wird wegen seiner sorgfältigen Zubereitung auch von kleinen Kindern und von Leuten mit schwachen Verdauungsorganen vertragen. Wegen seines Kleiegehaltes empfiehlt es sich besonders bei jenen gesunden und kranken Personen, bei welchen eine leichte Anregung der Darmtätigkeit erwünscht ist.
Alleinige Herstellung in der
Brotfabrik Carl Gerber, Schwabach
gegründet 1875 Fernruf 4 **Ludwigstraße 20**
Außerdem wird empfohlen **Schwabacher Roggentafelbrot** (hell) und **Roggenhausbrot** (dunkel). Jedes Brot ab Fabrik hygienisch einwandfrei verpackt.

Damenhüte :: Pelze

Reiche Auswahl, billige Preise

Putz- und Pelz-Geschäft

E. Wild Nchf., Schwabach

Ziegelmeier & Röder

Konrad Franz Semmelroth

Kunst- und Handelsgärtnerei

Schwabach, Rathausgasse 1 Gärtnerei Rupprechtstr. 3

Telephon 269.

Ausführung moderner Blumenbindereien Pflanzendekorationen

Anlage und Instandhalten von Gärten und Gräbern

Thomas Enders, Uhrmacher

Ludwigstraße 12

empfiehlt sein reichhaltiges Lager in

Uhren, Gold- und Silberwaren

Eigene Reparaturwerkstätte

Käte Schönberger

Photo-Werkstätte

für **nur** künstlerische Aufnahmen in und außer dem Hause. Amateur-Arbeiten werden rasch und nur erstklassig ausgeführt · Paßbilder können in einem Tag geliefert werden.

K. Elsterer / Schuhwaren

gegr. 1869 Schwabach am Kreuz

Lager in sämtlichen Schuhwaren

Inhaber: Mich. Elsterer, orthop. Schuhmachermeister

Anfertigung orthopädischer und feiner Maßschuhwaren
Goldene Medaille: Nürnberg, orthopädische Fachausstellung 1922 / Beste fachmännische Bedienung zugesichert
Ratschläge u. Auskünfte für abnorme Füße kostenlos.

Vergessen Sie nicht
daß sich Ihnen im
Kaufhaus
Christof Hunger, Schwabach
Auf der Aich 1/3 Fernruf 195
die beste und vorteilhafteste Einkaufsgelegenheit
für alle Arten
Kurz-, Weiß- und Wollwaren
bietet.

Wolfgang Schönberger, Stuckgeschäft,
Ziegelgasse 18 Schwabach Ziegelgasse 18

Ausführungen sämtlicher Stuck- und Verputzarbeiten
—— Terranova in sämtlichen Farben ——
Baupläne, Kostenanschläge usw. werden bei billigster
Berechnung angefertigt

Liliput-Stadion
(Spielplatz Progymnasium)

Täglich Rundfahrten
mit
Auto
Motorrad mit Beiwagen
und
Ponyfuhrwerk
Modern eingerichteter Kinderspielplatz
Benützung desselben unter Aufsicht
Eintritt frei!
Rundfahrten billigst zu Gunsten der
Gewerbeschau.
Konzert und Café im Stadion.
Aussteller und Veranstalter:
Georg Stöhr, Schwabach
Turn- und Sportgerätefabrik
Nördliche Ringstraße
Christoph Rösch, Schwabach
Fahrräder und Motorräder
Nürnberger Straße.

Gebrüder Wandel

Telephon 242 **Schwabach** Telephon 242

Drahtweberei, Drahtflechterei, Sieb- und Drahtwaren
aller Art empfehlen

ihre Erzeugnisse

Ausstellungsstand Zimmer Nr. 27
Drahtgeflecht-Einzäunung befindet sich am Schönberger'schen Zementgeschäft.

Hermann Spanagel

Friedrichstraße 27

Fabrikation von Zuckerwaren
Osterartikel in Fondant, Carmel und Schaumzucker, Schokolade-Maikäfer
Weihnachtsartikel in Baumbehang, Kinderkaufladensachen aus Zucker und Schokolade
Spezialanfertigung von Hustenbonbons.

Johann Roth, Schwabach

Wagnermeister

Neue Gasse 1 Neue Gasse 1

Neuzeitlich
eingerichtete Wagnerei
empfiehlt sich für alle einschlägigen
Instandsetzungs- und Neuanfertigungs-Arbeiten.

Photographisches Atelier

W. Kandel

Schwabach

Nördliche Ringstraße 1

Gegründet 1876

Prämiiert München.

Karl Geng / Schwabach

Bachgaſſe 16

Büſten- und Pinſelwaren aller Art / Toilette-Artikel, Zelluloidwaren

Roßhaarbeſen, Roßhaarhandbeſen, Borſtenbeſen, Cocosbeſen / Roßbürſten, Viehbürſten, Glanzbürſten, Schrubber, Chaiſen- und Autobürſten / Parkettbohner, Wollbeſen, Teppichkehrmaſchinen / Mühlwiſche, Streichzangen, Schmalzpinſel / Tüncherbürſten, Ringpinſel, Kluppenpinſel, Malerpinſel, Tupfſchwämme, Tupfbürſten / Kleiderbürſten, Haarbürſten, Zahnbürſten Raſier-, Manicur- und Toilette-Artikel / Eigene Anfertigung von Bürſten und Pinſeln für ſämtliche Induſtrie- und Gewerbe-Zwecke

HERCULES RÄDER

Titan-Näh-maſchinen

leichtlaufend / elegant / dauerhaft
neueſte Modelle empfiehlt

Georg Mitzam

Fahrrad- und Nähmaſchinenhandlung
Bogenſtraße 1 a (gegenüber Evang. Vereinshaus)
Vertreter der Titan-Nähmaſchinenfabrik
Guſt. Winſelmann G. m. b. H., Altenburg S.-A.

Fachmänniſche Reparatur-Werkſtatt.

Franz Petzoldt / Schwabach

Bachgaſſe 24
Flaſchnerei und Inſtallationsgeſchäft

Ausführung von Haus-, Hof- und Küchenpumpen
Automatiſchen Selbſtpumpwerken
Bade- und Kloſettanlagen.

Fritz Heerwarth

Fiſchgrubengaſſe 6 **Schwabach** Fiſchgrubengaſſe 6

Spezialgeſchäft für modernen Ofen- und Herdbau
Ausführung ſämtlicher Plattenbelage
für Wand- und Fußboden

Kachelöfen und Kachelherde werden auch transportabel geliefert.
Für ſolide und fachmänniſche Ausführung wird garantiert.

Farben
Lacke
Pinſel
Schablonen

qualitätvoll und billig im

Farbenſpezialgeſchäft

Hermann Schirmer

Malermeiſter

Synagogengaſſe 5 Fernruf 136

Fachmänniſche Beratung · Bekannt geſchmackvollſte u. ſolideſte Ausführung aller Maler-, Tüncher- und Anſtreich-Arbeiten
Vergoldungen · Firmenſchilder · Schriften.

Carl Hochreuther, Schwabach,
Regelsbacher Straße 1a

Stets gut ſortiertes Lager in: Kleider- und Bluſenſtoffen
Bettſatin — Damaſte — Barchente — Federleinen
garantiert federdicht — Weiße Tuche in allen
Breiten und Qualitäten
Spezialität:
Bettfedern und Flaum in ſchöner füllkräftiger Ware
Reelle Bedienung — Feſte Preiſe

Lithographiſche Anſtalt u. Steindruckerei

Joh. Leupold / Schwabach
Benkendorferſtraße 13 | Fernruf 243

Etiketten für Brauereien und Limonadefabriken
Faltſchachtel-Fabrikation · Plakate.

Konrad Beuschel, Schwabach
Sattler- und Tapeziermeister
Nürnberger Straße 34 | Nürnberger Straße 34

Spezialgeschäft für sämtliche
Sattlerwaren, Pferdegeschirre und Pferdedecken
Anfertigung von Polstermöbeln
Klubmöbeln, Divans
Matratzen aller Art
bei fachgemäßer Ausführung und billigster Berechnung.
Stets Lager in fertig. Polstermöbeln.

Otto Seiderer, Schwabach
Inh.: Wilhelm Humpenöder
Schreibwaren · Bürobedarf
Auf der Aich 2 | Auf der Aich 2

empfiehlt für Kontore und Schulen:
Geſchäftsbücher / Schreibpapiere / Packpapiere
Tinten / Schul- und Bürobedarfs-Artikel
in beſten Qualitäten zu billigſten Preiſen
Für Vereine und Klubs:
Dekorations- und Feſtartikel in großer Auswahl.

Hans Beugler, Schwabach
Lederwarenfabrikation
Nördliche Ringstraße 1 | Nördliche Ringstraße 1

Aktenmappen
Schülermappen
Musikmappen
Berufstaschen
Einkaufsbeutel
Damentaschen
Brief- und Geldtaschen

Lieferung in erstklassiger Ausführung, nur Ia Material!

Wilhelm Gundel / Schwabach

Gastwirtschaft und Metzgerei
Ludwigstraße 27

empfiehlt den Besuchern der Gewerbeschau seine Restaurations-lokalitäten zur gefl. Einkehr.
ff. Brauhaus-Bier / Kalte und warme Speisen
ff. Wurst- und Fleischwaren.

Gasthaus „Zum Goldnen Hirschen"

Wittelsbacher Straße 4

Gemütliches altdeutsches Gastzimmer / Großer und kleiner Saal / Großer schattiger Wirtschaftsgarten / Kegelbahn
Ia Mittag- und Abendtisch / Kalte und warme Speisen
ff. Brauhaus-Biere / Diverse Weine.

Heinr. Kranz.

Kohlenhandlung Karl Tiefel

Schwabach, Königplatz 31

empfiehlt fortwährend in jedem Quantum zu billigsten Tagespreisen

Kohlen

aus den Revieren: Sachsen, Ruhr, Böhmen und Oberschlesien. Als Spezialität: **Ruhr-Brechkoks** in verschiedenen Sortimenten. Bei Waggonbezug Syndikatspreise **Briketts, Steinkohlen sowie Grudekoks u. Ruhrbrechkoks für Hausbrand** stets auf Lager.
Telephon-Rufnummer 274.

Wohnung: **Wallenrodstraße** 5 Lager: **Königstraße 31.**

Spezialfabrik
für Luftheizungsanlagen · Trockenanlagen · Trockenöfen · Trockenschränke · Trockenapparate
Hausbacköfen · Konditoreibacköfen
Hopfendarren · Raucherapparate
Kochherde.

Meine Fabrikate sind größtenteils als Patente und Gebrauchsmuster geschützt

Prospekte, Auskünfte und Preise jederzeit kostenlos

Leonhard Schröck

Silbergasse **Schwabach** Fernruf 133

Malzfabrik Hans Schwarz, Schwabach

Südl. Mauerstraße 7 a

bringt seine Fabrikation, von prima Braumalz, hell und dunkel / Farbmalz und Zichorie / Malz- und Gerstenkaffee in empfehlende Erinnerung.

Martin Lindner / Schwabach

Inhaber: August Fetz

Benkendorferstraße 2 Benkendorferstraße 2

empfiehlt sein großes Lager in Kinderwagen · Klappwagen · Puppenwagen · Leiterwagen · Liegestühle · Korbmöbel in Peddig und Weide · Reisekörbe · Waschkörbe · Japantaschen
eiserne Bettstellen für Erwachsene und Kinder
sowie alle Korb- und Holzwaren zu billigsten Preisen.

Wolfg. Beck, Schwabach

hinter der Stadtkirche (Kirchgasse 1)

Altrenommiertes Schuhhaus

Größte Auswahl von Arbeitsstiefeln bis zum feinsten Rahmenstiefel in prima Qualitäten, Kinder-Strapazierstiefel, Tourenstiefel, Bergstiefel, Schaftstiefel, Reitstiefel usw. zu den billigsten Preisen.

Wilhelm Hauck, Schwabach

Flaschnermeister und geprüfter Blitzableitersetzer

Benkendorferstraße 10 — Fernruf 159

Haus- und Küchengerätehandlung

Ausführung aller einschlägigen Flaschnerarbeiten
Neuanlage, Reparieren und Prüfen von Blitzableitern
Sämtliche Haushaltmaschinen
Große Auswahl aller Haus- und Küchengeräte in Kupfer, Aluminium, Email und Blech.

Ludwig Heidenreich

Wolkersdorf bei Nürnberg

Postamt 34 — Telephon: 5 Reichelsdorf

**Werkstätte
für gedrehte kunstgewerbliche
Holzspielwaren und Nippes.**

RÖ-WE-WERK, Inh: G. WESTPHAL

Eierteigwaren- und Paniermehlfabrik

SCHWABACH

Telephon No. 140 — Pinzenberg 28

Feinste ungefärbte Hartgriess-Eierware

Eier-Nudeln
schmal und breit
Eier-Gerste
Eier-Makkaroni
Eier-Fadennudeln

Eier-Muscheln
Eier-Schleifchen
Eier-Sternchen
etc. etc.

Paniermehl, naturell und gefärbt

Der Name

WESTPHAL

bürgt für erstklassige Qualität!

Zu haben in sämtlichen hiesigen Ladengeschäften.
Auswärts überall erhältlich.

Johann Loedel

Schwabach

Ludwigstraße 23/25 — Telephon 29

gesetzlich geschützte Warenmittel

Likörfabrik // Destillation

Weingroßhandlung

Delikatessen // Kolonialwaren

en gros ~ en detail

Preislisten zu Diensten.

Stadtsparkasse

Schwabach

Ludwigstr. 3 — Telephon 28

Mündelsicheres Institut

Postscheckkonto Nürnberg Nummer 3775.

Annahme von Einlagen mit u. ohne Kündigung.

Errichtung laufender Rechnungen (Scheck- u. Ueberweisungsverkehr) provisionsfrei.

An- und Verkauf von Effekten.

Brauhaus Nürnberg

Abteilung Schwabach

Telephon Nummer 18.

:: Helles u. dunkles Lagerbier ::

Export-Hell

Saison-Biere:

Bockbier // Matadorbier

Märzenbier

Auf dem

Ausstellungsgelände der Gewerbeschau Schwabach

Bier-Ausschank im großen Festzelt.

Wer da wäscht und putzt begreife

Wohl für jetzt und allemal:

Für die Wäsche **Schwalbenseife!**

Für den Hausputz **Savonal!**

Ph. Benj. Ribot A.-G.

Schwabach

Bayer. Hof-Seifenfabrik.

Werbung (1930)

Herold bürgt für Qualität

und genießt Weltruf!

H. J. WENGLEIN'S NORICA- & HEROLD-WERKE
Nürnberg-Schwabacher Nadelfabriken G.m.b.H., Nürnberg.

Café, Wein- u. Bier-Restaurant
„Bayerischer Hof"
Schwabach, Königplatz 29.
*Martha Enders.**

Gasthaus u. Metzgerei „Zur Walhalla".
Schwabach, Ludwigstraße 27.
Bürgerliche Gaststätte » Vereinszimmer.
Kalte und warme Speisen, ff. Wurst- und Fleischwaren, ff. Brauhaus-Biere.
*Besitzer: Wilhelm Gundel.**

Gaststätte „Ludwigshöhe"

Altbekanntes bürgerliches Speisehaus. **Eigene Schlächterei.**
Schwabach Karl Belz,* **Nürnberger Tor**
ff. Biere vom Brauhaus Nürnberg, Abteilung Schwabach. // Reine Weine.

Café-Restaurant „Stadtpark"

Georg Meyer, Schwabach, Stadtparkstraße 33.*
Gemütlich bürgerliche Gaststätte. – Nebenzimmer mit Klavier. – Schattiger staubfreier Garten. – ff. Biere, reine Weine, Kaffee, Liköre usw.
Kalte und warme Speisen zu jeder Tageszeit. *Eigene Schlächterei.*

Konditorei u. Café Mich. Beuschel

Schwabach, Königplatz 14, Ecke Königstraße.
== ff. Kaffee, Tee, Kakao, Schokolade, Torten, Kuchen, Feingebäck. ==
Reine Flaschen- und Schoppenweine, Süßweine, Liköre. – Saisongemäße Erfrischungen, Eis, Pralinen, Bonbons usw.

Brauhaus Wendelstein
Lang & Maisel

Gaststätte „Zum roten Ochsen"

W. Hagelauer, Schwabach, Zöllnertorstr. 5, Fernruf 185*
Altbekannte bürgerliche Einkehrstätte. Nebenzimmer mit Klavier. Gute bürgerliche Küche. Alleinausschank von ff. Bieren aus dem Brauhaus Wendelstein (Lang & Maisel).

Gaststätte „Goldener Stern"

Schwabach **Königplatz 12** Fernruf 335
Besitzer: **Michael Flock**
Altrenommiertes, bürgerliches Familienlokal.
Saal für Vereine. Kalte und warme Speisen.
Eigene Hausschlachtung.
Alleinausschank der guten **Spalter** **Export- und Lagerbiere.**

„Altdeutsches Haus"

Silbergasse **6** *Telephon 154*

Wilhelm Schuler

Glasermeister.

Erstes Spezialgeschäft für Bilder, Spiegel usw. usw.

Seit 1765 im Familienbesitz.

Georg Weigand, **Schwabach** bei Nürnberg
Fernsprech-Anschluß Nr. 27

Telegramm-Adresse: Weigand Schwabach

Bronzefarben- und Aluminiumpulverfabriken
Gold-, Silber- und Aluminiumbronzen, Patentbronzen in allen Farben, gefärbte Aluminiumbronzen.

S. Rosenstein, Schwabach

gegr. 1858 *Fernruf 129*

Damen-, Backfisch- und Kinder-Konfektion
Modewaren, Wäsche-Ausstattungen
für Hotels und Private.
Erstes und ältestes Spezialhaus am Platze.

Chr. Ludwig Abrie

Portland-Zementwarenfabrik
Beton- und Eisenbetonbau

Eigenes Industriegleis **Schwabach** Fernruf 249

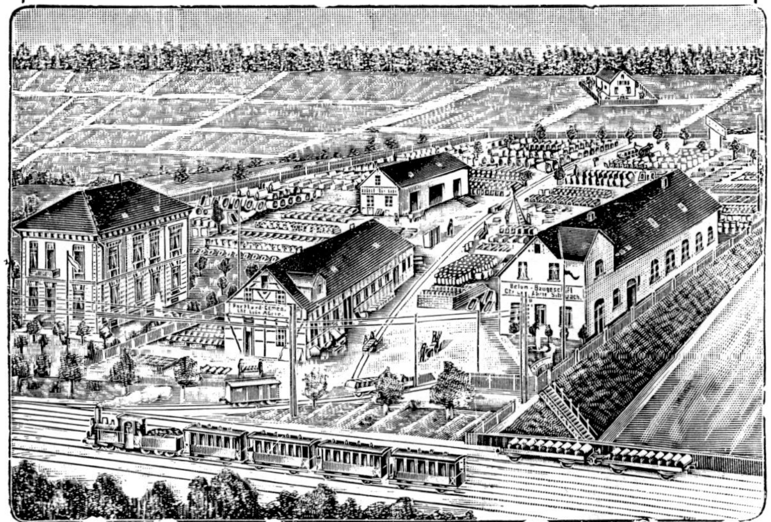

Erstklassige Zementwaren

Größte Lagervorräte am Platze.

Ausführung von Beton- u. Eisenbetonarbeiten.

Herstellung von

Kläranlagen „Siedlerstolz"

(System Hoffmann).

Verkauf von Dyckerhoff-Portlandzement, Donaukies, Dolomit- u. Basaltgrus, Muschelkalk, Bausand (eigene Grube).

Georg Fleischmann
Leichtmetall-Maßstabfabrik.
Schwabach
Stadtparkstraße 5 Telephon 362.

O. & H. Jaeger
Schwabach
Fabrik für
gerollte Schrauben.

Weller-Bräu
Schwabach
Gegründet 1701 ⁎ Fernruf 223
ff. helle und dunkle
Lagerbiere
Saisonbiere.

Alle
Spiral-
Federn
liefert
Ing. W. Wandel
Schwabach
Telephon 242.

Weghorn-Werk
Schwabach
Fabrik neuzeitl. Nährmittel.

Vollendete Erzeugung von Flocken
aus Weizen, Hafer, Roggen, Gerste, Grünkern, Mais, Reis, Erbsen, Linsen
Eigenartige Herstellung
unter vollständiger Erhaltung von Nährstoffen, Vitaminen, Mineralien
Spezial-Zwiebacke
für Magen- und Darmkranke, Zuckerkranke, Schwächliche, Kinder und Greise
Bisquit- und Vanillezwieback
zu Tee und Wein, für die Reise und für den Sport
Vollkornbrote
Vollweizenbrot, aus ganzem geschrotetem Weizen, ohne jedes Triebmittel, für Magen- und Darmkranke.
Roggen-Vollweizenbrot, leicht verdaulich, wohlschmeckend, kräftig
Früchte-Vollbrot und Delikateßfrüchtebrot
Vollweizenbrote mit Früchten, zur Darmregulierung besonders geeignet.

Drahtfabrik Joh. Leonh. Hüttlinger

Gegründet 1778 **Schwabach** Fernruf 15

Königstraße 21, Rathausstraße 2/4, Rother Straße 19

Drahtzieherei

in Eisen, Messing und Gußstahl.

Papierverarbeitungs-Werk und Druckerei

※

Papier-Industrie Schwabach

Gegründet 1907 Georg Spachmüller & Comp. Fernruf 180

Papier – Papierpackungen – Druck-Erzeugnisse

insbesondere Papiersäcke für alle Zwecke.

Moll & Kühn'sche Filzfabrik

Karl Reiner ※ Schwabach

Gegründet 1861 Wasserstraße 1

Fernruf 40 – Telegr.-Adresse: Reiner Schwabach.

Spezialitäten:

Schleiffilze, Polierfilze

Hochglanz-Polierfilze

in Platten und Scheiben – in allen Dimensionen und Härtegraden – für alle technischen Zwecke.

Empfehlenswerte Gaststätten von Schwabach und Umgebung.

* = Mitglied der Gastwirts-Innung Schwabach.

Park-Hotel Schwabach

Bahnhofstr. 11, 4 Minuten vom Bahnhof. Neuerbautes Hotel mit modernsten neuzeitlichen Einrichtungen. – Besitzer: **Wilhelm Meyer***. Fernruf 263.

Modernste Fremdenzimmer mit Zentralheizung und fließendem Warm- und Kaltwasser. – Bäder. – Autoboxen. – Gr. Tagesrestaurant. – Vornehmes Café mit eigener Konditorei. – Weinrestaurant. – Frühstücks- u. Konferenzzimmer. Gr. Restaurationsgarten. – Zivile Preise. – Geschlossener Autopark. – **Gute bürgerliche Küche.** – Gepflegte reine Weine. – ff. Fürther **Grünerbräu-Biere.**

Gasthof „Zur Rose",

Schwabach
Fernruf 118

Ecke Ludwigstraße 9 und Nördliche Ringstraße.

Altrenommiertes bürgerliches Familienlokal.

Fremdenzimmer mit Zentralheizung. – Saal für Vereine.
Zwei Nebenzimmer. – Schattiger Garten. – Autohalle.

Bekannt gut bürgerliche Küche.

※ Bestgepflegte reine Flaschen- und Schoppenweine. ※
ff. Biere vom Brauhaus Nürnberg, Abteilung Schwabach.

M. Petzold.*

Gasthof u. Saalbau zum schwarzen „Bären"

Fernruf 173 Schwabach Ludwigstraße 16

10 Minuten vom Bahnhof

Neueingerichtete Fremdenzimmer mit Zentralheizung. – Großer und kleiner Saal sowie Nebenzimmer für Vereine.

Staubfreier Garten. – Autohalle. – Schönster Parkplatz für Kraftfahrzeuge.

Gut bürgerliche Küche. Eigene Hausschlachtung.

Reine Weine. – ff. Biere vom Brauhaus Nürnberg, Abteilung Schwabach.

Thomas Keßler.

Blattgold- u. Prägefolienfabrik
Fritz Rometsch
Schwabach

Austraße 4 — *Fernruf 113*

Echt Blattgold
in allen Farben und Größen

Spezialität:
Echt Gold-Prägefolien
„Prinzeß“

Goldene Medaille — *Goldene Medaille*

Für sämtliche Fabrikate Garantie des vereinbarten Feingehalts.
Verlangen Sie Preise!

Georg Lichtenstern, Schwabach

gegr. 1911 – Ebersbergerstraße 3

Echt Blattgold-Fabrik und Export

liefert prompt

ff. Blattgold und Schnittgold in allen Nuancen und Größen, ff. Dukatengolde

Fernruf 208

Telegramm-Adresse: Geolicht

Postscheckkonto Nürnberg Nummer 35 093

Reelle Preise — Kulante Bedingungen

Anerkannt gute Bezugsquelle für **echte prägefertige Goldfolien, Bronzefolien, Schlagmetall, Prägefilms und Prägepapier.**

Schwabacher Tagblatt

Stadt- und Bezirks-Zeitung

Amtsblatt des Stadtrats, Amtsgerichts, Notariats, Finanzamts, Forstamts, Gemeinde- und sonstiger Behörden.

Heimatblatt für die Stadt Schwabach und das gesamte Bezirkamtsgebiet Schwabach.

Gegründet im Jahre 1801.

Druck und Verlag: Buchdruckerei Hermann Millizer in Schwabach.
Geschäftsstelle: Spitalberg 3.

Telephon Nummer 22. – Postscheckkonto: Nürnberg Nummer 6704.

Buchdruckerei
Hermann Millizer

empfiehlt sich zur

Anfertigung sämtlicher Buchdruckarbeiten in ein- und mehrfarbiger Ausführung von der einfachsten bis zur feinsten Art. – Entwürfe werden schnellstens gefertigt.

Dieser Führer für Schwabach-Abenberg-Spalt wurde in unserer Buchdruckerei hergestellt.

Heinrich Rometsch, Echt-Blattgoldfabrik,
Schwabach, Südliche Mauerstraße 9 ✕ ✕ Fernsprech-Anschluß 198
Spezialität: **Farb- und Großgold-Export.**

KOSMOS

Dipl.-Ing. Adolf Holzingers
Kosmos-Prägefolien-Werk
Schwabach / Nürnberg *Rother Straße 19.*

Herstellung der bewährten
Kosmos-Folie für Echtgold-Prägungen
auf
Bleistifte, Leder, Pappe, Zelluloid
usw.

Matthäus Schlüpfinger, Gegründet 1899
Schwabach, Maximilianstraße 6, nächst dem Bahnhof Fernruf 120.
Fabrikation von
echt Blattgold- u. Blattgoldprägefolien „Automatic"
Spezialität:
ff. Dukaten-Doppelgolde, Schnitt- und Ledergold.
Beste Bezugsquelle.

Johann Eckart, Echt-Blattgoldfabrik
Schwabach, Seminarstraße 1 a Gegründet 1909
empfiehlt als Spezialität: **Echt Doppelgold**
von 22 1/2, 23, 23 1/2 und 24 Karat Orange für **Schilderfabriken, Bildhauer, Maler, Preßvergolder** usw.
Muster und Preise auf Anfrage.

Jean ***Lichtenstern,*** *Schwabach*
Echt Blattgoldfabrik und Export
Limbacher Straße 13/15 *Fernsprecher Nr. 315*

Herstellung von
echt Blattgold in allen
Farben und Größen.
Gewerbeschau Schwabach 1925:
Goldene Medaille.

Emil Zahn, Schwabach, **Penzendorfer Str. 32** Gegründet 1892
Fernruf Nummer 277 Blattgoldfabrik Fernruf Nummer 277
Spezialität: **Farbengolde, Großgolde.**

Zitzner & Richter, Schwabach, *Rittersbacher Straße 5* *Gegr. 1862 Tel. 128*

Formenfabrik für Gold-, Silber-, Aluminium- u. Metallschlägereien, aus Häutchen und Papier
Papier-Goldlote.

Jean Pickel, Schwabach
Blattaluminiumfabrik
Gegründet 1860 Inhaber: **Fritz Pickel** **Bahnhofstraße 24**
Blattaluminium in allen Stärken und Größen bis zu 200 mm
Spezialität: **Transfer-Aluminium.**

Ernst Boxhorn, vormals Heinrich Sauer
Gegründet 1900 *Schwabach* *Beckhstraße 1*
Aluminiumschlägerei mit mechanischem Federhammer und Handbetrieb
Fabrikation von Buch- und Schlag-Aluminium.

Julius Pickel, **vormals** **Carl Ströbel,** **Schwabach**
Gegr. 1874 Aluminiumschlägerei, Wittelsbacherstr. 16 **Fernruf 256**
Spezialität: Fabrikation von feinstem **Leder-Aluminium**
Fabrikation u. Export von **ff. Buch- u. Schnitt-Aluminium.**

Ernst Brenner, Schwabach

Wohnung: Bismarckstraße 10. *Betrieb: Austraße 3.*

Warmwasserheizungen, Warmwasserbereitungsanlagen, Hoch- und Niederdruck-Dampfheizungsanlagen,

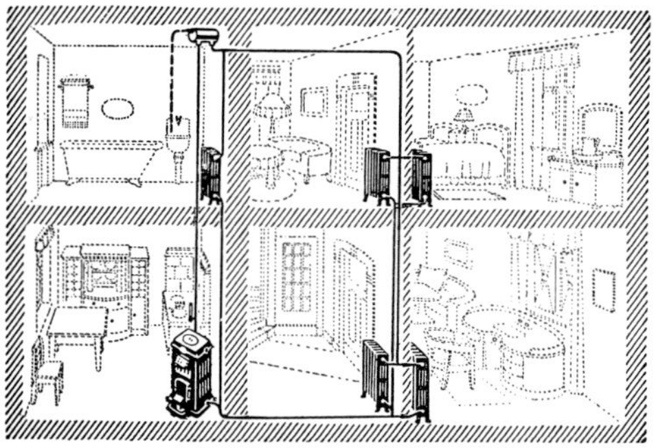

Trockenanlagen.

Sanitäre Einrichtungen aller Art.

J. G. Gottlieb, Schwabach

Gegr. 1860 Limbacher Straße 5 und 7, Nadlerstraße 5 Fernruf 175

Baugeschäft

Bau- und Dachdeckerarbeiten – Wand- und Fußbodenbeläge

Zementwarenfabrik ⊙ Baumaterialien

Hans Hennecke,

Schwabach, Wiesenstr. 3
Fernsprechanschluß Nr. 366

Spargel- und **Gemüsebau,** » **Konservenfabrik** «

Spez.: **Feinste Gemüse-, Pilz-** und **Obstkonserven**

Gebrüder **Wandel,** Schwabach

Gegr. 1896

Fernruf 242. Inh.: Fritz & Wilh. Wandel Ziegelgasse 44.

Mäßige Preise.
Reelle Bedienung.

Ia verzinkte Doppel-Spiraldrahtmatratzen,

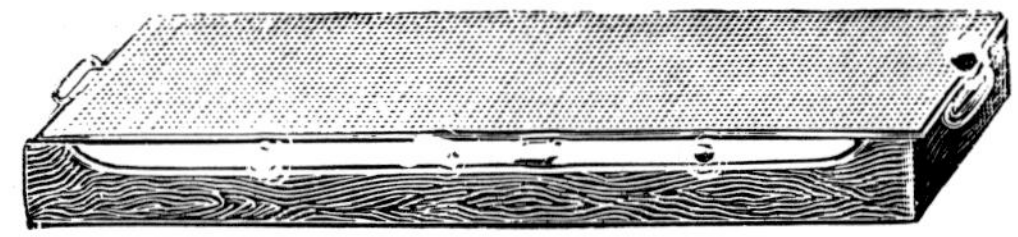

Drahtgewebe, Drahtgeflechte, Sieb- u. Drahtwaren aller Art.

Nicol. Schaffner

Inhaber: Leonhard Schaffner

Gegr. 1890 **Schwabach,** Königplatz 25 Fernruf 199

Aelteste, besteingerichtete, staatlich anerkannte

Kraftwagen-Reparaturwerkstätte

für alle Fabrikate und Systeme

Vertretung erstklassiger Auto- und Motorradfabriken
Fahrräder // Nähmaschinen
Dapolin- und Esso-Tankstelle // Erstklassige Markenöle

Anstalt für Erdbohrungen, Brunnen- und Wasserleitungsbauten

Metall- und Messinggießerei, Pumpenfabrikation, Elektrische Hauswasserversorgungsanlagen, Reparaturwerkstätte, Closet- und Badeeinrichtungen, großes Lager von Eisenröhren, Gummi- und Hanfschläuche für Gärten und Feuerwehren, Ausführung kompletter Transmissions-Anlagen.

Gewerbeschau Schwabach 1925: Goldene Medaille.

Fugenlose Trauringe

erstklassiges Fabrikat, elegant, dehnbar, jede Breite, zu billigsten Tagespreisen.

Jeder Posten lieferbar. Versand nur an Wiederverkäufer.

Gebrüder Weidner, **Trauringfabrik, Schwabach**

Fernruf 35. Staedtlerstr. 2. Gegr. 1912. Gewerbeschau Schwabach 1925: **Goldene Medaille.**

Aeuß. Nürnberger Str. ***M. Riegelbauer*** *Fernruf 219.*

Auto-Reparaturwerkstatt – Auto-Fernfahrten

zu jeder Tages- und Nachtzeit bei billigster Berechnung. – Vertretung bewährtester und leistungsfähigster Automobilfabriken.

B. V. Benzol- u. Aral-Tankstelle. Oele – Autobereifungen.

Autokohlen für **Licht** und **Starter**

Dynamobürsten für die **Industrie.**

A. Schmidthammer, Dynamobürsten-Fabrikation,

Schwabach, bei Nürnberg. Fernruf 375. Nördliche Ringstraße 34.

Dampf-wäscherei Hartmann

Schwabach **Benkendorferstr. 13** Fernruf 349

Spezialität:

Herren-Stärkwäsche

Haus- und Hotelwäsche

nach Gewicht und schrankfertig.

Eilige Fremdenwäsche in kürzester Zeit.

Gardinen - Reinigung und -Spannerei.

Färben und chemisch Reinigen sämtlicher Herren- und Damengarderobe.

Buchdruckerei Karl Schaffner

Fernruf 157 Schwabach Spitalberg 1

Anfertigung sämtlicher Drucksachen

in moderner Ausführung.

Erstklassige

Erd- und Buntfarben

für Industrie, Handel u. Gewerbe fabriziert

Farbenwerk

J.G.Vogel, Inh. Oskar Stelzel,

Schwabach, Telephon 16. Gegründet 1791.

Georg Stöhr, Schwabach

Nördl. Ringstr. **Turngeräte- u. Fahrzeugfabrik** Fernruf 125.

Katalog gratis und franko.

Techn. Beratung kostenlos und unverbindlich.

Spezialfabrik für neuzeitliche **Turnhallen-Einrichtungen Spielplatz - Einrichtungen Wintersportgeräte** in sportgerechter Ausführung.

Abteilung **Karosserie für Luxus- u. Geschäftswagen**

Moderne Lackiererei

Reparaturen prompt, billigst.

Fahrzeuge aller Art

Feuerwehr-, Industrie- und Haushaltleitern

Oberleitungs-, Montagewagen für Straßenbahn, Elektrizitätswerke u.s.w.

Glänzende Zeugnisse. – Auf allen beschickten Ausstellungen prämiiert.

Lieferant für staatliche, städtische Behörden, Vereine, Schulen u. s. w.

Patent-Matratzen-Industrie Schwabach

Gegr. 1912 **Penzendorfer Straße 47** (Rohrersmühle) Fernruf 187

Hans Hartmann & Co.

Inh.: **Thomas Hartmann**

Spez.: **Patentmatratzen** mit Ia Stahldraht u. Gegendruckfederung. Vollständige Wohnungs- und Zimmereinrichtungen, **Einzelmöbel.**

Auf dem Lande
Ziegelbau!

Ziegel

der
bewährte,
billige Baustoff!

Gesundes Wohnen im Ziegelhaus!

Ziegelverkaufs-G. m. b. H.
Schwabach-Weißenburg

Ziegelgasse 52
Fernruf 3 und 4

Fernruf 79

Vertreten durch den ortsansäßigen Bauwarenhandel.

Nadelfabrik
Traumüller & Raum

Gegr. 1883

Schwabach
(Bayern).

Fernruf 91

Spezialfabrik für

Sprechmaschinen-Nadeln.

Alleinige Hersteller der
weltbekannten
**Marschall- u. Ondulette-
Nadeln.**

MARSCHALL

Leistungsfähigste Bezugsquelle.

J.G.Schreyersche Buchhandlung

Schwabach, **Königplatz 9.**

Reiche Auswahl in

Auto-, Radfahrer- und Wanderkarten, Reiseführern und Reiseliteratur. Expedition der Heimatzeitschriften: Fränk. Heimat. – Mein Frankenland. – Das Bayerland.

Im Antiquariat stets vorrätig: Chroniken von Schwabach **von Falckenstein von Petzold.**

Andreas Schreyer, staatl. Lotterie-Einnehmer

Schwabach, **Königplatz 9.**

Sie können haben: **Lose** der Preuß.-Südd. **Klassenlotterie** in allen Teilen. **Lose** und **Losbriefe** für Zwecke der Wohltätigkeit von 50 Rpf bis 3 RM. Spielpläne kostenlos. – Zusicherung größter **Verschwiegenheit.**

W. KANDEL

Inhaber: Karl Kandel

Photographisches Atelier und Kunstanstalt

Nördliche Ringstraße 1 *Gegründet 1876*

Erstes und ältestes Atelier am Platze

*Prämiiert: München
Gewerbeschau Schwabach 1925.*

Sport- u. Wander-Schuhe, Berg- u. Ski-Stiefel

Schuhhaus GRAU

Alleinverkauf der Marke **„Salamander"**

nur Kappadozia 8.

Georg Lipps, Schwabach

Fernsprecher 284 — **Rosenbergerstraße 7** — hinter der Stadtkirche

Kurz-, Weiß- und Wollwaren
Hüte, Schirme, Herren-Artikel.

Dampfmolkerei Schwabach

Bahnhofstraße 13 — *Jos. Rietzler* — *Filiale: Spitalberg 14*

Eigene Erzeugung: Feinste Tafelbutter, Flaschenmilch, Kaffee- u. Schlagrahm, Joghurt, sämtl. Allgäuer Käse – en gros, en detail.

Pianos, Harmoniums, Musikinstrumente aller Art, Ia Saiten, Sprechapparate, Platten, Uhren, Goldwaren, Optik, Fahrräder, Nähmaschinen. Fachm. **Reparaturwerkstatt.**

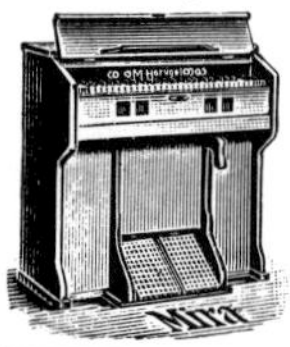

Adam Bayerlein, Schwabach

Fernruf 179 — **Glockengießergasse 5** — Sonntags geschlossen.

Schwabach *Königplatz 14* — **Uhls** — *Schwabach* *Königplatz 14*

Buch-, Musikalien- und Schreibwaren-Handlung

bringt stets das Neueste in

Romanen
Klassikern
Musikalien

Größte Auswahl in

Bürobedarf, Schulartikeln, Schulbüchern, feinen Lederwaren, Photo-Artikeln.

Eins steht fest: Die besten **Zigarren – Zigaretten – Tabake** kaufen Sie in größter Auswahl und besten Qualitäten billigst im **Zigarren-Spezialgeschäft**

Paul Rabenstein, Schwabach, Telephon 171, Rosenbergerstr. 15, Ecke Pfarrgasse.

Walter Sonntag, Schwabach, Königplatz 27.

Zinngießerei, Glas- und Porzellanwaren, Wirtschaftseinrichtungen, Andenken u. Ansichtsartikel.

Fritz Heerwarth, Hafnermeister,

Schwabach — Fischgrubengasse 6 — Fernruf 314.

Spezialität: **Moderner Ofen- u. Herdbau, Mehrzimmerheizungen, eiserne Oefen, Plattenbelage für Wand u. Fußboden, transportable Kachelöfen u. Kachelherde.**

Die Mitglieder der unterzeichneten Innung empfehlen außer allem sonst üblichen Gebäck als Spezialität

fränkisches Roggenbrot

aus fränkischem Roggen hergestellt.

Bäcker-Zwangs-Innung Schwabach.

Konditorei A. Werner, Schwabach, Ludwigstr. 10.

Größte Konditorei am Platze. Gegründet 1782. Fernruf 232.

Torten, Dessertstangen, Kuchen- und Teegebäck verschiedener Art. Fabrikation von **ff. Nürnberger Lebkuchen,** Spezialität: **Nürnberger Bomben, Weihnachts- und Oster-Schokoladenartikel, Malzzwieback, Kindermehl.**

C. Klein & Co., Lederwarenfabrik

Fernruf Nummer 198 — **Schwabach** — Südl. Mauerstraße 9.

Spezialität: Mappen, Schultornister, Koffer, Markttaschen, Einkaufsbeutel, Sportgürtel u. s. w.

Photogr. Kunstanstalt Penzendorfer Str. 11. **Karl Müller.** Geschäftsz. Sonntags 10 – 4 Uhr. Wochentags 8 – 7 Uhr.

Spezialist für moderne Bildkunst, Vergrößerungen, Vereinsbilder, Ehrentableaux, Gewerbe, Industrie, Architektur, Sport, Illustration. – Bei Vereinsbildern u. Lichtdruck-Postkarten kostenl. Entwürfe. Preisangebote u. Proben einholen. **Paßbilder sofort.** Höchste Dank- u. Anerkenn.-Schreiben. **Amateurarbeiten** schnell u. sauber.

Ludw. Merz, **SCHWABACH, Scherzerstr. 3. Fernr. 17.** (Einfahrt Eichwasenstr. u. Nördl. Ringstr.) **Grundbuchamtlich beeidigter Schätzer.**

Baugeschäft, Bauwarenhandel, sorgfältige Ausführung von **Neu- u. Umbauten.** Anfertigung von Plänen, Kostenvoranschlägen, statischen Berechnungen, Hypothekenschätzungen, Gutachten usw.

Ludwig Roiderer, **Drahtfabrik**

Gegründet 1907 **Schwabach** Fernruf 161

Spezialität: **Drahtbürsten, Bürsten-, Blumen- und Hutdrähte.**

Hans Schönberger, Schwabach

Maurermeister, Ziegelgasse 18

Gegründet 1889 **Hoch- und Tiefbau-**Unternehmung, Fernruf 234.

Zementwarenfabrik, Baumaterialien, Baupläne, Kostenvoranschläge u. s. w.

Wilh. Böhner & Sohn

Werkzeugfabrikation,

Schwabach, Ziegelgasse 16.

Schleiferei- und Reparaturarbeiten aller Stahlwaren. – Goldbeschneidekarren.

Martha Schilz-Rost

Feinkosthandlung

Schwabach, **Kappadozia 4.**

Spez.: **Reise- und Touristen-Proviant, Konserven, Fischwaren in Dosen, Schachtelkäse.**

Achtung! Jäger, Touristen, Sportler! Die beste und zweckentsprechendste Fußbekleidung kaufen Sie im **Spezialgeschäft für Jagd, Sport und Orthopädie**

Hans Eirich,

Schuhmachermeister

Schwabach Nördl. Ringstraße 1

Berg-, Ski-, Jagd- und **Reitstiefel,** erstklassige **Handarbeit,** in eigenen Werkstätten **nach Maß** angefertigt.

Touristen-, Jagd- und **Sportvereinen** gewähre ich bei Mehrabnahme bis zu **10 Prozent Rabatt.**

Reparaturen aller Sportstiefel schnell und fachmännisch.

Machen Sie bitte einen Versuch. **Nichtpassende Arbeiten nehme ich zurück!**

Stadtsparkasse Schwabach

mündelsicheres Geldinstitut

Ludwigstr. 1/3 **gegründet 1836** **Fernruf 28.**

Annahme von Spar- und Kontokorrent-Einlagen gegen beste Verzinsung.

Vermittlung des An- und Verkaufs von Wertpapieren und Devisen, Verwahrung von Wertpapieren / Ausstellung von Reisekreditbriefen / Ausgabe von Heimsparkassen

Inkassostelle für die „Bayern", öffentl. Volks- und Lebensversicherung, Ausleihung von Hypotheken / Gewährung von Kontokorrentkrediten.

Städt. Elektrizitätswerk Schwabach

Ludwigstraße 1/3 *Fernruf Nr. 2*

Stromversorgung innerhalb des Stadtgebietes für Licht- und Kraftanlagen in unbeschränktem Maße.

Günstige Stromtarife für Handwerk und Gewerbe. – Großverbraucher: Tarif mit Nachlaß. – Auskunft über Stromtarifberechnungen für Betriebe aller Art jederzeit bereitwilligst. – Kostenanschläge für elektr. Licht- und Kraftanlagen jeden Umfanges kostenlos.

Verkaufslager aller elektr. Geräte, Beleuchtungskörper usw. – Reichhaltiges Lager an Elektromotoren, Ventilatoren. – Ausführung aller Arbeiten für Einrichtung und Aenderung elektr. Licht- und Kraftanlagen.

Bezirkssparkasse Schwabach

Gründungsjahr 1867 Ludwigstraße 11 Gründungsjahr 1867
Fernsprechanschluß Nummer 49 Postscheckkonto Nürnberg 2253

Annahme von Spareinlagen – Scheck- und Ueberweisungsverkehr – An- und Verkauf von Wertpapieren – Hinterlegung von Wertpapieren

Nebenstelle in Wendelstein
täglich geöffnet 9 – 12 und 1 – 1/23 Uhr

Kassenstunden in Schwand Mittwochs 3 – 5 Uhr.

Städtische Gas- und Wasserwerke Schwabach

Anstalt zur Versorgung der Bevölkerung mit **Gas** und keimfreiem, gesundem **Trinkwasser**, letzteres aus natürlichen Quellen in Hochdruckleitung

Verkauf von
mit den neuesten Errungenschaften der Heiztechnik ausgestatteten

Gasherden
Gaskochern
Gasbadeöfen
Gasheizöfen

und allen sonstigen **Apparaten** der führenden Werke.

Erleichterte Zahlungsbedingungen.

Richard Hirthe, Schwabach, *Ludwigstraße, gegründet 1903,*
der bekannte Photograph für alle Aufnahmen gewerblicher und industrieller Art, sowie Naturschutz und Heimatpflege.
Großes Archiv von Mittelfranken-Photos für Presse- und Reiseführer-Illustration.
Ia Referenzen! Spezialität seit 1903: Ansichtskarten-Neuanfertigung und -Verlag. / Verwendung wertvollster Zeiß-Optik.

Mietauto-Ruf 321

Moderne 6 – 7-Sitzer-Limousine

Der Wagen für Nah- und Fernfahrten

zu jeder Tages- und **Nachtzeit.** Hochzeitsfahrten, Krankentransporte usw.
Reelle Fahrpreise. **R. Herold,** Schwabach, Königplatz 8.

VARTA-DIENST *für Kraftfahrzeuge*

Vertrieb // Aufladung // Reparatur transportabler Akkumulatoren.

Bosch-Erzeugnisse *Einbauraum: Friedrichstraße 29 (Holzhandlung Hochreuther).*

Schwabach, Telephon 214 *Albert Burghardt* *Nürnberger Straße 11.*

Schwabach **Café Böhm** Ludwigstr. 7

ff. Kaffee, Kakao, Schokolade, ff. Feinbäckereien.
Spez.: Plundergebäck // Saisongemäße Obstkuchen.

Werkstatt für Bucheinband

Josef Obermeier, Schwabach, Silbergasse 3 a.

Einfache Einbände, Luxusbände, Noten u. Musterkollektionen
von der einfachsten bis zur feinsten Ausführung.

Fabrikation feiner Wurst- und Fleischwaren

Hans Wening, Schwabach, Rosenbergerstraße 13.

Fernruf 191. Erstes Aufschnittgeschäft am Platze!

Spezialität: **Anfertigung kalter Platten.**

Martha Schilz-Rost, Feinkosthandlung, **Schwabach Kappadozia 4.**

ff. Allgäuer Käse aller Sorten, Dessert- und Schachtelkäse, Fischmarinaden, Reise- und Touristenproviant, Konserven, Schokoladen, Weine.

Mich. Riegelbauer

Schwabach, Julius Streicher-Ring 2 / Telefon 219

Vertretungen bewährter Personen- und Lastwagen

Neuzeitlich eingerichtete Reparaturwerkstatt

Abschleppdienst
Akkumulatoren-Ladestation

Ständiges Lager in Reifen und Zubehör

B.-V. Tankstelle

Täglicher Kraftwagen-Güterverkehr Schwabach-Nürnberg

Annahmestelle: Nürnberg, Gasthaus zum „Türken" Telefon 26901

Übernahme aller Transporte für Nah- und Fernverkehr

3-Tonnen-Kipper
9-Tonnen-Lastzug

Telefon 281 **Georg Kleinöder, Schwabach** Telefon 281

Spedition und Reisebüro „Schwabacher Gold" — Omnibusvermietung

---

Patentmatratzen-Industrie

Gegr. 1912 Hans Hartmann & Co. Fernruf 687

Inhaber Thomas Hartmann

Schwabach, Rohrersmühlstraße 6

Bau- und Möbelschreinerei

Lieferung von Wohnungs-Einrichtungen
in allen Holzarten

Brauhaus Nürnberg

Abteilung Brauhaus Schwabach

Fernsprecher 577 Hördlertorstraße 14

Spezialbier:

Losunger

In Schwabach und Umgebung über 150 Ausschankstellen

Dampfwäscherei Stinzendörfer

Mina Stinzendörfer, Schwabach, Ludwigstraße 19

Stärk- und Haushaltungswäsche
Spezialität: Haushaltungswäsche nach Gewicht
Schonendste Behandlung der Wäsche

● **Chemische Reinigung und Färberei**

Bernhard Jakob, Schwabach

Adolf Hitler-Ring 17 **Ring-Cafe** Adolf Hitler-Ring 17

Spezial-Weizenbier, ff. Losunger Bier
Kaffee, reine Weine

Werbung (1939)

Papier-Industrie Schwabach

Gegr. 1907 **Georg Spachmüller & Comp.** Fernruf 680

Großbetrieb für Papierverarbeitung und Druckerei

Leistungsfähig in Pack- und Einwickelpapieren
Papierpackungen
Tüten und Beuteln für die gesamten Lebensmittel- und Gebrauchsartikel-Branchen
Papierabreißapparaten und Rollenpapieren
Druckerzeugnissen

Verkauf und Auslieferung direkt und durch
Verkaufsorganisation Spachus G. m. b. H.
Verkaufsstellen in vielen süddeutschen Städten.

Ganz Schwabach brennt

Brennmaterialien

von

Kohlen-Tiefel

Schwabach

Postscheck Nbg. 47631 am Marktplatz Fernruf 274

Buchdruckerei

Karl Schaffner

Spitalberg 1 / Fernsprecher 597

Drucksachen für jeden Bedarf
in moderner Ausführung,
ein- und mehrfarbig,
zu mäßigen Preisen.
Rascheste Lieferung!

Erledigung sämtlicher Geldgeschäfte

Stadtsparkasse Schwabach

Adolf Hitler-Ring 2 **Fernruf 460**

Gegründet 1836

Opel — Dienst

Gegr. 1890

Leonhard Schaffner

Tel.-Ruf 290

Schwabach/Mfr.
Königplatz 25

Älteste, besteingerichtete, staatlich anerkannte
Kraftwagen-Reparatur-Werkstatt und Fahrschule
Abschleppdienst

Hebebühne, Scheinwerferlichteinstellung, Bremsmesserdienst
Standard- und Esso-Tankstelle, Esso-Öle
Motor- und Fahrräder / Miele-Waschmaschinen und Zentrifugen
Gummi- und Hanfschläuche für Garten und Feuerwehren

Gewerbeschau Schwabach 1925: Goldene Medaille.

Hans Grießhammer
Schwabach

Fernruf 509 * Königstraße 12

Schnittwaren * Seiden- u. Wollstoffe
Wollwaren * Trikotagen * Wäsche
Weißwaren * Gardinen, Vorhangstoffe
Damen- und Kinderkleider * Schürzen * Strümpfe
Alle Artikel für die Damenschneiderei, Handarbeiten, Garne und Wolle.
Erstlingswäsche in größter Auswahl.
Bettfedern und fertige Betten.
Anzug- und Kostümstoffe. Sport- und Arbeitshosen.

Spareinlagen
Kontokorrent-, Giro- und Scheckverkehr
Hypotheken, Darlehen und Kredite
An- und Verkauf von Wertpapieren
sowie deren Verwahrung und Verwaltung
Reisekreditbriefe
Kostenlose Beratung in Geldangelegenheiten

Kreissparkasse Schwabach

Ruf 449 Ludwigstraße 11 Ruf 449

Mit Zweigstellen
in Wendelstein und Abenberg

Die Kunst zu waschen:

Ribot's Seifen!

Vollendetste Fabrikation in allen Sorten

Haushalt- und **Feinseifen!**

Berühmte Spezialitäten

Alle Sorten Seifen für die Industrie

Schwalben-Seife!

Sie schwimmt! Sie wäscht und bleicht! Sie schont die Wäsche!

Savonal

für den Hausputz, das Mädchen für Alles!

Ph. Benj. Ribot A.-G.

Bayerische Seifenfabrik

Schwabach

Fernruf Nr. 601 Fernruf Nr. 601

Städtische Werke

Schwabach

Strom

Gas

Wasser

Nutzt diese Energiequellen!

Sie erleichtern die Arbeit, fördern die Gesundheit, steigern die Lebensfreude.

Auskunft über vorteilhafte und sparsamste Anwendung erhalten Sie jederzeit bereitwilligst und kostenlos im Verwaltungsgebäude Julius Streicher-Ring 11 / Fernruf 312

Möbel und Bauarbeiten fertigt

Hermann Ohning, Schreinermeister

Tel. 557 Schwabach, Pinzenberg 4 Tel. 557

Das Beste ist immer noch das Billigste!

Georg Scharrer

Pinzenberg 21 Schwabach Fernruf Nr. 320

Fahr- und Motorräder / Nähmaschinen / Kinderwagen

J. G. Schreyer's Buchhandlung

Königplatz 9 / Fernsprecher 276 / Gegründet 1864

Bücher / Zeitschriften / Musikalien

Vertrieb von Privat-Losen **Lose der Deutschen Reichslotterie**

Parkbad Schwabach

Modernstes Bad mit kristallklarem Wasser

Große Liegewiesen u. Parkplatz – Herrl. Terrassen-Kaffee mit eig. Konditorei – Sommerkellerbetrieb

Ferner werden folgende im Eigentum der Stadt befindlichen Wirtschaftsbetriebe dem allgemeinen Besuch bestens empfohlen:

Gasthof zum Schwarzen Bären

mit großem Saal und guten Fremdenzimmern

Gaststätte zum Eichwasen

mit ihrer schönen, ruhigen Umgebung.

Leonhard Miederer, Neutorstraße 1

Feinste Allgäuer Molkerei-Erzeugnisse

Ia. Emmenthaler, Limburger, Edamer, Camembert / Täglich frische Joghurt u. Quark

Billigste Bezugsquelle für Gastwirte und Wiederverkäufer.

Weller-Bräu

Telefon 223 Schwabach Telefon 223

Das Bier
das jedem schmeckt!

Kohlen-Härtlein

Lager: Friedrichstraße 29 Telefon 267 Wohnung: Wallenrodstraße 7

Kohlen Briketts Koks

Grudekoks Anthrazit Schmiedekohlen

lieferbar von den kleinsten bis zu den größten Mengen

Café-Restaurant „Luitpold"

Schwabach, Nürnberger Straße 1, Ecke Bachgasse / Fernruf 641

ff. Wellerbräu-Biere / Anerkannt gute Küche

Auswahlreiche warme und kalte Speisen zu jeder Tageszeit, pikante Frühstücke, gutgepflegte Schoppen- und Flaschenweine / Klavier Billard und Vereinszimmer.

Besitzer Andreas Kaas

SALAMANDER-SCHUHE

MARKE SALAMANDER

SCHUHHAUS GRAU

Konrad Löwer, Schwabach

Bachgasse 12
Telefon 487

Spezialgeschäft für Wand- und Boden-Plattenbeläge

empfiehlt sich für die Ausführung von

Hauseingängen, Küchen, Bädern, Milchläden, Bäckerläden, Backstuben, Metzgerläden, Metzgerwerkstätten usw.

Erstes und einziges Spezialgeschäft am Platze

Bierbrauerei Gg. Leitner

Telefon 289 **Schwabach, Besitzer: Karl Leitner** Telefon 289

Aeltestes, seit 1649 bestehendes Erb-Brauhaus am Platze

Helles und dunkles Lagerbier

Saison-Starkbier Perle Schwabach

GEBRÜDER WEIDNER, SCHWABACH

Staedtlerstraße 2 / Fernruf 435

Älteste und größte

Trauring

-Spezialfabrik am Platze. Prämiert mit goldener Medaille. Jahrzehntelange praktische Erfahrung bietet Gewähr für einwandfreie Lieferung. Versand nur an Wiederverkäufer.

Kohlebürstenfabrik

Adolf Schmidthammer, Schwabach

Fernruf 375 Julius Streicher-Ring 32a

Herstellung von Kohle-, Grafit-, Edel- und Bronzekohle-Bürsten für Generatoren, Umformer und Motore.
Autokohlen für Anlasser und Lichtmaschinen
Kontaktkohlen für Aufzüge und Steuerschaltapparate

Für jede Maschine die geeignete Kohle

Dampf-Wäscherei Hartmann

Schwabach, nur Benkendorferstraße 13

Telefon 349 Gegründet 1904

Spez.: Herrenstärkwäsche. Gardinenreinigung und -Spannerei. Erstes Geschäft für Hotel-, Haus- und Familienwäsche.

Fachmännische erstkl. Bedienung in hyg.-chem. Reinigung und Färbereien. Plisses in vielen Ausführungen. Schadhafte Garderobe tadellos kunstgestopft.

Gummistempel sowie jeden Zubehör.
Schilder in Emaille und Metall liefert schnell und billigst

Fernruf Nr. 349 **Jakob Hartmann** Benkendorferstr. 13

Loedel / Weine / Liköre

sind bekannt gute Qualitäten!

Joh. Loedel, Schwabach, Weingroßhandlung und Likörfabrik * Tel. 429

Blattgold-, Prägefolien- und Rollengoldfabrik

Fritz Rometsch

Schwabach (Bayern)

Austraße 4
Telefon 613

Ausgezeichnet mit der goldenen Medaille

Unternehmen ersten Ranges

Spezialfabrik für echt Blattgold in allen gewünschten Legierungen und Größen

E X P O R T

Höchst leistungsfähige Fabrikation von Blattgold-, Blattsilber- und Blattmetallbüchern aller Art

Rometsch & Bellair

Herren-Bekleidung

Herren-Artikel

Wolfgang Boecklein

Schwabach

Bekleidung – Wäsche – Betten

Leib- und Bettwäsche

GEORG LICHTENSTERN

Echt Blattgold- und Goldfolien-Spezialfabrik

Schwabach, Ebersbergerstraße 3 / Telefon 208

Telegramm-Adresse: Geolicht / Gegründet 1911

1911 — 25 — 1936

Spezialität: Große und größte Formate in allen Farben

Feinste Doppel- und Dukaten-Golde

Eingetragenes Warenzeichen

Anerkannt gute Bezugsquelle von Blattmetallen und Bronzefarben

---

Fritz Heerwarth

Fernruf 314 **Schwabach** Fischgrubengasse 10

Spezialgeschäft für modernen Ofen- und Herdbau.

Mehrzimmerheizung / Eiserne Oefen

Ausführung sämtlicher Plattenbelage für Wand und Fußboden.

Kachelöfen und Kachelherde werden auch transportabel geliefert. Für solide und fachmännische Ausführung wird garantiert.

Fugenlose Trauringe

in erstklassiger Ausführung, dehnbar, in den verschiedensten Breiten zu den alleräußersten Preisen, jedoch nur an Wiederverkäufer lieferbar.

Reichsortiertes Lager in allen möglichen Ausführungen,

daher prompte Lieferung am Tage des Bestellungseinganges.

Leonhard Dreikorn, Spezialfabrik fugenloser Trauringe, **Schwabach**

Alexanderstraße 4, Wilhelm Friedrich-Weg 2 / Fernruf Nr. 284

Dieses Zeichen bürgt!

HERMANN
TRABERT
TEXTILWAREN

Das führende Geschäft für

Stoffe / Herren- und Damen-Wäsche
Hauswäsche / Bettfedern / Gardinen
Teppiche / Decken / Kurz- u. Modewaren

Auf der Aich — Rufnummer 581

Gastwirtschaft Hans Heidolph

Hördlertorstraße 9/11

Gemütliches Familienlokal

ff. Biere vom Brauhaus Nürnberg, Abteilung Schwabach
Gutgepflegte Weine
Prima kalte und warme Speisen zu jeder Tageszeit

Hans Hauck, Malermeister

gegründet 1920 – Königplatz 6
Ausführung sämtlicher Malerarbeiten
Dekorationen / Schriften / Möbel-Lackieren

Martin Warnick

Installateurmeister * Mechanische Werkstätte

Schwabach, Adolf Hitler-Ring 1

Tel. 588

Ausführung sämtlicher Installationsarbeiten für Gas und Wasser * Spülklosettanlagen * Badeeinrichtungen * Reparaturen aller Art.

Brunnenbohrungen

mit Motorbetrieb in jeder Tiefe, im Durchmesser von 15 bis 50 cm.

Sämtliche Reparaturen aller Pumpen in fachmännischer Ausführung

---

Ernst Walter, Stadtparkstraße 24

Bau- und Möbelschreinerei / Möbellager

Ordnung und Uebersicht in Ihren Steuerzahlungen

haben Sie sofort, wenn Sie für jede Steuerart eine meiner praktischen Steuernachweiskarten anlegen. Mit einem Blick sind Sie über die bezahlten und noch zu leistenden Steuerzahlungen informiert. Per Stück 10 Pfg. Zu beziehen durch

Buchdruckerei Karl Schaffner, Schwabach

MITUFA

TURN- u. SPORT-GERÄTEFABRIK

Herkules

Turngeräte — Schwimmbadgeräte

Mitufa

Sportgeräte für Leichtathletik

Boxen — Rasenspiele

Neuzeitliche Turnhallen-, Schwimmbad- und Spielplatz-Einrichtungen

Gegründet 1836

Georg Stöhr

Telephon 625

Turn- und Sportgeräte-Fabrik

Schwabach / Nbg.

Neu! Spezialturnmatten „Elasti-Gum" Neu!

Angebote kostenlos!

Turngeräte von den Bayerischen Gerätemeisterschaften am 23./24. Juli 1949 werden am Feste zu ermäßigten Preisen abgegeben.

Tauber & Bayerlein

Ringofenziegelei

Schwabach

Reisenleiterstraße 2 (am Bahnhof)

Fernsprecher 404

Neuzeitlich eingerichtetes, leistungsfähigstes Ziegelwerk

Erzeugnisse:

Rote Viellochsteine (Wabenziegel)

Einheits - Delta - Ziegel

Deckenhohlsteine — Dränröhren

Mathias Thäter

Bau - Unternehmung

Schwabach

Lindenstraße 10 — Fernsprecher 591

Ziegelei: Reisenleiterstraße 2 (am Bahnhof) Fernsprecher 404

Ausführung aller Hoch- und Tiefbau-Arbeiten

Beton- und Eisenbetonbau

Werbung (1949)

Walter Sonntag

SCHWABACH - KÖNIGPLATZ 27 - FERNRUF NUMMER 443

ZINNGIESSEREI - GLASEREI
PORZELLANHANDLUNG - HAUS- U. KÜCHENGERÄTE

Wilhelm Schuler

GLASERMEISTER

TELEPHON 594 **SILBERGASSE 6**

BAU-, BLEI- UND AUTO-GLASEREI

Erstes Bildergeschäft und Einrahmung

Jeder verlangt
und trinkt

die gute W & S-Limonade

hergestellt in der

Mineralwasserfabrik

Wagenhuber & Sohn, Schwabach

Friedrichstraße 23 · Telephon 240 · Gegründet 1904

HEROLD-NADELN NORICA-NADELN

DIE FÜHRENDEN WELTMARKEN

H. J. Wenglein, Schwabach bei Nbg.

HANS KLEIN, SCHWABACH

Friedrichstraße 15 / 17 Telephon 595

Sport-Artikel

LEDERWAREN — KOFFER — RUCKSÄCKE

Max Röder

Schwabach, Friedrichstr. 2a

Polsterwerkstätte
Lederwaren
Koffer
Fußbälle

Friedrich Schwarz

früher Adam Damasko

Schwabach, Königpl. 29

Sattler- u. Tapeziergeschäft
Lederwaren

ältestes Geschäft am Platze

Karl Tiefel

Kohlen-Groß- und Einzelhandel

SCHWABACH **TELEPHON 274**

Schwabach TEXTIL Trabert Schwabach

Leonhard Schmauser

Nadelfabrik

SCHWABACH

1723 1948

Fabrik-Marke

Nähnadeln – Handwerkernadeln

Spinnereinadeln – Spezialnadeln

MINERAL- **UNION** WASSERFABRIK

PHILLIPP VOCKENTANZ

SCHWABACH - AUF DER AICH 10 - TELEPHON 382

Ueberkinger Sprudel

Ueberkinger Adelheid-Quelle

Werden auch Sie Mitglied

beim

Verkehrsverein Schwabach!

Der Schwabacher Verkehrsverein ist der Nachfolger des früheren Verschönerungsvereins. — Er ist keine städtische Einrichtung. — Der Verkehrsverein will unserer in rascher Entwicklung begriffenen Stadt zu der Bedeutung in Nordbayern verhelfen, die ihr auf Grund ihrer denkwürdigen Vergangenheit und ihrer viel zu wenig bekannten Sehenswürdigkeiten und Umgebung zukommt.

Jahresbeitrag: 2 DM

Geschäftsstelle Rathaus, Zimmer Nr. 10

In ganz Franken bekannte

»Schwabacher Kirchweih«

1951: 15. bis 19. September

Stadtwerke Schwabach

Wir liefern:

Strom - Gas - Wasser

für Haushalt, Gewerbe, Landwirtschaft, Industrie

Gasgeräte - Elektrogeräte

Sämtliche Geräte auch auf Teilzahlung

Wir bauen:

Gas- und Wasserversorgungen
Elektr. Hoch- und Niederspannungsanlagen
Freileitungsnetze

Kostenlose und unverbindliche Beratung!

Verwaltungsgebäude
Nördl. Ringstr. 11

SWS

Fernruf
Schwabach 312
oder über 451

Werbung (1951)

Farbaufnahmen

nach dem Agfacolor-Verfahren für
Porträt-Industrie-Werbung

Schwabach **FOTO-STARK** Königstr. 22

Erstes lizensiertes Farb-Foto-Studio Schwabachs

1701 - 1951

250 Jahre als gut bekannt ist

Weller - Bier

im Frankenland

Gasthaus „Zum guten Trunk"

Besitzer Stefan Freudenberger

Schwabach, Vogelherd

Ausschank der bekannten ff Weller-Biere
ff Speisen aus Hausschlachtungen
Staubfreier Garten

Baugeschäft **Ludwig Merz**

übernimmt

Bauaufträge jeder Art

Spezialität: UMBAUTEN

Loedel-Weine

Loedel-Liköre

stets vorzüglich u. preiswert!

Verlangen Sie vor allem

meine Spezialitäten:

Schwabacher Goldwasser 40 %
Kissinger Quellengeist 40 %
Loedels Boonecamp 48 %
u. Loedels berühmten Eierlikör

JOH. LOEDEL, SCHWABACH

WEINGROSSHANDLUNG UND LIKÖRFABRIK

Das Haus für den Rundfunk

Elektro-Bauer

LICHT-KRAFT-RADIO-ELEKTR.-BEDARFSARTIKEL
KÜHLSCHRÄNKE-EIGENE MECHAN. WERKSTÄTTE

Cristoph Bauer, Schwabach, Fleischbrücke 3

Engel-Apotheke

gegründet 1827

Friedrich Gebhard

Obere Apotheke

Schwabach, Telefon 609

Otto u. Maria Hegenbart

Färberei und chemische Reinigung
Dekatieranstalt, Gardinenspannerei

Schwabach, Benkendorfer Str. 13 Telefon 349

Dorschner - Schmehle

Lebensmittel-Feinkost-Südfrüchte

Schwabach Bahnhofstraße 31

Tauber & Bayerlein

Ringofen-Ziegelei

Reisenleiterstr. 2 Schwabach Fernsprecher 404

Neuzeitlich eingerichtetes, leistungsfähiges Ziegelwerk

Erzeugnisse:
Rote Viellochsteine (Wabenziegel)
Einheits - Delta - Ziegel
Deckenhohlsteine

Die Delta - Bauweise ist die beste und vorteilhafteste Bauweise.

Mathias Thäter

Bauunternehmung

Lindenstraße 10 Schwabach Fernsprecher 591

Ziegelei Reisenleiterstraße 2 (am Bahnhof) Fernsprecher 404

Ausführung aller Hoch- und Tiefbau-Arbeiten Beton- und Eisenbetonbau.

Grete Walter, Schwabach
Spitalberg
Blusen · Röcke · Damenwäsche
Schals · Handschuhe - Kurzwaren

Fertigung sämtlicher Bauschlosserarbeiten
und Maschinen-Reparaturen
HANS WALTER, SCHWABACH
Spitalberg 8 Ruf 746

Julius Schuler *Glasermeister*
Autoglaserei - Glasschleiferei - Kunstverglasung
Bildeinrahmung - Bauverglasung
Schwabach Nürnberger Str. 13 - Silbergasse 3a
Telefon 383

Gärtnerei K. Imhof, Schwabach
Reichswaisenhausstraße 7 — Ruf 9187
Blumen- u. Kranzbinderei - Friedhofsarbeiten

Foto **Schönberger** Atelier
Verkauf aller
Foto- Apparate
Filme, Platten
Papiere, Chemikalien
Schwabach Hindenburgstraße 14 — Fernsprecher 872

Polstermöbel
Innendekoration
Autopolsterei
Hans Kastner, Tapeziermeister
Schwabach, Feldstraße 2 Telefon 9210

Hans Grießhammer
Schwabach, Königstr. - Ecke Spitalberg
Telefon 509
Textilwaren

Abenberg
ein lohnendes Wanderziel
Besucht das reizvolle Frankenstädtchen Abenberg in ruhiger waldreicher Landschaft gelegen, mit seinen Sehenswürdigkeiten
Altertümliche Burg. Stilla - Kirche und -Grab im Kloster Marienburg.
Idealer Aufenthaltsort für Erholungssuchende
Laufender Omnibusverkehr mit Schwabach

Holzbearbeitungs - Werkstätten

Hermann Ohning

Schwabach / Nürnberg

Telefon 9153

Bauschreinerei:

Fenster, Türen, Tore, Laden- und Innenausbau, Rolläden.

Raumgestaltung - Möbelschreinerei

Schlaf- und Wohnzimmer, Küchen- und Einraummöbel, Bauernstuben,

Bitte verlangen Sie meine Vorschläge und Angebote!

Das Fachgeschäft

für vorzügliche

Fertigkleidung

Wolfg. Boecklein

Inh.: Karl Kandel

Schwabach, Königsplatz 23

H. & H. KRAUS

Süßwaren-

Fabrikation

SCHWABACH / NBG.

PENZENDORFER STRASSE 32 TELEFON 9266

PARK-HOTEL

Fernruf 514 Schwabach Bahnhofstraße 11

INHABER: AUGUST MAYER

Erstes Haus am Platze! 4 Minuten vom Bahnhof!

Zimmer mit Zentralheizung und fließ. Kalt- und Warmwasser / Bäder / Autoboxen Großes Speißerestaurant mit guter bürgerl. Küche / Vornehmes Konzert- u. Tanz-Café mit eigener Konditorei / Gepflegte reine Weine / Fürther Grüner Bräu-Biere Lokalitäten für geschlossene Gesellschaften / Großer Restaurationsgarten.

Hans Scherzer, Schwabach b. Nbg.
Kolonialwaren-Großhandlung

Katzwanger Schrauben- und Facondreherei
Ruf 570 **Kuno Frauenschläger** *Ruf 570*

Richard Knöllinger
Malzfabrik
BENKENDORFER STRASSE 19—21 TEL. 619
Malzkaffe- und Malzmehlfabrikation ***Braumalz***

Fritz Sproßmann
das Fachgeschäft für alle Transporte!
Spez.-Möbeltransporte Shell-Diesel u. Öllager
Schwabach Walpersdorferstr. 13 - Eilgutstr. 4
Telefon 248

GASTHOF „ROSE"
Pächter: Wilhelm und Else Woithe
Schwabach, Ludwigstraße 9 Telefon 428
Fremdenzimmer - Zentralheizung - fließend Warm- und Kalt-Wasser
Preiswerte Speisen in gut bürgerlicher Aufmachung.
Ausschank der vorzüglichen Biere aus dem „Brauhaus Nürnberg"
sowie des weltbekannten „Siechen-Bieres".

Otto Freund
SCHWABACH
Rosenberger Straße 5

Sanitäre Installationen
Bauflaschnerei
Ausführung sämtlicher einschlägiger Arbeiten
Haushaltartikel

Fritz Wegelin
G. Hosch Nachf.
Gegründet 1778
Ältestes Spezial-Geschäft am Platze
Fabrikation von Messern und Stahlwaren - Reparaturwerkstätte u. elektrische Schleiferei
Schwabach Nürnberger Str. 9

OTTO
BRÄUTIGAM
Polstermöbel - Linoleum
Tapeten

Schwabach, Schlötzergasse 4

Blattgold- u. Prägefolien-Fabrik
August Rühl
Schwabach bei Nürnberg

Schutz-Marke der Brauerei

Hotel „Tucherbierstüberl"
Ruf 554 Hinter der Stadtkirche Ruf 554
bietet angenehmen Familien-Aufenthalt
Bestbekannte Küche - Auswahlreiche Weinkarte
Gepflegte Weine erster Häuser
Fremdenzimmer mit Zentralheizung - Fließend Warm- und Kaltwasser
Autogaragen - Das Heim reisender Kaufleute
Auch Sie sind herzlich willkommen! *Besitzer: Georg Meyer*

ROPRODU

SEIT 30 JAHREN

Schwabach

Staedtlerstraße 5

Abnahme: 8.00 bis 18.00 Uhr

Samstag **nur** bis 14.00 Uhr

Sie verdienen totsicher!

Bringen Sie

Altmetalle
Alteisen
Altpapier
Lumpen
Flaschen

zu

Artur Swaczina
Schwabach
Staedtlerstraße 5

Fachgeschäft für Rohprodukte seit 1920

Abnahme täglich
von 9 - 16 Uhr

Bei größeren Mengen erfolgt Abholung

AUTO HERRE

SCHWABACH

Automobile
Lastzüge
Omnibusse

Äußere Nürnberger Str. Tel. 376

Motorräder

Shell - Großtankstelle

Pflegedienst

Reparatur - Werkstätte

FERNTRANSPORT - UNTERNEHMEN

Möbel - Werkstätten

und Einrichtungshaus

Möbel-Hartmann

Das seit Jahrzehnten bekannte gute Fachgeschäft für erstklassige, preiswerte Möbel in großer Auswahl!

Schwabach, Hindenburgstraße 19 Telefon 344

Gasthaus „Brausebad"

Schwabach, Südliche Ringstraße 12

Inhaber: Hans Konrad Seybold

Schöner schattiger Garten — Fremdenzimmer

Mittag- und Abendtisch

Jederzeit Kaffee mit Gebäck

O. & H. JAEGER K.G.

SCHRAUBENFABRIK

SCHWABACH B. NÜRNBERG

Qualitätsarbeit seit 1905

Ring - Apotheke

Apotheker L. Eiber

Anfertigung sämtlicher Privat- und Krankenkassenrezepte

Allopathie - Homöopathie - Tierarzneimittel - Verbandstoffe - Krankenpflege-Artikel - Kosmetika - Mineralwässer - Krankenweine

H a r n u n t e r s u c h u n g e n

Schwabach, Südliche Ringstraße 5 b Telefon 242

Im Jahre 1778 wurde die Firma Joh. Leonh. Hüttlinger, Schwabach gegründet, und bis zum heutigen Tage ist sie im Besitz der gleichen Familie geblieben. Das heißt für die heute in unserem Werk Schaffenden: Verpflichtung auf die Tradition unseres Hauses. Das heißt für unsere Geschäftsfreunde: Fünf Generationen Facherfahrung, die Leistung eines Stammes altbewährter Mitarbeiter und einer durchaus neuzeitlichen Einrichtung bürgen für eine erstklassige Wertarbeit!

DRAHTFABRIK

Drahtzieherei = Blumendrähte
Hutdrähte = Bürstendrähte
Bürsteneinziehdrähte = Stanzdrähte
Heftdrähte = Gußstahlsaitendrähte
Technische Bürsten

FEDERNFABRIK

Zug=, Druck=, Schenkelfedern
Gebogene Drahtteile
Draht = Massenartikel

Gegr. 1778

J. LEONH. HÜTTLINGER

DRAHTFABRIK

Schwabach bei Nürnberg

TELEFON 515

Georg Zehrer
Ludwigstraße 28
Tabakwaren, Zeitungen, Zeitschriften, Inseratenannahme der Nürnberger Nachr., Zeitungsausgabe.

Schwabacher Hausfrauen
bedient beim Einkauf von Obst und Gemüse stets gut
Gemüsehändler **Geuder**
am Rathauseck

Rathaus-Apotheke

Ph. Mr. K. Heischmann

Anfertigung sämtlicher Privat- und Krankenkassenrezepte
Allopathie - Homöopathie - Tierarzneimittel - Verbandstoffe - Krankenpflege-Artikel - Kosmetika - Mineralwasser - Krankenweine
Harnuntersuchungen

Schwabach, Königsplatz 13 Telefon 323

Else Lieblein
Handarbeiten
Material und Anleitung
Schwabach/Nbg.
Bachgasse

Molkereiprodukte
Thom. Habersetzer
Schwabach
Bankendorfer Str. 3 Tel. 722

Josef Kobras
Ofen- und Herdgeschäft
Wand- und Bodenbeläge
aller Art
Schwabach
Stadtparkstraße 29

Brot- und Feinbäckerei
Willy Wittmann
Schwabach
Königsplatz

Gartenbau
Johann Schwarz
Inh. **August Götz**
Gartenmeister
Gegründet 1902
Schwabach
Limbacher Str. 8 Telefon 385
Blumenbinderei Friedhofsgärtnerei

Neue freie Krankenkasse
Schwabach
gegr. 1892 - für ortsansässige, Gewerbetreibende und deren Angehörigen sowie allen sonstigen Personen solide Versicherungsmöglichkeit bei niedrig gehaltenen Beitragssätzen.
Geschäftsstelle: Kappadozia 2 jeweils vormittags.

Karl Gerber
Brotfabrik
Schwabach
Weiß- u. Schwarzbrot,
Delikateß-Vollkornbrot,
Diät-Schrotbrot
Pumpernickel
gegr 1874 Fernruf 537

RIBOT-SEIFEN *seit 100 Jahren Qualität!*
Feinseifen - Kernseifen - Waschmittel - Rasierseifen

Albert Neubig

Malermeister

Schwabach

Pinzenberg 3 — Telefon 9184

Ausführung aller Maler- Tüncher- und Lackierarbeiten

Spezialitäten:

Vergolden, Firmenschilder, Goldbuchstaben und Leuchtreklamen

Erneuerungen von Hausfassaden

Gerüstbau und Verleih

Brauerei Georg Leitner

Telefon 289 — **SCHWABACH** — Telefon 289

empfiehlt ihre guten

Friedensbiere!

Georg Strickstrock

RUNDFUNK-MECHANIKER-MEISTER

Reparatur-Werkstätte für sämtliche Rundfunk-Geräte

Schwabach, Limbacher Straße 19

HANS SCHWARZ

Vornehme Herren-
und Damenschneiderei

SCHWABACH/NBG. FRIEDRICHSTR. 19/21

Herren-, Burschen-, Knaben-Konfektion
Sportbekleidung, Bleyle-Fabrikate
Seit 130 Jahren Familienbesitz

Hans Förthner

Kraftfahrzeuge - Fahrschule

Schwabach

Tel. 629 (Werkstätte) Feldstraße 5 Tel. 649 (Wohnung)

Patentmatratzen - Industrie
Hans Hartmann & Co.
Inh. Thomas Hartmann
Schwabach bei Nürnberg
Gegr. 1912 Rohrersmühlstraße 12 Ruf 9117
Drahtmatratzen in verschiedenen Ausführungen.
Bau- und Möbelschreinerei.

Georg Wagenhuber & Sohn

Mineralwasser-fabrikation
Schwabach bei Nürnberg
Friedrichstraße 23
Telefon 249

Paul Humpenöder
Bau-Unternehmung für Hoch,- Tief- und Stahlbetonbau
Herstellung von Zementwaren
Inh.: Hans Humpenöder, Schwabach
Reichenbacher Straße 4 — Telefon 216

Gartenbaubetrieb
K. Fr. Semmelroth
Inh.: Josef Semmelroth
Schwabach Rathausgasse 1

Heinr. Lehmeyer
Bäckerei
Schwabach, Aich 6

Anny Schneider
Damenmoden - Textilien
Schwabach
Benkendorfer Straße 9

Gasthof
Schwarzer Adler
Einkehr- und Speisehaus
Das Haus, in dem Sie sich wohlfühlen.

JULIUS KÄS
Telefon 238 *Schwabach* Friedrichstrasse 4 Telefon 238
EISEN- UND METALLWAREN

Georg Schmoll, Schwabach Penzendorfer Straße 5
Fahrräder – Nähmaschinen – Kinderwagen
Reparaturen und Ersatzteile.

Hüte · Mützen · Schirme
In großer Auswahl sowie Reparaturen
Mathäus Schmidt, Schwabach Fleischbrücke 4

BUCHHANDLUNG - LEIHBÜCHEREI - NOTEN
BÜROBEDARF
Wißmeier Schwabach, *Bachgasse 10*

Mart. Meinking, Schwabach
Inh.: Ernst und Anna Meinking Nürnberger Straße 17
Kurz-, Weiß- und Wollwaren
EIN BESUCH LOHNT SICH!

M. Graf, Inh. S. Schulz
Tabakwaren Groß- und Kleinhandel
Schwabach, Königsplatz 13

Hans Brechenmacher
Federn-Fabrik
Schwabach b. Nbg.
Technische Federn für alle Industriezweige.

Wolle - Wäsche
H. Katheder, Schwabach Hindenburgstr. 17

Peter Sandreuther
Eisenwaren - Haus- und Küchengeräte - Landwirtschaftliche Geräte
Baubeschläge - Dachpappen - Herde - Öfen - Waschkessel
Schwabach

HERMANN BUCKEL
feine Maß - Schneiderei für Herren u. Damen
Schwabach Limbacher Straße 4

Holzarbeiten am Eigenheim *und behagliches*
Wohnen mit guten Möbeln der Bau- u. Möbelschreinerei
Kurt Göttel, Schwabach Limbacher Str. 5

BADER
GEGR. 1902 NBG.
Wilh. Bader
Schwabach, Pfarrgasse 1

Elektro - Frank
Inh. Fritz Heinr. Frank
Auto Elektrik
Batteriedienst
Schwabach
Limbacher Str. 14 und 17
Ruf 781

OTTO HÖPFL
Bahnhofs-Restaurant „Volksgarten"
Hausmetzgerei
Schwabach Telefon 875
Fremdenzimmer - großer schattiger Garten
Für Veranstaltungnn große Halle mit Tanzfläche
ff. Speisen - gepfl. Biere und Weine!

Nobis
IM EISSTADION
SCHWABACH

Das gediegene Café-Restaurant

mit den niedrigen Preisen!

PAPIER-INDUSTRIE SPARHUS SCHWABACH

Papier-Industrie Schwabach

Georg Spachmüller & Co.

Fernsprecher 680

Walter Fibinger

Vulkanisier-Anstalt

Schwabach b. Nbg.

Fernruf 788

Runderneuerung und Raparatur von allen Reifen unc Schläuchen sowie gebrauchte Pferdegespann- und Anhängerreifen.

WILLY WENDEL

Bauunternehmung

Schwabach REICHENBACHER STR. 16

Ruf 339

Herren-, Damen,- Kinderwäsche Kurzwaren, Wolle

Georg Lipps

Hinter der Stadtkirche

L. und F. Uhl

Schreibwaren

Schwabach

Königsplatz 14

Schroll's Lebensmittel

Molkereiprodukte - Feinkostwaren

Schwabach

Reiche Auswahl und führende Qualität begründen meinen guten Ruf.

Bahnhofstraße 1 Telefon 9178

Pius Wimmer & Söhne

Bauunternehmung für Hoch-, Tief- und Stahlbetonbau

Bauschreinerei, Baustoffe, Materialien, Betonwaren, Holzhandlung, Architekturbüro, Bauberatung.

Schwabach, *Falbenholzweg Telefon 669 Gegründet 1916*

Wolfgang **Korn**

Maurermeister

Unterreichenbach 50

bei Schwabach

Ausführung sämtlicher Maurerarbeiten

Foto EISELE

Schwabach

Werkstätte für moderne
Bildnisse *u.* Fotohandlung
Industrie-Aufnahmen
Architekturen - Reportagen
Telefon 9212

Bank-Lichtspiele

Karl & Martha Forster

Schwabach, Friedrichstraße 22

Telefon 9172

Mietauto - Droschken

Tag- und Nachtbetrieb

ASSENBAUM & WUTZER

Schwabach

Eichwasenstraße 1 Telefon 754

Georg Jäger

Holzbearbeitung

Neuzeitlichster Spezialbetrieb zur Serienherstellung von Fenster u. Türen

Schwabach (Gartenheim) Telefon 478

Papier- und Bürobedarfsvertrieb

Werner Lehmann

SCHWABACH, Stadtparkstraße 22

Johann Adam Krafft, Inh. Fritz Geim

Kolonialwaren - Großhandlung

Schwabach

Bauer kaufe und verkaufe durch Deine Genossenschaft. Du nützt Dir dadurch und stärkst Deine Selbsthilfe-Einrichtung

Ankauf landwirtschaftlicher Erzeugnisse wie Getreide, Kartoffeln, Heu, Stroh, Rüben Ölfrüchte etc.

Verkauf landwirtschaftlicher Bedarfsartikel wie Düngemittel, Futtermittel, Saatgut, Sämereien. landwirtschaftlicher Maschinen und Geräte, Öle und Fette, Bindegarn.

Reparaturwerkstätte
für landwirtschaftliche Maschinen und Geräte, Ersatzteillager.

Bayerische Warenvermittlung

Landw. Genossenschaften A. G.

Baywa-Lagerhäuser:

Schwabach - Pleinfeld - Windsbach - Heilsbronn

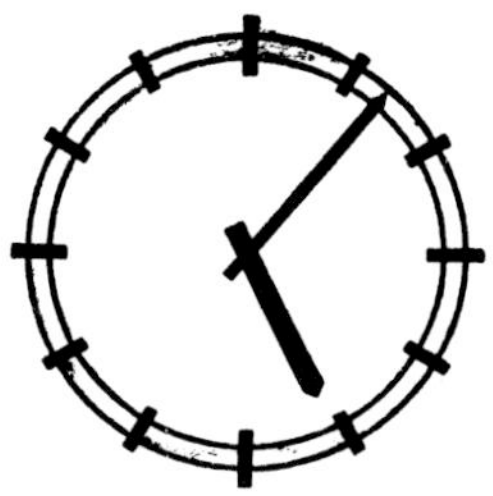

Wilhelm Bayerlein

Schwabach, Nürnberger Str. 9 Tel. 425

Das gute Fachgeschäft für

Uhren, Schmuck und Silbergeräte.

IV.
Häuser-Verzeichnis (1838)

Häuser-Verzeichnis

Haus-Nr.

I. Distrikt

(beim Mönchstor)

1 Hollensteiner Karl, Schneidermeister
2 Heider Heinr., Tuchmacher
3 Wienerlein Wilhelm, Bäckermeister
4 Schleich Wolfgang, Seilermeister
5 Bestelmeyer Marg., Bierbrauerswitwe
6 Betzold Joh. Leonhard, Bierbrauer u. Metzgermeister
7 Decanats-Wohnung, der Stadtcommun Schwabach gehörig

(hinter der Stadtkirche)

8 Hüttlinger Joh. Friedr., Melbermeister
9 Stadtkirchners Wohnung, der Kirchenstiftung gehörig
10 Städtler Babetta, Nadelfabrikantenwitwe
11 von Wallenrodisches Pfarrhaus, 1/3 d. Kirche, 2/3 dem Staat zugehöri;
12 Schreiber Joh. Andr., Hufschmidtmeister
13 Buhl Joh. Matth., Gastwirth und Bierbrauer
14 Kupfer Anna Maria, Melbermeisterswitwe

(beim Rambsengäßlein)

15 Rambs Joh., Maurermeister
16 Herrmann Maria Kath., Schneidermeisterswitwe
17a Hufer Andr., Büttnermeister
17b Stöhr Joh. Georg, Taglöhner
18 Winter Friedr., ordentl. Nürnberger Bote

(a. d. Kirchhof)

19 Schnaufer Joh. Jacob, Metzgermeister
20 ist abgebrochen
21 Schulgebäude, der Kirchenstiftung gehörig
22 Stadtkirche und Thurm, d. Kirchenstiftung gehör.

(auf dem Markt)

23 Rathhaus u. Frohnveste, der Commun gehörig
24 Hüttlinger Sigm., Kaufmann
25 Kgl. Hall-Gebäude
26 Fuchs Johann Georg, Färbermeister
27 Dr. Berger Adolph, Drahtfabrikant
28 Franck P., Poststallmeister und Gastwirth
29 Vizthum Wolfgg., Bierbrauer
30 Nerreter Joh. Konrad, Gastwirth

(die Marktgasse)

31 Schalkhauser David Fr., Drahtfabrik
32 Wagner Christ. Ferdin., Apotheker
33 Reusch Simon, Seifensieder
34 Viehbeck Georg Matth., Bierbrauer
35 Pfister Wolfgang, Seilermeister
36 Fuchs Karl Friedrich, Bierbrauer
37 Hüttlinger Christoph, Bäckermeister
38 Fischer Leonhd., Bäcker und Bierbrauer
39 Weber Kunig., Metzgermeisterswitwe
40 Schnell Johann Adam, Bäcker und Bierbrauer
41 Lodter Konr., Conditor
42 Traumüller Joh. Jacob, Lebküchner und Krämer

(beim Zöllnerthor)

43 Seyboth Johanne, Gastwirthswitwe
44 Schneider Elisab. Barb., Handelsmannswitwe
45 Besold Johann, Goldarbeiter
46 Schühlein Kaspar, Fabrikarbeiter
47 Monatsberger Christoph, Weber

II. Distrikt

(beim Zöllnerthor)

48 Döhmel Joh. Christian, Strumpfwirker
49 Zapf Carl Stephan, Bierbrauer
50 Berger Christ., Seilermeister
50a Scherzer Martin, Zimmergeselle
51 Hassold Leonh., Borstenverleger
52a Büchler Joh. Christoph, Drechsler
52b Schlegel Friedrich, Webermeister
53 Vögelein Gg. Konrad, Schmidtmeister
54 Müller Heinr., Handelsmann
55 Herr Sus., Melberswitwe
56 Käser Gg., Bierbrauer

(neue Gasse)

57a Meeth Leonhard, Schuhmachermeister
57b Scheuering Anne, ledig
58 Distel Georg Heinrich, Schuhmachermeister

(im Boxlohe)

59 Pfeifer Friedr., Metzgermeister
60 Bräuning Heinrich, Seifensieder
61 Händlein Johann Peter, Tabackmacher
62 Köchert Christ., Buchbindermeister
Liebel Mich., Büttnermeister
63a Eckstein Marie, Zeuchschmidtmeisterswitwe
63b Eckstein Chr., Bierbrauer
64 Rödel A., Strumpfwirkermeister
65 Die französische
66 Colonie
67 Hörld Matth., Taglöhner
68 Nachtrab Michael, Aufseher
69 Stumpf Joh. Philipp, Maurergeselle
70 Schmauser Joh. Konrad, Nadelfabrikant
71 Köchert Andr., Büttnermeister
72 Noderer Balthasar, Webermeister
73 Mäck Fr., Schreinermeister
74 Hassold, Strumpffabrik.

(Fischgrubengäßchen)

75 Vogelreuther Wolfgang, Schuhmachermeister
76 Köchert Christ. Ernst, Nadlermeister
77 Wechsler Löw, Oekonomiebesitzer
78 Schorr Adam, Stiftenmacher
79 Zech Andr., Taglöhner
80 Bäumler M., Drathverleger
81 ist abgebrochen
82 Schmidt A., Taglöhner
83 Kniewasser Joh. Mich., Taglöhner
84 Thäter Peter, Maurergeselle

(beim Boxlohe)

85 Munck Balthasar, Melbermeister
85 Schönnecker Fr., Lohnrößler
86 Popp Peter, Rentamts-Scribent
87 Berger Wilhelm, Kaufmann

(Marktgasse)

88 Beckh Sebastian, Kaufmann
89 Fürst Carl, Kauf-
90 mann
91 Müller Johann, Kupferschmidt
92 Schlatterer G., Flaschner
93 Hassold Lhd., Borstenverleger

III. Distrikt

(der Spitalberg)

94 Schlegel Friedrich, Webermeister
95 Betzold, Metzgermeisterswitwe
96 die Spitalkirche
97 das Schulhaus im Spitalhof, der Kirchenstiftg. gehörig
97a das d. Commun gehör. Schlacht- u. Fleischhaus
97b Ein der Spitalstiftg. gehörig. Getreide-Magazin
98 Beuschel Johann, Zeugschmidt
99 Beyerlein Mich., Nadlermeister
100 Stirner Barbara, Tuchmacherswitwe
101 Karg Maria, Taglöhnerswitwe
102 Thumshirn Gg., Lohnkutscher
102 Hering, Sattlermeister
103 Fischer Chr., Melbermeister
104 Hofer G., Glasermeister

(die Marktgasse)

105 Lettmeyer Anna Katharina, Bierbrauerswitwe
106 Dargler Johann Jacob, Schmidtmeister
107 Ruttmann Gottlieb, Nagelschmidtmeister
108 Haaß Friedr., Kaufmann
109 Lindner Sim., Schmidtmeister
110 Förster Joh. Konrad., Melbermeister
111 Albrecht Karl Fr., Tuchmachermeister
112 Dorn Christ. Friedrich, Gastwirthswitwe

(in der Höll, Höllgasse)

113 Kraus Joh. Christ., Seilermeister
114 Schneider Gg., Metzgermeister
115 Linkmann Albrecht, Melbermeister

(auf dem Markt)

116 Wohlwend Baptist, Färbermeister
117 Helm Matthäus, Bierbrauer
118 Martini Karl Friedrich, rechtsk. Bürgermeister

(bei der Fleischbrücke)

119 Rehfau Georg Kaspar, Seilermeister
120 Winter Franz, Nadelfabrikant
121 Otto Magn. Keller, Tabackmacher

(bei der Kirche)

122 Arnsberger Nik., Bürstenbinder
123 Mathees Michael, Privatier
124 Königsberger, Handelsmann
125 Drießlein, Tuchmachermeister

(die Fischergasse)

126 Hartmann Marg., Säcklerswitwe
127 Meier Eman., Melbermeister
128 Härtlein Joh. Balthas., Hafner
129 Katzenmeyer Kd., Kramnadler
129 Biller Anna Maria, Strumpfwirkerswitwe
130 Lipps Joh., Handelsmann
131 Fleischmann Sim., Bierbrauer
132 Ernst Joh., Rothgerber
133 Heiden Sigmund Carl, Stadtfischer

(an der Sägbrücke)

134 Roth Ludwig, Färbermeister
135 Herbst Thomas, Nadelfabrikant
136 Drießlein Ulrich, Tuch-
137 machermeister
138 Sitzmann Joh. Friedr.,
139 Schreiner-
140 meister

IV. Distrikt

(beim Mönchsthor)

141 Sticht Adam, Gastwirth
142 Rümmelein Georg, Taglöhner
143 Hufer Gg., Taglöhner
144 Geyer Paul, Fuhrwerker
145 Geyer Paul, Fuhrwerker
146 der Thurm beim Ausfluß, d. Commun gehör.

(beim Ausfluß)

147 Danner Lhd., Fuhrwerker
148 Herdegen Michael, Zimmermeister
149 Herbst Thomas, Büttnermeister
150 Kolb Dorothea, Glasermeisterswitwe
151 Telorack, Seifensiederswitwe
151 Bauer Mich., Zimmergeselle
152 des 2tn Kaplans Wohnung, der Kirchenstiftung gehörig
153 Arnsberger Paul, Metzgermeister
154 Ammon Daniel, Tuchmachermeister
155 ist abgebrochen worden

(das Kappadocia)

156 Hassold Johann Andr., Bierbrauer
157 Senning Christian, Färbermeister
158 Strunz Ernst, Seifensieder
159 Haas Sigm. Wilhelm, Apotheker
160 Buhl Christian, Weißgerber
161 Beyer Michael, Bäcker-
162 meister
163 Schwab Friedrich, Metzgergeselle
164 Barckhof Joh. Heinrich, Hutmachermeister
165 Käßer Felizitas, Gastwirthswitwe
166 Meyerhöfer Chr., Nadel-
167 fabrikant
168 Hassold Andreas, Bierbrauer

(Kappenzipfel)

169 Hauck Gg., Bierbrauer
170 Sammetreuther M., Büttnermeister
171 Hechtel Gg., Metzgermeister
172 Betzold Johann Georg, Nadelfabrikant
173a Nerreter Georg David, Nadlermeister
173b Hübner Thomas, Fuhrwerker

(hinter der Stadtmauer)

174 Eisentraut Leonh., Fuhrwerker
175 Käser Johann Leonhard, Taglöhner
176 Monatsberger G., Fuhrwerker
177 Grillenbergr G. Friedr., Fabrikarbeiter
178 Heider Johann Friedr., Tuchmacher

179 Kohl Jacob, Taglöhner
180 Dengler Gg., Zimmergeselle
181 Paulus Jacob, Nadlermeister
182 Rohrseitz Georg Friedr., Nadlermeister
183 Monatsberger Eberhard, Webermeister
184 Hofer, Taglöhner
185 Egerer Phil., Taglöhner
186 Reichenthaler Georg, Strumpfwirker
187 Wäger H., Schlossermstr.

V. Distrikt

(hinter der Stadtmauer)

188 Deyser Johann Michael, Webermeister

(Kappenzipfel)

189 Volkert Anna Christiana, ledig
Heindel Gg., Taglöhner
190 Menhorn Thomas, Zimmergeselle
191 Pfand Joh., Taglöhner
192a Leizmann Friedr. Wilh., Nadelfabrikant
192b Schuler Joh,. Glasermeister
193 Frank, Nadelfabrikantenwitwe

(Kappadocia)

194 Meusel E., Schullehrer
195 Schleich Georg Adam,
196 Kattunpapierfabrikant
197 Stürmer Andr., Melbermeister

(Hafnersgäßchen)

198 Kurz Kath., Hafnerswe.
199 Hensold Phil., Gerberbermeister
200 Hoffmann Paul, Seifensieder
Spälter E., Schneidermeister

(bei der unteren Mühle)

201 Schmidt Matthäus, Nadelfabrikant
202 Hoffmann J., Melbermeister
203 Forster Johann Heinr., Webermeister
204 Bohl Johann, Goldschlager

(Nürnberger Gasse)

205 Bestelmeyer Marg., Bierbrauerswitwe
206 Ruff Wilh., Garkoch
207 Staubitzer Ulrich, Bäkkermeister
208 Stürzenbaum Friedrich, Kantor
209 Strunz Ernst, Seifensieder
210 Kraus Jac., Seilermstr.
211 Geyer Georg Michael, Metzgermeister
212 Königsberger Jsima, Handelsmann
213 Berger Ulrich, Kaufm.
214 Meierhöfer Hch., Nadelfabrikant

(Judengäßl)

215 Schill Margaretha, Büttnerswitwe
216 Heyden Sigmund Carl, Nadlermeister
217 Juden-Commun

(Nürnberger Gasse)

218 Bub Johann Leonhard, Bierbrauer
219 Sinagoge und Wohnung des Juden-Rabiners
220 Mehl Friedr., Taglöhner
221 Hindel Friedrich, Säcklermeister
222 Hüttlinger G., Seilermeister
223 Adler Simon, Kaufm.
224 Bechhöfer Hirsch, Eisen-
225 händler
226 Ruff Friedrich, Bier-
227 brauer
228 Lippert P., Schmidtmeister

(beim Zeuchhaus)

229 Schuster Konr., Nadler-
230 meister
231 Ruff Friedr., Bierbrauer
232 Heidner Franz, Drahtverleger

(bei der Judenschule)

233 Kitzinger Moses, Garkoch
Haager Heinr., Nadlermeister
234 Wunder Agnes Maria, Schreinerswitwe

VI. Distrikt

(beim Zeuchhaus)

235 Wechsler M., Viehhändl.
236 Stieber Chr., Schuhmachermeister

(beim Nürnberger Thor)

237 Städtler Simon, Nadel-
238 fabrikant
239 Städtler Friedrich,
240 Nadel-
241 fabrikant
242 Weinhardt Konrad, Melbermeister
243 Müller Georg, Nadlermeister
244 Gierer M., Schuhmachermeister
244a Wachthaus am Nürnberger Thor, der Commun gehörig
244b Eisentraut Hch., Nadelfabrikant

(Nürnberger Gasse)

245 Kieskalt Georg Konrad, Bäckermeister
246 Durst, Seifensiederswe.
247 Bayer Andr., Bierbrauer

(Bindergäßchen)

248 Assenbaum Elisabetha, Schmidtmeisterswitwe
249 Strauß Rendel, Schutzjudenwitwe
250 das Schulhaus, d. Commun gehörig
251 Bloß, Relikten
252 Hüttlinger Daniel, Bäkkermeister
253 Hüttinger Gg. Wilhelm, Högler
254 Grötsch Paul, Buchbindermeister
255 Bechhöfer Jos. Bär, Handelsmann
Windsbacher Gron, Handelsmann
Wassermann Salomon, Viehhändler
256 Rothschild Moses Dav., Handelsmann
257 Arnold Georg Paul, Schreinermeister

(Nürnberger Gasse)

258 Wittemann Dorothea, Conditorswitwe
259 Scherzer Konrad, Saitenfabrikant

(Kothgasse)

260 Rosenstein David, Handelsmann
261 Biller Elisabeth, Drahtzieherswitwe
262 Ruck G., Metzgermeister
263 Wechsler Hänlein
264 Wechsler Hänlein, Tuchmachermeister
265 Feuchtwanger Nathan Meier, Handelsmann
266 Goppelt Matthäus, Cichorienfabrikant
267 Kreth Daniel, Nadelfabrikant
268 Weinhardt Mich., Bierbrauer
269 Reiniger Gottlob, Seilermeister
270 Betzold Georg Leonh., Metzgermeister
271 das Schulhaus, d. Commun gehörig
272 Rösch Caspar, Bierbrauer
273 Hofmann Dietrich, Büttnermeister
274 Derbst Andr., Wagnermeister
275 Thumshirn Konrad, Nürnberger Bote

276 Königsberger Pinkas, ledig

(Silbergäßchen)

277 Willer Stephan, Bierbrauer
278 Rosenbaum Moses Bär, Handelsmann
279 Stahlwitz Martin, Nadelfabrikant
280 Hunger Chr., Strumpfwirkermeister
281 Corrections-Anstalt, der Kirchenstiftung gehörig
282 Schmidt Andr., Nadelfabrikant
283 Rosenbaum M. B., Handelsmann
284 ist abgebrochen
285 Bauer Andr., Nadelfabrikant
286 Schwarz Ad., Schneidermeister
Klein W., Schreinermstr.

VII. Distrikt

(Kothgasse)

287 Wismath Andr., Melbermeister
288 Hellerer Val., Büttnermeister
289 Schulze, Kürschnerswe.
290 Wagner, Glasermeisterswitwe

(Nürnberger Gasse)

291 Albrecht Christoph, Bierbrauer
292 Baumgärtner G. Andr., Bäckermeister
293 Austerweger Georg Th., Kramnadler
294 Heuber, Lederhändler
295 Cyrus Johann, Messerschmidt
296 Goppelt Matth., Büttner
297 Buhl Christ., Bäckermeister
298 Bestelmeyer Lhd., Kaufmann

(am Bach)

299 Renner Joh., Webermeister
300 Röder Georg, Maurergeselle
301 Schwab Sam., Handelsmann
302 Arnsberger Mich., Nadelfabrikant
303 Stahlwitz Paul, Nadelfabrikant
304 Schneider Nikol., Bierbrauer
305 Uhl Gg., Nadelfabrikant
306 Feuerstein J., Strumpffabrikant
307 Hüttlinger Maria Margarete, Bäckermeisterswe.
308 Wechsler Salomon, Handelsmann
309 Braun, Metzgermeisterswitwe
310 Feuerstein David, Kupferschmidt
311 Krafft Adam, Kaufmann
312 Spindler Peter, Lohnkutscher
313 Hindel Friedr., Säcklermeister

(auf der Aich)

314 Schleich Tobias, Zinngießer
315 Roth Phil., Chirurg
316 Staubitzer U., Bäckermeister
317 Schaupner Apollonia, Handelsmannswitwe
318 Feuerstein Chr., Bierbrauer
319 Tröster Wolfg., Conditor und Lebküchner
320 Wagner Carl, Kaufm.
321 Dippold Matth., Nadelfabrikant
322 Schuler Gg., Strumpfwirkermeister
323 Wechsler Mändl., Seifensieder
324 Odörfer Wolfg., Nadelfabrikant
325 Ernst Andr., Ziegelhüttenbesitzer
326 Ernst Johann, Rothgerbermeister

(die Wöhrwiese)

327 Meier Joh., Branntweinbrenner
328 Vorbrugg Georg Chr., Bierbrauer
329 Fratz Johann Michael, Bäckermeister
330 Betzold Johann Konrad, Metzgermeister
331 Büttner Gg., Taglöhner
332 Stoll G., Nadlermeister

VIII Distrikt

(die Wöhrwiese)

333 Staudacher Andr., Taglöhner
334 Schindler Lhd., Strumpfwirkermeister
335 Röder G., Maurergeselle
336 Schneider M., Strumpffabrikant
337 Assenbaum Marg., Melberswitwe
338 Felbinger P., Tuchscheerermeister
339 Säuberer Christ., Bierbrauer
340 v. Reck, Kaufmannswe.
341 Nubacker Christoph, Nadlermeister

(beim Langhaus)

342 Knöllinger Margaretha
343 Knöllinger Lhd., Nadelfabrikant
344 Knöllinger Adam, Nadelfabrikant
345 Schmelzer Kathar. Barbara, Strumpffabrikantenwitwe
346 Memmert Wilh., Nadlermeister

(beim Stadtweiher)

347 Schmauser Konr., Nadelfabrikant
348 Betz Rosina, Tabakmacherswitwe
348a das rentamtl. Getreidemagazin

(Wöhrwiese)

349 Günther Joh., Nadlermeister
350 Ehrlicher Matth., Saitenfabrikant
351 Günther Joh. Jacob, Strumpffabrikant

(Mühlgäßchen)

352 Schönnecker Hch., Seifensieder
353 Müller Konr., Webermeister
354 Sauerbeck Joh., Metzger
Bauer Andr., Nadelfabrikant
355a Menhorn Tob., Bäcker
355b Kleininger Kasp., Nadlermeister

(Wöhrwiese)

356 Köchert N., Schuhmach.-Witwe
357 Heß Fr., Bäckermeister
358 Nützel St., Strumpfwirker
359 Müller Anne, Nagelschmidtswe.
360 Schneider Nicol., Bierbrauer
361 Schühlein Wilh., Fabrikarbeiter
362 Schleehaus Gg., Taglöhner
363 Reichelt Johann Mich., Siebmacher

(Mühlgäßchen)

364 Uhl Magdal., Kattunpapierfabrikantenwitwe
365 Buhl Hch., Weißgerber
366 Feuerstein Dav., Bierbrauer
367 Beckstein, Büttnerswitwe

(bei der Schorrmühle)

368 Cyrus Johann, Messerschmidt
369 Distler Thom., Fuhrwerker
370 Dorn Mich., Braumeister
371 Farthöfer, Relikten
372 die Nadelpoliermühle
373 Buhl Joh., Weißgerber

(beim Hördlerthor)

374 Halbauer Gg., Melbermeister
375

IX. Distrikt

(das Mühlgäßchen)

376 Sand Gg., Nadlermeister
Dannreuther Joh. Mich.,
Büchsenmacher
377 Walkmühle des Tuch-
macher-Handwerks
378 Hochreuther G. M.,
Webermeister
379 Diemling Leonh., Metz-
germeister
380 Staubitzer Adam, Bäk-
381 kermeister

(beim Hördlerthor)

382 Feuerstein David, Bier-
brauer
383 Distler Adam, Melber
und Branntweinbrenner

(bei der Mittelmühle)

384 Stadelmann Wilhelm,
385 Mühlenbesitzer
386 Feuchtwanger Salomon,
Tuchmachermeister
387 Schwab Johann Georg,
Fuhrwerker
388 Dorn Hch., Bierbrauer
und Gastwirth
389 Nüll Matth., Melber-
meister
390 Arlt Adam, Taglöhner
391 Oberndörfer Wolfgang,
Webermeister
392 Hofmann P., Kramnad-
ler
393 Herzog M., Schneider-
meister

(auf dem vorderen Pinzen-
berg)

394 Schülein Johann Georg,
Wagnermeister
395a Schmauser Gg., Nadel-
fabrikant
395b Deisinger Joh. Georg,
Nadelfabrikant
396 Farthöfer Jacob, Land-
gerichtl. Registrator und
Oblattenfabikant
397 Jacobi, Nadelfabrikan-
tenwitwe
398 ist abgebrochen worden
399 Staubitzer Ulrich, Bäk-
kermeister
400 Rischardet, Nadelfabri-
kantenwitwe
401 Heuber, Lederhändler
402 Meeth Paulus, Nadler-
meister
403 Seitz Juliana, Nadlers-
witwe
404 Beitengruber Johann,
Schuhmachermeister
405 Eisentraut Regina, Na-
gelschmidtmeisterswitwe
406 Feuerstein Ulr., Bäcker-
meister
407 Knoll Lhd., Schuhmacher-
meister
408 Bechhöfer Jos., Handels-
mann
409 Lauter Maria, Handels-
mannswitwe
410 Scheuerlein Lhd., Schuh-
machermeister
411 Niklas Michael, Nadler-
meister
412 Menhorn Georg, Bäcker-
meister
413 Hufer Gg., Taglöhner
414 Bachmann Friedr., Bütt-
nermeister
415 Hiltner, H., Braumeister
416 Weinhardt Mich., Bier-
brauer
417 Löwenstein Mändlein,
Handelsmann
418 Lang Urban, Taglöhner
419 Staubitzer Johann Gg.,
Metzgermeister
420 Blendinger Gg., Schrei-
nermeister
421 Löwenstein Salomon,
Handelsmann

X. Distrikt

(auf dem vorderen
Pinzenberg)

422 Vogelreuther Christoph,
Nadelfabrikant
423 Arnsberger Kath. Re-
gina, Nadelfabrikanten-
witwe
424 Erhard Mart., Strumpf-
wirker
425 Weinhardt Konr., Mel-
bermeister
426 Wenning Gg., Maurer-
meister
427 Herr Peter, Nadelfabri-
kant
428 Kießling Georg, Nadel-
fabrikant
429 Gierer G., Strumpfwir-
430 kermeister
431 Wiedmann Margaretha
432 Endres Marg., Taglöh-
nerswitwe
433 Winter Georg, Nadler-
meister
434 Frank, Nadlermeisters-
witwe
435 Betzold Georg David,
Nadelfabrikant
436 Moll Johann Michael,
Hutmachermeister

(das Hessengäßchen)

437 Beyerlein Wilh., Nad-
lermeister
438 Schlöterer Susanna,
Strumpffabrikantenwe.
439 Wagner Ludw., Nadler-
meister
440 Vogelreuther Barbara,
Schuhmachermeisterswe.
441 Butters Aug., Handl.-
Commis

(der hintere Pinzenberg)

442 Geiselsöder Konr., Bier-
brauer
443 Steinberger Christoph,
Bierbrauer
444 Wallenreuther Christian,
Nadelfabrikant
445 Dippold Georg, Nadel-
fabrikant
446 Städtler Jacob, Nadel-
fabrikant
447 Knöllinger Daniel, Na-
delfabrikant
448 Meister Katharina, Sei-
fensiederswitwe
449 Bechmann Phil., Ren-
dant
450 Berneker Wofgg., Tag-
löhner
451 Berneker Konrad, Mau-
rergeselle
452 Jungmeyer Andr., Metz-
germeister
453 Wuzel P., Schreinermstr.
454 Herbst Thomas, Nadel-
fabrikant
455 Arnsberger Christoph,
Nadlermeister
456 Forster Michael, Gast-
wirth und Bierbrauer

(beim Hödlerthor)

457 Hammer Kunigunda,
Drechslermeisterswitwe
458 Kraus Jacob, Nadel-
fabrikant
459 Häußer Jacob, Bier-
brauer
460 Lösel Marg., Bierbrau-
erswitwe
461 Hödlerthor und Thurm
462 Mönchsthor und Thurm
463 Zöllnerthor und Thurm

XI. Distrikt

(die Vorstadt)

464 Mozilewsky Gg. Sam.,
Landarzt
464a Zöllnerthor-Wachthaus,
der Commun gehörig
465 Beckh Sebastian, Draht-
fabrikant
466 Beckh Georg Friedrich,
Drahtfabrikant
467 Strafarbeitshaus
468 Irrenhaus
469 Muck Johann, Gärtner
470 Dorn Mich., Bäckermstr.
471 Eberlein Jacob, Draht-
zieher
472 Neudecker Marg., Gast-
wirthswitwe
473 Büchler Johann Georg,
Ziegler
474 Thumshirn Joh., Gärt-
ner
475 Das Siechhaus, der Spi-
talstiftung gehörig
476 Friedlein Matth., Gärt-
ner
477 Stich Paulus, Handels-
mann
478 Petzoldt Franz, Draht-
zieher
479 Forster Christ., Wirth
480 Mizler Th., Buchdruk-

481 kereibesitzer und Gastwirth
482a Das Kgl. Landgerichtsgebäude
482b Beckh Georg Friedrich, Drahtfabrikant
483 Fischer Christ., Melbermeister

(am Mönchsthor)

484 Kraus Barbara, Seilermeisterswitwe
484a Mönchsthor-Wachthaus, der Commun gehörig
485 Rambs Friedrich, Maurermeister
486 Käferlein Mart., Gärtner
487 Schleich Matth., Gastwirt
488 und 489 Farthöfer, Relikten
490 Adler Simon, Tabackfabrikant
490a Ernst Johann, Rothgerbermeister
491 Brunhübner, Taglohn.-Witwe
492 Löwenstein Salomon, Handelsmann
493 Schön Georg, Nadlermeister
494 Ernst Johann, Rothgerbermeister
495 Schwab Andr., Schneidermeister
496 Wassermann, Oekonom
497 Uhl Carl, Kaufmann
497a Städtisches Fischhaus
498 Eckstein Johann Mich., Rohrersmüller
499 Gassenmeier Michael, Fallmeister
500 Die Nadelschleif (Rößleinsmühle)
501 Philipp Wolfgang, Müllermeister

XII. Distrikt

(am Mönchsthor)

502 Burk Andr., Taglöhner
503 Adelmann Frz., Wachs-
504 lichterfabrikant
505 Die Gottesackerkirche
506 Reichelt Matth., Gärtner
507 Reck Adam, Gärtner
508 Kern J. Georg, Hafnermeister
509 Oswald Ernst, Gastwirth
509a Martini Carl Friedrich, rechtsk. Bürgermeister
510 Niedermeier, Gärtnerswitwe
511 Roth Joh. Phil., Gärtner
511a Getreidspeicher, dem Kgl. Aerar gehörig
512 Rühl Gg., Bierbrauer
513 Herzog Mich., Gärtner

(Gärten vor dem Nürnberger Thor)

514 Städtisches Holzgärtnerhaus
515 Die Hirtenwohnung, der Commun gehörig
516 Wirth M., Gärtner
517 Rüll, Gärtnerswitwe
518 Führhäuser Andr., Gärtner
519a Herzog Wolfgg., Schneidermeister
519b Bauer Frz., Hafnermstr.
520 Stephan L., Gärtner
521 Staudacher Wolfgang, Gärtner
522 Zimmermann Michael, Gärtner
523 Reingruber Thomas, Fuhrwerker
523a Das Schießhaus, der Commun gehörig

(vor dem Hödlerthor)

524a Eigler G., Gärtner
524b Hödlerthor-Wachthaus, der Commun gehörig
525 Schüssel A., Gärtner
526 Fratz Mich., Bäckermstr.

(Gärten vor dem Hödlerthor)

527 Müller Erh., Gärtner
528 Jordan Joh., Gärtner
529 Heumann Gg., Gärtner
530 Mühlöder, Gärtner
531 Silberhorn Margaretha, Gärtnerswitwe
532 Städtler Friedrich, Nadelfabrikant
533 Galsterer Andr., Gärtner
534 Eckert Georg Michael, Bierbrauer
535 Fürst C., Kaufmann

(Gärten vor dem Hödlerthor)

536 Lehr Kathar., Gärtnerswitwe
537 Maurer, Gärtnerswitwe
538 Härtlein Balthasar, Hafnermeister
539 Kurz Jacob, Gärtner
540 Schwab Mich., Gärtner

(am Zöllnerthor)

541 Fürst Konrad, Gärtner
542 Bergmann Gg., Gärtner
543 Das Hospitalgebäude
544 ist abgebrochen
545 Pfaffenritter Johann, Wirth
546 Gärtner Georg Michael, Gärtner
547 ist abgebrochen
548 ist abgebrochen
549 Arnsberger, Gärtnerswitwe
550 Lang J., Taglöhner
551 Uhlherr Barb., Schlossermeisterswitwe
552 Böhmländer Joh. Lhd., Gärtner

(vor dem Hödlerthor)

553 Weber Georg, Gärtner
554 Wittermann Wilhelm, Nadlermeister
555 Eckert Georg Peter, Gärtner
556 Strumpfwirkerhandwerk
557 Kittler Friedr. Wilhelm, Hafnermeister
558 Ernst Johann, Ziegler
559 Prixner Mich., Schreinermeister
560 Beckh Seb., Drathfabrikant
561 Scherzer K., Violinsaitenfabrikant

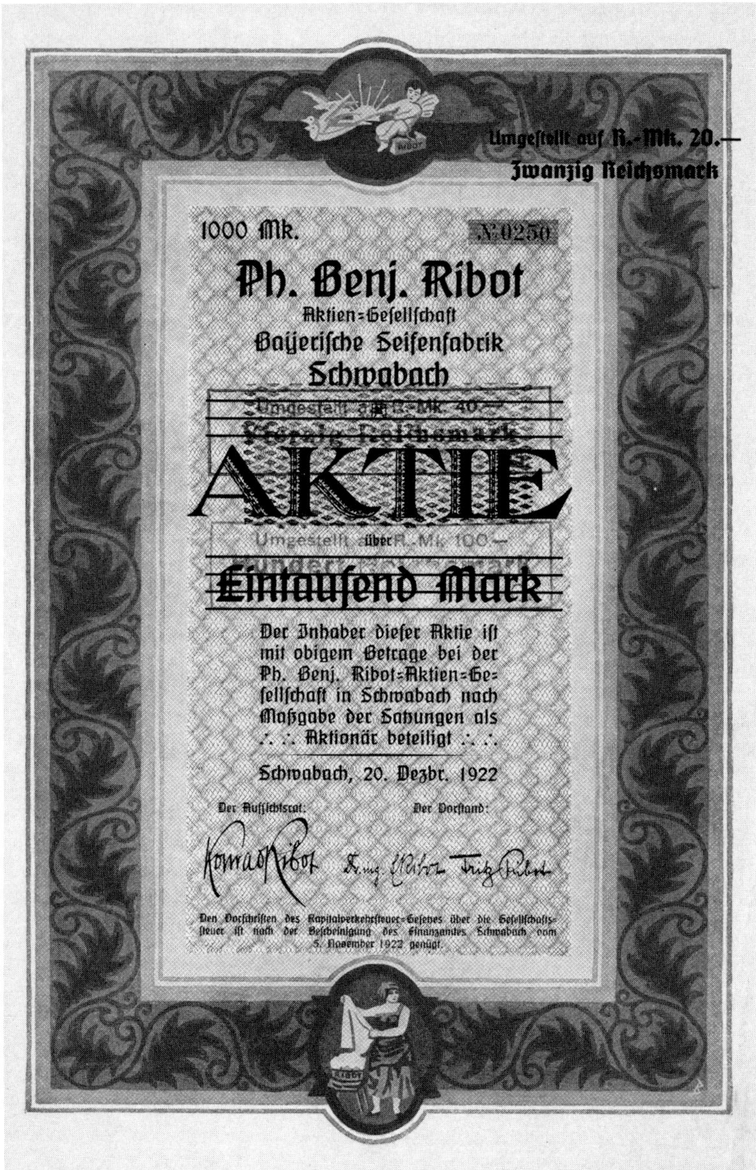

Aktie und Vorzugs-Aktie der Ph. Benj. Ribot Aktiengesellschaft,
Bayerische Seifenfabrik Schwabach

V.
Verzeichnis der geschäftstreibenden Einwohner Schwabachs alphabetisch nach den Berufsarten geordnet (1914)

Verzeichnis

der

geschäftstreibenden Einwohner Schwabachs alphabetisch nach den Berufsarten geordnet.

Aerzte.

a) med. praktische.

(Sprechstunden sämtlicher Herren Aerzte ¾1—3 Uhr).

Jacob, Dr. med., Ludwig, prakt. Arzt, Königstraße 15.
Lauer, Dr. med., Oskar, prakt. Arzt u. kgl. Bezirksarzt, Auf der Aich 1/3.
Pültz, Dr. med., Otto, prakt. Arzt, Südliche Ringstraße 10.
Richter, Dr. med., Karl, prakt. Arzt, Südliche Ringstraße 6.
Weinig, Dr. med., Josef, prakt. Arzt, Südliche Ringstraße 3.

b) Tierärzte.

Haußler, Friedrich, Südliche Ringstraße 11 (kgl. Bezirkstierarzt).
Krenn, Josef, Bahnhofstraße 4.
Limmer, Otto, Südl. Ringstraße 6.

Agentur-Geschäfte.

a) Kaufmännische.

Beyerlein, Martin, Kappadozia 4.
Graf, Manuel, Ludwigstraße 7. ◆ Siehe Empfehlung Seite 12.
Hering, Jean, Bahnhofstraße 20.
Lipps, Johann, Königplatz 8.
Loedel, Johann, Ludwigstraße 23/25.
Schleich, Friedrich, Stadtparkstr. 5.

b) Versicherungen.

Beyerlein, Martin, Kappadozia 4.
Brechenmacher, Joh., Kappadozia 2. (Providentia).
Gögelein, Hans, Auf der Aich 7. (Leipziger Lebensversicherung.)
Gögelein, Karl, Auf der Aich 7. (Bayer. Versicherungsbank).
Goppelt, Paul, Friedrichstraße 26.
Ludwig, Johann, Limbacher Str. 7.
Monatsberger, Johann Andreas, Wallenrodstraße 4.
Röder Adam, Südl. Ringstraße 40.
J. Gg. Schreyers Buchhandlung, Königplatz 9. ◆ Siehe Empfehlung Seite 5.
Strobel, Christof, Hördlertorstr. 3.

Aluminiumschlägereien.

(Siehe auch Metall- und Silberschlägereien.)

Bauer, Johann, Seminarstraße 3.
Bauer, Karl, Nördl. Mauerstraße 1.
Bub, Heinrich, Bogenstraße 8.
Danninger, Paul, Kappadozia 8.
Eichhorn, Joh., Penzendorfer Str. 11.
Engelhardt, Martin, Neutorstr. 3a.
Engelhardt, Simon, Gasstraße 1.
Falkner, Wolfgang, Königstraße 7.
Forster, Joh. Georg, Pinzenberg 22.
Herbst, Georg, Wöhrwiese 9.
Hilbmann, Johann, Pinzenberg 24.
Hinterleitner, Karl, Nördl. Mauerstraße 17.
Hofer, Johann, Königstraße 14.
Hofer, Johann, Münzgasse 6.
Holzberger, Ignatz, Königstraße 12.
Leupold, Karl, Kappadozia 9.
Meier, Friedrich, Beckhstraße 1.
Meister, Johann, Häfnergäßchen 1.
Memmert, Jean, Lorbeerstraße 6.
Memmert, Wilh., Ebersbergerstr. 3.
Müller, Christof, Stadtparkstraße 22.
Pfister, Karl, Ludwigstraße 26.
Pickel, Jean, Bahnhofstraße 24.
Pickel, Julius, Stirnerstraße 1.
Rühl, Heinrich, Ebersbergerstraße 1.
Sauer, Heinrich, Kappadozia 3.
Schenkel, Georg, Königstraße 7.
Schuh, Fritz, Synagogengasse 3.
Seber, Leonhard, Stadtparkstr. 12. ◆ Siehe Empfehlung Seite 13.
Spatz, Rudolf, Wasserstraße 8.
Stark, Heinrich, Ziegelgasse 40.

Apotheken.

Adler-Apotheke, Curt Münch, Kappadozia 7.
Engel-Apotheke Georg Rosenhauer, Königstraße 3.

Auktionator.

Schleicher, Johann, Boxlohe 6.

Ausstattungs-Geschäfte.

(S. auch Schnittwarenhandlungen.)

Feuchtwanger, Simon, Königstr. 22.
Hermann, Albert, Königstraße 6.
Köhler, Nikolaus, Spitalberg 7.
Reingruber, Konrad, vorm. Ph. Hochreuther, Auf der Aich 5.
Rosenstein, S., Südliche Ringstr. 2. Ecke der Ludwigstraße.

Automobil-Lohnfahrten.

Schaffner, Nikolaus, Königplatz 25. ◆ Siehe Empfehlung Seite 4 und 17.

Bäckereien.

Bauer, Jakob, Schulgasse 15.
Baumgärtner, Fritz, Nürnberger Straße 13.
Böhm, Fritz, Ludwigstraße 7.
Brunner, Joh., Penzendorfer Str. 31.
Cramer, Andreas, Bachgasse 18.
Cramer, Karl, Nürnberger Straße 26.
Endlein, Fritz, Friedrichstraße 25.
Engelhardt, Johann, Königstraße 13.
Fröhlich, Adelb., Nürnberger Str. 23
Gärtner, Georg, Glockengießergasse 7.
Geuther, Christian, Königplatz 10.
Heuber, Georg, Auf der Aich 6.
Hofer, Georg Stefan, Kappadozia 6.
Jäschke, Robert, Hördlertorstraße 13.
Kachelrieß, Johann, Stadtparkstr. 36.
Kick, Georg, Schulgasse 1.
Kohlbauer, Hans, Bahnhofstraße 15.
Langfritz, Magdalena, Witwe, Ludwigstraße 8.
Lehner, Josef, Petzoldstraße 7.
Meier, Johann, Königstraße 19.
Meyer, Joh. Sebastian, Limbacher Straße 17.
Meyer, Wilhelm, Spitalberg 2.
Müller, Paul, Stadtparkstraße 10.
Rabus, Kaspar, Boxlohe 11.
Reinhardt, Georg, Neutorstraße 4.
Roth, Norbert, Fleischbrücke 5.
Schramm, Hieronymus, Ziegelg. 22.
Sitzmann, Michael, Friedrichstr. 1.
Sommer, August, Wittelsbacherstr. 3.
Stierhof, Joh., Benkendorferstraße 9.
Tröster, Georg, Nürnberger Str. 3.
Weghorn, Fritz, Neue Gasse 4.
Westphal, Johann Georg, Pinzenberg 28.
Wittmann, Adam, Benkendorferstr. 12
Wolkersdorfer, Johann, Bahnhofstraße 2.

Bade-Anstalten.

Brausebad, Neutorstraße 1b.
Gesellschaft für Licht- und Luftbäder, Badstraße 2.
Städt. Badeanstalt, Badstraße.

Bader.

(mit * bezeichnet sind approbierte.)
(Siehe auch Friseure.)

Döpfer, Josef, Pinzenberg 18.
*Pippig, Georg, Kirchgasse 3.

Bank- Agenturen.

Bayer. Notenbank-Agentur Schwabach, (Jean Hering) Bahnhofstr. 20.
Reichsbanknebenstelle, (Carl Gerber), Wilhelm-Friedrichstraße 1.

Bank-Geschäfte.

Bayerische Disconto- & Wechselbank A.-G., Depositenkasse Schwabach. Ludwigstraße 16. ◆ Siehe Empfehlung hintere innere Deckelseite.
Bayerische Vereinsbank, Wechselstube, Spitalberg 3. ◆ Siehe Empfehlung Seite IV.
Hering, Jean, Bahnhofstraße 20.

Baumaterialien-Handlungen.

Abrie, Chr. Ludw., Rother Straße 5, ◆ Siehe Empfehlung Seite 1.
Engelhardt, Johann Heinr., Südl. Ringstraße 17.
Gottlieb, Gebrüder, Limbacher Straße 3,5. ◆ Siehe Empfehlung Seite 10.
Mayer, Friedr., Wittelsbacher Str. 16.
Merz, Ludwig, Scherzerstraße 3.
Meßthaler, Michael, Zöllnertorstr. 2.
Schirmer, Otto, Nürnberger Str. 2.
Schönberger, Georg, Ziegelgasse 18. ◆ Siehe Empfehlung Seite 25.

Baumeister.

(Siehe auch Maurermeister.

Carl, Johann, Ziegelgasse 52. Vereidigter Bauverständiger der kgl. Versicherungskammer, Abteilung für Brandversicherung.
Merz, Ludwig, Scherzerstraße 3.
Thäter, Mathias, Lindenstraße 10. ◆ Siehe Empfehlung Seite 18.

Betten- und Bettfedernhandlungen.

Beck, Konrad, Zöllnertorstraße 7.
Fuchs, Johann, Fleischbrücke 2.
Herrmann, Albert, Königstraße 6.
Köhler, Nikolaus, Spitalberg 7.
Rosenstein, S., Südl. Ringstraße 2. Ecke der Ludwigstraße.

Bettfedern-Reinigungs-Anstalt.

Krellmann, Paul, Pinzenberg 18.

Bierbrauereien.

Bierbrauerei G. Leitner, Nürnberger Straße 19. ◆ Siehe Empfehlung Seite 14.
Brauhaus Schwabach, Aktien-Gesellschaft, Hördlertorstr. 11, 12, 14 u. 16. ◆ Siehe Empfehlung. S. I.
Fuchs, August, Königplatz 15.
Fuchs, Joh. Gg., Penkendorferstr. 7.
Fuchs, Wolfgang, Königstraße 20.
Knöllinger, Michael, Penkendorferstraße 21. ◆ Siehe Empfehlung Seite 16.
Lämmermann, Peter, Hördlertorstraße 18.
Laumer, Fritz, Kappadozia 1.
Lösel, Friedrich, Pinzenberg 20.
Mack, Fritz, Ludwigstraße 4.
Reichel, Johann, Zöllnertorstr. 12.
Reichel, Konrad, Südliche Mauerstraße 11.
Rösch, Joh. Georg, Friedrichstr. 29.
Weller, Melchior Relikten, Nürnberger Straße 30.

Bierbrauerei-Artikel-Handlungen.

Schaffner, Nikolaus, Königplatz 25. ◆ Siehe Empfehlung S. 4. u. 17.
Wirth, Albert, Nürnberger Str. 14.

Bildhauer.

a) für Gyps- u. Stukkaturarbeiten:

Ganslofer, Wilhelm, Nördl. Ringstraße 1 b.
Mayer, Friedr., Wittelsbacherstr. 16.
Rauschmaier, Karl, Südliche Ringstraße 28.

b) für Steinarbeiten:

Bauer, Georg, Ludwigstraße 19.
Dressel, Hans, Penzendorfer Str. 1.
Netter, Andreas, Nördl. Mauerstr. 4.

Blattgoldfabriken.

(Siehe Goldschlägereien.)

Blitzableitersetzer.

(Geprüfte).

Engelhardt, Jean, Königstraße 18.
Gehring, Max, Auf der Aich 10.
Gehring, Paul, Königstraße 5.
Hauck, Wilhelm, Penkendorferstr. 10.
Henglein, Johann, Friedrichstr. 8.

Blumengeschäfte.

(Künstliche.)

Lipps, Georg, Rosenbergerstraße 7.
Schmidt, Matthäus, Fleischbrücke 4.
Spitzig, Johann, Hördlertorstr. 18.
Volkert, August, Königstraße 1.
Wechsler, Johann, Boxlohe 13.

Boten.

Abenberg, Kleinabenberg, Dürrenmungenau, Georg Gruber. Abgang bei Hans Porlein, Zöllnertorstraße 10. Freitag 11—1 Uhr.

Abenberg und Umgebung, Johann Rucklaß, Abfahrt bei Hans Porlein, Zöllnertorstr. 10. Samstag 5 Uhr Nachm.

Barthelmesaurach, Windsbach, Bloß. Abfahrt bei Michael Meßthaler, Zöllnertorstraße 2. Samstag 6 bis 7 Uhr Nachm.

Bertholdsdorf, Trinker. Abfahrt bei Hans Porlein, Zöllnertorstr. 10. Dienstag, Donnerstag u. Samstag ½6—6 Uhr.

Kornburg, List. Abgang bei Margareta Schauppmeier, Nürnberger Straße 2. Dienstag u. Donnerstag 11 Uhr Mittag.

Kornburg, Gerngroß. Abgang bei Paulus Kleinöder, am Rathaus. Montag und Freitag 12 Uhr Mittag.

Leerstetten, Meyer. Abgang bei Joh. Lämmermann, Königplatz 6. Montag 4 Uhr Nachm.

Nürnberg, Thomas Feuerstein, Rathausgasse 5. Abgang Montag, Mittwoch und Freitag 11—12 Uhr Mittag.

Nürnberg, Johann Kleinöder, Ludwigstraße 2. Abfahrt Dienstag, Donnerstag und Samstag 11 bis 12 Uhr Mittag.

Nürnberg, Georg Schönberger, Neutorstraße 2. Abgang Dienstag, Donnerstag u. Samstag, 11 bis 12 Uhr Mittag.

Rohr, Unterreichenbach, Kottensdorf, Gustenfelden, Leuzdorf, Rühl. Abfahrt bei Johann Meier, Königstraße 19. Samstag 2 Uhr Nachm.

Roth, Loy. Abgang bei Johann Lämmermann, Königplatz 6. Samstag 11 Uhr Vorm.

Schwand, Rednitzhembach, Pfann. Abgang bei Paulus Kleinöder, am Rathaus. Dienstag, Donnerstag und Samstag, 12 Uhr Mittag.

Spalt, Dorfner. Abfahrt bei Joh. Lämmermann, Königplatz 6. Mittwoch 9 Uhr Vorm.

Wolkersdorf, Mühlhof, Reichelsdorf, Eibach, Schweinau, Johann Kleinöder, Ludwigstr. 2. Abfahrt Dienstag, Donnerstag u. Samstag 11 bis 12 Uhr Mittag.

Bronze-, Brokat- und Blattmetallfabriken.

Schmidberger u. Co., Rößleinsmühle, Mühlenstraße 4.
Weigand, Gg., Stadtparkstraße 23. (Spezialität: Aluminium- und Silberbronzen, sowie Patentbronzen in allen Farben.)

Brotfabriken.

Oberfränkische Dampfbäckerei Carl Gerber, Ludwigstraße 20.

Brunnenbohranstalten

(Siehe Installationsgeschäfte.)

Buchbindereien.

Müller, Karl, Ludwigstraße 2.
Obermeier, Josef, Albrechtstraße 3.
Seiderer, Otto, Auf der Aich 8.
Uhl, Friedrich, Königplatz 14.

Buchdruckereien.

Hensolt, Gustav, Spitalberg 1.
Iffland, Johann Peter, Königplatz 31. ◆ Siehe Empfehlung Seite 7.
Millizer, Hermann, Spitalberg 3. ◆ Siehe Empfehlung Seite 2 u. 3.
Papier-Industrie Schwabach, Georg Spachmüller u. Comp., Rohrersmühlstraße 7.

Buchhandlungen.

Hauerstein, Joh., Nürnberger Str. 9.
J. G. Schreyers Buchhdlg., Königplatz 9. ◆ Siehe Empfehlung S. 5.
Seiderer, Otto, Auf der Aich 2.
Wißmeier, Georg, Friedrichstraße 2.

Bügelkohlenfabrik.
Vogel, J. G., Rennmühle, Mühlenstraße 6. ◆ Siehe Empfehlung Seite 6.

Bürsten- und Pinselmacher und Bürstenhandlungen.
Geng, Karl, Bachgasse 16.
Hechtel, Therese, Glockengießergasse 3.
Rödel, Engelbert, Königstraße 4.
Sijarto, Josef, Auf der Aich 8.

Büttnereien.
Bachmeier, Joh., Friedrichstraße 15.
Hußendörfer, Leonhard, Nördliche Mauerstraße 24.
Kahl, Johann, Schulgasse 11.
Reinhardt, Balthasar, Am neuen Bau 6.
Wechsler, Johann, Boxlohe 13.

Cementwarenfabriken.
(Siehe Portlandcementwarenfabriken.)

Ceremonienmeister.
Bräuning, Heinrich, Pinzenberg 9.
Bub, Georg, Spitalberg 6.

Christbaumschmuckfabriken.
(Siehe Draht- und Drahtwarenfabriken.)

Cichorienfabrik.
Goppelt, Paul, Friedrichstraße 26. Siehe Empfehlung Seite 16.

Cigarrenhandlungen.
Geißler, Georg, Ludwigstraße 1.
Graf, Manuel, Ludwigstraße 7. ◆ Siehe Empfehlung Seite 12.
Kuckartz, Franz, Friedrichstraße 2.
Pfleiderer, Heinr., Südl. Ringstr. 32.
Reichelt, Adam, Bahnhofstraße 25.
Schönberger, Georg, Neutorstraße 2.
Schwab, Matthäus, Kappadozia 12.
Strobel, Christof, Hördlertorstraße 3. ◆ Siehe Empfehlung Seite 15.

Dekateure, Färbereien und Druckereien.
Arnold, Ludwig, Kappadozia 4.
Schindler, Anna, Nürnberger Str. 28
Schleier, Kaspar, Benkendorferstr. 1.

Delikatessenhandlungen.
Gögelein, Karl, Auf der Aich 7.
Loedel, Johann, Ludwigstraße 23/25.
Weiß, Georg, Ludwigstraße 7.

Dentisten.
Knopf, Christian, Ludwigstraße 16.
Röder, Ernst, Königplatz 27 (prakt. Zahnarzt).
Streicher, Heinrich, Königplatz 14.

Dienstmänner.
Rometsch, Isaak, Pfarrgasse 18.

Draht- u. Drahtwarenfabriken.
Bergner, L., Penzendorfer Straße 47. ◆ Siehe Empfehlung Seite 17.
Demel, Andr., Nadlerstraße 1.
Hüttlinger, Joh. Leonh., Königpl. 21.
Kaufmann, Joh. Leonh., Königpl. 21.
Keller, Fritz, Fleischbrücke 5.
Roiderer, Ludwig, Königplatz 27.
Traumüller & Raum, Städtlerstr. 17.
Volz, Christian, Südl. Ringstr. 16.
Wandel, Gebrüder, Ziegelgasse 44. ◆ Siehe Empfehlung Seite 11.
Wieder, Georg, Boxlohe 2. ◆ Siehe Empfehlung Seite 20.

Drahtwebereien.
Wandel, Gebrüder, Ziegelgasse 44. ◆ Siehe Empfehlung Seite 11.

Drechslereien.
(Mit * versehene haben auch Drechslerwarenhandlung.)
Gundel, August Fritz, Königplatz 8. (Mechanische Drechslerei.)
Gundel, Fritz jun., Königplatz 8.
*Haßler, Fritz, Friedrichstraße 6.
*Krauß, Apollonia, Witwe, Spitalberg 5.
*Schwab, Matthäus, Kappadozia 12.

Drogerien.
Fickel, Karl, Friedrichstraße 14 16.
Löcke & Fiedler, Südl. Ringstraße 22.
Richter, Louis, Königplatz 4.

Düngerhandlungen.
(Kunstdünger).
Meister, Stefan, Königplatz 10. (Großhandlung.)
Meßthaler, Michael, Zöllnertorstr. 2.

Dütenfabriken.
Papier-Industrie Schwabach Georg Spachmüller & Comp., Rohrersmühlstraße 7.

Eisen- und Eisenwarenhandlungen.
Büttner, Leonhard, Neutorstraße 13.
Fischer, G., Königstraße 15.
Hagelauer, Wilhelm, Zöllnertorstr. 5.
Käs, Adolf, Witwe, Friedrichstraße 4.

Elektrische Apparate.
Bachmeier, Fritz, Zöllnertorstraße 3. ◆ Siehe Empfehlung Seite 13.
Dornhuber, Adolf, Bachgasse 20.
Mizler, Fritz, Rosenbergerstraße 5.

Essigfabrikanten.
(Siehe Likörfabrikanten.)

Fahrradhandlungen.
Bayerlein, Adam, Glockengießergasse 5. ◆ Siehe Empfehlung Seite 9.
Brünn, Georg, Zöllnertorstraße 6.
Ehrenschwerdt, Jakob, Fleischbrücke 3.
Gsänger, Hans, Nürnberger Str. 16.
Mitzam, Georg, Bogenstraße 1 a.
Röder, August, Pinzenberg 2.
Schaffner, Nikolaus, Königplatz 25. ◆ Siehe Empfehlung Seite 4 u. 17.
Wittmann, Adam, Höllgasse 1. ◆ Siehe Empfehlung Seite 21.

Farbenfabriken.
Richter, Fritz & Comp., Rittersbacher Straße 7.
Schwabacher Farbenfabrik Alois Schuller, Südliche Ringstraße 1.
Vogel, J. G., Rennmühle, Mühlenstraße 6. ◆ Siehe Empfehlung Seite 6.

Farbenhandlungen.
Hofmann, Simon, Nachf. Paul Weidner, Fleischbrücke 1.
Richter, Louis, Königplatz 4.
Schirmer, Otto, Nürnberger Str. 2.

Färbereien und Druckereien.
(Siehe Dekateure.)

Farbmalzfabrik.
(Siehe auch Malzfabriken.)
Goppelt, Paul, Friedrichstraße 26. ◆ Siehe Empfehlung Seite 16.

Federfabriken.
(Siehe Drahtwaren- und Nadelfabriken.)

Feilenhauer.
Haingärtner, Alois, Münzgasse 1.

Fetthandlungen.
(Siehe Oel- und Fetthandlungen.)

Filzfabriken.
Moll & Kühn'sche Filzfabrik Karl Reiner, Wasserstraße 1. ◆ Siehe Empfehlung Seite 8.
Zeitz & Cie., G. m. b. H., Wallenrodstraße 3.

Flaschnereien.
Dechant, Fritz, Neutorstraße 11.
Engelhardt, Jean, Königstraße 18.
Freund, Georg, Königplatz 29.
Gehring, Max, Auf der Aich 10.
Gehring, Paul, Königstraße 5.
Hauck, Wilhelm, Benkendorferstr. 10.
Henglein, Johann, Friedrichstraße 8.
Petzoldt, Babette, Witwe, Nürnberger Straße 15.
Petzoldt, Franz, Bachgasse 24.
Röder, Georg, Rosenbergerstraße 5.
Schmidt, Hans, Spitalberg 14.
Schröck, Eugen, Pfarrgasse 6.
Schröck, Leonhard, Silbergasse 5.

Fleischer.

Betz, Friedrich, Spitalberg 14.
Betzold, Adam, Nürnberger Str. 20.
Bock, Ludwig, Nürnberger Str. 36.
Böhm, Fritz, Pinzenberg 8.
Böhm, Georg, Bachgasse 28.
Böhm, Heinrich, Neutorstraße 9.
Böhm, Konrad, Königplatz 5.
Bub, Georg, Stadtparkstraße 24.
Flock, Michael, Friedrichstraße 10.
Fries, Heinrich, Häfnergäßchen 2.
Fries, Johann, Münzgasse 5.
Fries, Wolfgang, Königstraße 17.
Funk, Adam, Schulgasse 13.
Gramming, Joh., Hördlertorstr. 19.
Gundel, Johann, Ludwigstraße 27.
Hechtel, Leonhard, Boxlohe 3.
Hechtel, Peter, Pfarrgasse 12.
Hörl, Wilhelm, Ludwigstraße 24.
Hörndler, Georg, Benkendorferstr. 11.
Kogler, Friedrich, Kappadozia 12.
Kohlbauer, Christof, Bachgasse 22.
Lämmermann, Johann, Königplatz 6.
Neubauer, Johann, Schulgasse 9.
Pfand, Georg, Nürnberger Str. 5.
Pfand, Johann Adam, Höllgasse 2.
Pfand, Johann Georg, Rosenbergerstraße 9.
Porlein, Hans, Zöllnertorstraße 10.
Straußberger, Paul, Benkendorferstraße 8.
Weiß, Georg, Nördl. Ringstraße 6.
Wening, Johann, Rosenbergerstr. 13.
Winter, Johann Gg., Pinzenberg 5.
Wolfermann, Gg., Wittelsbacherstr. 7.

Formenfabriken.

(Goldschlägerformen.)

Rötzsch, Hermann, Mühlgasse 1.
Zitzner & Richter, Rittersbacher Str. 5. ◆ Siehe Empfehlung Seite 10.

Formenhandlungen.

Bauer, Simon, Zweigstraße 1.
Beuschel, Leonhard, Ebersbergerstr. 3.
Weyermann, Martin, Rupprechtstr. 2.

Friseure.

Bendl, Alois, Königstraße 14.
Bergschneider, Mathias, Ludwigstr. 2.
Frank, Edmund, Hördlertorstraße 4.
Memmert, Leonhard, Ludwigstr. 21.
Pippig, Georg, Kirchgasse 3.
Sand, Johann, Friedrichstraße 5.
Scheder, Karl, Spitalberg 12.

Fuhrwerkbesitzer.

Bachhuber, Michael, Königplatz 12.
Bachhuber, Xaver, Ludwigstraße 16.
Katheder, Fritz, Rosenbergerstr. 5.
Katheder, Joh., Reichswaisenhausstraße 13.
Steinmetz, Jean, Ludwigstraße 1/3. (Lohnkutscherei). ◆ Siehe Empfehlung Seite 14.

Futterartikelhandlungen.

Buhl, Karl, Nördliche Ringstraße 42.
Meister, Stefan, Königplatz 10.
Pfleiderer, Heinr., Südl. Ringstr. 32.

Galanteriewarenhandlungen.

Hunger, Chr., Auf der Aich 1/3.
Lipps, Georg, Rosenbergerstraße 7.
Schmidt, Matthäus, Fleischbrücke 4.
Schuler, Christof, Friedrichstraße 11.

Gärtner.

(Siehe Kunstgärtnereien.)

Gasthäuser.

Weber, Heinrich, Bahnhofstraße 30. (Drechslers Restauration).
Wießinger, Konrad, Königplatz 33 („zum weißen Lamm").

Gasthöfe.

Enders, Jean, Witwe, Ludwigstr. 16 („z. schwarzen Bären"). ◆ Siehe Empfehlung Seite 11.
Petzold, Paul, Ludwigstraße 9 (zur „Rose").
Steinmetz, Jean, Ludwigstraße 1 3 („zum goldnen Engel"). ◆ Siehe Empfehlung Seite 14.

Gaswerk.

Städt. Gaswerk, Nördl. Ringstr. 9/11.

Gerichtsvollzieher.

Herzog, Philipp, Bahnhofstraße 22.

Geschirrhandlungen.

(Siehe Glas-, Porzellan-, Haus- und Küchengeräte-Magazine.)

Getreidehandlungen.

Buhl, Karl, Nördl. Ringstraße 42.
Meister, Stefan, Königplatz 10.
Pfleiderer, Heinrich, Südliche Ringstraße 32.

Glasereien.

Schuler, Christof, Friedrichstraße 11.
Schuler, Johann, Silbergasse 6.
Sonntag, Walther, Königplatz 27.

Glasmalerei.

Schuler, Johann, Silbergasse 6.

Glas-, Porzellan- u. Steingutwarenhandlungen.

(Siehe auch Haus- und Küchengeräte-Magazine).

Beckstein, Wilhelm, Rosenbergerstr. 1.
Schuler, Christof, Friedrichstraße 11.
Schuler, Johann, Silbergasse 6.
Sonntag, Walther, Königplatz 27.

Glyzerin-Werke.

Ribot, Ph. Benj., Nürnberger Str. 2, 6, 8, 10 u. Kappadozia 3. ◆ Siehe Empfehlung Rückseite des Titelblattes Schwabach.

Goldbücherfabrikanten.

Edelmann, Karl, Nördl. Mauerstr. 4.
Wild, Konrad, Neutorstraße 1 a.

Gold- und Silberarbeiter.

(Siehe Juwelier.)

Gold-, Silberspinnereien und Webereien.

Schülein, Gebrüder, Rother Str. 17.

Goldschlägereien.

(Aecht Blattgold.)

Assenbaum, Jakob, Eichwasenstr. 1.
Barth, Hans, Stadtparkstraße 9.
Barthel, Georg, Spitalberg 10.
Bayer, Franz, Benkendorferstr. 23.
Biedenbach, Valentin, Ziegelgasse 16.
Bischoff, Georg, Hördlertorstraße 3.
Böhm, Jean A., Nördl. Ringstr. 12 b.
Böhm, Martin, Ziegelgasse 20.
Bräunlein, Wilh., Ebersbergerstr. 4.
Bühler, Philipp, Nördl. Mauerstr. 16.
Demm, Johann, Austraße 4.
Dick, Friedrich, Ludwigstraße 7.
Dreikorn, Leonhard, Alexanderstr. 4. ◆ Siehe Empfehlung Seite 12.
Drentwett, Georg, Südl. Ringstr. 18.
Dünkelmeyer, Heinrich, Limbacher Straße 4.
Dürr, Jean, Ziegelgasse 34.
Eckart, Johann, Seminarstraße 1 a.
Engelhardt, Karl, Boxlohe 16.
Farnbacher, Christian, Ludwigstr. 7.
Farnbacher, Gg., Nördl. Ringstr. 12a.
Fetz, Gustav, Nördl. Ringstraße 2.
Förderreuther, Marie, Witwe, Ziegelgasse 28.
Freund, Karl, Petzoldstraße 13.
Funk, Georg, Reichswaisenhausstr. 3.
Göbels, Johann, Kappadozia 9.
Günther & Herbst, Südliche Mauerstraße 3 a. ◆ Siehe Empfehlung Seite 8.
Haas, Michael, Limbacher Str. 17.
Haaß, August jun., Städtlerstr. 20.
Heindel, Wilh., Penzendorfer Str. 5.
Heiß, Georg, Limbacher Straße 19.
Herrmann, Heinr., Stadtparkstr. 19.
Hoffmann, Konrad, Nürnberger Straße 38.
Höfling, Math., Penzendorfer Str. 35.
Huml, Franz G., Südl. Ringstr. 15.
Hunger, Hans, Bogenstraße 2.
Hunger, Heinr., Südl. Ringstr. 46.
Hunger, Heinrich, Wöhrwiese 12.
Igl, Christian, Nördl. Ringstraße 8.
Käferlein, Karl, Südl. Ringstraße 3.
Klug, Karl, Bahnhofstraße 2.
Kohler, Jakob, Südl. Ringstraße 40.
Kolb, Georg, Penzendorfer Str. 5.
Kurz, Ernst, Austraße 2.
Leupold, Andr., Nördl. Ringstr. 19.
Lichtenstern, Georg, Stadtparkstr. 17.
Lichtenstern, Jean, Königplatz 12.
List, Karl, Südliche Mauerstraße 9.
Meier, August, Stirnerstraße 1.
Meyer, Alois, Austraße 7.
Meyer, Leonhard jun., Stirnerstr. 2.
Miederer, Konrad, Limbacher Str. 13.

Müller, Ernst, Stadtparkstraße 22.
Obermeyer, Gustav, Austraße 7.
Ofen, Hans, Lorbeerstraße 4.
Pfeiffer, Johann, Rosenbergerstr. 11.
Pfeiffer, Karl, Limbacher Str. 13.
Pfister, Georg, Ziegelgasse 32.
Pfister, Michael, Bogenstraße 8.
Pickel, Karl, Austraße 7.
Prechter, Mathias, Ziegelgasse 38.
Pylipp, Georg sen., Ziegelgasse 19.
Rometsch, Heinr., Südl. Mauerstr. 9.
Rometsch, Leonh., Südl. Ringstr. 12.
Rüger, Hans, Auf der Aich 7.
Rühl, Pankratius, Rosenbergerstr. 11.
Schaller, Gg., Penzendorfer Str. 33 b.
Schlüpfinger, Matth., Scherzerstr. 4.
Schneider, Georg, Stadtparkstr. 27.
Schröder & Stark, Petzoldstraße 9.
Schuhmann, Karl, Neutorstraße 3.
Seber, Karl, Südliche Ringstraße 44.
Sproßmann, Gottlieb, Ebersbergerstraße 5.
Stark, Max, Petzoldstraße 11.
Stauffer, Georg, Ebersbergerstr. 6.
Stecher, Gottfried, Penzendorfer Straße 35.
Stephan, Fritz, Pinzenberg 14.
Stiegler, Fritz, Wittelsbacher Str. 14.
Sturm, Fritz, Petzoldstraße 7.
Thumshirn, Michael, Nördl. Ringstraße 11 a.
Tiefel, Karl, Königstraße 7.
Volland, Friedr., Südl. Ringstr. 44.
Wachter, Johann, Städtlerstraße 19.
Weckerlein, Georg Stefan, Feldstr. 2.
Weidner, Rich., Nürnberger Str. 12.
Weiß, Georg, Stadtparkstraße 16.
Weiß, Paul, Stadtparkstraße 18.
Wendel, Karl, Am neuen Bau 6.
Weyermann, Christian, Austraße 3.
Weyermann, Ferdinand, Boxlohe 7.
Weyermann, Martin, Kupprechtstr. 2. (Blattgoldhandlung.)
Winkler, Georg, Falkensteingasse 2.
Winkler, Georg, Nürnberger Str. 27.
Wolf, Georg, Petzoldstraße 6.
Wolrab, Veit, Limbacher Str. 15.
Zahn, Emil, Penzendorfer Str. 32.
Zehrer, Christian, Zöllnertorstraße 9.
Zehrer, Ludwig, Nürnberger Str. 44.

Goldschlägerformenfabrikanten.

(Siehe Formenfabrikanten.)

Grabmonumente.

(Siehe auch Bildhauer.)

Dressel, Hans, Penzendorfer Str. 1.

Häkelnadelfabrikanten.

(Siehe auch Nadelfabriken.)

Endreß, Christof, Benkendorferstr. 24.

Hafnereien.

Beckstein, Wilhelm, Rosenbergerstr. 1.
Fuchs, Ludwig, Stadtparkstraße 29.
Geier, Georg, Stadtparkstraße 9.
Geier, Johann, Ludwigstraße 22.
Heerwarth, Joh., Fischgrubengasse 6.
Kurz, Karl, Königstraße 6.
Loy, Hans, Rittersbacher Straße 19.
Seichter, Paul, Neutorstraße 5.

Haus- und Küchengeräte-Magazine.

(Siehe auch Glas- und Porzellan-Handlungen.)

Beckstein, Wilhelm, Rosenbergerstr. 1.
Dechant, Fritz, Neutorstraße 11.
Engelhardt, Jean, Königstraße 18.
Gehring, Max, Auf der Aich 10.
Gehring, Paul, Königstraße 5.
Hauck, Wilhelm, Benkendorferstr. 10.
Petzoldt, Babette, Witwe, Nürnberger Straße 15.
Petzoldt, Franz, Bachgasse 24.
Röder, Georg, Rosenbergerstraße 5.

Hebammen.

Eitel, Käthe, Hördlertorstraße 4.
Ernst, Magdalena, Königplatz 5.
Köbler, Regina, Witwe, Königstr. 17.
Schleicher, Käthe, Kappadozia 4.

Hefenhandlungen.

Bachschmidt, Margareta, Südliche Mauerstraße 14.
Funk, Margareta, Schulgasse 13.

Holzhandlungen.

Günder, Johann, Lindenstraße 15.
Hemmeter, Georg, Waikersreuther Straße 2.
Hochreuther, Jakob, Silbergasse 10.
Meichinger & Hofer, Limbacher Str. 20.
Ott & Bauer, Angerstraße 6. ◆ Siehe Empfehlung Seite 6.

Holzhauer.

Braun, Michael, Friedrichstraße 24.
Döfel, Martin, Wittelsbacherstr. 7.
Merkel, Thomas, Königplatz 29.
Sommer, Konrad, Nürnberger Str. 7.

Holzwarenhandlungen.

Gundel, August Fritz, Königplatz 8.
Wieder, Georg, Boxlohe 2. ◆ Siehe Empfehlung Seite 20.

Honighandlungen

Beckstein, Georg, Benkendorferstr. 17.

Hotels.

(Siehe Gasthöfe.)

Hut- und Mützenhandlungen.

Lipps, Georg, Rosenbergerstraße 7.
Mohrnheim, Johann, Königplatz 6.
Schmidt, Matthäus, Fleischbrücke 4.
Schulze, Georg, Friedrichstraße 13.
Seltmann, Georg, Spitalberg 3.
Weidner, Konrad, Nürnberger Str. 12.

Jagdutensilienhandlungen.

Bachmeier, Fritz, Zöllnertorstraße 3. ◆ Siehe Empfehlung Seite 13.
Richter, Louis, Königplatz 4.

Installationsgeschäfte für Gas-, Wasser- und Dampfleitungen.

Eckstein, Wolfg., Benkendorferstr. 16.
Gehring, Max, Auf der Aich 10.
Petzoldt, Babette, Witwe, Nürnberger Straße 15.
Petzoldt, Franz, Bachgasse 24.
Röder, August, Pinzenberg 2.
Schaffner, Nikolaus, Königplatz 25. ◆ Siehe Empfehlung S. 4 u. 17
Schröck, Leonhard, Silbergasse 5.

Instrumentenhandlungen

(musikalische).

Bayerlein, Adam, Glockengießergasse 5. ◆ Siehe Empfehlung S. 9.

Juweliere, Gold- und Silberarbeiter.

Bachmeier, Fritz, Zöllnertorstraße 3. ◆ Siehe Empfehlung Seite 13.
Baum, Gottlob, Königstraße 9.
Bayerlein, Adam, Glockengießerg. 5. ◆ Siehe Empfehlung Seite 9.
Beuschel, Wilhelm, Nördliche Ringstraße 13. (Goldwarenhandlung.)
Henning, Georg, Königstraße 17.
Walter, Johann, Königstraße 8.

Kafés.

(Siehe auch Gasthöfe.)

Beuschel, Michael, Königplatz 14.
Böhm, Fritz, Ludwigstraße 7.

Kaminkehrergeschäfte.

Bäumler, Andreas, Hördlertorstr. 2.
Galster, Georg, Zöllnertorstraße 9.

Kartonagenfabrikanten.

Gundel, Georg, Städtlerstraße 21.

Käsehandlungen.

Beyerlein, Martin, Kappadozia 4.
Lindner, Heinrich, Neue Gasse 5.

Kleidermacher.

(Siehe auch Konfektionsgeschäfte.)

Bauhof, Karl, Wittelsbacherstraße 7.
Böcklein, Wolfgang, Königstraße 2.
Böhm, Heinrich, Pinzenberg 19.
Engelhardt, Hans, Nürnberger Str. 22.
Fischer, Karl, Nördliche Mauerstr. 2 a.
Götz, Leonhard, Hördlertorstraße 4.
Grundl, Adam, Nördl. Ringstr. 6.
Held, August, Neutorstraße 1 a.
Held, Karl, Auf der Aich 10.
Herrmann, Peter, Südl. Ringstr. 5.
Hochreuther, Johann, Nürnberger Straße 1.
Hoffmann, Hans, Neutorstraße 3.
Kauper, Ernst, Limbacher Straße 7.
Kittler, Erasmus, Pfarrgasse 2.
Krach, Hans, Pinzenberg 10.
Kreppmeier, Margareta, Witwe, Königstraße 1.

Meckl, Johann, Nürnberger Str. 18.
Metzger, Jean, Rennmühlstraße 5.
Meyer, Franz, Boxlohe 1.
Renner, Christian, Höllgasse 3.
Schwarz, Hans, Friedrichstraße 21.
Stromberger, Adolf, Friedrichstr. 2.
Sturm, Franz Xaver, Benkendorferstraße 9.
Trautnitz, Wilhelm, Nördl. Mauerstraße 15.
Wachs, Stefan, Königplatz 29.
Weinberger, Johann, Nürnberger Straße 16.
Winter, Eva, Königstraße 15.
Wolkersdorfer, Georg, Ziegelgasse 42.

Kleidermacherinnen.

Belian, Klara, Südl. Ringstr. 32.
Bernhard, Emma, Pinzenberg 4.
Dannreuther, Nanette, Glockengießergasse 3.
Distler, Regina, Pinzenberg 11.
Knaupp, Anna, Bachgasse 22.
Lipps, Pauline, Nördl. Mauerstr. 26.
Mettingdörfer, Marie, Friedrichstr. 23.
Neudörfer, Elise, Nördl. Mauerstr. 4.
Pöferlein, Katharina Margareta, Reichswaisenhausstraße 7.
Polster, Magdalena, Wöhrwiese 3.
Prechter, Marie, Nürnberger Str. 34.
Rißmann, Marie, Stadtparkstr. 10.
Rögner, Elise, Bahnhofstraße 18.
Schneider, Marie Barbara, Friedrich Linkhstraße 7.
Schornbaum, Hulda, Nördliche Mauerstraße 27.
Schwarz, Johanna, Penzendorfer Straße 3.
Stappel, Sofie, Limbacher Str. 6.
Trautnitz, Babette, Nördl. Mauerstraße 15.
Willer, Gertrud, Ziegelgasse 17.
Winter, Auguste, Austraße 4.

Kohlen-, Koks- und Brennholz-Handlungen.

Beyerlein, Martin, Kappadozia 4.
Engelhardt, Johann, Pinzenberg 26.
Härtlein, Nikolaus, Königplatz 33.
Hochreuther, Georg, Königplatz 31.
Oberndörfer, Friedr., Pinzenberg 13.
Rößler, Joh., Südl. Mauerstr. 12.
Roth, Nikolaus, Pinzenberg 10.
Schwab, Georg, Hördlertorstraße 1.
Sitzmann, Wolfg., Synagogeng. 1.

Kohlenstaubfabrik.

Vogel, J. G., Rennmühle, Mühlenstraße 6. ◆ Siehe Empfehlung Seite 6.

Kolonial-, Material- und Farbwarenhandlungen.

(Siehe auch Spezereihandlungen.)
Beyerlein, Martin, Kappadozia 4.
Dorsch, Johann, Königstraße 14.
Gögelein, Karl, Auf der Aich 7.
Hauenstein, Konrad, Nachf. Georg Thomas Dengler, Zöllnertorstr. 8.
Herr, Peter, Zöllnertorstraße 4.
Hofmann, Simon, Nachfolger Paul Weidner, Fleischbrücke 1.
Hüttlinger, Jakob, Königstraße 16.
Kaiser, Hermann, Königplatz 13.
Knöllinger, Georg, Glockengießerg. 15.
Konsumverein Schwabach, registr. Ges. m. b. Haftpflicht, Nördliche Ringstraße 3. Filiale: Zöllnertorstraße 12.
Krafft, C. F., Rosenbergerstraße 15.
Krafft, Joh. Adam, Bachgasse 26.
Loedel, Johann, Ludwigstraße 23/25.
Richter, Louis, Königplatz 4.
Spanagel, Hermann, Friedrichstr. 27.
Ströbel, Theodor, Zöllnertorstr. 1.
Winter, Heinrich Ludwigstraße 6.
Wirth, Albert, Nürnberger Str. 14.

Kommissionäre.

Dippel, Josef, Königplatz 31.
Monatsberger, Johann Andreas, Wallenrodstraße 4.
Schneider, Georg, Königstraße 5.

Konditoreien.

Beuschel, Michael, Königplatz 14.
Gögelein, Karl, Auf der Aich 7.
Sommer, Stefan, Nürnberger Str. 18.
Spanagel, Hermann, Friedrichstr. 27.
Ströbel, Theodor, Zöllnertorstraße 1.
Werner, Albert, Ludwigstraße 10.

Konfektionsgeschäfte.

a) Damen- u. Mädchen-Konfektion.

Rosenstein, S., Südl. Ringstraße 2, Ecke der Ludwigstraße.

b) Herren- und Knaben-Konfektion.

Böcklein, Wilhelm, Königplatz 23.
Buko, Albert, Ludwigstraße 7.
Schwarz, Eduard, Friedrichstr. 19 a.

Korbmacher und Korbwarenhandlungen.

Gundel, August Fritz, Königplatz 8.
Lindner, Martin, Benkendorferstr. 2.

Kunstdüngerhandlungen.

(Siehe Düngerhandlungen.)

Kunstgärtnereien.

Endreß, Friedrich Ludwig, Badstr. 12. Laden Friedrichstraße 9. ◆ Siehe Empfehlung Seite 15.
Gehrung, Georg, Eichwasenstraße 3.
Jungegger, Karl, Badstraße 2.
Schwarz, Johann Georg, Limbacher Straße 8.
Semmelroth, Konrad, Ebersbergerstraße 1. Laden Südl. Ringstr. 28.
Stengel, Gg., Walpersdorfer Str. 7. (Stadtgärtnerei).
Stumpf, Matthäus Karl, Reichswaisenhausstraße 5.
Sutor, Magdalena, Witwe, Südl. Mauerstraße 4.

Kunstmühlen.

Stadelmann, Hans, Hördlertorstr. 5/7

Kürschner.

(Siehe auch Hut- und Mützenhandlungen.)
Schulze, Georg, Friedrichstraße 13.
Wild, Emma, Neutorstraße 1 a. (Pelzwarenhandlung).

Kurz-, Weiß- und Wollwaren, Band-, Garn-, Knopf- und Posamenteriewaren.

(Siehe auch die einschlägig. Branchen.)
Bauer, Karl Friedrich, Wilhelm Friedrichstraße 2.
Bitzinger, Anton, Königstraße 12.
Buhl, Friedrich Karl, vorm. M. Patutschnik, Bachgasse 8.
Hassold, J. C., Königstraße 10.
Herrmann, Albert, Königstraße 6.
Hinterleitner, Karoline, Königplatz 33.
Hofmann, Johann, Friedrichstraße 5.
Hufnagl, Stefan, vorm. F. Pylipp, Hördlertorstraße 10.
Hunger, Chr., Auf der Aich 1/3.
Lipps, Georg, Rosenbergerstraße 7.
Lipps, Margareta, Witwe, Zöllnertorstraße 11.
Meichhörner, Georg, Pfarrgasse 2.
Metz, Johann, Nürnberger Str. 17.
Ott, Friedrich, Ziegelgasse 16.
Peuntinger, Friedrich, Pfarrgasse 4.
Rosenstein, S., Südl. Ringstraße 2. Ecke der Ludwigstraße.
Stauffer, Kunigunde, Ludwigstr. 22.
Stephan, Konrad, Königstraße 11.
Stinzendörfer, Hans, Silbergasse 7.
Strobel, Christof, Hördlertorstr. 3. ◆ Siehe Empfehlung Seite 15.
Volkert, August, Königstraße 1.
Wening, Johann, Falkensteingasse 4.
Wittmann, Johann, Neue Gasse 2.
Zenger, Christian, Nürnberger Str. 21

Landesproduktenhandlungen.

Herr, Peter, Zöllnertorstraße 4.
Meister, Stefan, Königplatz 10.
Pfleiderer, Heinr., Südl. Ringstr. 32.

Lederhandlungen.

Elsterer, Michael, Friedrichstraße 2.
Wiesbauer, Josef, Friedrichstraße 7.

Leichenfrauen.

Hochreuther, Kunigunde, Witwe, Nürnberger Straße 12.
Meinking, Bab., Benkendorferstr. 24.
Reil, Karoline, Ludwigstraße 26.

Leihbibliothek.

Hauerstein, Joh., Nürnberger Str. 9.

Likörfabrikanten.

Bauer, Jakob, Schulgasse 15.
Herr, Peter, Zöllnertorstraße 4.
Wirth, Albert, Nürnberger Str. 14.

Lithographische Kunstanstalt.

Meerwald & Toberer, Bahnhofstraße 8/14.

Lithograph.

Oehme, Karl, Königplatz 25.

Lohnkutschereien.

(Siehe Fuhrwerkbesitzer.)

Lotterieeinnehmer.

(Kgl. Bayer.)

Schreyer, Andreas, Königplatz 9.
◆ Siehe Empfehlung Seite 5.

Maler- und Tünchermeister.

(Siehe auch Maurermeister.)

Galsterer, Johann Andreas, Stadtparkstraße 11.
Gründel, August, Nürnberger Str. 34.
Gründel, Gustav, Pfarrgasse 16.
Oberndörfer, Jean, Königplatz 33.
Oehme, Karl, Königplatz 25. (Firmenmaler).
Ott, Georg, Nördl. Mauerstraße 7.
Schirmer, Otto, Nürnberger Str. 2.
Steinmetz, Oskar, Zöllnertorstr. 12.
Traubinger, Leonhard, Penzendorfer Straße 15.
Vogelbacher, Herm., Friedrichstr. 20.

Malzfabriken.

Buhl, Fritz, Bachgasse 12.
Knöllinger, Mich., Benkendorferstr. 21.
◆ Siehe Empfehlung Seite 16.
Rösch, Johann Georg, Friedrichstr. 29.

Maschinenfabrikanten.

Käs, Adolf, Witwe, Friedrichstr. 4.
Walter, Leonh., Benkendorferstr. 18.

Maschinenhandlungen.

Bauer, H. M., Limbacher Str. 31/33.
Hagelauer, Johann, Zöllnertorstr. 5.
Jäger, Gottlieb, Königplatz 33.

Maschinenstrickereien.

Gerner, Margareta, Königstraße 7.
Miedel, Mina, Ludwigstraße 22.
Müller, Nikolaus, Pinzenberg 22.
Scharrer, Marie, Rathausgasse 2.

Maskengarderoben.

Bauer, Mathias, Albrechtstraße 1.
Kurz, Käthe, Pinzenberg 21.

Matratzen-Industrie.

Hartmann, Hans, Nördliche Ringstraße 12b. (Patent-Matratzen.)

Maurermeister.

(Siehe auch Baumeister.)

Gottlieb, Gebrüd., Limbacher Str. 5/7.
◆ Siehe Empfehlung Seite 10.
Heubeck, Konr., Rittersbacher Str. 4a.
Humpenöder, Johann Sigmund, Ziegelgasse 38.
Humpenöder, Joh. Simon, Reichswaisenhausstraße 2a.
Richter, Johann, sen., Wittelsbacher Straße 12.
Schönberger, Johann Leonhard, Städtlerstraße 3.
Schönberger, Leonh., Ziegelgasse 18.
◆ Siehe Empfehlung Seite 25.
Thäter, Mathias, Lindenstraße 10.
◆ Siehe Empfehlung Seite 18.
Wendel, Gebrüder, Petzoldstraße 13.
Wendel, Johann, Südl. Mauerstr. 6.
Wendel, Konr., Reichenbacher Str. 16.
Wendel, Simon, Nördl. Ringstr. 38.

Mechanische Werkstätten.

(Siehe auch Maschinenfabrikanten.)

Brünn, Georg, Zöllnertorstraße 6.
Ehrenschwerdt, Jakob, Fleischbrücke 3.
Gsänger, Hans, Nürnberger Str. 16.
Mitzam, Georg, Bogenstraße 1a.
Walter, Leonh., Benkendorferstr. 18.
Wittmann, Adam, Höllgasse 3.
◆ Siehe Empfehlung Seite 21.

Mehlhandlungen.

Herr, Peter, Zöllnertorstraße 4.
Meister, Stefan, Königplatz 10.
Pfleiderer, Heinr., Südl. Ringstr. 32.

Messerschmiede.

Müller, Andreas, Benkendorferstr. 14.
Weinheimer, Adam, Nürnberger Straße 9.

Metallgießereien.

Eckstein, Wolfg., Benkendorferstr. 16.
Schaffner, Nikolaus, Königplatz 25.
◆ Siehe Empfehlung Seite 4. u. 17.

Metallhammerwerke.

(Siehe Aluminium- und Metallschlägereien.)

Metallschlägereien.

(Siehe auch Aluminiumschlägereien.)

Christgau, Konrad, Königstraße 6.
Galsterer, Mathias, Königplatz 25.
Mayr, Alois, Friedhofgasse 2.
Riegel, Wolfg., Frauentrautgasse 4.
Seber, Leonhard, Stadtparkstr. 12.
◆ Siehe Empfehlung Seite 13.

Metalltuchwebereien.

(Siehe Drahtwebereien.)

Metzger.

(Siehe Fleischer.)

Milchhandlungen.

Habersetzer, Thomas, Benkendorferstraße 3.

Mineralmühle.

Vogel, J. G., Rennmühle, Mühlenstraße 6. ◆ Siehe Empfehlung Seite 6.

Mineralwasserfabrikanten.

Engelapotheke Georg Rosenhauer, Königstraße 3.
Bockentanz, Georg, Ludwigstraße 7.
Wagenhuber, Georg, Poujolberg 1.

Modewaren.

(Siehe Schnittwarenhandlungen.)

Möbel-Transporteure.

Schwabacher Transport-Gesellschaft (Nicklas & Kießling, Bahnhofstr. 13.
◆ Siehe Empfehlung Seite 18.

Molkereien.

Weiß, Georg, Ludwigstraße 7.

Munitionsfabrik.

Richter, Louis, Königplatz 4.

Musiker.

Haßler, Fritz, Friedrichstraße 6.
Hofmann, Thomas, Nürnberger Straße 31.
Kurz, Joh., Reichswaisenhausstr. 2a.
Lacher, Mich., Penzendorfer Str. 7.
Obermeier, Josef, Albrechtstraße 3.
Richter, Johann, Albrechtstraße 3.
Richter, Johann, Goethestraße 4.
Scharrer, Ferdinand, Rathausgasse 2.
Schnieber, Hermann, Nördl. Ringstraße 17. (Kapellmeister.)

Musiklehrer.

Schnieber, Hermann, Nördl. Ringstraße 17.

Nadelfabriken.

Fürstennadelgesellschaft m. b. H., Nördliche Ringstraße 14.
Nürnberg-Schwabacher Nadelfabrik, Herold-Werk, G. m. b. H., Rother Straße 2 4. ◆ Siehe Empfehlung Seite V.
Schmauser, Leonhard, Walpersdorfer Straße 8. (Fabrikation von Nadeln und Stiften aller Art.)
Schwabacher Nadel- und Federfabrik Fr. Reingruber, Nördliche Ringstraße 14.
Städtler & Uhl, G. m. b. H., Nördliche Ringstraße 12.
Traumüller & Raum, Städtlerstr. 17.

Nähmaschinenhandlungen.

Bayerlein, Adam, Glockengießerg. 5.
◆ Siehe Empfehlung Seite 9.
Brünn, Georg, Zöllnertorstraße 6.
Ehrenschwerdt, Jakob, Fleischbrücke 3.
Götz, Leonhard, Hördlertorstraße 4.
Hochreuther, Leonh., Stadtparkstr. 34.
Mitzam, Georg, Bogenstraße 1a.
Schaffner, Nikolaus, Königplatz 25.
◆ S. Empfehlung S. 4 und 17.

Notare.

Götz, Fr., kgl. Notar, Südl. Ringstr. 8.

Oel- u. Fettwarenhandlungen.

Beyerlein, Martin, Kappadozia 4.
Gögelein, Karl, Auf der Aich 7.
Hauenstein, Konrad, Nachf. Georg Thomas Dengler, Zöllnertorstr. 8.
Herr, Peter, Zöllnertorstraße 4.
Krafft, Joh. Adam, Bachgasse 26.
Pfleiderer, Heinrich, Südliche Ringstraße 32.
Rühl, Friedrich, Rosenbergerstr. 11.

Ofen- und Herdfabrikanten.

(Siehe Hafnereien.)

Optiker und optische Warenhandlungen.

Bachmeier, Fritz, Zöllnertorstraße 3. ◆ Siehe Empfehlung Seite 13.
Bayerlein, Adam, Glockengießerg. 5. ◆ Siehe Empfehlung Seite 9.
Enders, Thomas, Ludwigstraße 12.
Henning, Georg, Königstraße 17.

Papierfabriken.

Papier-Industrie Schwabach, Georg Spachmüller & Comp., Rohrersmühlstraße 7. (Rollenpapierfabrik.)

Papierhandlungen.

(S. auch Schreibwarenhandlungen.)

Papier-Industrie Schwabach, Georg Spachmüller & Comp., Rohrersmühlstraße 7. (Engros.)

Papierwarenfabriken.

Papier-Industrie Schwabach, Georg Spachmüller & Comp., Rohrersmühlstraße 7.

Pflasterermeister.

Krauß, Matthäus, Spitalberg 5.

Pfragnereien.

Bauer, Jakob, Schulgasse 15.
Beckstein, Georg, Benkendorferstr. 17.
Meyer, Georg, Rosenbergerstraße 3.
Schwandner, Georg, Hördlertorstr. 17.

Photographische Anstalten.

Hirthe, Richard, Ludwigstraße 19.
Kandel, Karl, Nördliche Ringstr. 1.
Kettner, Georg, Ebersbergerstraße 8.
Löcke & Fiedler, Südl. Ringstr. 22.

Pinselfabrikanten.

(Siehe Bürsten- u. Pinselfabrikanten.)

Plakat-Institut.

Hirschmann, Georg, Stadtparkstr. 31.

Plazierungsbüro.

(Siehe Stellenvermittlerinnen.)

Portland-Cementwarenfabriken.

Abrie, Chr. Ludw., Rother Str. 5. ◆ Siehe Empfehlung Seite 1.
Gottlieb, Gebrüd., Limbacher Str. 3, 5. ◆ Siehe Empfehlung Seite 10.
Schönberger, Georg, Ziegelgasse 18.

Pulver-Depot.

Richter, Louis, Königplatz 4.

Putzgeschäfte

Schmidt, Matthäus, Fleischbrücke 4.
Sommer, Kunigunde, Ludwigstr. 22.
Weidner, Konrad, Nürnberger Str. 12.
Wild, Emma, Neutorstraße 1 a.

Rauhwarenhandlungen.

Kohn, Moritz, Königplatz 17.

Rechtsanwälte.

Babel, Ludwig, Südl. Ringstr. 1.
Fensterer, Josef, Stadtparkstraße 8.
Pedretti, Dr. Karl, Bahnhofstr. 2.

Restaurateure.

Bablitschky, Georg, Petzoldstraße 4 („zum Schützenkeller").
Bachhuber, Anton, Nürnberger Str. 4 („zur Silbernen Kanne").
Belz, Karl, Hördlertorstraße 20 („zum Hördlertor").
Börtlein, Christian, Rittersbacher Straße 8 („zur Germania").
Bräuning, Michael, Königstraße 7.
Bub, Käthe, Hördlertorstraße 11.
Buhl, Fritz, Bachgasse 12.
Christ, Hans, Stadtparkstraße 13.
Conrad, Hans, Nördl. Ringstr. 26.
Dengler, Matthäus, Königstraße 11.
Distler, Marie, Schützenstraße 7.
Egerer, Johann Georg, Eichwasenstraße 11 („zum Eichwasen").
Enders, Jean, Witwe, Ludwigstr. 16 („z. Schwarzen Bären"). ◆ Siehe Empfehlung Seite 11.
Engelhardt, Johann Heinrich, Südl. Ringstraße 17 („zu den 3 Linden").
Engelhardt, Stefan, Neutorstraße 1 („zum Schwan").
Engelhardt, Stefan, Nördl. Ringstraße 12 b („zur Deutschen Flotte").
Erich, Ernst, Stadtparkstraße 33 („zum Stadtpark").
Ertl, Alois, Friedrichstraße 9 („zum Grünen Baum").
Feiertag, Georg, Nördl. Ringstr. 32 („zum Mohrenkeller").
Feuerlein, Leonhard, Nördl. Ringstraße 4 („zum Neuen Tor").
Fink, Max, Königplatz 31 („zur Käferschachtel").
Fleischmann, Konrad, Rittersbacher Straße 10 („zum Felsenkeller").
Freitag, Josef, Nürnberger Straße 1 („zum Hotel Luitpold").
Fuchs, August, Königplatz 15 („zum Weißen Roß").
Fuchs, Johann, Friedrichstraße 29.
Fuchs, Johann Georg, Benkendorferstraße 7.
Fürhäußer, Friedrich, Nürnberger Straße 39 („zur Heimat").
Galsterer, Stefan, Stadtparkstr. 20 („zum Kronprinzen").
Gramming, Johann, Hördlertorstr. 19 („zum Scharfen Eck").
Gundel, Johann, Ludwigstraße 17 („zur Walhalla").
Hefele, Simon, Bahnhofstraße 25 („zum Wilhelm Tell").
Hirschmann, Konrad, Penzendorfer Straße 17.
Hochreuther, Adolf, Nürnberger Straße 19.
Hofer, Georg, Königplatz 25 („zum Königplatz").
Hoffmann, Nanette, Neutorstraße 3 („zum Walfisch").
Höfler, Käthe, Friedrichstraße 22 („zur Bank").
Hörl, Wilhelm, Ludwigstraße 24 („zum Hans Sachs").
Horneber, Sabine, Zöllnertorstr. 12 („zum Löwenbräu").
Hummel, Johann, Limbacher Str. 32.
Jordan, Konrad, Silbergasse 2 („zur Wolfsschlucht").
Kahl, Johann, Schulgasse 11 („zum Tiefen Keller").
Kerling, Kaspar, Nördlinger Str. 2 („zum Siechweiher").
Kilian, Georg, Pinzenberg 36.
Köbler, Johann, Nürnberger Str. 31 („zur Ludwigshöhe").
Lades, Leonhard, Wittelsbacherstr. 4 („zum Goldenen Hirschen").
Lämmermann, Johann, Königplatz 6.
Lämmermann, Pet., Hördlertorstr. 18.
Langfritz, Wolfgang, Ziegelgasse 20 („zum Schwarzen Adler").
Laumer, Fritz, Kappadozia 1 („zum Schiff").
Lösel, Friedrich, Pinzenberg 20.
Mack, Fritz, Ludwigstraße 4.
Meier, Johann, Königstraße 19.
Meßthaler, Johann, Bahnhofstr. 9 („zum Stadtwappen").
Meßthaler, Michael, Zöllnertorstr. 2.
Müller, Thomas, Eilgutstraße 2 („zur Eisenbahn").
Opitz, Nikolaus, Austraße 1 („zur Grünen Au").
Petzold, Paul, Ludwigstraße 9 („zur Rose").
Pfaffenritter, Ursula, Witwe, Badstraße 16 („zum Burgersgarten").
Porlein, Hans, Zöllnertorstraße 10.
Probst, Johann, Reichswaisenhausstraße 3 („zum Reichswaisenhaus").
Pylipp, Adam, Rosenbergerstraße 11.
Reichel, Konrad, Südl. Mauerstr. 11.
Riegelbauer, Adam, Zöllnertorstr. 5 („zum Roten Ochsen").
Romano, Anselmo, Reifenleiterstr. 2 („zur Ringofenziegelei").
Rösch, Julius, Nürnberger Straße 22.
Rühl, Johann Andreas, Penzendorfer Straße 34 („zur Rohrersmühle").
Schaffner, Leonhard, Limbacher Straße 19 („zur Sonne").

Schickendanz, Albrecht, Nürnberger Straße 35 („zum Vater Jahn").
Schmidt, Simon, Rittersbacher Straße 1 („zur Gartenlaube").
Schwarz, Elise, Nürnberger Str. 30.
Seeger, Michael, Regelsbacher Str. 2 („zum Weinstock").
Seybold, Konrad, Südliche Ringstraße 12 („zum Brausebad").
Spanner, Georg, Angerstraße 9 („zur Parkluft").
Steinmetz, Jean, Ludwigsstr. 1/3 („zum Goldenen Engel"). ◆ Siehe Empfehlung Seite 14.
Tratz, Andreas, Königstraße 20.
Ulrich, Jakob, Regelsbacher Str. 5 a („zum Gambrinuskeller").
Vogel, Leonhard, Penzendorfer Straße 11 („zur Krone").
Wagner, Johann, Nördl. Mauerstraße 6 („zum Ausfluß").
Wald, Margareta, Witwe, Auf der Aich 10.
Wania, Karl, Bahnhofstraße 43 (Bahnhofrestauration).
Weber, Heinrich, Bahnhofstraße 30 (Drechslers Gasthaus).
Wießinger, Konrad, Königplatz 33 („zum Weißen Lamm").
Will, Bonifazius, Schulgasse 3 („zur Frischen Quelle").
Wittmann, Paul, Benkendorferstr. 19.
Wolfermann, Georg, Wittelsbacherstraße 7 („zum Wilden Mann").
Ziegler, Friedrich, Bahnhofstraße 17 („zum Ratskeller").
Ziegler, Johann, Königplatz 29 („zum Bayerischen Hof").
Zwick, Johann, Südl. Ringstr. 1 („zur Post").

Rohproduktenhandlungen.

Röder, Johann, Königstraße 6.
Stepper, Heinrich, Zweigstraße 3.

Rosoli- und Likörgeschäfte.

(Siehe Likörfabrikanten.)

Sägewerke.

Bühringer, Friedrich, Friedrich Linkhstraße 7.
Günder, Johann, Lindenstraße 15.
Hemmeter, Georg, Waikersreuther Straße 2.
Meichinger & Hofer, Limbacher Straße 20.
Ott & Bauer, Angerstraße 6. ◆ Siehe Empfehlung Seite 6.

Samenhandlungen.

Schwarz, Johann Georg, Limbacher Straße 8.

Sattler und Tapeziere.

Baubach, Marie, Witwe, Bachgasse 1.
Damasko, Adam, Königplatz 29.
Eckstein, Heinrich, Königstraße 2.
Klein, Jean, Friedrichstraße 17.
Köbler, Adam, Boxlohe 4.
Röder, Max, Bachgasse 10.
Roß, Jakob, Königplatz 17.
Schmidt, Ludwig, Schulgasse 1.

Schirmgeschäfte.

Lipps, Georg, Rosenbergerstraße 7.
Mohrnheim, Johann, Königplatz 6.
Schmidt, Matthäus, Fleischbrücke 4.
Schwab, Matthäus, Kappadozia 12.
Seltmann, Georg, Spitalberg 3.

Schlossereien.

Büttner, Leonhard, Neutorstraße 13.
Gaab, Andreas, Königplatz 29.
Käs, Adolf, Witwe, Friedrichstr. 4.
Müller, Friedrich, Spitalberg 8.

Schmieden.

Datz, Johann, Königstraße 11.
Heidolph, Joh., Südl. Mauerstr. 8.
Hofmann, Marie, Witwe, Silberg. 3.
Schüssel, Georg, Südl. Ringstr. 20.
Trautnitz, Georg, Glockengießerg. 2.
Trautnitz, Mich., Nürnberger Str. 32.

Schnittwarenhandlungen.

Bauer, Karl Friedrich, Wilhelm Friedrichstraße 2.
Beck, Konrad, Zöllnertorstraße 7.
Böcklein, Wilhelm, Königplatz 23.
Feuchtwanger, Simon, Königstr. 22.
Fuchs, Johann, Fleischbrücke 2.
Göbels, Johann, Kappadozia 9.
Grötsch, Kuni, Limbacher Straße 5. (Schürzenhandlung.)
Herrmann, Albert, Königstraße 6.
Hinterleitner, Karoline, Königplatz 33.
Hofmann, Johann, Friedrichstraße 5.
Hufnagl, Stefan, Hördlertorstr. 10. (Schnittwarenreste.)
Köhler, Nikolaus, Spitalberg 7.
Marbach, Anna, Rathausgasse 2. (Schnittwarenreste.)
Meichhörner, Georg, Pfarrgasse 2.
Reingruber, Konrad, vorm. Ph. Hochreuther, Auf der Aich 5.
Schneider, Karl, Nürnberger Str. 11.
Stephan, Konrad, Königstraße 11.
Stinzendörfer, Hans, Silbergasse 7.
Strobel, Christof, Hördlertorstr. 3. ◆ Siehe Empfehlung Seite 15.
Teufel, Georg, Bachgasse 6.
Volkert, August, Königstraße 1.

Schraubenfabriken.

Jaeger, O. und H., Walpersdorfer Straße 6.

Schreibwarenhandlungen.

Müller, Karl, Ludwigstraße 2.
Seiderer, Otto, Auf der Aich 2.
Uhl, Friedrich, Königplatz 14.

Schreinereien.

Bayerlein, Hans, Ludwigstraße 28.
Bühringer, Georg, Austraße 11.
Degenbeck, Heinrich, Alexanderstr. 2.
Eckersberger, Johann Christof, Glockengießergasse 11/13.
Engelhardt, Johann, Stadtparkstr. 4.
Engelhardt, Konrad, Neue Gasse 6.
Geng, Karl, Bachgasse 16.
Hechtel, Konrad, Eichwasenstr. 34 a. (Modellschreinerei). ◆ Siehe Empfehlung Seite 15.
Kohlbauer, Georg, Friedrichstraße 23.
List, Urban, Nördl. Mauerstraße 2.
Ott, Konrad, Scherzerstraße 1.
Pippig, Johann, Nördl. Ringstr. 22.
Rohn, Johann, Neue Gasse 4.
Rupp, Georg, Königstraße 4.
Schorr, Karl, Mühlgasse 6.
Schwendtner, Mich., Pinzenberg 24.
Sengling, Konrad, Limbacher Str. 10. ◆ Siehe Empfehlung Seite 12.
Zech, Michael, Königplatz 8.

Schuhmacher.

Beck, Marie, Witwe, Kirchgasse 1.
Beck, Wilhelm, Königplatz 13.
Berthold, Johann, Königplatz 25.
Braun, Johann, Pinzenberg 7.
Burckhardt, Michael, Bachgasse 14.
Büttner, Mich., Synagogengasse 12.
Dannreuther, Georg, Pinzenberg 12.
Decker, Heinrich, Königplatz 25.
Distler, Julius, Nördl. Mauerstr. 5.
Eck, Andreas, Nördl. Mauerstr. 10.
Eitel, Karl, Hördlertorstraße 4.
Elsterer, Michael, Friedrichstraße 2.
Feuerstein, Christian, Pinzenberg 23.
Feuerstein, Thomas, Rathausgasse 5.
Galsterer, Christof, Zöllnertorstr. 2.
Galsterer, Gotthold, Münzgasse 5.
Gollnhofer, Heinr., Nürnberger Str. 18
Gruber, Alois, Nürnberger Str. 20.
Haag, Johann, Nördl. Ringstr. 16.
Haag, Philipp, Nürnberger Str. 28.
Haußmann, Georg, Friedrichstr. 10.
Hechtel, Adam, Synagogengasse 7.
Heinlein, Ludwig, Südl. Mauerstr. 2.
Hörauf, Ulrich, Spitalberg 6.
Huber, Johann, Synagogengasse 2.
Kettner, Michael, Ebersbergerstr. 8.
Kipfstuhl, Thomas, Ziegelgasse 22.
Krauß, Franz, Kappadozia 9.
Lax, Philipp, Südl. Mauerstraße 7.
Lederer, Johann Georg, Zweigstr. 5.
Link, Georg, Boxlohe 15.
Mayer, Johann, Pfarrgasse 1.
Miederer, Andreas, Pinzenberg 5.
Moshammer, Karl, Neutorstraße 1.
Richter, Johann, Goethestraße 4.
Roth, Georg, Silbergasse 8.
Roth, Johann, Friedrichstraße 19 b.
Rupprecht, Thom., Häfnergäßchen 4.
Schneider, Johann, Stadtparkstr. 33.
Schneider, Josef, Königplatz 6.
Sichermann, Leonh., Friedrichstr. 18.
Spahn, Andreas, Austraße 3.
Uebel, Adam, Penzendorfer Str. 1.
Vogel, Georg, Boxlohe 7.
Vogel, Konrad, Wöhrwiese 4.
Wagner, Adam, Ludwigstraße 28.
Wendel, Mathias, Hördlertorstr. 15.

Schuhmacherbedarfsartikel-Handlungen.

Wiesbauer, Josef, Friedrichstraße 7.

Schuhwarenhandlungen.

Beck, Marie, Witwe, Kirchgasse 1.
Beck, Wilhelm, Königplatz 13.
Braun, Johann, Pinzenberg 7.
Dannreuther, Georg, Pinzenberg 12.
Distler, Julius, Nördl. Mauerstr. 5.
Elsterer, Michael, Friedrichstraße 2.
Grau, Johann, Königstraße 12.
Heinlein, Ludwig, Südl. Mauerstr. 2.
Hörauf, Ulrich, Spitalberg 6.
Lax, Philipp, Südl. Mauerstraße 7.
Mayer, Johann, Pfarrgasse 1.

Schweinehändler.

(Siehe auch Viehhandlungen.)

Birkmann, Paul, Wallenrodstraße 5.

Schweinestecher.

Braun, Johann Michael, Limbacher Straße 11.
Hauenstein, Johann, Königplatz 29.
Loy, Johann, Nördl. Mauerstr. 6 a.
Schrödel, Georg, Penzendorfer Str. 8

Seifen- und Bleichsodafabrik.

Ribot, Ph. Benj., Nürnberger Str. 2, 6, 8, 10 u. Kappadozia 3. ◆ Siehe Empfehlung Rückseite des Titelblattes Schwabach.

Seifensieder und Seifenhandlungen.

Lobenwein, Käthe, Nördl. Mauerstraße 21.
Trautnitz, Andreas, Boxlohe 5.

Seilereien und Seilerwarenhandlungen.

Berger, Christine, Zöllnertorstraße 2.
Engelhardt, Jean, Königstraße 18.
Gebhardt, Gottlieb, Friedrichstr. 24.
Hofmann, Simon, Nachfolger Paul Weidner, Fleischbrücke 1.
Kießling, Bernhard, Königstraße 6.
Schmidt, Wilh., Nürnberger Str. 24.
Wieder, Georg, Boxlohe 2. ◆ Siehe Empfehlung Seite 20.
Winter, Heinrich, Ludwigstraße 6.

Sieb- und Drahtwarenfabrikanten.

Wandel, Gebrüder, Ziegelgasse 44. ◆ Siehe Empfehlung Seite 11.
Wieder, Georg, Boxlohe 2. ◆ Siehe Empfehlung Seite 20.

Silberschlägereien.

Bachinger, Paul, Münzgasse 4.
Bauer, Simon, Zweigstraße 1.
Belian, Gustav, Gasstraße 2.
Biller, Georg, Nördl. Ringstr. 24.
Biller, Karl, Nördl. Ringstraße 24.
Brandt, Martin, Neutorstraße 7.
Bub, Martin, Wöhrwiese 10.
Bühler, Fritz, Nürnberger Straße 29, F. C. Vogelreuther's Nachf.
Bühringer, Joh., Rittersbacher Str. 4b.
Dick, Simon, Eichwasenstraße 5.
Grashaußer, Christian, Wöhrwiese 5.
Köbler, Johann, Nürnberger Str. 31.
Köbler, Thomas, Seminarstraße 1 a.
Köchert, Georg, Benkendorferstr. 15.
Kolb, Martin, Friedrichstraße 25.
Kurz, Fritz, Stirnerstraße 2.
Lacher, Michael, Penzendorfer Str. 7.
Ledwina, Hans, Ebersbergerstraße 3.
Lermann, Karl, Rittersbacher Str. 4a.
Meier, Helene, Mühlgasse 4.
Meier, Johann, Rittersbacher Str. 3.
Pippig, Michael, Nürnberger Str. 44.
Polster, Konrad, Wöhrwiese 3.
Röder, Heinrich, Boxlohe 8.
Rögner, Leonhard, Stadtparkstr. 5.
Rößner, Peter, Nördl. Mauerstr. 29.
Scharrer, Karl, Fischgrubengasse 4.
Schlatterer, Adolf, Neutorstraße 6.
Schlüpfinger, Paul, Wittelsbacherstraße 10.
Schlüpfinger, Peter, Südl. Ringstr. 5.
Schwab, Michael, Austraße 3.
Strobel, Johann, Bahnhofstraße 25.
Träg, Fritz, Fischgrubengasse 7.
Wartenbacher, Wilh., Auf der Aich 4.
Weyermann, Georg, Petzoldstraße 6.
Wiedermann, Bernhard, Nördliche Ringstraße 20.
Zech, Paul, Bergstraße 13.
Zettmeier, Johann, Goethestraße 2.
Zink, Konrad, Boxlohe 18.

Sodafabrik.

Ribot, Ph. Benj., Nürnberger Str. 2, 6, 8, 10 u. Kappadozia 3. ◆ Siehe Empfehlung Rückseite des Titelblattes Schwabach.

Speditionsgeschäfte.

Schwabacher Transport-Gesellschaft Nicklas & Kießling, Bahnhofstr. 13. (Bahnspedition.) ◆ Siehe Empfehlung Seite 18.

Spezereihandlungen.

(Siehe auch Kolonialwaren.)

Bauer, Fritz, Bahnhofstraße 29.
Beckstein, Georg, Benkendorferstr. 17.
Beisbart, Anna, Relikten, Nördliche Ringstraße 13.
Brunner, Joh., Penzendorfer Str. 31.
Engelhardt, Johann, Pinzenberg 26.
Engelhardt, Joh., Stadtparkstr. 15.
Ernst, Geschwister, Limbacher Str. 34.
Feuerstein, Thomas, Rathausgasse 5.
Fröhlich, Adelb., Nürnberger Str. 23.
Galsterer, Johann Andreas, Stadtparkstraße 11.
Galsterer, Margareta, Wittelsbacherstraße 16.
Geng, Karl, Bachgasse 26.
Großberger, Anna, Witwe, Höllgasse 1
Guckenberger, Fritz, Hördlertorstr. 6.
Henglein, Leonhard, Bachgasse 14.
Herrmann, Peter, Südl. Ringstr. 5.
Hofer, Georg Stefan, Kappadozia 6.
Humpenöder, Johann Sigmund, Ziegelgasse 38.
Lindner, Heinrich, Neue Gasse 5.
Mehl, Johann, Friedrichstraße 4.
Meyer, Babette, Neutorstraße 6.
Meyer, Georg, Rosenbergerstraße 3.
Meyer, Joh. Sebastian, Limbacher Straße 17.
Ott, Friedrich, Ziegelgasse 16.
Rißmann, Johann, Spitalberg 4.
Rometsch, Wilh., Südl. Ringstr. 30.
Scheuerlein, Friedrich, Nürnberger Straße 28.
Schneider, Adam, Wittelsbacherstr. 3.
Schneider, Georg, Königstraße 5.
Schramm, Hieronym., Ziegelgasse 22.
Seiderer, Georg, Boxlohe 10.
Sommer, Stefan, Nürnberger Str. 18
Stahlwitz, Georg, Ludwigstraße 27.
Stephan, Karl, Pinzenberg 16.
Werner, Albert, Ludwigstraße 10.
Weyermann, Michael, Boxlohe 7.
Winter, Johann, Nürnberger Str. 25.
Wittmann, Johann, Neue Gasse 2.
Wolkersdorfer, Joh., Bahnhofstr. 2.

Spielwarenfabrikanten.

Hüttlinger, Anna, Witwe, Städtlerstraße 1. (Spezialität: Kinderschlottern.)

Spielwarenhandlungen.

Hunger, Chr., Auf der Aich 1/3.
Lipps, Georg, Rosenbergerstraße 7.
Schuler, Christof, Friedrichstraße 11.

Spirituosen.

(Siehe Likörfabrikanten.)

Sportgerätefabriken.

Stöhr, Georg, Nördliche Ringstr. 2.

Steindruckereien.

(Siehe auch Lithogr. Kunstanstalten.)

Leupold, Joh., Benkendorferstr. 13.

Stellenvermittlerinnen.

Dippel, Babette, Königplatz 31.
Haag, Walburga, Königstraße 7.

Stukkaturgeschäfte.

Belz, Xaver, Stadtparkstraße 18.
Gansloser, Wilh., Nördl. Ringstr. 1 b.
Heinemann, Jos., Nördl. Ringstr. 12b.
Mayer, Friedr., Wittelsbacherstr. 16.
Rauschmaier, Karl, Südl. Ringstr. 28.

Tabakhandlungen.

(Rohtabake.)

Krafft, Joh. Adam, Bachgasse 26.

Tanzlehrer.

Kohlbauer, Michael, Gasstraße 1.
Pickel, Karl, Austraße 7.
Zeh, Hans, Nördliche Ringstraße 17.

Technische Präparatefabrik.

Bauer, Hans M., Limbacher Str. 31/33.

Teigwarenfabriken.

Gögelein, Karl, Auf der Aich 7.
Westphal, Johann Georg, Pinzenberg 28.

Tierärzte.

Haußler, Friedrich, Südl. Ringstr. 11 (kgl. Bezirkstierarzt).
Krenn, Josef, Bahnhofstraße 4.
Limmer, Otto, Südl. Ringstraße 6.

Toilettenseifen- und Parfümeriefabrik.

Ribot, Ph. Benj., Nürnberger Str. 2, 6, 8, 10 und Kappadozia 3. ◆ Siehe Empfehlung Rückseite des Titelblattes Schwabach.

Totenschmuckgeschäfte.

(Siehe Blumengeschäfte.)

Trichinenschauer.

Dick, Simon, Eichwasenstraße 5.
Eckert, Johann, Wöhrwiese 1.
Lindner, Heinrich, Neue Gasse 5.
Ruttmann, Michael, Ludwigstr. 32.

Trödler.

Schleicher, Johann, Boxlohe 6.
Veit, Marta, Glockengießergasse 9.

Tuchhandlungen.

(Siehe auch Schnittwaren.)

Böcklein, Wilhelm, Königplatz 23.
Feuchtwanger, Simon, Königstr. 22.
Herrmann, Albert, Königstraße 6.
Schwarz, Hans, Friedrichstraße 21.

Tünchermeister.

(Siehe Maler- und Tünchermeister.)

Turngerätefabriken.

Stöhr, Georg, Nördl. Ringstr. 2.

Uhrmacher und Uhrenhandlungen.

Baum, Gottlob, Königstraße 9.
Bayerlein, Adam, Glockengießerg. 5. ◆ Siehe Empfehlung Seite 9.
Beuschel, Wilhelm, Nördl. Ringstr. 13.
Dornhuber, Adolf, Bachgasse 20.
Enders, Thomas, Ludwigstraße 12.

Unterhändler.

Kärgelein, Johann, Boxlohe 1.
Leißinger, Johann, Boxlohe 4.

Velozipedhandlungen.

(Siehe Fahrradhandlungen.)

Viehhandlungen.

(Siehe auch Schweinehändler.)

Erhardt, Georg, Schützenstraße 1.
Güthler, Konrad, Reichenbacher Straße 26.
Herz, Isaak, Galgengartenstraße 1 a.
Pfand, Karl, Ziegelgasse 26.

Viktualienhandlungen.

Bissinger, Gottlob, Wallenrodstr. 2.
Böhm, Johann, Rathausgasse 3.
Humpenöder, Gg., Südl. Ringstr. 1.
Kleinöder, Paulus, Pfarrgasse 14.
Neidel, Johann, Friedrichstraße 23.
Odörfer, Adam, Kappadozia 3.
Rißmann, Martin, Bogenstraße 4 b.
Schauppmeier, Margareta, Nürnberger Straße 2.
Scheder, Michael, Glockengießerg. 4.

Wagenbau-Anstalten.

Eckstein, Heinrich, Königstraße 2.
Stöhr, Georg, Nördl. Ringstr. 2.

Wagnereien.

Bernhardt, Georg, Pinzenberg 4.
Hochreuther, Jakob, Silbergasse 10.
Käferlein, Johann, Pinzenberg 27.
Roth, Jakob, Neue Gasse 1.

Wasch-Anstalten.

(Siehe auch Dekateure.)

Albang, Reta, Südl. Ringstraße 40.
Hammerbacher, Geschwister, Hördlerstorstraße 25 27.
Ott, Elise, Städtlerstraße 20.
Pütz, Anton, Limbacher Straße 7.
Stahlwitz, Reta, Königstraße 7.
Stinzendörfer, Hans, Silbergasse 7.

Wasenmeisterei.

Bachhuber, Katharina, Penzendorfer Straße 59.

Weinhandlungen.

Fickel, Karl, Friedrichstraße 14/16.
Gögelein, Karl, Auf der Aich 7.
Loedel, Johann, Ludwigstraße 23/25.
Trewisch, Josef, Häfnergäßchen 8.

Werkzeughandlungen.

Bauer, Hans M., Limbacher Str. 31/33.
Fischer, G., Königstraße 15.

Wildprethandlungen.

Loedel, Johann, Ludwigstr. 23 25.

Wirtschaften.

(Siehe Restaurateure.)

Wollwarenhandlungen.

(Siehe Kurz- und Wollwaren.)

Zahntechniker.

(Siehe Dentisten.)

Zeichenlehrer.

Fluhrer, Fritz, Auf der Aich 2.
Köbler, Karl, Königstraße 17.

Zeitungsverlag.

Iffland, Johann Peter, Königplatz 31. Verlag der „Allgemeinen Volkszeitung". ◆ Siehe Empfehlung Seite 7.
Millizer, Hermann, Spitalberg 3. Verlag des „Schwabacher Tagblatt". ◆ Siehe Empfehlung Seite 2 und 3.

Ziegeleien.

Carl'sche Dampfziegelei Schwabach, Ziegelgasse 50/52.
Tauber & Bayerlein, Reisenleiterstr. 2.

Zimmermeister.

Bühringer, Friedrich, Friedrich Linkhstraße 7.
Günder, Johann, Lindenstraße 15.
Hemmeter, Georg, Waikersreuther Straße 2.
Meichinger & Hofer, Limbacher Straße 20.
Ott & Bauer, Angerstraße 6. ◆ Siehe Empfehlung Seite 6.
Schmidt, Michael, Alexanderstraße 1.

Zinngießereien.

Schuler, Christof, Friedrichstraße 11.
Sonntag, Walther, Königplatz 27.

Zinnschlägereien.

(Siehe Aluminium- und Metallschlägereien.)

VI.
Häuser-Verzeichnis (1914)

Häuser-Verzeichnis.

Die Straßen sind alphabetisch geordnet und der betreffende Distrikt beigedruckt. Die Numerierung der Häuser ist so eingeteilt, daß während auf der einen Seite die geraden, auf der anderen Seite die ungeraden Nummern zu suchen sind. Denjenigen Hausbesitzern, welchen ein Sternchen (*) beigedruckt ist, sind Eigentümer des betreffenden Hauses, wohnen aber nicht in demselben.

Verzeichnis der Herren Distriktsvorsteher.

Brunner, Simon, Oekonom	Distrikt	I.
Bauer, Friedrich, Spezereihändler	„	Ia.
Drexler, Joh. Gg., Privatier	„	Ib.
Kittler, Erasmus, Kleidermacher	„	II.
Gundel, August, Drechslermeister	„	III.
Engelhardt, Jean, Flaschner	„	IV.
Roth, Jakob, Wagnermeister	„	V.
Beuschel, Leonhard, Formenhändler	„	VIa.
Schlüpfinger, Paul, Silberschlägermeister	„	VIb.
Schleich, Friedrich, Privatier	„	VII.
Dünkelmeyer, Heinrich, Goldschlägermeister	„	VIIa.
Schmidt, Wilhelm, Seilermeister	„	VIII.
Henglein, Leonhard, Kaufmann	„	IX.
Böhm, Heinrich, Kleidermacher	„	X.
Dick, Simon, Silberschlägermeister	„	XI.
Endreß, Jean, Nadelfabrikant	„	XII.

Aigenstraße.
Distrikt Ia.
Links der Mühlenstraße. 2 zur Rennmühlstraße.

2 *Thäter, Mathias, Maurermeister.

Albrechtstraße.
Distrikt Ib.
Stadtparkstraße 30/32.

1 *Walter, Dr., und Schmitt in Schwäb.-Gmünd.
3 *Richter, Johann, sen., Maurermeister.
5 *Richter, Johann, sen., Maurermeister.

Alexanderstraße.
Distrikt Ib.
Stadtparkstraße 20/22.

1 Schmidt, Michael, Zimmerei.
2 Degenbeck, Heinrich, Schreinerei.
4 Dreikorn, Leonh., Goldschlägerei.

Am neuen Bau.
Distrikt V.
Petzoldstraße 15 zur Badstraße.

1 Eckert, Adam, Oekonom.
2 *Roth, Jakob (Stadel).
4 Spang, Michael, Briefträger.
6 Reinhardt, Balthasar, Büttnerei.
8 *Reinhardt, Balthasar, Büttnerei.

Angerstraße.
Distrikt Ib.
Rother Straße 4 zur Lindenstraße.

6 Ott & Bauer, Sägewerk.
9 *Fuchs, August, Brauerei.
17 *Thäter, Mathias & Konsorten.

Austraße.
Distrikt VI.
Ziegelgasse 28/30.

1 Egerer, Georg, Privatier.
2 *Sengling, Konrad, Schreinerei.
3 Opitz, Nikolaus, Restaurateur.
4 *Sengling, Konrad, Schreinerei.
7 Pickel, Karl, Goldschlägerei.
11 Bühringer, Georg, Schreinerei.
13 Hierl, Michael, Geschäftsführer.

Auf der Aich.
Distrikt IX.
Zwischen Benkendorferstraße 2 und Hördlertorstraße 1.

1 Hunger, Adolf, Kaufmann.
2 Seiderer, Otto, Buchbinderei.
3 Hunger, Adolf, Kaufmann.
4 Wartenbacher, Wilhelm, Silberschlägerei.
5 Reingruber, Konrad, Kaufmann.
6 Heuber, Georg, Bäckerei.
7 Gögelein, Karl, Kaufmann.
8 Sijarto, Josef, Pinselfabrikant.
10 Vereinigte Brauereien Ruck & Quinat.

Bachgasse.
Distrikt IX.
Nürnberger Straße 1 zur Auf der Aich 1/3.

1 Baubach, Marie, Wwe., Sattlerei.
2 Kohlbauer, Wolfgang, Nadler.
4 *Schröck, Leonhard, Flaschnerei.
6 Teufel, Gg., Schnittwarenhdlg.
8 Buhl, Friedr. Karl, Kaufmann.
10 *Kittler und Konsorten.
12 Buhl, Fritz, Restaurateur.
14 Henglein, Leonhard, Kaufmann.
16 Geng, Karl, Schreinerei.
18 Cramer, Andreas, Bäckerei.
20 Dornhuber, Adolf, Uhrmacher.
22 Kohlbauer, Christof, Nadler.
24 Petzoldt, Kunig., Flaschnersfrau.
26 Ibach, Ludwig, Kaufmann.
28 Wuzel, Margareta, Privatiere.

Badstraße.
Distrikt XII.
Hördlertorstraße 20/29 gegen Unterreichenbach.

2 *Baum, Gottlob, Uhrmacher.
2a Schmauser, Rich., Fabrikbesitzer.
2b Albrecht, Wilh., Stadtkämmerer.
4 Krafft, Mathias, Oekonom.
6 Nutz, Leonhard, Oekonom.
8 Staudacher, Johann, Oekonom.
10 Lämmermann, Konrad, Maurer.
12 Endreß, Friedrich Ludwig, Kunstgärtnerei.
14 Engelhardt, Georg, Oekonom.
14a Stadtgemeinde (Badeanstalt).
16 Pfaffenritter, Ursula, Witwe, Restauration.
18 Engelhardt, Johann, Oekonom.
20 Löhr, Johann, Oekonom.

Bahnhofstraße.
Distrikt Ia.
Ludwigstraße 27/32 zum Bahnhof und Rother Straße 25.

1 Kapellenstiftung (Friedhofkirche).
2 Wolkersdorfer, Johann, Bäckerei.
4 Krenn, Josef, pr. Tierarzt.
6 Kgl. Rentamt.
8 Toberer, Friedrich, Kunstanstaltbesitzer.
9 *Feuchtwanger, Herm., Kaufmann.
10 Toberer, Friedrich, Kunstanstaltbesitzer.
12 Toberer, Friedrich, Kunstanstaltbesitzer
13 Nicklas & Kießling, Spediteure.
14 Toberer, Friedrich, Kunstanstaltbesitzer.
15 Kohlbauer, Hans, Bäckerei.
17 Platzer, Karl, Stadtkantor.
18 *Schönberger, Leonhard, Maurermeister.
20 Hering, Jean, Bankier.
21 Singer, Magdalena, Privatiere.
22 Herzog, Philipp, kgl. Gerichtsvollzieher.
23 Krauß, Karl, Hauptlehrer.
24 Pickel, J., Aluminiumschlägerei.

25*Forster, Johann, Direktor.
26 Hassold, Margareta, Privatiere.
29 Bauer, Fritz, Spezereihandlung.
30 Drechsler, Margareta, Privatiere.
31*Forster, Johann, Direktor.
34 Abrie, Christ. Ludwig, Fabrikbes.
43*Forster, Johann, Direktor.
45 Kgl. Eisenbahnärar.
47 Kgl. Eisenbahnärar.

Beckhstraße.
Distrikt I a.
Penzendorfer Straße 27/29.

1 Meier, Anna, Aluminiumschlägersfrau.

Benkendorferstraße.
Distrikt XII.
Auf der Aich 1 zur Wöhrwiese.

1 Schleier, Kaspar, Färberei.
2 Lindner, Martin, Korbmacher.
3 Habersetzer, Thomas, Milchhdlg.
4*Fuchs, Georg, Brauerei.
5 Hochreuther, Barb., Nadlersfrau.
6*Fuchs, Georg, Brauerei.
7 Fuchs, Georg, Brauerei.
8 Straußberger, Paul, Fleischer.
9 Stierhof, Johann, Bäckerei.
10 Hauck, Wilhelm, Flaschnerei.
11 Hörndler, Georg, Fleischer.
12 Wittmann, Adam, Bäckerei.
13 Leupold, Johann, Steindruckerei.
14 Müller, Andreas, Messerschmied.
15 Köchert, Johann, Silberschlägerei.
16 Eckstein, Wolfg., Metallgießerei.
17 Beckstein, Georg, Pfragnerei.
18 Walter, Leonh., Mech. Werkstätte.
19 Knöllinger, Michael, Brauerei.
20 Kleinöder, Hans, Filzarbeiter.
21 Knöllinger, Michael, Brauerei.
22 Frank, Georg, städt. Holzmesser.
23 Bayer, Franz, Goldschlägerei.
24 Endres, Christof, Nadelfabrikant.
25 Scharrer, Babette, Schuhmachermeisterswitwe.

Bergstraße.
Distrikt XII.
Badstr. 4/6 zur Regelsbacher Str. 11.

7 Huber, Anna, Oekonomie.
9 Zech, Michael, Oekonom.
13 Büttner, Paulus, Zimmermann.

Birkenstraße.
Distrikt I a.
Bahnhofstr. 4/6 zur Stadtparkstr. 33.

Bismarckstraße.
Distrikt VI.
Schillerstr. 1 zur Wittelsbacherstr. 7.

Bogenstraße.
Distrikt VI.
Wittelsbacherstr. 4/6 zum Am Siechweiher 2.

1 Ultsch, Kaspar, Oekonom.
1a Rißmann, Stefan, Oekonom.
2 Kurz, Eugen, Fabrikarbeiter.
4a Wehrer, Georg, Hilfsarbeiter.
4b Rißmann, Joh., Viktualienhdlg.
6 Brunner, Stefan, Rentner.
8 Bub, Hch., Aluminiumschlägerei.
10 Patutschnick, Georg, Lehrer.
12 Patutschnick, Johann, Oekonom.
14 Fischer, Margareta Barbara, Oekonomenfrau.
16 Böcke, Theodor, Privatier.
18 Käferlein, Friedrich, Oekonom.

Boxlohe.
Distrikt V.
Königstraße 22.

1*Rabus, Kaspar, Bäckerei.
2 Wieder, Gg., Sieb- u. Drahtwaren.
3 Hechtel, Leonhard, Fleischer.
4 Köbler, Adam, Sattler u. Tapezier.
5 Trautnitz, Andr., Fabrikarbeiter.
6 Schleicher, Johann, Auktionator.
7 Weyermann, Mich., Spezereihdlg.
8 Röder, Heinrich, Silberschlägerei.
9 Französ.-reformierte Gemeinde.
10 Seiderer, Gg., Spezereihandlung.
11 Französ.-reformierte Gemeinde.
12 Frauenberger, Berta, Privatiere.
13 Wechsler, Johann, Büttnerei.
14 Franz.-reform. Gemeinde (Kirche).
15 Link, Georg, Schuhmachermeister.
16 Kurz, Margareta, Privatiere.
18 Zink, Marg., Silberschlägersfrau.

Dianastraße.
Distrikt VI a.
Lindenstraße 10/16.

1 Jaeger, Otto, Fabrikbesitzer.

Ebersbergerstraße.
Distrikt VI.
Austraße 3.

1 Rühl, Hch., Aluminiumschlägerei.
3 Beuschel, Leonhard, Formenhdlg.
4 Bräunlein, Wilh., Goldschlägerei.
5 Hinterleitner, Wilh., Werkmeister.
6 Stauffer, Georg, Goldschlägerei.
8 Kettner, Joh. Gg. jr., Lithograph.

Eichwasenstraße.
Distrikt XI.
Nürnberger Str. 33/33 a z. Eichwasen.

1 Assenbaum, Jak., Goldschlägerei.
2*Hochreuther, Karl, Privatier.
3 Gehrung, Georg, Kunstgärtnerei.
5 Dick, Simon, Silberschlägerei.
7*Kießling, Bernhard, Seilerei.
9 Schwarz, Konrad, Oekonom.
11 Egerer, Joh. Georg, Restaurateur.
12 Nutz, Leonhard, Oekonom.
34a Hechtel, Konr., Modellschreinerei.
34b Böbel, Michael, Nadler.
36a Gerngroß, Anton, Brauer.
36b Blazek, Adolf, Ausgeher.
42a Vorleiter, Sebast., Telegraphenarbeiter.
44 Bühringer, Paul, Zimmermann.
46 Verein zur Hebung der Rindviehzucht.

Eilgutstraße.
Distrikt I a.
Rother Straße 4 gegen die Bahn.

2*Kleinlein, Joh. Jak., in Nürnberg.
4*Forster, Johann, Direktor.
6*Ott & Bauer, Sägewerk.

Falkensteingasse.
Distrikt X.
Glockengießergasse 6/15.

1*Forster, Johann, und Genossen.
2 Winkler, Georg, Goldschlägerei.
3*Rohmer, Oswald, Fuhrwerkbes.
4 Wening, Joh., Kurzwarenhdlg.
5*Neubauer, Johann, Fleischer.
7 Winkler, Paul, früher Heizer.

Feldstraße.
Distrikt VI.
Ziegelgasse 40/42 zur Austraße.

1 Hofer, Johann, Ziegelarbeiter.
2 Weckerlein, Georg Stefan, Goldschlägerei.
3 Nachtrab, Johann, Zimmermann.
5 Förthner, Johann, Sägmeister.
7 Federlein, Georg, Maurer.

Fischgrubengasse.
Distrikt V.
Bei der Wöhrwiese.

1 Köbler, Anna, Fabrikarbeiterswe.
2*Hirsch, Samuel, Mergentheim.
3 Sauer, Andreas, Fabrikarbeiter.
4 Scharrer, Karl, Silberschlägerei.
5*Heerwarth, Johann, Hafnerei.
6 Heerwarth, Johann, Hafnerei.
7 Träg, Fritz, Silberschlägerei.
9 Träg, Fritz, Silberschlägerei.

Fleischbrücke.
Distrikt III.
Königplatz 1/4.

1 Weidner, Paul, Kaufmann.
2 Fuchs, Johann, Kaufmann.
3*Heyder, Karl, Witwe.
4 Schmidt, Matthäus, Kaufmann.
5 Keller, Fritz, Fabrikant.

Forsthofer Straße.
Distrikt VI a.
Friedrich Linkhstraße 2 nach Forsthof.

2 Lades, Johann, Privatier.
8 Bub, Mathias, Fabrikarbeiter.

Frauentrautgasse.
Distrikt X.
Pinzenberg 16/18.

1 Brauhaus Schwabach A.-G. (Kellerei).
2 Wagner, Adam, Bierführer.
3 Brauhaus Schwabach A.-G. (Kellerei).
4 Riegel, Wolfg., Metallschlägerei.

Friedhofgasse.
Distrikt I a.
Bahnhofstr. 13 zur Penzendorfer Str.

1 Stadtgemeinde (Leichenhaus).
2 Mayr, Alois, Metallschlägerei.
2a*Zeitz, Gebr., in Saarbrücken.
4 Distriktskrankenhaus.

Friedrichstraße.
1 — 9 Distrikt VII.
10—29 „ IX.
Neutorstraße 1 zur Hördlertorstr. 1/2.
1 Sitzmann, Michael, Bäckerei.
2 Elsterer, Konrad, Relikten.
3 *Sitzmann, Michael, Bäckerei.
4 Käs, Adolf, Relikten.
5 Breininger, Relikten.
6 Haßler, Fritz, Drechslerei.
7 Wiesbauer, Josef, Kaufmann.
8 Henglein, Johann, Flaschnerei.
9 Hiltner, Bab., Restaurateurswe.
10 Flock, Michael, Fleischer.
11 Schuler, Christof, Glaserei.
12 Stock, Wilhelm, Ziegelarbeiter.
13 Schulze'sche Relikten.
14 Fickel, Karl, Kaufmann.
15 Bachmeier, Johann, Büttnerei.
16 Fickel, Karl, Kaufmann.
17 Klein, Jean, Sattlerei.
18 Sichermann, Lhd., Schuhmacherm.
19a Schwarz, Eduard, Kleidermacher.
19b Roth, Joh., Schuhmachermeister.
20 Vogelbacher, Hermann, Maler.
21 Schwarz, Joh., Kleidermacher.
22 *Forster, Johann, und Konsorten.
23 Kohlbauer, Georg, Schreinerei.
24 Gebhardt, Gottlob, Seilerei.
25 Endlein, Fritz, Bäckerei.
26 Goppelt, Paul, Fabrikant.
27 *Pfand, Karl, Viehhändler.
28 Stadtgemeinde (Mädchenschulhaus, Kinderasyl).
29 Rösch, Gebrüder, Brauerei.

Friedrich Linkhstraße.
Distrikt VI a.
Rittersbacher Str. 19 zur Ziegelg. 52.
2 Patutschnick, Stefan, Sekretär.
7 Bühringer, Friedr., Zimmermstr.
10 Engelhardt, Johann, Kutscher.
12 Dechet, Thomas, fr. Bauarbeiter.

Galgengartenstraße.
Distrikt VIII.
Nördliche Ringstraße 14 gegen die Limbacher Straße.
1 *Beisbart, Relikten.
1a Herz, Isaak, Viehhandlung.
2 *Reingruber, Georg, Fabrikbes.
2a Vogelbacher, Julius, Maler.
3 *Gebhardt, Gottlob, Seilerei.
4 Farnbacher, Babette, Maurerswe.
5 Hochmann, Friedrich, Oekonom.
7 Beck, Peter, Oekonom.
11 Schmoll, Georg, Oekonom.

Gartenstraße.
Distrikt XII.
Badstraße 14/16 gegen die Regelsbacher Straße.
1 Seybold, Georg, Gärtner.
2 Sandreuther, Johann, Oekonom.
3 Disterer, Johann, Oekonom.
4 Haag, Sabine Barb., Gärtnerswe.

Gasstraße.
Distrikt VIII.
Nördliche Ringstraße 9/11.
1 Kohlbauer, Michael, Werkmeister.
2 Roth, Lina, Schreinerswitwe.

Glockengießergasse.
Distrikt X.
Nürnberger Straße 17/19.
1 *Käs, Adolf, Relikten.
2 Trautnitz, Georg, Schmiedmstr.
3 Dannreuther, Konrad, früher Uhrmacher.
4 Scheder, Mich., Viktualienhandlg.
5 Bayerlein, Adam, Uhrenhandlg.
6 Hospitalstiftung (Pfründner-Anstalt).
7 Gärtner, Georg, Bäckerei.
9 Gerold, Johann, früher Trödler.
11 Eckersberger, Christof, Schreinerei.
13 Eckersberger, Christof, Schreinerei.
15 Knöllinger, Ernst, Kaufmann.

Goethestraße.
Distrikt I b.
Südl. Ringstr. 9/11 zur Ziegelgasse.
2 Zettmeier, Joh., Silberschlägerei.
4 Heider, Hans, Sekretär.

Häfnergäßchen.
Distrikt VII.
Kappadozia 4/6.
1 Meister, Johann, Aluminiumschlägerei.
2 Fries, Heinrich, Fleischer.
4 *Fries, Heinrich, Fleischer.
6 Mayr, August, Maurer.
8 Israelitische Gemeinde.

Höllgasse.
Distrikt III.
Königplatz 10/12.
1 Großberger, Anna, Spezereihdlg.
2 Pfand, Joh. Adam, Fleischer.
3 *Viehbeck, Karl, Brauerei.

Hördlertorstraße.
1—8 und 10 Distrikt X.
9, 11—21, 23, 25, 27, 29, 31 Distrikt XI.
Auf der Aich 7 zur Badstraße 2.
1 Schwab, Gg., Kohlenhandlung.
2 Stöhr, Georg, fr. Brauereibesitzer.
3 Strobel, Christof, Kaufmann.
4 Eitel, Fritz, fr. Friseur.
5 Stadelmann, Hans, Kaufmann.
6 Guckenberger, Fritz, Kaufmann.
7 Stadelmann, Hans, Kunstmühle.
8 *Käferlein, Johann, Wagnerei (Remise).
9 Brauhaus Schwabach. A.-G.
10 Pylipp, Georg, Goldschlägerei.
11 Brauhaus Schwabach. A.-G.
12 Brauhaus Schwabach. A.-G.
13 Jäschke, Robert, Bäckerei.
14 Brauhaus Schwabach. A.-G.
15 *Schwandner, Georg, Pfragnerei.
16 Brauhaus Schwabach. A.-G.
17 Schwandner, Georg, Pfragnerei.
18 Lämmermann, Peter, Brauerei.
19 Gramming, Joh., Restaurateur.
20 *Knöllinger, Michael, Brauerei.
21 *Schmauser, Leonh., Nadelfabrik.
23 *Schmauser, Leonh., Nadelfabrik.
25 Hammerbacher, Maria Magdalena, Bleich- und Waschanstalt.
27 Hammerbacher, Maria Magdalena, Bleich- und Waschanstalt.
29 Stadtgemeinde (Zollhaus).
31 Bierlein, Karl, Oekonom.

Huttersbühlstraße.
Distrikt VI a.
Friedrich Linkhstr. 12 gegen Forsthof.
2 Schwarz, Paul, Schlosser.

Jahnstraße.
Distrikt V.
Reichswaisenhausstraße 9/11 zum Am Siechweiher 2.
6 Turnverein Schwabach, Turnhalle, Spiel- und Sportplätze.

Kappadozia.
Distrikt VII.
Pfarrgasse 1/4.
1 Laumer, Friedrich, Brauerei.
2 Stadtgemeinde (kgl. Eichamt).
3 *Ribot, Gebrüder, Fabrikbesitzer.
4 Dasch, August, Kaufmann.
5 *Ribot, Gebrüder, Fabrikbesitzer.
6 Hofer, Georg, Bäckerei.
7 Münch, Curt, Apotheker.
8 Schleich, Fritz, Privatier.
9 Brunner, Michael, Inspektor.
10 *Hofer, Georg, Bäckerei.
12 Kogler, Fritz, Fleischer.

Kirchgasse.
Distrikt III.
1 Beck, Marie, Schuhmacherswitwe.
3 Pippig, Georg, appr. Bader und Friseur.

Königplatz.
2, 3, 5, 7, 9, 11, 13, 15 und 17 Distrikt II.
1, 4, 6, 8, 10, 12, 14, 19, 21, 23, 25, 27, 29, 31 und 33 Distrikt III.
Ludwigstraße 1/2 zur Königstraße 1/2.
1 Stadtgemeinde (Rathaus).
2 Protestantische Kirche.
3 Stadtgemeinde (Dekanatsgebäude).
4 Richter, Gust. Adolf, Kaufmann.
5 Böhm, Konrad, Fleischer.
6 Lämmermann, Johann, Restaurateur.
7 Prot. Kirchenstiftung (Meßnerwohnung).
8 Gundel, Friedrich, Drechsler.
9 J. G. Schreyers Buchhandlung.
10 Meister, Stefan, Großhändler.
11 Kgl. Staatsärar u. prot. Kirchenstiftung (2. Pfarrhaus).
12 Löw, Josef, Privatier.
13 Beck, Sabine, Schuhgeschäft.

14 Uhl, Fritz, Buchbinderei und Schreibwarenhandlung.
15 Fuchs, August, Brauerei.
17 Roß, Jakob, Sattlerei.
21 Hüttlinger, Joh. Leonh., Drahtfabrik.
23*Hüttlinger, Joh. Leonh., Drahtfabrik.
25 Schaffner, Nikol., Installateur.
27 Roiderer, Ludwig, Drahtfabrik.
29 Damasko, Wolfgang, Relikten.
31*Saalfeld, Richard, Kulmbach.
33*Forster, Joh., Brauereidirektor.

Königstraße.

Distrikt IV.

Königplatz 14 33 z. Zöllnertorstr. 1/2.

1 Eisentraut, Heinrich, Privatier
2 Eckstein, Heinrich, Sattlerei.
3 Rosenhauer, Georg, Apotheker.
4 Rupp, Georg, Schreinerei.
5 Gehring, Paul, Flaschnerei.
6 Herrmann, Albert, Kaufmann.
7*Reichel, Johann, Brauerei.
8 Walter, Johann, Juwelier.
9 Rohmer, Johann, Kaufmann.
10 Hassold, Thomas, Kaufmann.
11 Dengler, Georg und Genossen.
12*Förg, Johann, Nürnberg.
13 Engelhardt, Johann, Bäckerei.
14 Dorsch, Johann, Kaufmann.
15 Fischer, Georg, Kaufmann.
16 Hüttlinger, Jakob, Kaufmann.
17 Fries, Wolfgang, Fleischer.
18 Engelhardt, Jean, Flaschnerei.
19 Meier, Johann, Bäckerei.
20 Fuchs, Wolfgang, Brauerei.
22 Feuchtwanger, Herm., Kaufmann.

Leitelshofer Straße.

Distrikt XII.

Regelsbacher Straße nach Leitelshof.

21 Straußberger, Gottlieb, Gärtner.

Limbacher Straße.

Obere.

Siehe Städtlerstraße.

Limbacher Straße.

Untere.

Siehe Limbacher Straße.

Limbacher Straße.

Distrikt VII.

Nördl. Ringstraße 6/8 nach Limbach.

1 Hufer, Konrad, Oekonom.
2*Gottlieb, Gg., sen., Maurermstr.
4 Dünkelmeyer, H., Goldschlägerei.
5 Gottlieb, Georg Michael, jun., Maurermeister.
6 Gottlieb, Gg., sen., Maurermstr.
7 Gottlieb, Georg Michael, jun., Maurermeister.
8 Schwarz, Johann Georg, Kunstgärtnerei.
10 Sengling, Konrad, Schreinerei.
11 Braun, Joh. Michael, Oekonom.
13*Gottlieb, Georg Michael, jun., Maurermeister.
14*Beckstein, Wilhelm, Hafnerei.
15*Gottlieb, Georg Michael, jun., Maurermeister.
17 Meyer, Eva, Bäckersfrau.
18*Monatsberger, Andreas, Fuhrwerkbesitzer.
19 Schaffner, Leonh., Restaurateur.
20 Meichinger & Hofer, Sägewerk.
23 Hofer, Georg, Zimmermeister.
26*Laumer, Fritz, Brauerei.
31 Bauer, Hans, Fabrikbesitzer.
32*Quinat, Margareta, Privatiere.
34 Ernst, Karl, Relikten, Spezereihandlung.
36 Angermeier, Michael, Oekonom.

Linkhstraße.

Siehe Friedrich Linkhstraße.

Lindenstraße.

Distrikt VI.

Links der Ziegelgasse 44.

1 Bauer, Georg, Oekonom.
2 Täter, Georg, Privatier.
8 Seifert, Heinrich, Bauführer.
10 Thäter, Mathias, Maurermeister.
15 Günder, Joh., Zimmermeister.
16 Jaeger, Hugo, Fabrikbesitzer.
21 List, Joh. Matthäus, Oekonom.

Lorbeerstraße.

Distrikt XII.

Regelsbacher Str. 1a und Nördliche Ringstraße 44.

1*Buhl, Karl, Futterartikelgeschäft.
3 Hunger, Georg, Gärtner.
4 Ofen, Hans, Goldschlägerei.
6 Memmert, Jean, Aluminiumschlägerei.
12*Klein, Jean, Sattlerei.

Ludwigstraße.

11, 13, 15 und 32 Distrikt Ia.
1—9, 10, 12 Distrikt II

Königplatz 3 zur Bahnhofstraße 1/2.

1 Steinmetz, Jean, Gasthofbesitzer.
2 Weigand, Regina, Privatiere.
3 Steinmetz, Jean, Gasthofbesitzer.
4 Mack, Fritz, Brauerei.
5*Meier, Georg, Bäckerei.
6 Winter, Heinrich, Kaufmann.
7*Sommer, Georg, in Mühlhof.
8 Langfritz, Magdalena, Witwe, Bäckerei.
9 Petzold, Paul, Restaurateur.
10 Werner, Albert, Konditorei.
11 Herbst, Dr., Friedr., Privatier.
12 Schleich, Elise, Privatiere.
13 Kgl. Staatsärar (Amtsgericht).
15 Kathol. Kirchenstiftung. (Kirche).
16*Forster, Joh., Brauerei-Direktor.
17 Kath.Kirchenstiftung(Pfarrhaus).
18 Pfand, Hans, Handelsmann.
19 Bauer, Georg, Bildhauer.
20 Gerber, Fritz Michael, Dampfbäckerei.
21 Memmert, Leonhard, Friseur.
22 Geier, Johann, Hafnerei.
23 Loedel, Johann, Kaufmann.
24 Hörl, Wilhelm, Restaurateur.
25 Loedel, Johann, Kaufmann.
26 Pfister, K., Aluminiumschlägerei.
27 Gundel, Johann, Restaurateur.
28 Beyerlein, Hans, Schreinerei.
29 Käferlein, Joh. Konr., Oekonom.
30 Beyerlein, Hans, Schreinerei.
32 Stadtgemeinde (Pflasterzollstat).

Luitpoldplatz.

Vor dem Postgebäude.

Nördl. Mauerstraße.

2, 2a, 4, 6, 6a Distrikt II.
1, 3, 5 Distr. VII. 7—29 Distr. VIII.
18, 20, 22, 24, 26 Distrikt XI.

Ludwigstr. 1/7 zur Hördlertorstr. 20.

1 Bauer, K., Aluminiumschlägerei.
2 List, Urban, Schreinerei.
2a Fischer, Karl, Kleidermacher.
3 Meier, Nanette, Silberschlägerswitwe.
4 Edelmann, Karl, Goldbücherfabrikant.
5 Distler, Jul., Schuhmachermstr.
6 Wagner, Johann, Restaurateur.
6a*Dasch, August, Kaufmann.
6b Stadtgemeinde (Feuerwehr-Requisitenhaus).
7*Eisentraut, Heinrich, Privatier.
8 Reichenthaler, Martin, Maurer.
9 Zeidler, Käthe, Heizerswitwe.
10 Sättele, Marie, Ladnerin.
11*Eisentraut, Heinrich, Privatier.
13*Eisentraut, Heinrich, Privatier.
15 Trautnitz, Bab., Schneidersfrau.
17 Hinterleitner, Karl, Aluminiumschlägerei.
19 Schrödel, Konrad, Lagerhalter.
20 Brauhaus Schwabach A.-G.
21 Lobenwein, Joh., Installateur.
22 Brauhaus Schwabach A.-G.
23*Bergold, Dor., Banksperrersfrau.
24 Hußendörfer, Leonh., Büttnerei.
25 Wolf, Konrad, Hilfsarbeiter.
26 Wendel, Christof, Maurer.
27 Pickel'sche Relikten.
29 Rößner, Peter, Silberschlägerei.

Südliche Mauerstraße.

1—8 Distrikt II.
9—16 Distrikt V.

Ludwigstraße 10/12 zu Bozlohe 5.

1*Hüttlinger, Joh. Leonh., Drahtfabrik.
2*Hüttlinger, J. L., Drahtfabrik.
3*Roiderer, Ludwig, Fabrikant.
3a*Herbst, Karl, Privatier.
4*Hüttlinger, J. L., Drahtfabrik.
4a*Schaffner, Nikol., Installateur.
4b*Schaffner, Nikol., Installateur.
5 Farnbacher, Georg, Kutscher.
6*Meier, Johann, Bäckerei.

7 Lax, Philipp, Schuhmachermstr.
8 Heidolph, Johann, Schmiedmstr.
9 List, Karl, Goldschlägerei.
10 Rößler, Joh., Kohlenhandlung.
11 Reichel, Konrad, Brauerei.
12 Rößler, Joh., Kohlenhandlung.
14 Bachschmidt, Martin, Maurer.
16 Freiw. Sanitätskolonne.

Maximilianstraße.

Distrikt I b.

Bahnhofstraße 20/22 zur Walpersdorfer Straße 7.

7 *Schönberger, Leonh., Maurermstr.
8 Holzer, Heinrich, Ingenieur.
12 Schmauser, Justus, Fabrikbes.

Mühlenstraße.

Distrikt I a.

Penzendorfer Straße 59 zur Rößleinsmühle.

2 Kögler, Margar., Oekonomenwe.
4 Stadtgemeinde (Rößleinsmühle).
6 Simon, Gottfried (Rennmühle).

Mühlgasse.

Distrikt XII.

Benkendorferstraße 8/10.

1 Rötzsch, Herm., Formenfabrikant.
2 Eckstein, Wolfg., Metallgießerei.
4 Meier, Helene, Silberschlägerei.
6 Schorr, Karl, Schreinerei.

Münzgasse.

Distrikt XII.

Benkendorferstraße 16/18.

1 Haingärtner, Alois, Feilenhauer.
2 Schweiger, Elise, Schuhmacherswitwe.
3 *Spachmüller, Georg, Kaufmann.
3a *Spachmüller, Georg, Kaufmann.
4 Bachinger, Paul, Silberschlägerei.
5 Fries, Johann, Fleischer.
6 Hofer, Joh., Aluminiumschlägerei.
7 *Weiß, Dorothea, in Obermainbach.

Nadlerstraße.

Distrikt VIII.

Städtlerstraße 3/17 zur Galgengartenstraße.

1 Kraemer, Adolfine, Fabrikbesitzerswitwe.

Neue Gasse.

Distrikt V.

Boxlohe 1/3 zur Zöllnertorstr. 6/8.

1 Roth, Jakob, Wagnerei.
2 Wittmann, Johann, Brauer.
3 *Herr, Jakob, Kaufmann.
4 Weghorn, Fritz, Bäckerei.
5 Lindner, Hch., Spezereihandlung.
6 *Dengler, Georg, Kaufmann.

Neutorstraße.

Distrikt VII.

Friedrichstraße 1/2 zur Nördlichen Ringstraße 3/5.

1 *Schönberger, Leonhard, sen., Maurermeister.
1a Wild, Konrad, Fabrikant.
1b *Schönberger, Leonhard, sen., Maurermeister.
2 Böhm, Christof, Silberschläger.
3 Hoffmann, Nanette, Restaurateurswitwe.
3a Hoffmann, Nanette, Restaurateurswitwe.
4 Reinhard, Joh. Georg, Bäckerei.
5 Seichter, Paul, Hafnerei.
6 Meyer, Bab., Witwe, Spezereihandlung.
7 Brandt, Martin, Silberschlägerei.
9 Böhm, Heinrich, Fleischer.
11 Dechant, Fritz, Flaschnerei.
13 Büttner, Elisabeth, Schlossermeisterswitwe.

Nördlinger Straße.

Distrikt VI.

Wittelsbacherstraße 16.

2 Bayerische Vereinsbank i. Nbg.
5 Wieser, Wolfgang, Oekonom.
6 Stadtgemeinde (Krankenhaus).
10 Urban, Simon, Oekonom.
12 Galsterer, Wolfgang, Bierführer.
14 Arnsperger, Joh. Ad., Oekonom.
28 Weiß, Georg, Oekonom.

Nürnberger Straße.

1—18, 19—32, 34, 36, 38 Distr. VIII.
33, 33a, 35, 37, 39, 41—44 Distr. XI.

Fleischbrücke 4/5.

1 Breiter, Johann, Privatier.
2 *Ribot, Ph. Benj., Hofseifenfabrik.
3 Tröster, Georg, Bäckerei.
4 Bachhuber, Anton, Restaurateur.
5 Pfand, Georg, Fleischer.
6 *Ribot, Ph Benj., Hofseifenfabrik.
7 *Weinheimer, Ad., Messerschmied.
8 Ribot, Ph. Benj., Hofseifenfabrik
9 Weinheimer, Ad., Messerschmied.
10 Ribot, Ph. Benj., Hofseifenfabrik.
11 Schneider, Karl und Konr. Adel.
12 Weidner, Konrad, Kaufmann.
13 Baumgärtner, Friedr., Bäckerei.
14 Wirth, Albert, Kaufmann.
15 Petzoldt, Babette, Flaschnerei.
16 *Petzoldt, Babette, Flaschnerei.
17 Metz, Johann, Kurzwarenhdlg.
18 Sommer, Stefan, Konditorei.
19 Leitner, Georg, Brauereibesitzer.
20 Betzold, Adam, Fleischer.
21 Zenger, Christian, Händler.
22 Rösch, Julius, Restaurateur.
23 Fröhlich, Adelbert, Bäckerei.
24 Schmidt, Wilhelm, Seilerei.
25 Winter, Johann, Spezereihdlg.
26 Cramer, Karl, Bäckerei.
27 *Weyermann, Martin, Privatier.
28 Scheuerlein, Fried., Spezereihdlg.
29 Bühler, Fritz, Silberschlägerei.
30 Weller'sche Relikten.
31 Köbler, Johann, Silberschlägerei.
32 Trautnitz, Mich., Schmiedmeister.
33 Stadtgemeinde (Pflasterzollhaus)
33a Merz, Ludwig, Baumeister.
34 Gründel, August, Malermeister.
35 Schickendanz, Albr., Restaurateur.
36 Bock, Ludwig, Fleischer.
37 Engelhardt, Katharina, Oekonomenwitwe.
38 Hoffmann, Konr., Goldschlägerei.
39 Fürhäußer, Friedrich, Oekonom.
41 Pflaum, Johann, Oekonom.
42 Betz, Johanna, Privatiere.
43 Mentler, Johann, Oekonom.
44 Pippig, Michael, Silberschlägerei.

Penzendorfer Straße.

Distrikt I a.

Ludwigstr. 27/32 nach Penzendorf.

1 Dressel, Hans, Bildhauer.
3 *Schmidt, Mich., Zimmermeister.
5 Wittmann, Marg., Wirtswitwe.
7 Lacher, Mich., Silberschlägerei.
8 Eckardt, Joh. Mich., Lithograph.
10 *Belz, Nanette, Relikten.
11 Vogel, Leonhard, Restaurateur.
13 Stadtgemeinde, Waisenhaus, Kasernschulhaus.
14 *Richter, Louis, Kaufmann.
15 Traubinger, Leonh., Taglöhner.
17 Hirschmann, Konr., Restaurateur.
19 Schlegel, Georg, Fabrikarbeiter.
20 *Sengling, Konr. und Konsorten.
21 Rißmann, Johann, Oekonom.
23 Schneider, Adolf, Oekonom.
25 Schuh, Marg., Oekonomenwitwe.
27 Traumbauer, Marie, Oekonomenwitwe.
29 Ruttmann, Schreinersehefrau.
30 Benz, Marie, Privatiere.
31 Brunner, Joh. Adam, Bäckerei.
32 Zahn, Emil, Goldschlägerei.
33 *Dummet, Hannchen, i. Nürnberg.
33a Dummet, Hannchen, i. Nürnberg.
33b Schaller, Georg, Goldschlägerei.
34 Rühl, Johann, Restaurateur
35 *Grünbaum, L., i. Nürnberg.
40 *Bachhuber, Katharina, Wasenmeisterswitwe.
47 Stadtgemeinde (Rohrersmühle).
48 Bachhuber, Alois, Mechaniker.
49 Gartenheim, Genossenschaft.
50 Rück, Michael, Oekonom.
51 Gartenheim, Genossenschaft.
53 Gartenheim, Genossenschaft.
55 Gartenheim, Genossenschaft.
57 Gartenheim, Genossenschaft.
59 Bachhuber, Katharina, Wasenmeisterswitwe.

Petzoldstraße.

Distrikt V.

Reichswaisenhausstraße 4/6 zum Am neuen Bau.

3 Jordan, Georg, Oekonom.
4 *Fuchs, Wolfg., Brauereibesitzer.
6 Weyermann, Gg., Silberschlägerei
7 Lehner, Margareta, Bäckersfrau.
9 Stark, Johann, Goldschlägerei.
11 Stark, Max, Goldschlägerei.
13 Wendel, Gebrüder, Maurermstr.
15 *Wendel, Gebrüder, Maurermstr.

Pfarrgasse.

Distrikt II.

Ludwigstraße 1.

1 Mayer, Joh., Schuhmachermstr.
2 Kittler, Erasmus, Kleidermacher.

4 Peuntinger, Friedr., Kurzwarenhandlung.
6 Schröck, Eugen, Flaschner.
8 Prot.Kirchenstiftung(Pfarrhaus).
10*Hechtel, Peter, Fleischer.
12 Hechtel, Peter, Fleischer.
14 Kleinöder, Paulus, Viktualienhandlung.
16 Stiegler, Johann. Magazinier.
18 Wiesinger, Joh. Georg, Fabrikarbeiter.

Pinzenberg.

Distrikt X.

Nürnberger Straße 19/25 zur Hördlertorstraße 11/12.

1*Leitner, Georg, Brauerei.
2 Gsänger, Joh. Gg., Werkmeister.
3 Neubig, Georg, Fabrikarbeiter.
4 Bernhardt, Georg, Wagnerei.
5 Winter, Johann Georg, Fleischer.
6 Winter, Christof, Werkmeister.
7 Braun, Joh., Schuhmachermstr.
8 Böhm, Fritz, Fleischer.
9 Bräuning, Hch., Ceremonienmstr.
10 Roth, Nikolaus, Kohlenhandlung.
11 Distler, Regina, Kleidermacherin.
12 Dannreuther, Georg, Schuhmachermeister.
13 Schoor, Thomas, Privatier.
14 Stephan, Fritz, Goldschlägerei.
15*Schleußiger, Andreas, kgl. Obergeometer.
16 Stephan, Karl, Spezereihandlung
17 Rohrseitz, Fritz, Nadler.
18 Krellmann, Paul, Nadler.
19 Böhm, Heinrich, Kleidermacher.
20 Lösel, Friedrich, Brauerei.
21 Kurz, Paul, Pinselmacher.
22*Bauer, Christof, Fabrikbesitzer.
23 Feuerstein, Christian, Schuhmachermeister.
24 Schwendtner, Mich., Schreinerei.
25 Leupold, Georg, Bademeister.
26 Engelhardt, Joh., Spezereihdlg.
27 Käferlein, Johann, Wagnerei.
28 Westphal, Joh. Georg, Bäckerei.
30 Beuschel, Nikolaus, Nadler.
32 Schornbaum, Katharina, Silberschlägerswitwe.
34 Wuzel, Karl, Privatier.
36 Brauhaus Schwabach, A.-G.

Poujolberg.

Distrikt V.

Boxlohe 4/6.

1*Schleicher, Johann, Auktionator.
3*Stiegler, Anna, Werkmeisterswe.

Rathausgasse.

Distrikt II.

Königplatz 17/21.

1 Prankel, Marie, Schlosserswitwe.
2*Hüttlinger, J. Leonh., Drahfabrik.
3*Baumgärtner, Fritz, Bäckerei.
5 Feuerstein, Thm., Schuhmacherm.
7*Baumgärtner, Fritz, Bäckerei.

Regelsbacher Straße.

Distrikt XII.

Badstraße 2a nach Regelsbach.

1a Hochreuther, Karl, Privatier.
1 Heiß, Georg, Gärtner.
3*Knöllinger, Mich., Brauerei.
5*Stöhr, Georg, fr. Brauereibes.
5a*Knöllinger, Mich., Brauerei.
7 Gesellschaft Heubersbuck.
8 Miederer, Heinrich, Gärtner.
9 Schrödel, Johann, Gärtner.
11 Schalkhauser, Ulrich, Gärtner.
17 Beck, Sofie, Oekonomenfrau.
20 Erlbacher, Friedrich, Oekonom.

Reichenbacher Straße.

Distrikt V.

Reichswaisenhausstraße 10a nach Reichenbach.

2 Funk, Ehrenreich, Nadler.
8*Stürmer, Leonh., Sägearbeiter.
10 Winter, Johann, Oekonom.
16 Wendel, Konr., Maurermeister.
18 Stallwitz, Leonhard, Oekonom.
19 Lochmüller, Mathias, Oekonom.
24 Nutz, Johann, Oekonom.
26 Güthler, Konrad, Viehhändler.

Reichswaisenhausstraße.

Distrikt V.

Zöllnertorstraße 12 zur Reichenbacher Straße 2/19.

1a Forstamt, kgl., Schwabach.
1 Auernhammer, Math., Oekonom.
2a Humpenöder, Johann Simon, Maurermeister.
2 Ultsch, Christof, Oekonom.
3*Reichel, Anna, Brauereibesitzers-Witwe.
4*Rohmer, Joh., Fuhrwerkbesitzer.
5 Reichel, Anna, Brauereibes.-We.
6 Betzold, Georg, Privatier.
7*Reichel, Anna, Brauereibes.-We.
8 Herr, Anna, Kaufmannswitwe.
9 Reichswaisenhaus(III.Deutsches).
10a Wendel, Georg, Maurermeister.
11 Stadtgemeinde (Holzgarten).
13 Katheder, Joh., Fuhrwerkbesitzer.

Reisenleiterstraße.

Distrikt Ia.

Bei der Ringofenziegelei Schwabach.

2*Tauber & Bayerlein in Nürnberg.

Rennmühlstraße.

Distrikt Ia.

Limbacher Str. 20/32 zur Rennmühle.

1*Weidenhammer in Nürnberg.
2 Winkler, Babette, Oekonomenwe.
4 Müller, Johann, Taglöhner.
5 Metzger, Jean, Kleidermacher.
6 Eirich, Johann Georg, Oekonom.
20 Hofer, Georg, Gartenbesitzer.

Nördliche Ringstraße.

1, 1a, 1b Distrikt I; 2, 3, 4, 5, 6 Distrikt VII; 7—14 Distrikt VIII; 15—44 Distrikt XI.

Ludwigstr. 9/11 zur Hördlertorstr. 29.

1 Kandel, Karl, Photograph.
1a Hospitalstiftung.
1b Gansloser, Wilhelm, Stukkaturgeschäft.
2 Stöhr, Georg, Fabrikant.
3 Konsum-Verein.
4 Feuerlein, Leonh., Restaurateur.
5 Talmud-Thora-Institut.
6 Weiß, Georg, Fleischer.
7 Stadtgemeinde (Baugarten).
8 Igl, Christian, Goldschlägerei.
9 Stadtgemeinde (Gasanstalt).
10 Städtler & Uhl, G. m. b. H., Nadelfabrik.
10a Städtler & Uhl, G. m. b. H., Nadelfabrik.
11 Städtisches Gaswerk.
11a Thumshirn, Mich., Goldschlägerei.
12 Städtler & Uhl, G. m. b. H., Nadelfabrik.
12a*Kraemer, Adolfine, Witwe.
12b Böhm, Jean August, Goldschlägerei.
13 Beisbart, Emma, und Leuthold, Babette.
14 Reingruber, Georg, Fabrikbes.
15 Stadtgemeinde (Steigerturm).
16 Haag, Andreas, Oekonom.
17 Stadtgemeinde (altes Progymnasium).
18 Rohmer, Marg., Fuhrwerkbes.-We.
19*Käs, Anna, Schlosserswitwe.
20 Wiedermann, Bernhard, Silberschlägerei.
22 Pippig, Hans, Schreinerei.
24 Biller, Georg, Silberschlägerei.
26 Cramer, Johann, Restaurateur.
32 Vereinigte Brauereien Ruck & Quinat.
32a*Rösch, Gebrüder, Brauerei.
34*Forster, Johann, Direktor.
36*Forster, Johann, Direktor.
38 Wendel, Simon, Maurer.
40*Cramer, Karl, Bäckerei.
42 Buhl, Karl, Getreidehandlung.
44 Gramming, Anna Elise, Oekonomen-Witwe.

Südliche Ringstraße.

Distrikt Ib.

Ludwigstr. 12/16 zur Zöllnertorstr. 11.

1a Engelhardt, Gustav, kgl. Steuerverwalter.
1*Eisentraut, Heinrich, Privatier.
2 Rosenstein, Mor., Kaufmann.
3*Engelhardt, G., kgl. Steuerverw.
5*Kleinlein, Jakob, in Nürnberg.
6*Bachmeier, Fritz, Fabrikant.
8 Göß, Therese, Notarsgattin.
9 Stadtgemeinde (kgl. Progymnasium).
10 Mehl, Konrad, Hauptlehrer.
11 Haußler, Friedr., Bezirkstierarzt.
12 Seybold, Konrad, Restaurateur.
15 Huml, Franz, Goldschlägerei.
16 Sommer, Heinr., Fabrikbesitzer.
17 Engelhardt, Johann Heinrich, Restaurateur.
18*Pylipp, Adam, Restaurateur.
19 Kgl. Staatsärar (Seminar).

20 Schüssel, Georg, Schmiedmeister.
22 *Duschl, Adalbert, in Langquaid.
28 Rauschmaier, Karl, Stuckgeschäft.
30 *Pfleiderer, Anna, Kaufmannswe.
32 Pfleiderer, Anna, Kaufmannswe.
34 Herbst, Karl, Privatier.
38 Noderer, Babette, Privatiere.
40 Kohler, Jakob, Goldschlägerei.
42 Volland, Franz, Goldschlägerei.
44 Seber, Karl, Goldschlägerei.
46 Hunger, Heinrich, Kaufmann.

Rittersbacher Straße.
Distrikt VI.
Fortsetzung der Wittelsbacherstr. 7.

1 Schmidt, Simon, Restaurateur.
2 Kummerer, Josef, Kutscher.
2a Stadtgemeinde (Zollhaus).
3 Meyer, Johann, Silberschlägerei.
4 Heubeck, Konrad, Maurermeister.
4a Heubeck, Konrad, Maurermeister.
4b Bühringer, Joh., Silberschlägerei.
5 Zitzner, Marg., Fabrikbesitzerswe.
7 Richter, Hermann, Fabrikbesitzer.
8 Börtlein, Christian, Restaurateur.
9 Heuber, Wolfg., pens. Briefträger.
10 Fleischmann, Kd., Restaurateur.
11 Jordan, Ulrich, Oekonom.
13 Wälzlein, Georg, Oekonom.
15 Miederer, Tobias, Oekonom.
17 Vögel, Simon, Oekonom.
17a Teufer, Michael, Maurer.
19 Loy, Andreas, Hafnerei.

Rohrersmühlstraße.
Distrikt I a.
Zwischen Bahnhofstraße 43 und Penzendorfer Straße 34.

7 Spachmüller, Georg, und Linse, Georg, Fabrikbesitzer.

Rosenbergerstraße.
Distrikt III.
Ludwigstraße 1.

1 Beckstein, Wilh., Hafnermeister.
3 Meyer, Georg, Pfragnerei.
5 *Meyer, Georg, Pfragnerei.
7 Lipps, Georg, Kaufmann.
9 Pfand, Georg, Fleischer.
11 Pylipp, Adam, Restaurateur.
13 Wening, Johann, Fleischer.
15 Frank, Karl, Kaufmann.

Rother Straße.
Distrikt I a.
Bahnhofstraße 30 nach Roth.

2 Nürnberg-Schwabacher Nadelfabrik.
4 *Nürnberg-Schwabacher Nadelfabrik.
5 *Abrie, Christ. Ludw., Fabrikbes.
7 *Steinmetz und Hauenstein.
17 *Schülein, Gebr., in Nürnberg.
23 *Schmidt, Mich., Zimmermeister.
40 Saalbeck, Elise, Oekonomensfrau.
49 *Richter, Louis, Kaufmann.

Rupprechtstraße.
Distrikt VI a.
Austraße 13.

1 Hofmann, Gottfr., kgl. Förster a. D.
2 Weyermann, Mart., Formenhdlg.

Scherzerstraße.
Distrikt XI.
Nördliche Ringstraße 26/32.

1 Ott, Konrad, Schreinerei.
2 Eckert, Georg Joh., Privatier.
3 *Merz, Ludwig, Baumeister.
4 Bauer, Georg, Privatier.

Schillerplatz.
Beim Luitpoldschulhaus und Progymnasium.

Schillerstraße.
Distrikt I b.
Bismarckstraße zur Ziegelgasse 28.

1 Luitpoldschulhaus.

Schulgasse.
Distrikt X.
Pinzenberg 5 zur Hördlertorstr. 2.

1 Kick, Georg, Bäckerei.
3 Will, Bonifazius, Restaurateur.
5 Vogel, Andreas, Nadler.
7 Hochreuther, Rosine.
9 Neubauer, Johann, Fleischer.
11 Kahl, Johann, Restaurateur.
13 Funk, Adam, Fleischer.
15 Bauer, Jakob, Bäckerei.

Schützenstraße.
Distrikt VI.
Rittersbacher Straße 4b zur Nördlinger Straße.

1 Erhardt, Georg, Viehhändler.
7 Schützengesellschaft (Schießhaus).

Seminarstraße.
Distrikt VI.
Wittelsbacherstr. 1/3 zur Goethestr.

1a Böcklein, Wolfg., Kleidermacher.
1b Geier, Paul, Lehrer a. D.
1 Muck, Georg, Gärtner.
2 Kgl. Staatsärar. (Altes Rentamt.)
3 Bauer, Johann, Aluminiumschlägerei.

Am Siechweiher.
Distrikt VI.
Nördlinger Straße 2 und Wittelsbacherstraße 16.

1 Thumshirn, August, Oekonom.
2 Lämmermann, Konr., Oekonom.
3 Winter, Friedrich, Oekonom.

Silbergasse.
Distrikt IX.
Friedrichstr. 19/21 zur Bachgasse 8/10.

1 Hofmann, Marie, Schmiedmeisterswitwe.
2 Stühlein, Mina, Braumeistersfrau.
3 Kreitlein, Jakob, Briefträger.
4 *Schuler, Johann, Glaserei.
5 Schröck, Leonhard, Flaschner.
6 Schuler, Johann, Glaserei.
7 Stinzendörfer, Hans, Schnittwarenhandlung.
8 Roth, Georg, Schuhmachermstr.
10 Hochreuther, Jakob, Wagnerei.

Spitalberg.
Distrikt IV.
Königstr. 12/14 zur Auf der Aich 1/2.

1 Hensolt, Gustav, Buchdruckerei.
2 Meyer, Wilhelm, Bäckerei.
3 Millizer, Hermann, Buchdruckerei.
4 Rißmann, Joh., Spezereihdlg.
5 Krauß, Apollonia, Drechslerswe.
6 Hörauf, Ulrich, Schuhmachermstr.
7 Köhler, Elise, Kaufmannswitwe.
8 Müller, Fritz, Schlosserei.
9 Stadtgemeinde (Trichinenschau).
10 Barthel, Georg, Goldschlägerei.
11 Stadtgemeinde (Säuglingsfürsorge).
12 Scheder, Karl, Friseur.
13 Stadtgemeinde (Schlachthaus).
14 Betz, Friedrich, Fleischer.
15 Hospitalstiftung (Kirche).

Städtlerstraße.
Distrikt VII.
Nördliche Ringstraße 12b/14 zur Limbacher Straße 19/23.

1 Hüttlinger, Anna, Spielwarengeschäft.
2 *Böhm, Jean, Fabrikant.
3 Schönberger, Joh. Leonh. jr., Maurermeister.
8 *Weller'sche Relikten (Remise).
17 Traumüller, Simon, Fabrikbes.
17a Traumüller & Raum, Nadelfabrik.
19 Wachter, Joh., Goldschlägerei.
20 *Gottlieb, Gg. Mich., Maurermstr.
21 Distler, Fritz, Zimmermann.

Stadtparkstraße.
Distrikt I b.
Ludwigstr. 16 zur Ziegelgasse 40/42.

1 Miederer, Simon, Oekonom.
2 Kgl. Staatsärar (Postgebäude).
4 Engelhardt, Joh., Schreinerei.
5 Rögner, Leonh., Silberschlägerei.
6 Fensterer, Josef, Rechtsanwalt.
7 Reichel, Konrad, Oekonom.
8 Fensterer, Josef, Rechtsanwalt.
9 Geier, Babette, Hafnersfrau.
10 Müller, Paul, Bäckerei.
11 Galsterer, Joh. Andr., Spezereihandlung.
12 Seber, Leonh., Metallschlägerei.
13 *Dürschner, Marie, Restaurateurs-Witwe.
14 Wagner, Josef, Metalldrücker.
15 *Keller, Fritz, Privatier.
16 Weiß, Georg, Goldschlägerei.
17 Eichhorn, Georg, Maurer.
18 Weiß, Paul, Goldschlägerei.
19 Herrmann, Hch., Goldschlägerei.
20 Galsterer, Stefan, Restaurateur.

21 *Weigand, Christian (Fabrik).
22 Müller, Christof, Aluminiumschlägerei.
23 Weigand, Christian, Fabrikbes.
24 Bub, Anna, Fleischersfrau.
26 Spatz, Johann Andr., Lehrer.
27 Schneider, Georg, Goldschlägerei.
29 Schneider, Simon, Maurer.
30 Drexler, Georg, Privatier.
31 Appler, Hans, Lehrer.
32 Vogelreuther, Stefan, Kaufmann.
33 Vereinigte Brauereien Ruck & Quinat.
34 Hochreuther, Leonh., Kaufmann.
36 Kachelries, Johann, Bäckerei.

Stephangasse.
Distrikt X.
Pinzenberg 32/34.

1 Patutschnick, Joh., Diamantdreher.
2 Schuh, Joh. Adam, Fuhrmann.
4 Schwarz, Heinrich, Goldschläger.

Stirnerstraße.
Distrikt VI.
Ziegelgasse 18/20.

1 Pickel, Jul., Aluminiumschlägerei.
2 Meyer, Leonh. jr., Goldschlägerei.

Synagogengasse.
Distrikt VIII.
Nürnberger Straße 20/24.

1 Sitzmann, Wolfg., Kohlenhdlg.
2 Huber, Joh., Schuhmachermstr.
3 *Michel, Elisabeth, Messerschmiedswitwe.
4 Ruhland, Dorothea, Feilenhauerswitwe.
5 Israelitische Gemeinde.
6 Israelit. Gemeinde (Synagoge).
7 Israelitische Gemeinde.
8 Winter, Friedrich, Werkmeister.
10 Schroll, Joh., Bronzearbeiter.
12 Resch, Therese, Taglöhnerswe.
14 *Burger, Thomas, Kleidermacher.

Talstraße.
Distrikt V.
Reichswaisenhausstraße 10 a zur Badstraße.

1 Endreß, Babette, Maurerswitwe.

Theresienstraße.
Distrikt I a.
Bahnhofstraße 14 zur Walpersdorfer Straße 7.

Waikersreuther Straße.
Distrikt V.
Reichswaisenhausstraße 13 nach Waikersreuth.

1 Hofmockel, Gottfried, Oekonom.
2 Hemmeter, Georg, Sägewerk.
3 Galsterer, Johann, Oekonom.
4 Lunz, Lorenz, Oekonom.
4a Strobel, Mathias, Oekonom.
4b Dietrich, Joh. Jak., Oekonom.
4c Röttenbacher, Fritz, Maurer.

Wallenrodstraße.
Distrikt I a.
Bahnhofstr. 15 zur Rohrersmühlstr.

2 Sammetreuther, Friedr., Relikten.
3 *Zeitz, Gebrüder, in Saarbrücken.
4 *Gottlieb, Georg jr., Maurermstr.
5 Birkmann, Paul, Schweinehdlr.
6 Leinberger, Joh. Mich., Mehlreisender.
7 Steffen, Marta, Ober-Lithographenfrau.

Walpersdorfer Straße.
Distrikt I b.
Birkenstraße nach Walpersdorf bei der Bahnhofstraße 6.

2 Straußberger, Johann, Heizer.
4 Danninger, Joh., Ablöswärter.
4a *Ott & Bauer, Sägewerk.
6 *Jaeger, Otto und Hugo, Fabrikbesitzer (Schraubenfabrik).
7 Stadtgemeinde (Stadtgärtnerei).
8 *Schmauser, Leonh., Nadelfabrik.
9 *Forster, Johann, Direktor.
11 Jordan, Georg, Oekonom.
13 Bauer, Johann, Zimmermeister.
18 Schultheiß, Andreas, Oekonom.
23 *Meister, Stefan, Großhändler.
25 *Meister, Stefan, Großhändler.

Wasserstraße.
Distrikt V.
Reichswaisenhausstr. 8 zur Badstr.

1 Reiner, Georg Karl, Fabrikbes.
2 *Humpenöder, Paul u. Sigmund.
4 Roth, Stefan, Kohlenhändler.
6 Wolfshofer, Johann, Bierführer.
8 Spatz, Rudolf, Aluminiumschlägerei.

Weingäßchen.
Distrikt XII.
Zwischen Badstraße und Bergstraße.

1 Seibold, Johann, Oekonom.
2 Jordan, Leonhard, Oekonom.
3 Mühlöder, August, Oekonom.
5 Lämmermann, Friedr., Oekonom.

Wiesenstraße.
Distrikt I a.
Links der Rother Straße 17.

1 Baumgärtner, Joh., Oekonom.
2 Meyer, Konrad, Oekonom.
3 Brunner, Simon, Oekonom.

Wilhelm Friedrichstraße.
Distrikt I a.
Bahnhofstr. 4/6 zur Stadtparkstr.

1 Gerber, Karl, Bankvorstand.
2 *Eisentraut, Heinrich, Privatier.
4 Jung, Hermann, Fabrikbesitzer.

Wittelsbacherstraße.
Distrikt VI.
Zöllnertorstr. 11/12 zur Nördlinger Straße 2/5 u. Rittersbacher Str. 1/2.

1 Kgl. Staatsärar (Seminar).
2 Kgl. Staatsärar (Bezirksamt).
3 Sommer, August, Bäckerei.
4 Evangelischer Arbeiter-Verein.
5 Thoma, Marie, Privatiere.
6 Doreth, Magdalena, Privatiere.
7 *Pedretti, Anna Marie, Rechtsanwaltsgattin.
8 Bloß, Emilie, Privatiere.
10 Schlüpfinger, Paul, Silberschlägerei.
12 Richter, Joh. sen., Maurermstr.
14 Stiegler, Fritz, Goldschlägerei.
16 Mayer, Friedrich, Stuckgeschäft.

Wöhrwiese.
Distrikt XII.
Hinter der Benkendorferstr. 7—25.

1 Stadtgemeinde (Turnhalle).
2 Meyer, Marie, Maurerswitwe.
3 Polster, Konr., Silberschlägerei.
3a Polster, Konr., Silberschlägerei.
4 Vogel, Konr., Schuhmachermstr.
5 Heim, Anna, Privatiere.
6 Distler, Georg, Bahnarbeiter.
7 Eberhardt, Katharina, Schuhmachers-Witwe.
8 Kupfer, Anna Marg., Privatiere.
9 Herbst, Gg., Aluminiumschlägerei.
10 Schmidt, Berta, Silberschlägers-Witwe.
11 Großer, Barbara, Taglöhnerswe.
12 Sill, Margareta, Privatierswe.
13 Obermeyer, Marg., Nadlersfrau.
14 Knöllinger, Emma, Privatiere.
15 Trautnitz, Johann, Goldschläger.
16 Knöllinger, Fritz, Privatier.

Wolfsgrubengasse.
Distrikt I a.
Penzendorfer Straße 48/50 zur Wiesenstr. 2 und Rother Str. 5/7.

8 Ostertag, Friedrich, Oekonom.
10 Weiß, Johann und Heinrich.
11 Kohler, Georg, Zimmermann.

Wolfskeelstraße.
Distrikt VI.
Austraße 7

1 Meier, Kunig., Amtsdienersfrau.

Ziegelgasse.
Distrikt VI.
Rittersbacher Straße 1 und Wittelsbacherstraße 7.

1 Stadtgemeinde.
2a Richter, Hermann, Fabrikbesitzer.
2 Gillich, Mathias, Bronzearbeiter.
4 Hofmann, Paulus, fr. Brauereibes.
16 Ott, Friedrich, Spezereihandlung.
17 Beck, Johann, Werkmeister.
18 Schönberger, Leonh., Maurermstr.
19 Pylipp, Georg, Goldschlägerei.
20 Viehbeck, Lisette, Privatiere.
22 Schramm, Hieronymus, Bäckerei.
24 Degenbeck, Georg, Oekonom.
26 Pfand, Karl, Viehhändler.
28 Dehm, Karl, Lehrer.
30 Hunger, Johann, Oekonom.
32 Pfister, Georg, Goldschlägerei.
34 Dürr, Jean, Goldschlägerei.
36 *Sengling, Konrad, Schreinerei.
38 Humpenöder, Johann Sigmund, Spezereihandlung.

40 Stark, Heinrich, Aluminiumschlägerei.
42 Sippel, Heinrich, Privatier.
44 Wandel, Gebrüder, Fabrikanten.
50 Carl, Johann, Ziegeleibesitzer.
52 Carl, Johann, Ziegeleibesitzer.

Zöllnertorstraße.

Distrikt VI.

Königstr. 19 zur Wittelsbacherstr. 1/2.

1 Ströbel, Theodor, Konditorei.
2 Meßthaler, Michael, Restaurateur.
3 *Henning, Heinrich, Juwelier.
4 Herr, Jakob, Kaufmann.
5 Hagelauer, Joh., Maschinenhdlg.
6 Brünn, Georg, Fahrradhandlung.
7 Beck, Helene, Kaufmannswitwe.
8 Dengler, Georg Th., Kaufmann.
9 *Hunger, Heinrich, Kaufmann.
10 Porlein, Lisette, Restaurateurswe.
11 *Hunger, Heinrich, Kaufmann.
12 Reichel, Johann, Bierbrauerei.

Zweigstraße.

Distrikt I a.

Bahnhofstraße 23/25 zur Rohrersmühlstraße 7.

1 Bauer, Simon, Silberschlägerei.
3 Stepper, Marie, Alteisenhändlersfrau.
5 Lederer, Joh. Georg, Oekonom.

VII.
Branchen-Verzeichnis (1939)

Branchen-Verzeichnis.

Aerzte

Dürring Dr. Karl, Bahnhofstraße 26
Haas Dr. Edelgard, Adolf Hitler-Ring 34
Hollederer Dr. Paul, Königstraße 1
Jäger Dr. Fritz, Adolf Hitler-Ring 3
Kindler Dr. August, Königplatz 10
Lindow Dr. Hans, Adolf Hitler-Ring 46
Potzler Dr. Gottfried, Bahnhofstraße 15
Raab Dr. Otto, Adolf Hitler-Ring 3
Roggenhofer Dr. Bernhard, Auf der Aich 1
Weinmann Dr. Heinrich, Hindenburgstraße 15

Aluminiumschlägereien

Bauer Ernst, Jahnstraße 7
Bauer Karl, Nördliche Mauerstraße 1
Bub Heinrich, Bogenstraße 8
Hofer Johann, Münzgasse 6
Meister Johann, Häfnersgäßchen 1
Pickel Fritz, Bahnhofstraße 24
Pickel Julius, Wittelsbacher Straße 16
Riedel Vitus, Stirnerstraße 8
Rühl Heinrich, Ebersbergerstraße 1
Stark Leonhard, Hindenburgstraße 40

Apotheken

Adler-Apotheke, Kappadozia 7
Engel-Apotheke, Königstraße 3

Architekten

Bauer Karl, Walpersdorfer Straße 13

Aussteuergeschäft

Böhmländer Elise, Pfarrgasse 2

Auto-Lohnfahrten

Mederer Fritz, Julius Streicher-Ring 19a
Nagler Andreas, Nürnberger Straße 35
Riegelbauer Michael, Julius Streicher-Ring 2

Auto-Reparaturen

Mederer Fritz, Julius Streicher-Ring 19a
Ramspeck Johann, Rother Straße 23
Riegelbauer Michael, Julius Streicher-Ring 2
Rößner Karl, Nürnberger Straße 39b
Schaffner Leonhard, Königplatz 25

Auto- und Motorrad-Vertretungen

Förthner u. Liegel, äußere Nürnberger Straße 13
Leuthold Hans, Julius Streicher-Ring 13
Riegelbauer Michael, Julius Streicher-Ring 2
Schaffner Leonhard, Königplatz 25

Bäckereien

Böhm Fritz, Ludwigstraße 7
Brunner Johann, Penzendorfer Straße 31
Burk Albert, Schulgasse 1
Disterer Josef, Bachgasse 18
Distler Heinrich, Forsthof 35
Endlein Friedrich, Friedrichstraße 25
Farnbacher Willy, Fleischbrücke 5
Fischer Michael, Limbacher Straße 17
Frauenreuther Karl, Königstraße 13
Gerber Carl, Ludwigstraße 20
Gerber Fritz, Ludwigstraße 8
Geyer Babette, Nürnberger Straße 23
Gramming Fritz, Königstraße 19
Hechtel Stefan, Nürnberger Straße 3
Hofer Elisabeth, Kappadozia 6
Jäschke Willy, Hördlertorstraße 13
Kachelrieß Johann, Stadtparkstraße 36
Kurz Hugo, Benkendorferstraße 12

Lehmeyer Heinrich, Auf der Aich 6
Lehner Johann Wilhelm, Petzoldstraße 7
Lösel Hans, Friedrichstraße 1
Lohmüller Johann, Schulgasse 15
Müller Karl, Stadtparkstraße 10
Rabus Hans, Benkendorferstraße 12
Reinhardt Fritz, Neutorstraße 4
Röck Konrad, Walpersdorfer Straße 4
Schmeußer Karl, Glockengießergasse 7
Schramm Karl, Penzendorfer Straße 48a
Schramm Wilhelm, Hindenburgstraße 22
Schrödel Georg, Bahnhofstraße 2
Sommer Friedrich, Nürnberger Straße 26
Sommer Karl, Wittelsbacher Straße 3
Winter Georg, Bahnhofstraße 13
Wittmann Willy, Königplatz 10
Wolf Otto, Neue Gasse 4

Badeanstalten

Parkbad Schwabach, Angerstraße 10
Stadtbad Schwabach, Neutorstraße 1b

Bankgeschäfte

Bayerische Hypotheken- und Wechsel-Bank, Filiale Schwabach, Stadtparkstraße 1b
Bayerische Vereinsbank, Zweigstelle Schwabach, Königplatz 8
Hering Jean, Stadtparkstraße 5a
Kreissparkasse Schwabach, Ludwigstraße 11
Reichsbanknebenstelle Schwabach, Albrechtstraße 6
Stadtsparkasse Schwabach, Adolf Hitler-Ring 2
Wohlrab Walter, Spitalberg 3

Baugeschäfte

Merz Ludwig, Scherzerstraße 3

Schönberger Hans, Rittersbacher Straße 6
Schönberger Wolfgang, Hindenburgstraße 14
Thäter Mathias, Lindenstraße 10.
Wendel Johann, Petzoldstraße 13
Wendel Konrad, Reichenbacher Straße 16

Baumaterialienhandlungen

Abrie Chr. Ludw., Rother Straße 5
Engelhardt Johann Heinrich, Adolf Hitler-Ring 17

Merz Ludwig, Scherzerstraße 3
Meßthaler Michael, Zöllnertorstraße 2

Baustoff-Großhandlung

Hering Jean, Stadtparkstraße 5a

Beton- und Eisenbetonbau

Chr. Ludw. Abrie
Rother Straße 5 Telefon 249

J. G. Gottlieb
Beton- und Eisenbetonbau
Limbacher Straße 3 Tel. 389

Bettenhandlung

Böcklein Wolfgang, Königplatz 23
Böhmländer Elise, Pfarrgasse 2
Fuchs Richard, Glockengießergasse 11

Bettenreinigungsgeschäfte

Meinking Luise, Nürnberger Straße 17
Rehle Marie, Alexanderstraße 1

Bewässerungsanlage

Steizel Oskar, Mühlenstraße 6

Bilder-Handlungen u. -Einrahmungsgeschäfte

Schuler Christof, Friedrichstraße 11

Wilhelm Schuler
Telefon 594 * Silbergasse 6

Bildhauer

Dressel Hans, Penzendorfer Straße 1
Krodel Heinrich, Limbacher Straße 2
Meßthaler Michael, Limbacher Straße 15
Netter Andreas, Forsthofer Straße 5
Ostertag Hans, Stadtparkstraße 33
Pylipp Georg, Galgengartenstraße 10
Tesan Xaver, Neutorstraße 6

Blattgoldschlägereien

Dick Friedrich, Limbacher Straße 6
Drentwett Theodor, Nürnberger Straße 29
Engelhardt Karl, Nördliche Mauerstraße 17
Farnbacher Christian, Stirnerstraße 2
Farnbacher Georg, Julius Streicher-Ring 12a
Freund Karl, Petzoldstraße 13
Frieß Hans, Lorbeerstraße 4
Funk Georg, Wasserstraße 10
Geier Eberhard, Wilhelm Friedrich-weg 12
Gsänger Hans, Wöhrwiese 9
Haaß August, Stirnerstraße 2a
Hofmockel Georg, Scherzerstraße 4
Hunger Heinrich, Wöhrwiese 12
Katheder Mathias, Reichswaisenhausstraße 13
Klug Karl, Penzendorfer Straße 39
Kohler Jakob, Adolf Hitler-Ring 40
Kohles Fritz, Sandstraße 6
Kolb Karl, Stadtparkstraße 22
Kurz Ernst, Wallenrodstraße 8
Kurz Leonhard, Fürth, Betrieb Schwabach, Wallenrodstraße 4
Leupold Andreas, Ebersbergerstraße 4
Lichtenstern Georg, Ebersbergerstraße 3

Jean Lichtenstern
Echt Blattgold- und Prägefolien-Fabrik
Limbacher Straße 13/15 / Tel. 315
Gold. Medaille Gewerbeschau Schwabach 1925

Lohmüller Georg, Julius Streicher-Ring 22
Memmert Leonhard, Lorbeerstraße 6
Pfeiffer Karl, Zöllnertorstraße 12
Pfister Georg, Hindenburgstraße 32
Pütz Anton, Hindenburgstraße 46
Räbel Hans, Wallenrodstraße 7
Rohrseitz Christian, Poujolsberg 3
Rometsch Fritz, Austraße 4

Heinrich Rometsch
Südliche Mauerstr. 9, Telefon 698
Spezialität: Farb- und Großgold

Rometsch Karl, Petzoldstraße 6
Rühl August, Hindenburgstraße 24
Schlüpfinger Mathias, Maximilianstraße 6
Schlüpfinger Peter, Wittelsbacher Straße 7, Tel. 608
Schroll Georg, Nürnberger Straße 38
Seber Karl, Adolf Hitler-Ring 44
Stark Max, Petzoldstraße 11
Stauffer Georg, Ebersbergerstraße 6
Sturm Friedrich, Hindenburgstraße 18
Thumshirn Emil, Julius Streicher-Ring 11a
Vereinigte Blattgoldfabriken, Kommandit-Gesellschaft, Fürth, Betrieb Schwabach, Südliche Mauerstraße 7b
Weckerlein Georg, Feldstraße 2
Weiß Paul, Stadtparkstraße 18
Weyermann Ferdinand, Reichswaisenhausstraße 4
Weyermann Martin, Rupprechtstraße 2
Zahn Betty, Albrechtstraße 1
Zahn Emil, Penzendorfer Straße 32
Zehrer Christian, Zöllnertorstraße 9
Zink Leonhard, Boxlohe 18

Blattgoldbücherfabriken

Rometsch u. Bellair, Austraße 4
Schleicher Hans, Neutorstraße 1
Vereinigte Blattgoldfabriken, Kommandit-Gesellschaft, Südliche Mauerstraße 7b

Blattsilberschlägereien

Köchert Karl, Benkendorferstraße 15
Ledwina Hans, Adolf Hitler-Ring 8
Schlüpfinger Peter, Wittelsbacher Straße 7, Tel. 608

Bleichsodafabrik

Ribot Ph. Benj., A.-G., Bayerische Seifenfabrik, Nürnberger Straße 6

Blitzableitersetzer

Engelhardt Johann, Königstraße 18
Gehring Max, Königstraße 5
Hauck Wilhelm, Benkendorferstraße 10
Röder Gottfried, Königplatz 31

Botengeschäft

Kleinöder Georg, Galgengartenstraße 1a, Telefon 281

Brauereien

Brauhaus Nürnberg, Abteilung Schwabach, Hördlertorstraße 14
Laumer Willy, Kappadozia 1
Leitner Karl, Nürnberger Straße 19
Löfel Andreas, Pinzenberg 20
Mack Fritz, Ludwigstraße 4
Weller Alois, Nürnberger Straße 30

Bronzefarbenfabriken

Viktoria-Bronzefarben-Werke, Mühlenstraße 4

Georg Weigand
Stadtparkstraße 21/23
Aluminium-, Gold- und Silberbronzen / Patentbronzen in allen Farben

Brunnenbohranstalten

Eckstein Johann, Benkendorferstraße 16
Görl Hans, Schlötzergasse 4
Schaffner Leonhard, Königplatz 25

Martin Warnick
Adolf Hitler-Ring 1 Fernruf 588
Brunnenbohrungen in jeder Tiefe

Buchbindereien

Besold Hans, Königstraße 17

Max Karg, Ludwigstraße 2, Fernruf Nr. 637
Ausführung aller im Buchbinderfach vorkommenden Arbeiten und Reparaturen

Georg Obermeier
Silbergasse 3a
empfiehlt sich für sämtliche in das Fach einschlagenden Arbeiten von der einfachsten bis zur feinsten Ausführung.

Buchdruckereien

Iffland J. P., Nürnberger Straße 2

Hermann Millizer
Spitalberg 3 Telefon 422
liefert Drucksachen aller Art für Behörden, Industrie, Gewerbe, Handel und Privat sauber, schnell und billigst.

Papier-Industrie Schwabach, Gg. Spachmüller u. Co., am Bahnhof
Peeck Oskar, Penzendorfer Straße 63
Rupp Hans, Bogenstraße 4b

Buchdruckerei
Karl Schaffner
Spitalberg 1 Telefon 597
Druck und Verlag des Schwabacher Einwohnerbuches

Mit neuzeitlichen Schriften und Maschinen versehener leistungsfähiger Betrieb.

Buchhandlungen

Schreyer J. G., Königplatz 9

Buchhandlung
Ernst Uhl
Leihbücherei
Telefon 575
Schwabach, Königplatz 14

Bürstenhandlungen

Karl Geng, Bachgasse 16
Bürsten-Spezialgeschäft, eig. Reparaturwerkstätte / Bürsten- u. Pinselwaren aller Art / Toilette- u. Haushaltartikel

Kießling Bernhard, Zöllnertorstraße 7

Bürstenmacherei

Geng Karl, Bachgasse 16

Büttnerei

Kahl Johann, Schulgasse 11

Cafes

Michael Beuschel
Königplatz 14, Ecke Königstr.

Böhm Fritz, Ludwigstraße 7
Cafe „Eichwasen", Eichwasenstraße 11
Cafe „Luitpold", Nürnberger Straße 1

Familien-Cafe z. Bank
Karl Götz, Friedrichstraße 22

Parkbad-Cafe, Angerstraße 10
Ring-Cafe, Adolf Hitler-Ring 17
Werner Albert, Ludwigstraße 10
Wolf Otto, Neue Gasse 4

Chemische Reinigungsanstalten

Hartmann Jakob, Benkendorferstraße 13
Salzmann Käthe, Kappadozia 4 (Annahmestelle)
Stinzendörfer Mina, Ludwigstraße 19

Dachdeckereigeschäfte

Gottlieb J. G., Limbacher Straße 3
Seegetz Gustav, Staedtlerstraße 2a

Damenschneidereien

Degenbeck Kätha, Alexanderstraße 2
Distler Käthe, Staedtlerstraße 21
Feuerlein Margarete, Boxlohe 16
Gerngroß Marie, Eichwasenstraße 36a
Graser Helene, Benkendorferstraße 20
Gsänger Frieda, Neutorstraße 9a
Heerwarth Sofie, Fischgrubengasse 6
Hierl Elsa, Penzendorfer Straße 36
Kellermann Katinka, Nördliche Mauerstraße 2a
Martini Kunigunde, Penzendorfer Straße 36
Meßthaler Emma, Münzgasse 3
Neudörfer Elise, Neutorstraße 1a
Oberdorfer Anna, Nördliche Mauerstraße 6
Ofen Lydia, Lorbeerstraße 4
Rösch Marie, Limbacher Straße 9a
Scharf Elise, Hindenburgstraße 26
Steinhart Kreszenz, Rittersbacher Straße 9
Wald Kunigunde, Waikersreuther Straße 3
Walter Anna, Nürnberger Straße 44
Walter Grete, Pfarrgasse 18
Wening Frieda, Nürnberger Straße 21
Weyermann Emmy, Reichswaisenhausstraße 2a
Wuzel Emma, Bachgasse 28
Zeh Käthe, Penzendorfer Straße 47

Damen-Fertigkleidung

Grießhammer Hans, Königstraße 12
Stephan Karl, Königstraße 11
Trabert Hermann, Auf der Aich 1

Darmhandlungen

Hochreuther Johann, Friedrichstraße 29
Kogler Willy, Zöllnertorstraße 12

Darm- und Gewürzhandlung

Willy Kogler, Zöllnertorstraße 12
Darm- und Gewürzhandlung

Dekateurgeschäft

Schleier Kaspar, Benkendorferstraße 1

Destillation

Loebel Johann, Ludwigstraße 23/25

Diamantziehsteinfabriken

Drahtziehstein-Industrie Hans M. Bauer, Limbacher Straße 33/37, Diamant-, Saphir-, Rubin-, Spezialmetalle, Zieheisen aller Art
Fränkische Diamantziehsteinfabrik G. m. b. H., Adolf Hitler-Ring 16
Hofmann Adam, Rittersbacher Straße 3
Schneider Wilhelm, Wittelsbacher Straße 14

Dienstmann

Rometsch Albert, Nürnberger Straße 1

Draht- und Drahtwarenfabriken

Johann Leonhard Hüttlinger
Rathausgasse 2/4
Telefon 515

Roiderer Ludwig, Königplatz 27
Tittel Johann, Stadtparkstraße 5a
Volz Christian, Adolf Hitler-Ring 16
Wandel Fritz, Hindenburgstraße 44

Drahtmatratzenfabriken

Wandel Fritz, Hindenburgstraße 44
Wieder Anna, Königstraße 6

Drahtwarenhandlung

Wieder Anna, Königstraße 6

Drahtzügemaschinenfabrik

Drahtzüge-Maschinen- und Apparatefabrik M. J. Bauer, Limbacher Straße 33/37

Drechslerei

Haßler Fritz, Friedrichstraße 6

Drechslerwarenhandlung

Dornhuber Leonhard, Friedrichstraße 6

Drogerien

Fickel Karl, Friedrichstraße 14
Hofmann Simon Nachfolger, Inhaber Paul Weidner, Fleischbrücke 1
Marci Fritz, Zöllnertorstraße 11

Drogerie und Kräuterhaus
Louis Richter, Inh. O. Gläsel
Königplatz 4 / Telefon 616

Düngemittelhandlungen

Bayer. Warenvermittlung
landwirtsch. Genossenschaften
A.-G.
Lagerhaus Schwabach
Ludwigstr. 5 Telefon 224

Meier Johann, Königstraße 19

Stefan Meister
Walpersdorfer Straße 23/25
Telefon 461
Großes Lager in Stickstoff-, Kali- und Phosphatdüngemittel

Meßthaler Michael, Limbacher Straße 15
Pfleiderer Heinrich, Adolf Hitler-Ring 32

Eisenwarenhandlungen

Büttner Leonhard, Neutorstraße 13
Fischer Georg, Königstraße 15
Käs Julius, Friedrichstraße 4
Prell Hans, Zöllnertorstraße 5
Sandreuther Peter, Zöllnertorstraße 11

Elektrotechnische Geschäfte

Burghardt Albert, Nürnberger Straße 11
Greiner Josef, Kappadozia 12

Kraus Karl, Nürnberger Straße 34
Memmert Willy, Königplatz 17

Fahrradhandlungen und Reparatur-Werkstätten

Bayerlein Adam, Glockengießergasse 5
Brünn Georg, Zöllnertorstraße 6
Dechet Ernst, Nördlinger Straße 26
Humpenöder Fritz, Benkendorferstraße 25
Mitzam Georg, Bogenstraße 1
Obermeier Karl, Adolf Hitler-Ring 5
Odörfer Fritz, Hindenburgstraße 4
Rösch Christof, Nürnberger Straße 24
Schaffner Leonhard, Königplatz 25
Scharrer Georg, Pinzenberg 21
Schmoll Georg, Penzendorfer Straße 5

Fahrzeug- und Turngerätefabrik

Stöhr Georg, Julius Streicher-Ring 2

Farbenfabrik

Vogel J. G., Mühlenstraße 6

Farben- und Lackhandlungen

Hacker Hans, Rosenbergerstraße 15

Wehrer Stefan, Nürnberger Straße 13

Federnfabriken

Bayerische Schrauben- und Federnfabriken Richard Bergner, Bahnhofstraße 8/12
Brechenmacher Hans, Bogenstraße 8
Hüttlinger Johann Leonhard, Rathausgasse 2/4

Feilenhauer

Haingärtner Adolf, Münzgasse 1

Feinkosthandlungen

Kohlbauer Christof, Limbacher Straße 12
Pfand Karl, Hindenburgstraße 26

Fellhandlungen

Kogler Fritz, Kappadozia 12
Schneider Hans, Friedrichstraße 7

Filzfabrik

Moll u. Kühn'sche Filzfabrik, Wasserstraße 3

Flaschnereien

Beuschel Karl, Kreuzwegstraße 13
Engelhardt Hans, Königstraße 18
Freund Otto, Rosenbergerstraße 5
Gehring Max, Königstraße 5
Hauck Wilhelm, Benkendorferstraße 10
Miederer Johann, Adolf Hitler-Ring 18
Petzoldt Franz, Bachgasse 24
Petzoldt Max, Nürnberger Straße 15
Röder Gottfried, Königplatz 31

Formenfabrik

Zitzner u. Richter, Rittersbacher Straße 5

Friseurgeschäfte

Bendl Marie, Königstraße 14
Bergschneider Mathias, Nürnberger Straße 36
Ellinger Hans, Hördlertorstraße 4
Eurich Otto, Königplatz 13
Frank Edmund, Hördlertorstraße 1
Frank Michael, Königplatz 27
Hochreuther Albert, Julius Streicher-Ring 5
Hummel Otto, Königplatz 5a
Letsch Karl, Penzendorfer Straße 42a
Memmert Leonhard, Ludwigstraße 21

Rippel Ludwig, Ludwigstraße 12
Scheder Karl, Spitalberg 12
Stieglitz Georg, Julius Streicher-Ring 36
Thomeier Ernst, Königplatz 33
Wolf Leonhard, Nördliche Mauerstraße 25

Füllfederhalter und Drehbleistifte

Ballbach M. A., Bahnhofstraße 2a

Fußboden- und Wandplattenbeläge

Löwer Konrad, Bachgasse 12

Fußpflege

Hummel Otto, staatl. geprüft, Königplatz 5a

Futtermittelhandlungen

Meier Johann, Königstraße 19

Galvanische Anstalt

Müller Josef, Neutorstraße 3

Gärtnereien

Endreß Anna, Badstraße 12
Engel Johann, Julius Streicher-Ring 34
Frank Konrad, Sandstraße 30
Gehrung Georg, Eichwasenstraße 3
Imhof Konrad, Reichswaisenhausstraße 7
Jungegger Karl, Limbacher Straße 55
Schwarz Georg, Limbacher Straße 50
Schwarz J. G., Inhaber August Götz, Limbacher Straße 8
Semmelroth Konrad, Rathausgasse 1

Gardinen und Teppiche

Trabert Hermann, Auf der Aich 1

Gardinen, Vorhänge

Böhmländer Elise, Pfarrgasse 2

Gasthöfe

Achtziger Karl, Saalbau Feuerlein, Julius Streicher-Ring 4
Bernreuther Hans, „Zum Hans Sachs", Ludwigstraße 24
Hallermann Paul, „Zur silbernen Kanne", Nürnberger Straße 4
Hütter Lorenz, „Zum schwarzen Bären", Ludwigstraße 16
Meyer Margarete, „Zum weißen Lamm", Königplatz 33
Meyer Wilhelm, Parkhotel, Bahnhofstraße 11
Nagler Andreas, „Zum Vater Jahn", Nürnberger Straße 35
Petzold Marie, „Zur Rose", Ludwigstraße 9

Schroll Michael, „Zum schwarzen Adler", Hördlertorstraße 2
Siebentritt August, „Zum goldenen Hahn", Königplatz 6

Gastwirtschaften

Achtziger Karl, Saalbau Feuerlein, Julius Streicher-Ring 4
Assenbaum Karl, „Zum Stadtpark", Stadtparkstraße 33
Beez Edwin, „Zum Bezirkskommando", Julius Streicher-Ring 26
Behr Adam, „Zum Eichwasen", Eichwasenstraße 11 a
Belian Kunigunde, „Zum goldenen Adler", Hindenburgstraße 20
Bernreuther Hans, „Zum Hans Sachs", Ludwigstraße 24
Betz Johann, „Grammophonstübl", Eilgutstraße 2
Buhl August, Bachgasse 12
Dilling Paul, „Zum Ausfluß", Nördliche Mauerstraße 6
Dorner Anna, „Wellerskeller", Staedtlerstraße 8
Ehrnsperger Josef, „Zur Königstraße", Königstraße 7
Eichhorn Heinrich, „Zum Ratskeller", Bahnhofstraße 17
Engelhardt Ernst, „Zur alten Kaserne", Penzendorfer Straße 17
Engelhardt Marie, „Zum Gartenheim", Penzendorfer Straße 40
Fink Max, „Zum grünen Baum", Friedrichstraße 9
Fischer Georg, „Zur grünen Au", Austraße 3
Fleischmann Stefan, „Zum Felsenkeller", Rittersbacher Straße 10
Flock Michael, „Zum goldenen Stern", Königplatz 12
Fuchs August, „Zum weißen Roß", Königplatz 15
Fuchs Johann, Benkendorferstraße 7
Fuchs Margarete, „Zur Parkluft", Angerstraße 9
Fuchs Marie, „Zum Schützenkeller", Petzoldstraße 4
Galsterer Georg, „Zum Siechweiher", Nördlinger Straße 2
Gebhardt Käthe, „Zur Ludwigshöhe", Nürnberger Straße 31
Gömmel Geschwister, „Zur Wolfsschlucht", Silbergasse 2
Götz Karl, „Zur Bank", Friedrichstraße 22
Gramming Andreas, „Zum scharfen Eck", Hördlertorstraße 19
Gundel Wilhelm, „Zur Walhalla", Ludwigstraße 27
Hagel Josef, Nürnberger Straße 19
Hallermann Paul, „Zur silbernen Kanne", Nürnberger Straße 4
Haußner Willy, „Zur Rohrersmühle", Penzendorfer Straße 34
Hefele Else, „Zum Wilhelm Tell", Bahnhofstraße 25
Hofer Paul, „Zur Löwenbrauerei", Zöllnertorstraße 12
Hütter Lorenz, „Zum schwarzen Bären", Ludwigstraße 16
Jakob Bernhard, „Zu den drei Linden", Adolf Hitler-Ring 17
Kaas Andreas, „Luitpold", Nürnberger Straße 1
Kahl Ferdinand, „Zum tiefen Keller", Schulgasse 11
Kaiser Bernhard, „Zum Walfisch". Neutorstraße 3
Knöllinger Richard, Benkendorferstraße 19
Kunze Georg, „Zur goldenen Sonne", Limbacher Straße 19
Lämmermann Peter, Hördlertorstraße 18
Laumer Wilhelm, „Zum Schiff", Kappadozia 1
List Friedrich, Südliche Mauerstraße 11
Mack Fritz, „Zum goldenen Engel", Ludwigstraße 4
Maul Johann, „Zum Frühlingsgarten", Limbacher Straße 32
Meerbrei Peter, „Zum goldenen Hirschen", Wittelsbacher Straße 4
Mehl Fritz, „Zum goldenen Schwan", Nürnberger Straße 39
Meyer Georg, „Tucher-Bierstübl", Rosenbergerstraße 11
Meyer Margarete, „Zum weißen Lamm", Königplatz 33
Meyer Wilhelm, Parkhotel, Bahnhofstraße 11
Nagler Andreas, „Zum Vater Jahn", Nürnberger Straße 35
Otto Arthur, „Wellerbräustübl", Nürnberger Straße 30
Petzold Marie, „Zur Rose", Ludwigstraße 9
Pfaffenritter Johann, „Zum Burgersgarten", Badstraße 16
Porlein Lena, Zöllnertorstraße 10
Roth Leonhard, „Zum Mohrenkeller", Julius Streicher-Ring 32
Schindler Karl, „Zum bayerischen Hof", Königplatz 29
Schleehuber Anna, Nürnberger Straße 22
Schmidt Kunigunde, Rittersbacher Straße 1
Schopf Maximilian, Hördlertorstraße 9
Schroll Michael, „Zum schwarzen Adler", Hördlertorstraße 2
Schüssel Käthe, „Zum Kronprinzen", Stadtparkstraße 20
Sengling Albert, Pinzenberg 20
Seibold Johann, „Zum Weinstock", Reichenbacher Straße 2
Seybold Konrad, „Zum Brausebad", Adolf Hitler-Ring 12
Siebentritt August, „Zum goldenen Hahn", Königplatz 6
Spenler Christian, „Bauinspektorsgarten", Forsthof 14
Staffler Josef, „Zum Stadtwappen", Bahnhofstraße 9
Wagner Emmi, „Zum Schießhaus", Schützenstraße 7
Weiß Georg, Königstraße 20
Wittmann Paul, „Zum Vogelherd", Im Vogelherd 11 a
Wolff Oskar, „Zum Bahnhof", Bahnhofstraße 43
Zeh Georg, „Zum Hördlertor", Hördlertorstraße 20
Zeitler Johann, „Hausmeisterei", Pinzenberg 36

Gemischtwarenhandlungen

Katheder Hannchen, Hindenburgstraße 17
Rühl Friedrich, Königstraße 9
Wolf Georg, Penzendorfer Straße 33

Getreidehandlungen

Buhl Karl, Julius Streicher-Ring 42
Meier Johann, Königstraße 19
Meister Stefan, Walpersdorfer Straße 23/25
Pfleiderer Heinrich, Adolf Hitler-Ring 32

Getreidekaffeeröstereien

Knöllinger Richard, Benkendorferstraße 19/21
Schwarz Hans, Südliche Mauerstraße 7a

Glasereien

Ringel Oskar, Friedrichstraße 20
Schuler Christof, Friedrichstraße 11
Schuler Julius, Nürnberger Straße 13

Sonntag Walter, Königplatz 27

Glas-, Porzellan- und Steingutwarenhandlungen

Beckstein Wilhelm, Rosenbergerstraße 1

Schuler Wilhelm, Silbergasse 6
Sonntag Walter, Königplatz 27

Gold- und Silberschmied

Gold- und Silberwaren

Baum Gottlob, Königstraße 17
Dornhuber Anna, Bachgasse 20
Enders Thomas, Ludwigstraße 12
Walter Johann, Königstraße 8

Gummiwaren und Krankenartikel

Klein Jean, Ludwigstraße 18

Hafnereien

Fuchs Ludwig, Stadtparkstraße 29
Heerwarth Fritz, Fischgrubengasse 6
Kurz Martin, Königstraße 6
Loy Andreas, Rittersbacher Straße 19
Müller Georg, Wittelsbacher Straße 4, Tel. 579

Haus- und Küchengeräte

Büttner Leonhard, Neutorstraße 13
Engelhardt Johann, Königstraße 18
Freund Georg, Rosenbergerstraße 5
Hauck Wilhelm, Benkendorferstraße 10
Müller Friedrich, Spitalberg 8
Petzoldt Babette, Nürnberger Straße 15
Petzoldt Franz, Bachgasse 24
Röder Georg, Königplatz 31
Schubert Max, Königstraße 5

Hebammen

Eitel Käthe, Hördlertorstraße 4
Kanzler Anna, Rittersbacher Straße 4
Schleicher Käthe, Nürnberger Straße 15

Heizungsanlagen

Schröck Leonhard, Nürnberger Straße 54, Tel. 633

Herrenartikelgeschäfte

Grießhammer Hans, Königstraße 12

Schmidt Mathäus, Fleischbrücke 4
Seltmann Otto, Königstraße 4
Trabert Hermann, Auf der Aich 1

Herrenfertigkleidungsgeschäfte

Böcklein Wolfgang, Königplatz 33
Maisel Dora, Neutorstraße 3
Schwarz Hans, Friedrichstraße 21
Stephan Karl, Königstraße 11

Herren-Schneidereien

Angermeier Michael, Königstraße 1
Bauhof Karl, Zöllnertorstraße 1
Buckel Hermann, Limbacher Straße 4
Ellinger Wilhelm, Falkensteingasse 1
Götz Karl, Neue Gasse 5
Held Erhard, Austraße 10
Herrmann Peter, Südliche Mauerstraße 2
Hochreuther Johann, Münzgasse 5
Hoffmann Hans, Neutorstraße 3a
Jordan Ulrich, Walpersdorfer Straße 11
Kanzler Thomas, Rittersbacher Straße 4
Krach Johann, Königstraße 13
Meier Fritz, Friedrichstraße 22
Peter Josef, Stadtparkstraße 22
Reichenberger Xaver, Albrechtstraße 5
Röder Richard, Friedrichstraße 7
Schauppmeier Heinrich, Borlohe 11
Schwarz Hans, Friedrichstraße 21
Sprenger Wilhelm, Poujolsberg 3
Tesan Georg, Limbacher Straße 7
Warnick Georg, Reichenbacher Straße 36
Weinberger Johann, Benkendorferstraße 23

Heu- und Strohhandlungen

Bierlein Peter, Uigenau 23
Feuerstein Michael, Rittersbacher Straße 8

Holzhandlungen

Hochreuther Jakob, Friedrichstraße 29
Ott u. Bauer, Angerstraße 6
Viehbeck Karl, Am Siechweiher 1a

Holzhauer

Stürmer Georg, Pinzenberg 36

Hotel

Park-Hotel, Bahnhofstraße 11

Hut- und Mützenhandlung

Seltmann Otto, Königstraße 4

Hutmacher

Bernritter Anton, Hördlertorstraße 2

Immobiliengeschäft

Galsterer Wolfgang, Nördlinger Straße 18

Installationsgeschäfte

Eckstein Johann, Benkendorferstraße 16
Petzoldt Franz, Bachgasse 24
Petzoldt Max, Nürnberger Straße 15
Miederer Johann, Adolf Hitler-Ring 18
Röder August, Pinzenberg 2
Röder Gottfried, Königplatz 31
Schaffner Leonhard, Königplatz 31

Kaffeegeschäft

Kaiser's Kaffeegeschäft m. b. H., Königstraße 6

Kartonagenfabrikation

Besold Hans, Königstraße 17
Gundel Georg, Nördliche Mauerstraße 9

Keramische Erzeugnisse

Baudi-Cornuta-Werk, Limbacher Straße 33

Kinderwagen

Humpenöder Fritz, Benkendorferstraße 25

Scharrer Georg, Pinzenberg 21

Kleiderstoffe

Böhmländer Elise, Pfarrgasse 2

Kohlebürstenfabrik

Schmidthammer Adolf, Julius Streicher-Ring 32a

Kohlengroßhandlung

Tiefel Karl, Königplatz 31

Kohlenhandlungen

Dechet Hans, Ludwigstraße 2
Härtlein Georg, Friedrichstraße 29a
Meyer Johann, Königstraße 1b
Oberndörfer Friedrich, Pinzenberg 13
Ott Friedrich, Hindenburgstraße 16
Rößler Hans, Südliche Mauerstraße 12
Roth Georg, Pinzenberg 10
Schmidt Georg, Nördliche Mauerstraße 6a
Tiefel Karl, Königplatz 31

Kohlensäurelager

Wirth Albert, Nürnberger Straße 14

Kolonialwaren-Großhandlungen

Greul Hans, Pfarrgasse 2
Krafft Joh. Adam, Bachgasse 26
Scherzer Hans, Nürnberger Straße 6/10

Kolonialwarenhandlungen

Backofen Gg. — C. F. Dietz G. m. b. H., Königstraße 5
Beckstein Käthe, Benkendorferstraße 17
Bergmann Georg, Pinzenberg 16

Karl Brunner
Auf der Aich 7
Kolonialwaren, Butter,
Käse, Wildbrethandlung

Distler Heinrich, Forsthof 35
Dorsch Johann, Königstraße 14
Durner Rudolf, Fleischbrücke 2
Engelhardt Anna, Pinzenberg 26
Fischer Michael, Limbacher Straße 17
Fuchs Wilhelm, Limbacher Straße 34
Geyer Babette, Nürnberger Straße 23
Greul Hans, Pfarrgasse 2
Guckenberger Fritz, Hördlertorstraße 6
Güttler Babette, Zöllnertorstraße 4
Gundel Babette, Ludwigstraße 27
Hacker Hans, Rosenbergerstraße 15
Hocheder Hans, Adolf Hitler-Ring 5
Hofmockel Babette, Neutorstraße 6
Hüttlinger Lina und Rosa, Königstraße 16
Humpenöder Margarete, Hindenburgstraße 38
Knöllinger G., Glockengießergasse 15
Kogler Mina, Zöllnertorstraße 12
Loedel Johann, Ludwigstraße 23
Männel Marie u. Lina, Hindenburgstraße 28
Meier Gg. Josef u. Co., Königplatz 8
Meier Karl, Vorlohe 2
Moser Marie, Bachgasse 14
Muck Friedrich, Nürnberger Straße 18
Pickel Julius, Wittelsbacher Straße 16
Röck Konrad, Walpersdorfer Straße 4
Scheuerlein Lisette, Nürnberger Straße 28
Schmitt Anna, Stadtparkstraße 11
Schwab Marie, Vorlohe 7
Sommer Mina, Wittelsbacher Straße 3
Sommer Nannette, Bahnhofstraße 29
Ströbel Theodor, Zöllnertorstraße 1
Trautnitz Käthe, Vorlohe 10
Verbraucher-Genossenschaft Nürnberg-Fürth, Penzendorfer Straße 36a und Julius Streicher-Ring 3
Vulpes Friedrich, Hördlertorstraße 15
Wegfehner Georg, Spitalberg 4
Winter Heinrich, Ludwigstraße 6
Wittmann Margarete, Neue Gasse 2

Konditoreien

Michael Beuschel
Königplatz 14, Ecke Königstr.

Böhm Fritz, Ludwigstraße 7
Riehl Franz, Pinzenberg 28
Spanagel Hermann, Friedrichstraße 27
Ströbel Theodor, Zöllnertorstraße 1
Werner Albert, Ludwigstraße 10
Winter Georg, Bahnhofstraße 13

Konservenfabrikation

Hennecke Hans, Wiesenstraße 3

Korb- und Stuhlflechtereien

Biedenbacher Johann, Hindenburgstraße 2
Humpenöder Leonhard, Schlötzergasse 8

Korbwarenhandlung

Lindner-Fetz, Benkendorferstraße 2

Krankenkassen

Allg. Ortskrankenkasse Schwabach-Roth-Hilpoltstein, Bahnhofstraße 4
Neue freie Krankenkasse, Kappadozia 2

Kunststopperei

Salfner Adolf, Gasstraße 1

Kurz-, Weiß- und Wollwaren-großhandlung

Strobel Christof, Hördlertorstraße 3

Kurz-, Weiß- u. Wollwarenhandlungen

Böhmländer Elise, Pfarrgasse 2
Fuchs Richard, Glockengießergasse 11
Gramming Geschwister, Königstraße 1
Grießhammer Hans, Königstraße 12
Gsänger Henriette, Pfarrgasse 4
Hassold J. C., Königstraße 10
Lipps Georg, Rosenbergerstraße 7
Meinking Martin, Nürnberger Straße 17
Pippig Emma, Hördlertorstraße 3
Rupprecht Betty, Zöllnertorstraße 3
Schubert Max, Königstraße 5
Trabert Hermann, Auf der Aich 1
Wildenauer Hans, Ludwigstraße 7

Landwirtschaftliche Maschinen

Bayer. Warenvermittlung landwirtsch. Genossenschaften
A.-G.
Lagerhaus Schwabach
Ludwigstr. 5 Telefon 224

Jäger Karl, Zöllnertorstraße 5

Lebensmittelgeschäfte

Feinkost-Loedel
das alte Fachgeschäft
Ludwigstraße 23 Telefon 429

Richter Louis, Königplatz 4

Karoline Schroll, Eisentrautstraße 2
Lebensmittel und Molkerei-Produkte

Lebkuchenfabriken

Weghorn Fritz, Walpersdorfer Straße 31
Werner Albert, Ludwigstraße 4

Lederhandlungen

Schneider Hans, Friedrichstraße 7
Wieder Heinrich, Königstraße 22

Lederwarenhandlungen

Baubach Elsa, Bachgasse 1
Beugler Hans, Neutorstraße 11
Klein Hans, Friedrichstraße 15/17
Röder Max, Friedrichstraße 2a
Schwarz Friedrich, Königplatz 29, Tel. 258
Uhl Margarete, Königplatz 14

Leichenfrauen

Schumm Babette, Wöhrwiese 8
Stuhlmüller Margarete, Königplatz 29

Leihbücherei

Uhl Ernst, Kirchgasse 3

Lichtspieltheater

Bank-Lichtspiele, Friedrichstraße 22
Luna-Lichtspiele, Neutorstraße 1

Likörfabrik

Loedel Johann, Ludwigstraße 23

Lohnfuhrwerke

Bachhuber Josef, Penzendorfer Straße 59
Bachhuber Michael, Stadtparkstraße 15
Holzer Paul, Benkendorferstraße 20
Katheder Johann, Uigenau 4
Roth Leonhard, Julius Streicher-Ring 32

Malereigeschäfte

Angerer Otto, Wittelsbacher Straße 8
Dietrich Georg, Ludwigstraße 26
Forster Karl, Friedrichstraße 22
Gründel Michael, Nürnberger Straße 34
Hauck Hans, Königplatz 6
Kempf Fritz, Penzendorfer Straße 57b
Lipps Emil, Nördliche Mauerstraße 26
Oberndörfer Friedrich, Pinzenberg 13
Oberndörfer Jean, Königstraße 11

Hermann Schirmer u. Albert Neubig
Malermeister, Schlötzergasse 5
Gegründet 1894 Telefon 636

Michael Vogelbacher
Kappadozia 9, Telefon 596
Farben-Spezialgeschäft

Zimmermann Richard, Stadtparkstraße 4

Malzfabriken

MICHAEL FERTL
Höllgasse 3
Helle und dunkle Malze
Spundapparate „Herkules"

Knöllinger Richard, Benkendorferstraße 19/21
Leitner Karl, Nürnberger Straße 19
Mack Fritz, Ludwigstraße 4
Reichel Georg, Südliche Mauerstraße 11
Schwarz Hans, Südliche Mauerstraße 7a

Malzkaffee- und Malzmehlfabriken

Knöllinger Richard, Benkendorferstraße 19/21
Schwarz Hans, Südliche Mauerstr. 7a

Masseure

Hörauf Emil, Höllgasse 3
Hummel Otto, staatl. geprüft, Königplatz 5a

Kriegmeier Johann, Kappadozia 2
Martini Karl, Neutorstraße 1b

Mechanische Werkstätten

Böhner Wilhelm, Hindenburgstraße 16
Lang August, Staedtlerstraße 8
Mederer Fritz, Julius-Streicher-Ring 19a
Warnick Martin, Adolf Hitler-Ring 1

Metallwarenfabrik

Heidolph Hans, Hördlertorstraße 9/11

Messerschmied

Metzgereien

Appold Michael, Benkendorferstraße 8
Betz Fritz, Spitalberg 14
Betzold Adam, Nürnberger Straße 20
Böhm Fritz, Penzendorfer Straße 22
Böhm Heinrich, Spitalberg 5
Böhm Karl, Königplatz 5
Brechtelsbauer Leonhard, Stadtparkstraße 3
Fink Max, Friedrichstraße 9
Flock Johann, Friedrichstraße 10
Fries Katharina, Häfnersgäßchen 2
Fries Karl, Münzgasse 5
Funk Fritz, Schulgasse 13
Gramming Andreas, Hördlertorstraße 19
Gundel Wilhelm, Ludwigstraße 27
Hechtel Peter, Pfarrgasse 12
Hörndler Georg, Benkendorferstraße 11
Kohlbauer Hans, Bachgasse 22
Kraus Franz, Rathausgasse 7
Lades Leonhard, Bahnhofstraße 13
Meier Fritz, Wittelsbacher Straße 9
Neubauer Babette, Limbacher Straße 11
Neubauer Hans, Schulgasse 9
Peipp Georg, Boxlohe 3
Pfand Johann Georg, Rosenbergerstraße 9
Pfand Karl, Hindenburgstraße 26
Porlein Lena, Zöllnertorstraße 10
Rühl Leonhard, Kappadozia 12
Schmidt Georg, Höllgasse 2

Weiß Christof, Nürnberger Straße 5
Weiß Georg, Königstraße 20
Wening Georg, Rosenbergerstraße 13
Wiedmann Georg, Julius Streicher-Ring 6

Mietwaschküchen

Billmeyer Karl, Königplatz 8

Milch- und Milchproduktehandlungen

Burck Albin, Wittelsbacher Straße 8
Demel Lina, Nadlerstraße 8
Federlein Karl, Austraße 6
Habersetzer Thomas, Benkendorferstraße 3
Kramer Sophie, Zöllnertorstraße 8
Mentler Georg, Seminarstraße 1a
Miederer Leonhard, Neutorstraße 1
Rabus Martin, Uigenau 38

Schrödel Johann, Wolfsgrubengasse 2
Weiß Georg, Ludwigstraße 7
Wolf Fritz, Penzendorfer Straße 33

Milchtrinkstube

Kick Georg, Nürnberger Straße 37

Mineralwasserfabriken

Rösch Gebrüder, Julius Streicher-Ring 34
Schmoll Peter, Penzendorfer Straße 5
Bockentanz Georg, Mineralwasserfabrik „Union", Auf der Aich 10
Wagenhuber Georg, Friedrichstraße 23

Modewäsche

Böhmländer Elise, Pfarrgasse 2

Modistinnen

Keller Trude, Königplatz 6
Kraus Frieda, Nürnberger Straße 12
Merzbacher Therese, Neutorstraße 1a

Möbeltransport

Ricklas Karl, Bahnhofstraße 30

Mühle

Stadelmann Hans, Hördlertorstraße 5/7

Musikalienhandlungen

Schreyer Andreas, Königplatz 9
Uhl Ernst, Königplatz 14

Musikinstrumentehandlungen

Bayerlein Adam, Glockengießergasse 5

Musiklehrer

Holzberger Otto, Penzendorfer Straße 33a

Richter Inge, Rittersbacher Straße 5
Teufel Gretl, staatl. geprüft, Bachgasse 6

Musikkapelle

Richter Fritz, Wittelsbacher Straße 12

Nadelfabriken

Staedtler u. Uhl, G. m. b. H., Julius Streicher-Ring 12

Traumüller & Raum
Nadelfabrik
Staedtlerstraße 17 a — Fernruf 491
Tel.-Adr.: Traumüller, Schwabach
Marschall-Sprechmaschinennadeln
Marschall-Stahlbildernägel
Nadeln und Spitzen aller Art
Carden-, Gill- und Hechelnadeln für Spinnereien

Wenglein's H. J. Norica- u. Herold-Werk, Rother Straße 2/4

Nähmaschinenhandlungen

Bayerlein Adam, Glockengießergasse 5
Humpenöder Fritz, Benkendorferstraße 25
Rösch Christof, Nürnberger Straße 24
Schaffner Leonhard, Königplatz 25
Scharrer Georg, Pinzenberg 21

Nährmittelfabrik

Weghorn Fritz, Walpersdorfer Straße 31

Obst- und Gemüsehandlungen

Cofalka Elise, Rathausgasse 1
Engel Friedrich, Silbergasse 10
Flügel Georg, Ludwigstraße 19
Mohr Georg, Ludwigstraße 1
Neidel Johann, Nürnberger Straße 16
Sandreuther Hans, Hördlertorstraße 2a
Schneider Ludwig, Rittersbacher Straße 8
Strobel Christof, Waikersreuther Straße 4b
Wörlein Albert, Rosenbergerstraße 3

Omnibusfahrten

Kleinöder Georg, Frachttransport Schwabach-Nürnberg, Galgengartenstraße 1a, Telefon 281

Optiker

Lins Max, Adolf Hitler-Ring 6
Schmidt Günther, Rosenbergerstraße 5

Optische Geschäfte

Bayerlein Adam, Glockengießergasse 5
Dornhuber Anna, Bachgasse 20
Enders Thomas, Ludwigstraße 12
Schmidt Günther, Rosenbergerstraße 5
Walter Karl, Königstraße 8

Papiergroßhandlungen

Papier-Industrie Schwabach, Georg Spachmüller u. Co., am Bahnhof
Spachmüller August, Wilhelm Friedrichweg 1
Spachus G. m. b. H., Rohrersmühlstraße 7

Papiersäcke

Papier-Industrie Schwabach, Georg Spachmüller u. Co., am Bahnhof

Papierwarenfabrik

Papier-Industrie Schwabach, Georg Spachmüller u. Co., am Bahnhof

Pelzwaren

Schulze Georg, Friedrichstraße 13
Wildenauer Hans, Ludwigstraße 7

Pferdehandlung

Egerer Johann, Wittelsbacher Straße 4

Pferdemetzgerei

Funk Konrad, Am Neuen Bau 6

Pflasterermeister

Reif Michael u. Sohn, Julius Streicher-Ring 42

ZEISS Punktalgläser
Lieferant aller Krankenkassen

Optikermeister Lins
Optik / Photo
Gold- und Silberwaren / Waffen und Munition
Schwabach, Adolf Hitler-Ring 6

Photo-Artikel

Kandel Karl, Julius Streicher-Ring 1
Lins Max, Adolf Hitler-Ring 6
Marci Fritz, Zöllnertorstraße 11

Foto-Müller
Fotomeister Fleischbrücke 5
Das führende Spezialgeschäft für Amateur-Bedarf und Fachfotographie

Richter Louis, Königplatz 4
Schmidt Günther, Rosenbergerstraße 5
Uhl Margarete, Königplatz 14

Photographische Ateliers

Hirthe Richard, Adolf Hitler-Ring 30
Kandel Karl, Julius Streicher-Ring 1
Müller Karl, Fleischbrücke 5
Schönberger Käti, Hindenburgstraße 14

FOTO-STARK, SCHWABACH
KÖNIGSTR. 22
TELEFON 638

Plattenbeläge

Konrad Löwer
Schwabach, Bachgasse 12, Tel. 487
Spezialgeschäft für Wand- und Boden-Plattenbeläge
erstes und einziges Spezialgeschäft am Platze

Müller Georg, Wittelsbacher Straße 4, Tel. 579

Polstermöbel

Klein Hans, Friedrichstraße 15/17

Hans Leikauf
Ludwigstr. 2, Wohng. Rupprechtstr. 11
Anfertigung sämtlicher Polstermöbel und Innendekorationen

Max Röder
Polstermöbel, Innendekoration
Tel. 291

Friedrich Schwarz
früher A. Damasko
Polstermöbel, Tapezieren und Linoleum
Königplatz 29 Telefon 258

Putzgeschäfte

Keller Trude, Königplatz 6
Kraus Frieda, Nürnberger Straße 12
Merzbacher Therese, Neutorstraße 1a

Radiogeschäfte

Christof Bauer
Fleischbrücke 3 Telefon 213

Burghardt Albert, Nürnberger Straße 11
Greiner Josef, Kappadozia 12
Kraus Karl, Nürnberger Straße 34

Rechtsanwälte

Sammetreuther Dr. Max, Wallenrodstraße 2
Weinig Dr. Adolf, Nürnberger Straße 6

Reformgeschäfte

Bühler Emma, Nürnberger Straße 2

Reformhaus Anna Buttig
Königplatz 10
Alleinverkauf aller Thalysia-Reformartikel
Naturgemäße Nähr-, Kur- und Körperpflegemittel, Brust- und Leibhalter

Schroll Karoline, Eisentrautstraße 2

Ringfabriken

Dreikorn Leonhard, Wilhelm Friedrichweg 2
Weidner Gebrüder, Staedtlerstraße 2a

Rohproduktengeschäfte

Hinterleitner Wilhelm, Ebersbergerstraße 5
Wittmann Adam, Königplatz 33

Rohtabake

Loedel Konrad, Ludwigstraße 23/25
Meister Stefan, Walpersdorfer Straße 23/25

Sägewerke

Friedrich Bühringer
Zimmermeister und Sägewerk
Nürnbergerstraße 41 Telefon 270

Meichinger u. Hofer
Zimmerei und Sägewerk
Limbacher Straße 20 – Telefon 309

Sanitätsgeschäft

Jean Klein, Ludwigstraße 18
Gummiwaren u. Krankenartikel

Sargeinbettungen

Wechsler Johann, Boxlohe 13

Sarglager

Walter Ernst, Stadtparkstraße 24

Sattlerei- und Tapeziergeschäfte

Beugler Hans, Neutorstraße 11
Beuschel Konrad, Nürnberger Straße 34
Hönle Karl, Stadtparkstraße 4
Klein Hans, Friedrichstraße 17
Köbler Anna, Boxlohe 4
Leikauf Hans, Ludwigstraße 2

Friedrich Schwarz
früher A. Damasko Königplatz 29, Tel. 258
Ausführung sämtlicher Sattler-Arbeiten
Treibriemen-Reparaturwerkstätte

Röder Max, Friedrichstraße 2a
Weger Hans, Adolf Hitler-Ring 3

Sauerkrautfabrikation

Meier Karl, Boxlohe 2

Schablonenfabrikation

Silberhorn Hans, Südliche Mauerstraße 6

Scheideanstalten

Vereinigte Blattgoldfabriken G.m.b.H., Kommandit-Gesellschaft, Südliche Mauerstraße 7b
Walter Dr. u. Schmitt, Königplatz 27

Schirmgeschäft

Dornhuber Leonhard, Friedrichstraße 26

Schlossereien

Wolfgang Büttner, Schlossermeister
Neutorstraße 13 Telefon 298
Schlosserei u. Eisenkonstruktionen

Gaab Andreas, Königplatz 29
Käs Hans, Glockengießergasse 1
Müller Friedrich, Spitalberg 8
Spieß Johann, Poujolsberg 2
Traumüller Michael, Adolf Hitler-Ring 12

Schmiedegeschäfte

Funk Karl, Nürnberger Straße 32
Schüssel Hans, Adolf Hitler-Ring 20
Trautnitz Georg, Glockengießergasse 2

Schnittwarenhandlungen

Böhmländer Elise, Pfarrgasse 2
Fuchs Richard, Glockengießergasse 11
Götz Karl, Neue Gasse 5
Grießhammer Hans, Königstraße 12
Hofmann Johann, Friedrichstraße 5
Krämer Michael, Münzgasse 7
Teufel Lene, Bachgasse 6
Rupprecht Betty, Zöllnertorstraße 3
Stephan Karl, Königstraße 11
Trabert Hermann, Auf der Aich 1

Schraubenfabriken

Bayer. Schrauben- und Federn-Fabriken Richard Bergner, Bahnhofstraße 8/16

O. & H. Jaeger
Inh. Wwe. Emmy Jaeger und Hugo Jaeger
Walpersdorfer Straße 6, Telefon 602

Schreibmaschinen-Handel und -Reparaturen

Karg Max, Ludwigstraße 2
Salbeck Hans, Nürnberger Straße 38

Fritz Walbinger
Silbergasse 2
Rechen- und Schreibmaschinen-Vertretungen / Eigene Reparaturwerkstatt

Schreibwarenhandlungen

Max Karg
Ludwigstraße 2 Telefon 637
Papier- u. Schreibwaren, Schreibmaschinen, Büro- u. Schulartikel

Erkenbrecher Berta, Rathausgasse 4
Seiderer Otto, Auf der Aich 2
Uhl Margarete, Königplatz 14

Georg Wißmeier
Bachgasse 10
Papier- und Schreibwaren
Leder- und Schulartikel, Bücher und Zeitschriften

Schreinereien

Bühringer Georg, Austraße 11
Güttler Leonhard, Glockengießergasse 3
Hartmann Hans, Hindenburgstraße 19
Hartmann Hans u. Co., Inh. Thomas Hartmann, Penzendorfer Straße 47
Hirsch Fritz, Neue Gasse 4
Höllfritsch Stefan, Stirnerstraße 1
Katheder Georg, Friedrichstraße 25
Katheder Mathias, Forsthof 15

Martin Mayr
Friedhofgasse 2
Werkstätte für mod. Möbelbau
Ausführung sämtl. Schreinerarbeiten

Ohning Hermann, Pinzenberg 3
Rohn Johann, Poujolsberg 2
Roth Ernst, Königstraße 6
Schrödel Georg, Königstraße 1

Hans Schwendtner
Schreinermeister
Pinzenberg 24

Steinhardt Josef, Adolf Hitler-Ring 28
Traumbauer Stefan, Penzendorfer Straße 27
Walter Ernst, Stadtparkstraße 24
Warnick Christian, Königplatz 13
Warnick Lorenz, Hindenburgstraße 4
Weidmann Karl, Friedrichstraße 29a

Schuhmachereien

Braun Johann, Pinzenberg 7
Bruckdorfer Betty, Stadtparkstraße 1b
Eirich Hans, Bachgasse 6

Michael Elsterer
Orthopädie-Schuhmachermeister
Friedrichstraße 2

Fröhlich Johann, Pfarrgasse 18
Galsterer Gotthard, Münzgasse 5
Gollnhofer Heinrich, Neue Gasse 4
Hausmann Georg, Nadlerstraße 6
Hörauf Fritz, Spitalberg 6
Hofmann Johann, Friedrichstraße 5
Karg Fritz, Wolfskeelstraße 1

Simon Kittler, Zöllnertorstraße 2
Schnellsohlerei und Maßarbeit

Kühn Paul, Friedrichstraße 8
Kummerer Max, Waikersreuther Straße 4d
Link Johann Georg, Boxlohe 15
Mayer Johann, Pfarrgasse 1
Mayr August, Friedrichstraße 29
Mayr Josef, Häfnersgäßchen 6
Moßhammer Karl, Neutorstraße 1
Pantasch Paul, Bogenstraße 6
Schlierf Michael, Bogenstraße 2
Schwandtner Johann, Benkendorferstraße 1
Sichermann Leonhard, Friedrichstraße 18
Vogt Fritz, Julius Streicher-Ring 5
Wagner Georg, Mühlgasse 4
Waltl Josef, Penzendorfer Straße 11

Schuhmacherbedarfsartikel

Schneider Hans, Friedrichstraße 7
Wieder Heinrich, Königstraße 22

Schuhwarenhandlungen

Beck Wolfgang, Kirchgasse 1
Braun Johann, Pinzenberg 7
Elsterer Michael, Friedrichstraße 2
Grau Schuhhaus, Kappadozia 8
Hörauf Fritz, Spitalberg 6
Mayer Johann, Pfarrgasse 1
Schwartz Arnold, Ludwigstraße 2
Seltmann Otto, Königstraße 4
Süß Georg, Boxlohe 6
Wittmann Konrad, Südliche Mauerstraße 7

Seifen- und Seifenpulverfabrik

Ribot Ph. Benj. A.-G., Nürnberger Straße 6

Seifenhandlungen

Brunner Margarete, Friedrichstraße 9
Trautnitz Andreas, Boxlohe 5

Seilerei

Kießling Bernhard, Zöllnertorstraße 7

Seilerwarenhandlung

Gebhardt Hedwig, Friedrichstraße 24

Sparkassen

Kreissparkasse Schwabach, Ludwigstraße 11
Stadtsparkasse Schwabach, Adolf Hitler-Ring 2

Spediteure

Kleinöder Georg, Frachttransport Schwabach-Nürnberg, Galgengartenstraße 1a, Tel. 281

Sportbekleidungsfabrik

Krumbholz Karl, Limbacher Straße 27

Spundapparate-Fabrikation

Fertl Michael, Höllgasse 3

Stahlwaren

Wegelin Fritz, Nürnberger Straße 9

Steindruckereien

Kettner Georg, Silbergasse 1
Leupold Johann u. Co., Wallenrodstraße 3

Stempelfabrikation

Hartmann Jakob, Benkendorferstraße 13
Rupp Hans, Bogenstraße 4b

Steuerberater und Bücherrevisoren

Brunner Max, Kloster Ebrachstraße 3
Herr Jakob, Reichswaisenhausstraße 8
Katz Otto, Reichenbacher Straße 5
Knöllinger Karl, Stadtparkstraße 32
Ringel Hans, Wittelsbacher Straße 4

Strickereien

Burckhardt Marie, Nürnberger Straße 22
Gempel Anna, Falkensteingasse 4
Gerner Margarete, Königstraße 3
Haas Frieda, Wittelsbacher Straße 6

Strumpfwaren

Hassold J. C., Königstraße 10

Stuckgeschäfte

Häring Josef, Königplatz 29
Käferlein Michael, Nördliche Mauerstraße 11
Lutz Thomas, Stadtparkstraße 33
Schönberger Wolfgang, Hindenburgstraße 14

Tabakwaren-Großhandlungen

Kiener Hans, Luwigstraße 7
Rabenstein Paul, Rosenbergerstraße 15
Wittmann Paul, Ludwigstraße 1
Zehrer Karl, Neutorstraße 1

Tabakwarenhandlungen

Herrmann Peter, Südliche Mauerstraße 2
Kiener Hans, Ludwigstraße 7
Männel Marie u. Lina, Hindenburgstraße 28
Münch Grete, Nürnberger Straße 33
Rabenstein Paul, Rosenbergerstraße 15
Reichelt Adam, Penzendorfer Straße 37
Wittmann Paul, Ludwigstraße 1
Zehrer Georg, Ludwigstraße 28
Zehrer Karl, Neutorstraße 1

Tanzlehrer

Pickel Fritz, Austraße 7

Tierärzte

Burger Hans, Reichswaisenhausstraße 2a
Krenn Josef, Neutorstraße 3
Limmer Otto, Alexanderstraße 4

Totenschmuckhandlungen

Trödelgeschäft

Schleicher Otto, Boxlohe 6

Tüten- und Papierwarenfabrik

Papier-Industrie Schwabach, Georg Spachmüller u. Co., am Bahnhof

Turngeräte- und Fahrzeugfabrik

Uhrmacher und Uhrenhandlungen

Baum Gottlob, Königstraße 17

Dornhuber Georg, Bachgasse 20
Drechsler Peter, Nürnberger Straße 9

Walter Karl, Königstraße 8

Uniform-Schneidereien

Köppel Adam, Austraße 3
Schwarz Hans, Friedrichstraße 21

Versicherungen

Polster Karl, Wöhrwiese 3a

Viehhandlungen

Dörrer Wilhelm, Petzoldstraße 4
Eichhorn Heinrich, Bahnhofstraße 17
Erhard Georg, Schützenstraße 1
Güthler Konrad, Reichenbacher Straße 26
Huber Edwin, Uigenau 9

Kohlbauer Georg, Wolfsgrubengasse 2
Meier Konrad, Nördlinger Straße 2
Merkel Johann Georg, Forsthof 19
Neubauer Hans, Schulgasse 9
Pfahler Karl, Penzendorfer Straße 1
Pfand Hans, Stadtparkstraße 19
Schneider Michael, Bogenstraße 3
Schwarz Mathias, Forsthof 36
Seemeyer Hans, Bergstraße 9a
Straußberger Paul, Benkendorferstraße 8

Wäschemangeln

Bub Anna, Stadtparkstraße 24
Haaß Betty, Stirnerstraße 2a
Hofer Georg, Friedrichstraße 29
Mitzam Babette, Bogenstraße 1
Rieger Hans, Ludwigstraße 7
Rösch Anna, Silbergasse 7
Weidmann Frieda, Penzendorfer Straße 25

Waffen und Munition

Lins Max, Adolf Hitler-Ring 6
Wegelin Fritz, Nürnberger Straße 9

Wagnereien

Käferlein Simon, Pinzenberg 27
Roth Johann, Neue Gasse 1
Schleier Kaspar, Benkendorferstraße 1

Wand- und Bodenplattenbeläge

Heerwarth Fritz, Fischgrubengasse 10
Löwer Konrad, Bachgasse 12
Müller Georg, Wittelsbacher Straße 4
Seichter Alfred, Neutorstraße 5

Waschanstalten

Brunner Käthe, Königstraße 1b
Hartmann Jakob, Benkendorferstraße 13
Knapp Fritz, Hördlertorstraße 25
Stinzendörfer Mina, Ludwigstraße 19

Weingroßhandlung

Loedel Johann, Ludwigstraße 23/25

Wildbrethandlungen

Brunner Karl, Auf der Aich 7
Pfand Karl, Hindenburgstraße 26

Zahnärzte und Dentisten

Alexander Andreas, Ludwigstraße 21
Beckstein Dr. Heinrich, Zahnarzt, Penzendorfer Straße 1a
Bergschneider Anton, Albrechtstraße 5
Eitel Fritz, Julius Streicher-Ring 1b
Glocker Josef, Zahnarzt, Königplatz 27
Kleinlein Dr. Karl, Zahnarzt, Adolf Hitler-Ring 4
Knopf Christian, Rittersbacher Straße 25
Knopf Dr. Curt, Zahnarzt, Stadtparkstraße 1b
Rück Dr. Emil, Zahnarzt, Königstraße 6
Schroll Dr. Friedrich, Zahnarzt, Nürnberger Straße 10
Streicher Hans, Bahnhofstraße 18

Zeitschriften-Vertrieb

Wißmeier Georg, Bachgasse 10

Zeitung

Zeitungs-Geschäftsstelle

Fränkische Tageszeitung, Nürnberg, Geschäftsstelle Schwabach, Königplatz 1

Zementwarenfabriken

Schönberger Hans, Rittersbacher Straße 6

Zeremonienmeister

Belian Georg, Hindenburgstraße 20
Pickel Fritz, Austraße 7

Ziegeleien

Carl'sche Dampfziegelei, Hindenburgstraße 51
Tauber u. Bayerlein, Ringofenziegelei, Reisenleiterstraße 2

Zimmereigeschäfte

Bühringer Friedrich, Nürnberger Straße 41
Distler Fritz, Staedtlerstraße 21
Günder Johann, Lindenstraße 15

Kohler Georg, Wolfsgrubengasse 11
Meichinger u. Hofer, Limbacher Straße 20
Reim Hans, Penzendorfer Straße 65a

Zinngießereien

Sonntag Walter, Königplatz 27
Schuler Christof, Friedrichstraße 11

Zinnschlägerei

Seber Leonhard, Stadtparkstraße 12

Zuckerwarenfabrikation

Spanagel Hermann, Friedrichstraße 27

Zuckerwarengroßhandlungen

Schneider Georg, Limbacher Straße 6

VIII.
Verzeichnis der Straßen und Plätze der Stadt Schwabach (1939)

Adam Krafftstraße
Adolf Hitler-Ring
Aigenstraße
Albrecht-Straße
Alexander-Straße
Am Hochgericht
Am Neuen Bau
Am Siechweiher
Angerstraße
Anna-Klein-Straße
Austraße
Auf der Aich
Bachgasse
Badstraße
Bahnhofstraße
Beckhstraße
Benkendorferstraße
Bergstraße
Birkenstraße
Bismarckstraße
Bogenstraße
Boxlohe
Dianastraße
Dietersdorfer Weg
Dreitorweg
Dr. Zinnstraße
Drillerstraße
Ebersbergerstraße
Eichwasenstraße
Eilgutstraße
Eisentrautstraße
Falkensteingasse
Feldstraße
Fischgrubengasse
Fleischbrücke
Forsthofer Straße
Forsthof-Uigenau
Frauentrautgasse
Friedenstraße
Friedhofgasse
Friedrich-Linkhstraße
Friedrichstraße
Galgengartenstraße
Gartenstraße
Gasstraße
Glockengießergasse
Goethestraße
Gutenbergstraße
Häfnersgäßchen
Henseltweg
Hindenburgstraße
Hobelsbergerstraße
Höllgasse
Hördlertorstraße
Horst Wesselstraße
Huttersbühlstraße
Jahnstraße
Igelsdorfer Weg
Julius Streicher-Ring
Kappadozia
Kernstraße
Kirchgasse
Kloster Ebrachstraße
Königplatz
Königstraße
Kreuzwegstraße
Leitelshofer Straße
Limbacher Straße
Lindenstraße
Loorbeerstraße
Ludwigstraße
Luitpoldplatz
Martellstraße
Mauerstraße, Nördliche
Mauerstraße, Südliche
Maximilianstraße
Mühlenstraße
Mühlgasse
Münzgasse
Nadlerstraße
Nasbacher Weg
Neue Gasse
Neutorstraße
Nördlinger Straße
Nürnberger Straße
Penzendorfer Straße
Petzoldstraße
Pfarrgasse
Pinzenberg
Poujolsberg
Rathausgasse
Regelsbacher Straße
Reichenbacher Straße
Reichswaisenhausstraße
Reisenleiterstraße
Rennmühlstraße
Rittersbacher Straße
Rohrersmühlstraße
Rosenbergerstraße
Rother Straße
Rupprechtstraße
Sandstraße
Scherzerstraße
Schillerplatz
Schillerstraße
Schlageterstraße
Schlötzergasse
Schützenstraße
Schulgasse
Seminarstraße
Siedlungsstraße
Silbergasse
Spitalberg
Stadtparkstraße
Staedtlerstraße
Stephangasse
Stirnerstraße
Talstraße
Tannenbergstraße
Vogelherd, Im
Waikersreuther Straße
Wallenrodstraße
Walpersdorfer Straße
Wasserstraße
Weingäßchen
Wiesenstraße
Wilhelm Friedrichweg
Wittelsbacher Straße
Wöhrwiese
Wolfsgrubengasse
Wolfskeelstraße
Zöllnertorstraße
Zweigstraße

Fischgrubengasse mit „Franzosenkirche“
Radierung von W. Grimm, 1930

IX.
Bildverzeichnis
Schwabach von „A bis Z“

X. Quellenverzeichnis

Bundschuh, J. K.: Geographisches Statistisch-Topographisches Lexikon von Franken, Band 5,
Ulm 1802,
Verlag der Stettinischen Buchhandlung.

Repertorium des topographischen Atlasblattes Schwabach, 1832.

Stumpf, P. : Bayern, ein geographisches-statistisches-historisches Handbuch des Königreiches,
München 1852.

Jacobi, Dr. Friedrich: Urgeschichte der Stadt und des ehemaligen Fürstenthums Ansbach. Zugleich älteste Geschichte der meisten Pfarreien, Schlösser, Burgen, Städte und Dörfer in Mittelfranken,
Ansbach, 1868,
Druck und Verlag von C. Brügel und Sohn.

Götz : Geographisch-historisches Handbuch von Bayern, Bd. II,
München 1898.

Bahmer, Korn, Lutz und Wenger: Geographie von Bayern, I. Teil,
Schwabach, 4. Auflage, 1908,
Verlag J. G. Schreyer, Schwabach,
Buchdruckerei H. Millizer, Schwabach.

Taschen-Fahrplan (1. Oktober 1911 bis 30. April 1912),
Schwabach 1911,
Buchdruckerei Hermann Millizer, Schwabach.

Schwabacher Adreßbuch mit Roth a. Sand,
Schwabach 1914,
Verlag: J. G. Schreyer's Buchhandlung, Schwabach,
Druck Hermann Millizer („Schwabacher Tagblatt").

Festschrift und Führer für die Gewerbeschau Schwabach
vom 1. mit 10. August 1925,
Schwabach 1925,
Druck der Buchdruckerei H. Millizer, Schwabach.

Schwabach, Abenberg, Spalt – ein Wegweiser für Freunde der Heimat.
Herausgegeben vom Fremdenverkehrsverein Schwabach, von der Interessengemeinschaft Schwabach–Abenberg und vom Heimatverein Spalt,
Schwabach 1930,
Druck der Buchdruckerei Hermann Millizer.

Heimatland, Schwabach Stadt und Bezirk – Neue (4.) Folge des Schwabacher Heimat-Handbuchs, herausgegeben von Heinrich Krauß,
Schwabach 1937,
Druck und Verlag von Hermann Millizer.

Nordbayern (Frankenland).
Die Deutschen Heimatführer, Band 7,
Berlin 1939,
Verlag Dipl.-Kfm. Erwin Müller.

Einwohnerbuch der Stadt Schwabach 1939.
Druck und Verlag: Buchdruckerei Karl Schaffner, Schwabach.

Festführer durch die Bayerischen Turn- und Spielmeisterschaften in Schwabach, 23. und 24. Juli 1949,
Schwabach 1949,
Buchdruckerei Hermann Millizer.

Kurze Stadtchronik Schwabachs nebst Einzeldarstellungen.
Herausgeber: Heinrich Krauß,
Schwabach 1950,
Druck und Verlag: Hermann Millizer.

Schwabach, Geschichts- und Kulturbilder aus dem Stadt- und Landkreis.
Herausgeber: Geschichts- und Heimatverein e. V. Schwabach und Umgebung,
Schwabach 1951,
Adolf Weigl Verlag, Schwabach.

Baumann Georg und Haag Christoph: Führung durch die Stadt Schwabach,
Unterrichtshilfen für den Heimatkunde- und Geschichtslehrer des Stadt- und Landkreises Schwabach, Folge 7/8,
Herausgeber: Kreisschulamt Schwabach,
Schwabach 1951.

XI.
Bildnachweis

Privat und Sparkasse Schwabach

Bildpostkartenverlage:

Dennerlein, F. H. Nürnberg

Fabian & Co., Breslau

Fischer Paul, Schwabach

Flugphoto Verlags-Gesellschaft, München

Franckh-Verlag, Stuttgart

Graph. Verl.-Anst. G.m.b.H., Dresden-Blasewitz

Hassler Fritz, Schwabach

Hirthe R., Phot., Schwabach

Meerwald & Toberer, Schwabach

Metz Gebr., Tübingen

Müller Carl, Schwabach

Müller & Uhl, Schwabach

Radeck Hugo, München

Reinicke & Rubin, Magdeburg

Rubin & Co., Dresden-Blasewitz

Schreyer'sche Buchhandlung, J. G., Schwabach

Schütz Wilh., Eisenach

Seiderer Otto, Schwabach

Trinks & Co., Leipzig

Uhl Fritz, Papierhandlung, Schwabach

Uhl M., Papierhandlung, Schwabach

Kartengrundlage:
Ortsblatt 1:2500 Schwabach 1823,
Wiedergabe mit freundlicher
Genehmigung des Bayer. Landesvermessungsamtes München,
Nr. 8555/88.